Karl Pilny

Tanz der Riesen

Indien und China prägen die Welt

Campus Verlag
Frankfurt/New York

Für meine drei Herzdamen
Hildegard, Connie, Sophia –
und für Lucius.

Bibliografische Information der Deutschen Nationalbibliothek:
Die Deutsche Natioalbibliothek verzeichnet diese Publikation in der Deutschen
Nationalbibliografie. Detaillierte bibliografische Daten sind im Internet
über http://dnb.d-nb.de abrufbar.
ISBN-13: 978-3-593-38098-8
ISBN-10: 3-593-38098-6

Copyright © 2006 Campus Verlag GmbH, Frankfurt/Main
Umschlaggestaltung: Büro Hamburg
Umschlagmotiv: © Riehle/Laif
Satz: Fotosatz L. Huhn, Maintal-Bischofsheim
Druck und Bindung: Freiburger Graphische Betriebe
Gedruckt auf säurefreiem und chlorfrei gebleichtem Papier.
Printed in Germany

Besuchen Sie uns im Internet: www.campus.de

Tanz der Riesen

Dr. Karl Pilny, Autor von *Das asiatische Jahrhundert* (Campus 2005), ist ein profunder Kenner Asiens, der sich privat und beruflich seit über 20 Jahren mit der Geschichte, Kultur und wirtschaftlichen Entwicklung der Region beschäftigt. Er ist Partner einer renommierten englischen Anwaltskanzlei, die sich auf internationales Wirtschaftsrecht spezialisiert hat. Dr. Karl Pilny lebt und arbeitet in Berlin.

Inhalt

Der Aufbruch Chinindias in einer multipolaren Welt

Prolog

Seit dem Erscheinen meines letzten Buches *Das asiatische Jahrhundert. China und Japan auf dem Weg zur neuen Weltmacht* ist nichts geschehen, was dessen Ausgangsthese widerspräche: Im 21. Jahrhundert wird eine Verschiebung des wirtschaftlichen, kulturellen und militärischen globalen Epizentrums nach Asien erfolgen.

Chinas schier unaufhaltsamer Aufstieg zur Weltmacht dominiert nach wie vor die Schlagzeilen. Die Volksrepublik China hat nicht nur wirtschaftlich, sondern auch außenpolitisch und militärisch viel an Gewicht gewonnen. Sie präsentiert sich immer mehr als Herausforderer der globalen Führungsrolle der USA. Der friedliche Aufstieg zu einer globalen Großmacht, die weder »ganz stark« noch »ganz schwach« sein will, wird sich trotz kleinerer Rückschläge in den nächsten 20 Jahren fortsetzen.

Asien als Ganzes ist in seiner Größe und Vielfalt kaum zu erfassen, es lässt sich jedoch vereinfacht in drei große Teile untergliedern: Ost-, Südost- und Südasien.

Ostasien führt mit China, Taiwan, Japan und Korea wirtschaftlich seit Jahren die Entwicklung in Asien mit Wachstumsraten von durchschnittlich 6,5 Prozent pro Jahr an. Der Fokus meines ersten Bandes *Das asiatische Jahrhundert* liegt auf dieser Region und beleuchtet das komplexe Verhältnis der – zumindest vormaligen – ökonomischen Supermacht Japan und des kommenden wirtschaftlichen Riesen China.

Südostasien wird erst seit dem Vietnam-Krieg als einheitlicher historischer Raum betrachtet. Zu dem Festlandsteil mit den heutigen Staaten Vietnam, Laos, Kambodscha, Thailand, Myanmar (Burma) sowie einen Teil Malaysias und Singapur – der als Indochina oder mit einem älteren Begriff als Hinterindien bezeichnet wird – kommen noch die Inselgruppen Indonesiens, Osttimors, Brunei und die Philippinen.

Südasien besteht im Wesentlichen aus dem indischen Subkontinent und seinen Anrainern Pakistan, Bangladesch, Sri Lanka, Bhutan, Nepal und den Malediven.

Aufgrund der verblüffenden Parallelität in der Entwicklung der künftigen Weltwirtschaftssupermächte Indien und China bis zur Mitte dieses Jahrhunderts liegt im vorliegenden Buch der Schwerpunkt auf dem Direktvergleich der beiden Giganten.

Ausgangspunkt ist eine ausführliche Betrachtung Indiens. Daneben ergibt sich die Möglichkeit, die Analyse Chinas aus dem letzten Band zu ergänzen, zu aktualisieren und auf den Vergleich mit Indien hin fortzuschreiben.

Wieder steht eine holistische Betrachtungsweise im Zentrum, und zwar in mehrerlei Hinsicht: Durch den Versuch, verschiedene wissenschaftliche Disziplinen und praktische Erfahrungen aus verschiedenen Lebensbereichen zu einem homogenen Ganzen zusammenzufügen, hat das letzte Buch eine sehr positive öffentliche Resonanz ausgelöst. Komplexe Sachverhalte farbig und spannend zu erzählen und dabei zugleich für das Verständnis größerer Zusammenhänge notwendiges Faktenwissen unter Betonung des Wesentlichen zu vermitteln, ist auch diesmal mein Ziel. Bei diesem »Global-Makro-Ansatz« sollen durch die Auswahl der Fakten Zusammenhänge hergestellt und die Länder sowie verschiedene wissenschaftliche Disziplinen in ihrem Kontext gesehen werden.

Für Asien, aber auch für Europa ist von zentraler Bedeutung, wie sich das rasant wachsende Indien im Verhältnis zu China positioniert. Eine umfassende Analyse der historischen, gegenwärtigen und künftigen Beziehungen dieser Giganten ist unabdingbar, wenn man das 21., das asiatische Jahrhundert, ein Zeitalter im Zeichen von Multipolarität und Multilateralismus verstehen will. Auch die Beziehungen zu den anderen wichtigen Nationen wie Japan, den USA und Russland dürfen nicht unberücksichtigt bleiben.

»Nach zwei Jahrhunderten der Weltherrschaft des Westens beginnen China und Indien, sich unter die führenden Länder der zukünfti-

gen Welt einzureihen«, stellte die Peking-Rundschau nach der Rückkehr des chinesischen Ministerpräsidenten Wen Jiabao von seiner
historischen Indienreise im April 2005 fest.

In Indien und China lebt bereits heute ein Drittel der Weltbevölkerung. Mit 1,3 Milliarden Einwohnern in China und knapp
1,1 Milliarden Menschen in Indien sind es die beiden bevölkerungsreichsten Staaten der Erde, die mit der Gebirgskette des Himalaja
eine gemeinsame Grenze haben.

Indien und China sind für die Geschichte der Menschheit von
großer Bedeutung. Von den vier großen Weltreligionen Christentum,
Islam, Hinduismus und Buddhismus wurden zwei in Indien geboren,
und China steuerte den nach wie vor bedeutsamen Konfuzianismus
bei. Von den vier frühesten Hochkulturen der Erde, die in Ägypten,
Mesopotamien, im Indusdelta und in den großen Deltagebieten Chinas entstanden waren, haben nur die letzten beiden überlebt. China
wie Indien standen zivilisatorisch und kulturell jahrtausendelang im
Zentrum einer eigenen Welt. Zum größten Teil war die Beziehung des
konfuzianistisch geprägten Chinas und des hinduistischen Indiens
durch freundschaftliche Zusammenarbeit und kulturellen Austausch
charakterisiert. Indien gab China den Buddhismus, der sich von dort
aus weiter in die chinesische und südostasiatische Welt ausbreitete.
Bis zum Beginn des 18. Jahrhunderts gehörten sie zu den reichsten
und mächtigsten Nationen der Erde, die dann zeitgleich durch das
Erstarken der europäischen Kolonialreiche zur Bedeutungslosigkeit
verdammt beziehungsweise zur Kolonie herabgewürdigt wurden.

Beide Reiche litten stark unter dem Imperialismus der Westmächte. Während China nach den verlorenen Opiumkriegen Anfang
des 19. Jahrhunderts den Status einer aufgeteilten, aber dennoch
autonomen Nation, also einer Halbkolonie hatte, gerieten große
Teile Indiens direkt unter englische Kolonialherrschaft. Etwa zur
gleichen Zeit, in der Mitte des 20. Jahrhunderts, betraten beide
Nationen erneut die Bühne der Weltpolitik. 1949 wurde die Volksrepublik China ausgerufen und Indien erlangte 1947 seine politische
Unabhängigkeit.

Hatten sie noch Anfang der fünfziger Jahre mehr oder minder
gleiche Ausgangsbedingungen, so erlangte China vor dem Hinter-

grund wachsender Rivalität in den letzten Jahrzehnten einen großen Vorsprung gegenüber Indien. Seit Anfang der neunziger Jahre
ist Indien jedoch dabei, diesen wieder aufzuholen. Nach einer vorsichtigen Annäherung in den vergangenen sechs Jahren kam es im
April 2005 nach dem Besuch von Ministerpräsident Manmohan
Singh in Peking zu einer historischen Wende in der Beziehung der
beiden Länder. Singh und Wen begrüßten das Zusammengehen der
Brüder Indien und China als den ersten Schritt zu einer Veränderung der Weltordnung. Das asiatische Jahrhundert, das vor allem
ein indisch-chinesisches sein soll, werde eingeleitet durch die Brücke
der Freundschaft. Diesen Worten folgten Taten. Erstmals wurden
ernsthafte Schritte zur Beilegung des langjährigen Grenzkonfliktes
unternommen. Im Bereich der Informationstechnologie stellen sich
erste Synergien ein: China ist inzwischen der größte Hersteller von
Computern, während Indien auf dem Weg ist, zum wichtigsten Soft-
ware-Produzenten aufzusteigen. Durch weitere umfassende Kooperationen wie zum Beispiel dem Energiesektor soll das Handelsvolumen zwischen beiden Ländern, das sich in den letzten fünf Jahren
schon auf über 18 Milliarden US-Dollar erhöht hat, bis zum Jahre
2010 nochmals verdoppelt werden.

Am wichtigsten ist jedoch das neue beziehungsweise alte Selbstverständnis der beiden Länder. Indien und China betrachten sich nun
eher als Partner, die eine wichtige Rolle beim Aufbau einer neuen
internationalen politischen und wirtschaftlichen Ordnung spielen
wollen. Zwar waren und sind die beiden Länder Rivalen im Kampf
um Märkte, Ressourcen und Einfluss in Asien, jedoch erkennen beide
die Notwendigkeit einer – zumindest – vorübergehenden Kooperation an.

Vielleicht ist es möglich, durch die Schaffung einer historischen
Partnerschaft fortan gemeinsam die globalen Umwälzungen des asiatischen Jahrhunderts zu gestalten. Wenn die beiden Riesen zusammen tanzen, wird dies die Welt, so wie wir sie kennen, erschüttern.
Ob diese beiden gemeinsam tanzen werden oder jeder nur für sich
allein, ist eine Frage, die in Europa und Deutschland – die den Zenit
ihrer Bedeutung wohl schon überschritten haben – niemanden kalt
lassen kann. Welche Auswirkungen hat dieser Tanz auf uns? Kann

man nur tatenlos zusehen oder sich auf die neuen Verhältnisse einstellen? Im asiatischen Jahrhundert ist die Einschätzung der wichtigsten Protagonisten in Asien Conditio sine qua non, um epochale Umwälzungen zu begreifen und das eigene Verhalten auszurichten. Im Sog der tanzenden Riesen können sich auch bei den restlichen Staaten und den multilateralen Strukturen Asiens schon bald gravierende Zentrifugalkräfte ergeben.

Indien – Callcenter der Welt

Der 15. August 2017 ist ein sonniger Tag. Heute vor 60 Jahren ist Indien unabhängig geworden.

Nachdenklich sitzt Rahul Gandhi, der Sohn von Sonia Gandhi, die im Jahre 2004 mit einem überraschenden Wahlsieg die Rückkehr der Gandhi-Dynastie an die Macht eingeleitet hatte, auf dem Balkon des Präsidentenpalastes in Neu Neu-Delhi. Die kluge Wirtschaftspolitik des Ministerpräsidenten Manmohan Singh hatte Indien zu einer alle Erwartungen übertreffenden wirtschaftlichen Blüte verholfen. Seit den 1991 begonnenen Wirtschaftsreformen, an denen Manmohan Singh schon als Finanzminister beteiligt war, wurden ungeahnte Kräfte freigesetzt: India unbound. Mit einer durchschnittlichen Wachstumsrate von 8 Prozent lag Indien nun seit einigen Jahren sogar vor China.

Fast alle Reformprojekte der letzten Jahre hatten gegriffen. Am wichtigsten war die Sanierung der Infrastruktur gewesen. Hunderte Milliarden Dollar wurden mithilfe privater Investitionen in neue Flugplätze, Staudämme und Häfen investiert. Die ausländischen Direktinvestitionen wuchsen daraufhin von Jahr zu Jahr an und erreichten inzwischen über 50 Milliarden US-Dollar pro Jahr. Während die Umweltzerstörung Chinas dramatische Ausmaße angenommen hatte und nach der gewaltigen Explosion einer Chemiefabrik in der Nähe Shanghais das gesamte Jangtsedelta für Jahre toxisch verseucht worden war, siedelten ausländische Investoren ihre Projekte nun vor allem in Indien an. Indische Unternehmen hingegen hatten im IT-Bereich und der Pharmabranche den Weltmarkt erobert. In ihren Forschungseinrichtungen in den USA, in Deutschland und anderen europäischen Ländern sowie den Versuchslaboren in Osteuropa wurde günstig das Know-how geschaffen, um von Indien aus die Welt zu beherrschen. Das weltgrößte Stahlunternehmen, die größten Medizintechnik- und Pharmazie-Unternehmen, die größten IT-Outsourcing-Unternehmen – alle kamen aus Indien. Immer mehr Asiaten gingen in die Privatkliniken Nordindiens, um sich neue, in Indien mit modernster Gentechnik gezüchtete Organe einpflanzen zu lassen. Die Kombination des jahrtausendealten Ayurveda mit der weltweit führenden indischen Laser- und Genforschung hatte dafür gesorgt, dass sich Indien als weltweit wichtigster Standort für medizinische Leistungen wie chirurgische Eingriffe und Heilkuren etabliert hatte.

Die Schaffung einer ganz Südasien umspannenden Freihandelszone 2010 war ein großer wirtschaftlicher Erfolg gewesen und Indien war wirtschaftlich und politisch eng mit seinen Nachbarstaaten zusammengewachsen. Die Versöhnungspolitik mit Pakistan und Bangladesch sorgte für Stabilität. Indische U-Boote patrouillierten den Indischen Ozean und beschützten die Öltanker aus dem Nahen Osten auf ihrem Weg nach Ost- und Südostasien vor Piraten. Indien arbeitete militärisch eng mit Vietnam, Malaysia und anderen vormaligen ASEAN-Mitgliedstaaten zusammen. Die ASEAN gab es nicht mehr; sie war erweitert worden zur Asian Union (AU, »Gemeinschaft der Asiatischen Staaten«), einer pan-asiatischen Wirtschafts- und Währungsunion, der auch die südasiatischen Staaten beigetreten waren. Der AU-Ratsvorsitz wechselte turnusmäßig alle zwei Jahre. Gerade befand sich Indien im letzten Jahr seiner Ratspräsidentschaft und würde im nächsten Jahr durch das von inneren Unruhen erschütterte China abgelöst werden.

In Ostasien prägte die Vergreisung der Bevölkerung mittlerweile sichtbar die Gesellschaft. Indien – nach wie vor ein Land von immenser Vielfalt und pittoresker Intensität – war zum jungen und dynamischen Zentrum Asiens geworden.

Fiktion, Vision oder indisches wishful thinking? Der schnelle Aufstieg Indiens zum Liebling der Medien überrascht einige, aber nicht alle. Die Substanz dieses 5 000 Jahre alten Reiches ist in vielerlei Hinsicht der von China ebenbürtig. Obwohl die Aufholjagd gegenüber China mit zwölf Jahren Verspätung begann, hat Indien das Potenzial, in einigen Jahren weltweit wirtschaftlich, politisch und kulturell eine bedeutende Rolle zu spielen.

Indien gestern

Indien ist ein riesiger Subkontinent, der im Westen von der Arabischen See, im Osten vom Golf von Bengalen, im Norden durch den Himalaja und im Süden durch die Inselgruppen Ceylons, der Malediven und der Andamanen begrenzt wird. Das historische Indien zerfällt in die heutige Indische Union sowie die Staaten Pakistan und Bangladesch. Auch Nepal und Bhutan im Norden und Sri Lanka im Süden sind dazuzurechnen.

Der indische Subkontinent ist auf dem Landweg nur von Nordwesten her zugänglich, was dazu führte, dass die indische Geschichte im Wesentlichen im Norden des Subkontinentes geprägt wurde. Über den Pass des Hindukusch und Baktrien fielen immer wieder fremde Völker und Dynastien ein, die die weiten Tiefebenen des Indus und des Ganges besetzten. Im Süden dieser Ebenen bildet das Vindhya-Gebirge gleichsam einen Sperrriegel zwischen Nord- und Südindien, der eine Kulturgrenze zwischen dem indo-äryanischen und dem dravidischen Sprachraum darstellt.

1. Vom Altertum zur frühen Neuzeit

Zwischen den Jahren 2600 und 1500 vor unserer Zeitrechnung entstanden während der so genannten Harappa- oder Indus-Zivilisation zahlreiche sorgfältig geplante Städte im Norden Indiens. Die Induskultur fällt zeitlich mit dem Erblühen der großen Kulturen in Ägypten, Mesopotamien und im Jangtse-Delta Chinas zusammen. Sie ist die beeindruckendste und fortschrittlichste dieser Kulturen und wirkt mit der Vereinheitlichung von Gewichten, Maßen, der schachbrettartigen Anlage von großen Städten, die an Manhattan erinnern, und auch in der Bauweise riesiger Gebäude, die eher Wolkenkratzer als Tempel scheinen, wie eine äußerst moderne Gesellschaft.

Ihre Macht beruhte vor allem auf fünf großstädtischen Metropolen, die sich zum Teil im heutigen Pakistan befanden. Zudem gab es über 1 000 weitere Städte. Die einflussreiche Kaufmannsgilde stand in einem gut organisierten und regelmäßigen Überseehandel mit Mesopotamien und verkehrte auf dem Landwege mit den chinesischen Großstädten. Der überregionale Stil der Harappa-Zivilisation breitete sich sehr schnell über Pakistan und die benachbarten heutigen indischen Staaten Punjab und Harjana, Rajasthan und Gujarat aus und deckte schließlich mit fast einer Million Quadratkilometern einen Bereich ab, der mehr als doppelt so groß war wie jener der mesopotamischen oder ägyptischen Kultur.

Aus bislang ungeklärten Gründen – die Sprache der Harappa-Zivilisation lässt sich noch nicht entziffern – kam es um 1800 vor Christus zu einer Krise, die zu einem schnellen Erlöschen der Städte und Ansiedlungen führte. Damit war der Weg frei für eine neue Zivilisation, die sich in der nun folgenden so genannten vedischen Zeit zwischen 1500–500 vor Christus entfaltete. Es handelte sich hierbei um die aus Zentralasien stammende Arya-Kultur, von der unter anderem der berühmte Rigveda, eine Sammlung religiöser Texte, die zwischen 1200 und 1000 vor Christus entstand, berichtet.

Das Aufeinandertreffen der langsam schwindenden urbanen Hochkultur der Harappa mit der von kleinen Stammesverbänden und Viehzüchtern geprägten semi-nomadischen Arya-Kultur führte unter anderem zur Herausbildung des Kastenwesens, das bis zum heutigen Tag eine wichtige Rolle in Kultur und Wirtschaftsleben Indiens spielt.

Die Arya wanderten sehr wahrscheinlich über den Hindukusch nach Nordwestindien ein und brachten eine überlegene Kriegstechnologie in Gestalt von zweirädrigen Streitwagen sowie ausgefeilten Pferdezuchtkenntnissen mit.

Seit neuestem mehren sich Stimmen, die eine umfassende Volkswanderung in Frage stellen. Aufgrund kultureller Ähnlichkeiten zwischen Zentral-, West- und Südasien und der Tatsache, dass sich in der Literatur keine Belege für eine derartige Völkerwanderung finden lassen, gehen Forscher davon aus, dass einzelne Stämme der aryanischen Kultur sich in der zweiten Hälfte des 3. vorchristlichen Jahrtausends von nördlich des Schwarzen und Kaspischen Meeres nach Iran und Mesopotamien verlagerten und schließlich über den Bolan-Pass, der Balutschistan mit dem südlichen Industal verbindet, nach Indien vordrangen.

In der frühvedischen Zeit vollzogen die Arya im Punjab langsam den Übergang von einer halbnomadischen Lebensform zur Sesshaftigkeit. Dadurch intensivierten sich – wie schon der Rigveda schildert – die sozialen Abgrenzungsprozesse zwischen den hochgewachsenen blonden aryanischen Eindringlingen und den meist als dunkelhäutig beschriebenen, militärisch unterlegenen Dasyu. Die Dasyu sind dem dravidischen Kulturkreis zuzurechnen, der vor allem südlich des Vindhya-Gebirges angesiedelt war.

In der spätvedischen Zeit wurden die Weichen für die politischen und sozialen Strukturen des künftigen indischen Subkontinentes gestellt. Der damals begonnene soziale Differenzierungsprozess führte in der Folge zu Tausenden von Kasten, die das soziale Leben Indiens bis in die Gegenwart prägen. Zwischen dem 9. und 7. vorchristlichen Jahrhundert dehnte sich die Arya-Kultur ostwärts entlang des Ganges und danach etwas zögerlicher in den Süden aus. Im 5. Jahrhundert vor Christus kam es zu einer weiteren Verdichtung der Machtstrukturen, und das im heutigen Bihar gelegene Magadha wurde zur führenden Macht auf dem indischen Subkontinent.

In diesen Zeitraum fällt auch der Indienfeldzug von Alexander dem Großen (327–325 vor Christus). Dieser Einfall, der in der westlichen Geschichtsschreibung als grandiose Aktion geschildert wird, war aus indischer Sicht nur eine weitere, kurze Attacke von »Barbaren« aus den Bergen Afghanistans, die in der indischen Literatur kaum beachtet wurde. Ohnehin war Alexander nur bis nach Lahore im heutigen Pakistan vorgedrungen, bis er durch seine kriegsmüden Soldaten zur Umkehr gezwungen wurde.

Durch die zurückgelassenen griechischen Söldner und die Neugründung von Städten in den eroberten Gebieten bewirkte Alexander jedoch einen langanhaltenden Einfluss der griechischen Kultur. So wurde in der Gandhara-Kunst Indiens, die vor allem in Kaschmir intensiv wirkte, neben griechischer Architektur auch griechische Astronomie und verschiedenste Lehnworte der griechischen Sprache aufgenommen – abgesehen davon, dass es noch heute blonde und blauäugige Inder in diesen Regionen gibt.

Kurz nach Alexanders Einfall wurde im Jahre 321 vor Christus der letzte König der Nanda-Dynastie von Maghada durch Candra Gupta Maurya entthront. Durch ein umfangreiches Kooperationsabkommen mit Alexanders Nachfolger in Syrien, Persien und dem iranischen Osten, Seleukos Nikator, wurde der seit der Perserzeit bestehende Austausch zwischen Indien und dem Mittelmeerraum noch deutlich ausgeweitet.

Die neugegründete Maurya-Dynastie war die wichtigste Dynastie der Magadha-Hegemonialmacht. Ihr bedeutendster Herrscher war Ashoka (268–232 vor Christus). Unter ihm wurde der Buddhismus zur Staatsreligion, und die Expansion von Magadha erreichte ihre größte Ausdehnung. Die Hauptstadt des Großreiches war Pataliputra, heute Patna, mit einer doppelt so großen Grundfläche wie das antike Rom zur Zeit Kaiser Aurelians (214–275 nach Christus). Es war damit die größte Stadt der damals bekannten eurasischen Welt.

Der allmähliche Niedergang des Reiches von Magadha führte im 1. vorchristlichen Jahrhundert zu einer Fragmentierung Nordindiens. Durch den wachsenden Einfluss west- und zentralasiatischer Völker und die Tatsache, dass sich militärische und wirtschaftliche Zentren nicht mehr auf den Norden beschränkten, kam es zu einer umfassenden Öffnung Indiens.

In dieser Zeit »zwischen den Reichen« wird auch die Entstehung der beiden großen Epen *Mahabharata* und *Ramayana* angesetzt. Für viele Inder ist das über 100 000 Verse umfassende *Mahabharata* eine religiöse oder heilige Schrift, die bisweilen als fünfter Teil des Veda, der ältesten erhaltenen religiösen Literatur Indiens, angesehen wird. Ähnlich wie in der *Illias* von Homer und dem *Nibelungenlied* wird der epische Kampf verschiedener Dynastien um die Macht geschildert. Neue Machtfaktoren und Völker wie die Griechen (Yavana), die Parther, die von den Chinesen geschlagenen

Hunnen sowie China selbst, aber auch Rom und Antiochia finden ausführlich Erwähnung.

Reger Handel zwischen Europa, Indien und Südostasien setzte ein. Insbesondere der Seehandel, der schon zur Harappa-Zeit gut entwickelt war, erlebte eine große Blüte. Mit dem Römischen Reich kam es auf dem Land- und Seeweg zu einem intensiven Austausch. Seide, sowohl aus China als auch aus Indien, sowie Perlen, Elfenbein, Diamanten und Pfeffer fanden ihren Weg nach Europa. Ebenso der Pfirsich, dessen Name sich von der lateinischen Bezeichnung für den persischen Apfel (malum persicum) ableitet, wie auch der Reis wurden nach Europa eingeführt.

Nach Jahrhunderten der Zersplitterung und eines Machtvakuums etablierte sich schließlich das Gupta-Reich (320–500 nach Christus), in dem der weiterhin einflussreiche Buddhismus durch eine Stärkung des Brahmanentums ergänzt wird. Das Gupta-Reich endete mit dem Einfall verschiedener Nomadenstämme der Hunnen (Huna), was den endgültigen Niedergang der städtischen nordindischen Hochzivilisation bedeutete.

Die Einfälle der Hunnen im 5. und 6. Jahrhundert ähnelten ihren Feldzügen in Europa. Durch eine taktisch geschickte Vorgehensweise, überlegene Ausrüstung sowie furchterregende Grausamkeit und eine Politik der verbrannten Erde erreichten die Hunnen im 5. und 6. Jahrhundert, dass der gesamte Nordwesten Indiens in einem einheitlichen Reich vereinigt wurde. Der Buddhismus wurde ausgerottet, und der Hunnenherrscher Mihirakula benutzte geschickt den Hinduismus für seine politischen Zwecke.

Schließlich konnten im Jahre 560 mithilfe der Sassaniden im Iran und der Türkei, der immer stärker werdenden neuen Macht in Zentralasien, die Hunnen besiegt werden. Viele von ihnen wurden noch in Rajasthan in die Schicht der Adligen aufgenommen und führten fortan den Klannamen Huna. Doch der späte Sieg der Gupta konnte den Niedergang des Reiches nicht mehr aufhalten. Wie in Europa ist der Einfall der Hunnen das Ende des klassischen Altertums und der Beginn des indischen Mittelalters.

Rückblickend lässt sich feststellen, dass unter den Gupta eine nationale Selbstbesinnung auf das typisch indische Element in der großen Vielfalt der Kulturen stattfand. Dieser kulturelle Reichtum war durch den regen Handelsverkehr und die wiederholten Einfälle von fremden Völkern wie den Griechen und anderen zentralasiatischen Staaten erreicht worden. Ähnlich wie nach der Erlangung der Unabhängigkeit und dem Abschütteln der erst islamischen und dann britischen Oberhoheit wurde eine klassische Hochkultur geschmiedet. Die Inder erschufen mit einer Mischung aus Selbstbesinnung und Synthese in Kunst, Religion und Literatur ein klassisches Kompendium. Die Gupta-Herrscher zogen zwar den Hinduismus dem Buddhismus wieder vor, dennoch zeichnete sich diese Epoche durch allgemeine Toleranz, religiöse Vielfalt und regen Handel aus.

Das bis ungefähr zum Jahr 1200 andauernde frühe indische Mittelalter zeichnet sich durch verschiedene Regionalreiche aus, die sich von Ost nach West und auch in Südindien erstreckten.

Seit in der ersten Hälfte des 8. Jahrhunderts arabische Truppen nach Rajasthan und Gujarat eingefallen waren, existierten vielfältige militärische und politische Kontakte zwischen Indien und dem islamisch geprägten Asien. Im Jahr 1192 eroberte der Afghane Mohamed Gari ganz Nordindien und 1193 Neu-Delhi. Die islamische Vorherrschaft in Indien wurde 1206 zementiert, als Qutb-Ud-Din Aibak (1206–1210) das Neu-Delhi-Sultanat gründete, das sich rasch bis nach Bengalen ausbreitete.

Unter den Sultanen von Neu-Delhi entstand erstmals seit dem Altertum wieder ein dauerhaftes Großreich in Südasien, dessen politischer und wirtschaftlicher Mittelpunkt die Stadt Neu-Delhi wurde. 1398 wurde sie durch den Einfall zentralasiatischer Stämme unter Tamerlan, »dem Schlächter«, restlos dem Erdboden gleichgemacht. In der Folge kam es zur Gründung weiterer mächtiger islamischer und hinduistischer Regionalreiche. Sie waren die Zerfallsprodukte des nun gebrochenen Neu-Delhi-Sultanats.

Die Neuzeit in Indien begann mit der Expansion der Moguln, deren ursprüngliche Heimat im zentralasiatischen Samarkand nördlich von Neu-Delhi liegt. Durch den Vorstoß der Usbeken wurde der Timuridenprinz Babur, der das indische Mogulreich Anfang des 16. Jahrhunderts begründete, aus seiner Heimat vertrieben, und nach Afghanistan abgedrängt. Von dort aus unternahm Babur, an die Tradition seines Ahnherrn Timur anknüpfend, immer wieder Vorstöße nach Indien.

Babur beerbte nach seinem Sieg in der entscheidenden Schlacht von Panipat 1526 das Neu-Delhi-Sultanat. Unter seinem Enkel Akbar, der von 1556 bis 1605 regierte, erreichte das Mogulreich seine größte Ausdehnung und umfasste beinahe den ganzen Subkontinent. Akbars Reich zeichnete sich im Inneren durch religiöse Toleranz und eine effiziente Verwaltung aus. Es diente als machtpolitisches Vorbild für ganz Südasien.

Anfang des 18. Jahrhunderts begann, bedingt durch zunehmende Schwachstellen in der politischen und administrativen Struktur und durch Korruption, das riesige Mogulreich zu verfallen. Eine wachsende Steuerlast führte zu immer mehr Unruhen unter Landherren und Bauern, und Indien zersplitterte in zahlreiche starke Regionalreiche.

2. Die Kolonialisierung des Subkontinents

In diese Zeit fällt die Verfestigung der europäischen Herrschaft in Indien. Der portugiesische Seefahrer Vasco da Gama (1469–1524) hatte am 20. Mai 1498 als erster Europäer, vom Kap der Guten Hoffnung kommend, die indische Küste in der Nähe von Kalikut betreten. Die Portugiesen eroberten 1510 Goa, das bis 1961 als ihre Hauptniederlassung in Indien fungierte. 1518 setzten sich die Portugiesen bei Colombo auch auf Sri Lanka fest.

Im 17. Jahrhundert wurde die Macht der Portugiesen durch den wachsenden Einfluss der holländischen Ostindien Company (Vereenigde Oostindische Compagnie, VOC) gebrochen. Inspiriert durch den niederländischen Erfolg strömten im Laufe des 17. Jahrhunderts weitere europäische Mächte nach Indien. Schon 1620 etablierten sich die Franzosen in Südindien und waren bis zum Ausbruch der napoleonischen Kriege mit verschiedenen Faktoreien vertreten; ab 1672 wurde Pondicherry zur Hauptniederlassung. Dieser Ort blieb sogar bis 1954 in französischem Besitz – bis die indische Union eine Wirtschaftsblockade verhängte.

Trotz der punktuellen Festsetzung der Europäer kann zunächst nicht von einer flächenmäßigen Territorialherrschaft gesprochen werden. Diese sollte sich erst in der zweiten Hälfte des 18. Jahrhunderts entwickeln und ist eng mit der englischen East India Company (EIC) verbunden.

Die erste englische Faktorei entstand 1613 in Surat. Es folgten weitere Niederlassungen, so 1639 der Erwerb von Madras, die Übereignung Bombays 1668 – eine Brautgabe der Katharina von Braganza an Karl II. – und 1690 der Erwerb Kalkuttas. Madras, Bombay und Kalkutta entwickelten sich in den nächsten Jahrhunderten zu den entscheidenden Zentren englischer Kolonialherrschaft.

Die starke Stellung der Holländer beziehungsweise der VOC im gesamten südostasiatischen Raum führte zwangsläufig dazu, dass die als Gegengewicht gegründete, aber deutlich kleinere englische EIC sich auf Indien fokussierte und dort versuchte, das durch den Rückgang des portugiesischen Einflusses entstandene Vakuum zu nutzen. So kam es immer mehr zu Auseinandersetzungen zwischen den Engländern und den Franzosen, die im Rahmen verschiedener europäischer Kriege, wie etwa dem österreichischen Erbfolgekrieg (1740–1748) oder auch dem Siebenjährigen Krieg (1756–1763), in Indien ausgefochten wurden.

Nachdem der englische Abenteurer Robert Clive (1725–1774) im Jahre 1757 in der Schlacht von Plassey das zahlenmäßig überlegene bengalische Heer vernichtend geschlagen hatte, erfolgte ab 1765 der Aufstieg der Briten zu den eigentlichen Herrschern Bengalens, eines der größten und auch wirtschaftlich mächtigsten indischen Regionalreiche. In den folgenden Jahrzehnten dehnten die Briten ihren Machteinfluss stetig aus, sodass bis Mitte des 19. Jahrhunderts nur noch wenige Gebiete von der Expansion der EIC verschont blieben. Durch das immer größer werdende Territorium und die steigenden Einnahmen aus Grundsteuern wurde die EIC von einer Handelsgesellschaft immer mehr zu einem Territorialherren. Den Briten spielte dabei die Zerrissenheit der nordindischen Fürsten in die Hände.

Die Regierungszeit des Mogulkaisers Shahjahan (1628–1658), bekannt als Erbauer des Taj Mahal, markiert die letzte Blüte der

Mogulherrschaft. Als dessen Sohn Aurangzeb 1658 die Herrschaft an sich riss, die er letztendlich bis 1707 innehatte, kam es zu einem Bürgerkrieg. Als othodoxer Sunnit ging Aurangzeb mit großer Gewalt und Grausamkeit gegen die Hindus und Sikhs vor. Die Hindus organisierten ihren Widerstand und formierten sich unter Marhthen Shivaji (1627–1680) zu einer schlagkräftigen Truppe. Ebenso schlossen sich die verfolgten Sikhs zusammen.

Das Mogulreich ging schließlich 1734 zugrunde, als der persische Herrscher Nadir Shal die alte Kaiserstadt Neu-Delhi plünderte und als Beute auch den berühmten Pfauenthron nach Persien entführte. Die wachsende Zersplitterung in kleine und kleinste Territorien, der Verfall der Zentralmacht und auch das Unterliegen der europäischen Rivalen führte zu einer immer stärkeren Konsolidierung der Macht Englands auf dem indischen Subkontinent.

Abgesehen von der wirtschaftlichen und militärischen Expansion durch die EIC folgte ab 1773 auch eine staatlich institutionelle Durchdringung, als durch den Regulation Act ein Generalgouverneur für die indischen Besitzungen Englands eingesetzt wurde. Dieser besaß bei der Ausführung der in London festgelegten politischen Richtlinien weitestgehende Handlungsvollmachten. Mit der Abschaffung des Handelsmonopols der EIC 1813 und mit der Aufhebung jeglicher Handelsaktivitäten 1833 wurde auch nach außen hin die Transformation der EIC von einer Handelsgesellschaft zu einer Herrschaftsinstitution sichtbar.

3. Der Weg zur Unabhängigkeit Indiens

Mitte des 19. Jahrhunderts, 1857, lehnten sich die Inder erstmals in der so genannten »Mutiny« gegen die Engländer auf und brachten das Kolonialreich an den Rand des Untergangs. Der Schock dieses Widerstandes, an dem sich auch indische Truppen, die so genannten Sepy, beteiligten, hinterließ ein tiefes Trauma bei den Briten.

In der Folge führte dies dazu, dass die Engländer zwar auf der einen Seite versuchten, die indische Kolonie zu vereinheitlichen mittels Sprache, Postwesen und Eisenbahnen. Gleichzeitig wurde jedoch dafür Sorge getragen, dass die Rivalität zwischen einzelnen Bevölkerungsgruppen und Religionen erhalten blieb. Besonders verlässliche Volksgruppen, die sich in der Niederschlagung des Aufstands bewährt hatten wie die Gurkhas und die Sikhs wurden und werden bis zum heutigen Tage gefördert. Nicht zuletzt aus diesem Grund stellen die Sikhs auch im heutigen Indien knapp 20 Prozent der Armee, obwohl sie nur 1,9 Prozent der Gesamtbevölkerung ausmachen.

Die erfolgreiche Niederschlagung dieses Aufstands hatte die EIC an die Grenzen ihrer wirtschaftlichen Leistungsfähigkeit gebracht. Im folgenden Jahr wurden daher die indischen Besitzungen der Handelsgesellschaft offiziell durch die englische Krone übernommen und die EIC aufgelöst. Das Amt des Generalgouverneurs wandelte man in das eines Vizekönigs von Indien um, das ab 1861 mit dem Imperial Legislative Council als Exekutivorgan regierte. 1877 wurde Königin Viktoria zur Kaiserin eines Indiens gekrönt, das sich zunehmend des Englischen als einheitlicher Sprache der Eliten bediente.

Die stärkere Integration Indiens in das britische Kolonialreich führte zu einer stetig wachsenden Kritik in Indien. Als Sprachrohr und Sammelgefäß der indischen Kräfte gründete sich im Jahre 1858 der Nationalkongress. Das anfangs kooperative Verhältnis zwischen Nationalkongress und britischer Regierung wurde immer stärker belastet, und als der Vizekönig Lord Curzon (1859–1925) das wirtschaftlich wichtige und kulturell wie sprachlich einheitliche Bengalen, das den Briten gegenüber oftmals kritisch eingestellt war, in zwei getrennte Provinzen teilte, kam es zu heftigen Protesten. Schließlich wurde 1911 unter dem neuen indischen Kaiser Georg V. Bengalen wiedervereinigt und die Hauptstadt für das gesamte britische Indien aus strategischen Gründen von dem bengalischen Kalkutta in das wieder errichtete Neu-Delhi verlegt.

Im Zuge der weiteren Politisierung der Situation gründete Mohammed Ali Jinnah (1876–1948) im Jahr 1906 die Muslimliga, die letztendlich die religiöse Aufspaltung der Unabhängigkeitsbestrebungen beförderte. Für lange Zeit betrachtete die Muslimliga die Engländer als Partner und Verbündete in der Auseinandersetzung mit der Kongressbewegung, doch verstärkten sich in den folgenden Jahren die Spannungen zwischen den drei Polen.

Der Rechtsanwalt Mohandas Gandhi (1869–1948) wurde als Mahatma (wörtlich: Große Seele) zum moralischen und politischen Anführer des Nationalkongresses, der sich mittlerweile nicht mehr als Bürgerbewegung, sondern als politische Partei verstand. Innerhalb der Kongresspartei erwuchs Konkurrenz in einer jüngeren Generation, insbesondere vertreten durch Jawaharlal Nehru (1889–1964) und Subhash Chandra Bose (1897–1945), der sich an das nationalsozialistische Deutschland anlehnte.

Um einen langfristig als unvermeidlich angesehenen Unabhängigkeitskrieg zu vermeiden, mehrten sich auch in England Stimmen, den Indern mehr Rechte zu gewähren. Die beginnenden Verhandlungen wurden jedoch durch den Zweiten Weltkrieg unterbrochen. Vor allem Winston Churchill wollte von einer Aufgabe Indiens nichts hören. Der Krieg gegen die japanischen Aggressoren in Südostasien und Indien wurde auch mit Unterstützung indischer Truppen geführt. Gleichwohl gab es indische Truppenteile, die sich mit den Japanern verbündeten, weil sie sich eine Beschleunigung des Unabhängigkeitsbestrebens von England erhofften.

Nach Kriegsende traf der neue britische Regierungschef Clement Attlee 1945 eine schnelle Entscheidung, und es kam 1947 zum Transfer of Power, der durch den letzten Vizekönig Lord Louis Mountbatten vorangetrieben wurde. Das Erreichen der Unabhängigkeit wird vor allem als Sieg von Gandhis Prinzip der Gewaltlosigkeit durch passiven Widerstand und zivilen Ungehorsam gesehen, doch hinter dem Begriff der Gewaltlosigkeit verbirgt sich nach Gandhis Ansicht mehr.

Mahatma Gandhi lehrte die Tugenden der Wahrheit, der Gewaltlosigkeit und des Friedens. Gandhis Begriff der Wahrheit umfasst nicht nur das Zutreffende, sondern auch das Gerechte und Richtige. Das bedeutet, dass das Erlangen der Wahrheit nur durch wahrhaftige, gerechte Mittel möglich ist. Gewalt oder gar Krieg sind ungerechte Mittel, deshalb bedingt die Wahrheit die Gewaltlosigkeit und dementsprechend auch den Frieden. Das Festhalten an der »Wahrheit« (satyagraha), teilweise von Gandhi auch als Wahrheitskraft, Liebeskraft oder Seelenkraft übersetzt, kann also nicht unbedingt mit »passivem Widerstand« gleichgesetzt werden, dessen weitläufige Auslegung ihm häufig von englischer Seite vorgeworfen wurde. Wer die Wahrheit zu erlangen sucht, muss laut Gandhi aktiv darauf vorbereitet sein, für die Wahrheit zu leiden. Das Leiden um der Wahrheit willen resultiert aus dem Verzicht der Gewaltanwendung gegenüber dem Feind, denn dadurch nimmt man die Strafe freiwillig auf sich und demonstriert die Stärke der eigenen Überzeugungen.

Die indische Unabhängigkeitsbewegung nahm diese Maximen Gandhis dankbar auf. Durch die Gewaltlosigkeit konnte sich Gandhi als moralischer Sieger bald durchsetzen. Das Gesetz, das er gewaltlos brach, deklarierte er dadurch als ungerecht. Die Strafen und das Leid, die Gandhi auf sich nahm, machten seinen Gegnern bewusst, dass er alles geben würde, um für das zu streiten, was er für richtig, für wahrhaftig hielt. Die Weiterführung der britischen Herrschaft wurde in der Folge unmöglich – aber nur weil die Regierung für einen moralischen Autoritätsverlust empfindlich war. Wenn es jemandem gleichgültig ist, ob er Unrecht hat, beziehungsweise wenn »Recht« und »Unrecht« nicht so deutlich unterscheidbar sind, dann nützt die Gewaltlosigkeit nichts und der so genannte Gandhismus verliert seine Effizienz.

Das Erreichen der Unabhängigkeit Indiens war jedoch nicht das Hauptziel von Mahatma Gandhi. Seine Lehre beinhaltet mehr Facetten und ist letztendlich auf den Menschen und sein Zusammenleben mit Mitmenschen ausgerichtet. Die Gleichheit und soziale Gerechtigkeit der Menschen stehen im Mittelpunkt, und neben dem Wahrheitsstreben und der Gewaltlosigkeit sind körperliche Selbstverleugnung und Disziplin sowie selbstlose Liebe die wichtigsten Voraussetzungen. Spiritualität, religiöser Ökumenismus, idealistischer Internationalismus und der Glauben an die Menschheit sind weitere Akzente von Gandhis Idealen. Für Gandhi gab es keine Rivalität zwischen den Religionen und rituellen Kulten der Welt.

Auch wenn heute der Gandhismus von seinen Zielen weiter entfernt zu sein scheint als einst und seine erfolgreiche wie dauerhafte Umsetzung überhaupt zu bezweifeln ist, so finden sich in ihm jedoch Herausforderungen, die immer noch gültig sind: die Überwindung der Diskriminierung – beispielsweise im Bereich des Kastenwesens –,

die Sicherung der Gesundheit und des Wohlergehens der Erniedrig-
ten – der Ausbau der gesundheitspolitischen Maßnahmen und die
Bekämpfung der Armut müssen seit dem wirtschaftlichen Aufschwung mehr denn je zentrale Anliegen der indischen Regierung
sein – sowie die Förderung der Integrität und des Engagements der
Inder verbunden mit einer allgemeinen Weiterentwicklung, um die
Grundbedürfnisse der Nation zu befriedigen – auch hier sind zumindest auf dem technischen Gebiet die richtigen Weichen gestellt worden.

Das Eintreten Gandhis für ein besseres Verhältnis zwischen Hindus und Muslimen, seine ökumenische Überzeugung konnte nicht
die Teilung des indischen Subkontinents in Indien und Pakistan verhindern (Partition). Sein Einsatz für eine Verständigung der Reli-
gionsgruppen führte schließlich sogar zu seiner Ermordung durch
einen Hindu-Extremisten im Jahre 1948.

Mohammed Ali Jinnah, der nicht nur als Gründer der Muslimliga, sondern auch des Staates Pakistan gilt, hatte von Anfang an
eine Zwei-Nationen-Theorie vertreten. Seit 1940 hatte er an der
Schaffung eines separaten muslimischen Staates gearbeitet, der den
neugeschaffenen Kunstnamen Pakistan tragen sollte. Pakistan steht
für P wie Punjab, A wie Afghanistan (der nordöstliche Teil), K wie
Kaschmir, S wie Sindh und schließlich TAN aus Belutschistan. 1947
gingen also zwei separate Staaten aus der Unabhängigkeitsbewegung
hervor: Indien und Pakistan. Während Pakistan seinen Staatengrün-
der Jinnah zum ersten Staatschef machte, wurde zum ersten Ministerpräsidenten Indiens Jawaharlal Nehru berufen.

Nehru trat bereits 1946 das Amt des Premierministers einer Inte-
rimsregierung an. Er war Mahatma Gandhis Schützling gewesen
trotz ihrer unterschiedlichen Auffassungen – Nehrus politische Überzeugungen lehnten sich eher an jene der Russischen Revolution an als
an Gandhis Hindu-Humanismus. Von einer tiefgehenden Ablehnung
gegen den britischen und auch westlichen Imperialismus geprägt,
verfolgte er im eigenen Land eine sozialistische Politik ähnlich dem
sowjetischen Modell, denn er sah in dem Imperialismus, dem sein
Volk ausgeliefert war, nur eine Konsequenz des internationalen
Kapitalismus. In seinen Augen war eine zentrale Planung und eine

staatlich gesteuerte Entwicklung der Wirtschaft ein probates Mittel, um eine gleichmäßige Verteilung des gesellschaftlichen Wohlstandes zu sichern. Diese Überzeugung teilte er mit vielen Vertretern seiner Generation, jedoch führte die staatliche Steuerung zu Bürokratismus und Korruption sowie zu einer stagnierenden Wirtschaftsentwicklung und letztlich zu Ineffizienz.

Trotz dieser sozialistisch geprägten Ausrichtung bewahrte Indien während des Kalten Krieges seine Block- und Bündnisfreiheit, was seine Selbstachtung sowie sein internationales Ansehen stärkte.

Seit der Ermordung Gandhis im Jahre 1948 stand der Name Nehru für Indien. Der indische Schriftsteller und Diplomat Shashi Tharoor bezeichnete ihn als die »augenfälligste [...] Verkörperung des Freiheitskampfes«, als die »Inkarnation des indischen Unabhängigkeitsgedankens«. Als etwas schwermütiger und mitunter auch herrisch-brahmanisch geltender Politiker war Nehru ein überzeugter, unbestechlicher Demokrat, gegen den jedoch keiner bestehen konnte. Man verglich ihn und seine Politik mit dem großen Banyan-Baum, in dessen Schatten keine Pflanzen gedeihen können: 17 Jahre lang hatte er unangefochten an der Spitze des indischen Staates gestanden. Ihm ist der unermüdliche Aufbau der Demokratie mit ihren Institutionen sowie die Prägung eines säkularen Staates zu verdanken.

Die ersten Jahre nach der Erlangung der Unabhängigkeit wurden politisch somit von der Kongresspartei bestimmt, der sowohl Nehru als auch sein Nachfolger Lal Bahadur Shastri (1904–1966) sowie die Ministerpräsidentin Indira Gandhi (1917–1984), die Tochter Nehrus, angehörten. 1950 wurde nach langjähriger Diskussion schließlich die Verfassung der Indischen Union verabschiedet, die Indien als parlamentarische und föderale Republik im Commonwealth, allerdings mit der Betonung einer starken Zentralgewalt definierte. Zwischen 1954 und 1964 fand eine Neugliederung der kolonialen indischen Provinzen nach sprachlichen und kulturellen Kriterien statt. Die Wirtschaft wurde umgebaut und orientierte sich entsprechend Nehrus Vorliebe am sowjetischen Beispiel. Starre Planungsvorgaben (Fünfjahrespläne) und eine staatliche Förderung der Schwerindustrie spielten eine wichtige Rolle.

Indira Gandhi trat 1966 ein schwieriges Amt als Ministerpräsidentin an. Sie verdankte ihre Position hauptsächlich der Uneinigkeit hinsichtlich der Frage, wer ein geeigneter Führer der Kongresspartei nach Shastris Tod sei, sowie natürlich ihrer Herkunft. Ihr Name Gandhi half ihr in den nächsten Jahren vermutlich ebenfalls, Aufmerksamkeit zu gewinnen. Ihr Mann Feroze Gandhi war allerdings kein Verwandter des großen Gandhi.

Die sechziger und siebziger Jahre waren in Indien durch wirtschaftliche und politische Krisen geprägt. Indira Gandhi forcierte 1969 mit sozialistischer und kommunistischer Hilfe eine Spaltung der Kongresspartei. Aus ideologischen Gründen konnte sie die fortwährenden Zahlungen Indiens an die ehemaligen Maharadschas sowie eine Beibehaltung des Status quo der Banken nicht weiter vertreten. Mit der Einstellung der Zahlungen sowie der Verstaatlichung der Banken gewann ihr Flügel der Kongresspartei 1971 schließlich die Wahlen. Damit hatte sie den Höhepunkt ihrer Popularität erreicht. Der muslimische Maler Maqbool Fida Husain verewigte sie als Hindu-Muttergottheit.

Ihr populistischer Erfolg war zwar groß, doch konnte sie politisch weitreichende Ziele nicht durchsetzen. Es ist sogar zweifelhaft, ob Indira Gandhi überhaupt eine regelrechte Vision oder ein Programm hatte. Korruption und Arbeitslosigkeit stiegen unter ihrer Regierungszeit, was wiederum zu Protesten der Gegner führte. Als ihr das Amt als Ministerpräsidentin wegen Unregelmäßigkeiten beim Wahlkampf von 1971 aberkannt werden sollte, rief sie kurzerhand den Notstand aus und ließ ihre politischen Gegner verhaften. Neben einer Pressezensur verkündete sie auch ein Programm zur Förderung der einfachen Menschen, bestehend aus 20 Punkten, die unter anderem eine Verbesserung der Lebensbedingung auf dem Lande, die Aufhebung von Zwangsarbeit, Massenerziehung und eine städtische Erneuerung beinhalteten.

Viele dieser Punkte wurden nicht durchgesetzt, jedoch führten die rücksichtslosen Zerstörungen von Slums sowie das Programm der Zwangssterilisierung, Verhaftung und Folterung junger studentischer Aktivisten zu einem Vertrauensbruch zwischen dem Volk und der Nehru-Gandhi-Dynastie. So geriet 1977 die Kongresspartei erstmals in die Opposition. Die von der Janata-Partei geführte Regierung konnte sich aber nicht lange behaupten. 1980 gewann Indira Gandhi

erneut die Wahl und blieb bis zu ihrem Tod 1984 Ministerpräsidentin. Die Ermordung Indira Gandhis durch ihre Sikh-Leibwächter im
Oktober 1984 war eine direkte Folge der religiös-politischen Konflikte zwischen Sikhs und Hindus im Punjab sowie der von Gandhi
angeordneten Stürzung des Goldenen Tempels in Amritsar.

Auf Indira Gandhi folgte unvermittelt ihr Sohn Rajiv (1944–
1991), der keinerlei Regierungserfahrung hatte. Rajiv zeigte jedoch
einen Generationswechsel an. Ohne nennenswerte Erinnerung an die
britische Besatzungszeit war sein Blick auf den Westen nicht von vor-
eiliger Abneigung geprägt. Die Faszination für die westliche Technik,
die Bewunderung des wirtschaftlichen Fortschrittes und die politischen Freiheiten, die der Westen verhießen, ließen das sowjetische
System nicht mehr prinzipiell als vorbildlich erscheinen.

Im Gegensatz zu seiner Mutter zeigte sich Rajiv Gandhi auf-
richtig und überzeugt von seiner ihm eher zufällig anvertrauten
Aufgabe. Indien sollte aus der politischen Untätigkeit, aus der wirtschaftlichen Stagnation herausgeführt werden. Rajiv Gandhi wählte
bereits Schlagworte, die erst in den neunziger Jahre populär wurden:
Liberalisierung, Abbau der Bürokratie, Technologie, Moderne. Sein
Reformwillen fiel jedoch politischen Kompromissen mit dem Estab-
lishment zum Opfer.

Die politische Karriere Rajiv Gandhis ähnelt der seiner Mutter
verblüffend, hält man sich die großen Ereignisse vor Augen. 1989
von der indischen Bevölkerung abgewählt, sollte die ihn ablösende
»Anti-Kongress-Koalition« nur kurze Zeit bestehen. Nach ihrem
Zerfall und den anberaumten Neuwahlen, bei denen Gandhi für die
Kongresspartei kandidierte, wurde er 1991 durch die Bombe einer
tamilischen Separatistin aus Sri Lanka ermordet. Auch hierbei handelte es sich um eine politisch motivierte Tat.

Der Tod Indira Gandhis sowie der ihres Sohnes Rajiv verhinderte
in gewisser Hinsicht den drohenden Untergang der Nehru-Gandhi-
Dynastie. Erst durch ihr gewaltsames Ableben wurden den Indern
die Opfer, die dieser Familie im Namen der indischen Nation abver-
langt wurden, erneut bewusst. Daraus resultiert letztendlich auch
die mystische Aura, die sich um den Namen und die Mitglieder der
Dynastie gelegt hat. Von dieser Familie geht eine Anziehungskraft

aus, die wohl nur damit zu erklären ist, dass ihre Mitglieder wahrhaft nationale Figuren geworden sind, deren Zuspruch sich über Regions-, Religions- und Kastengrenzen hinaus erstreckt.

Die Polarisierung des politischen Lebens führte bereits Ende der achtziger Jahre zum Aufstieg der betont hinduistischen Bharatiya Janata Party (BJP), was eine Verschärfung der latenten Spannungen zwischen Hindus und Muslimen mit sich brachte. 1996 gewann die BJP erstmals eine Bundeswahl, und ihr Kandidat Atal Vajpayee wurde 1998 erster BJP-Ministerpräsident. Er blieb in diesem Amt bis zu seiner Abwahl im Jahre 2004. Seitdem regiert erneut die Kongresspartei, Ministerpräsident wurde Manmohan Singh. 2002 wurde mit Dr. Abdul Kalam erstmals ein Muslim indischer Staatspräsident.

Das Abstreifen und Überwinden der englischen Kolonialherrschaft hält nach fast 60 Jahren Unabhängigkeit noch immer an. Ein Beispiel dafür ist die Umbenennung der Städte Kalkutta, Bombay und Madras in Kolkata, Mumbai und Chennai in den Jahren von 1995 bis 2001. Die neuen Bezeichnungen, die zum Teil auf scheinbar alte Namen und Aussprachen zurückgehen, haben sich jedoch noch nicht vollends im indischen sowie im Bewusstsein des Auslands durchgesetzt. In Pakistan hingegen, das einen Tag vor Indien unabhängig wurde, bildete sich schon früh eine starke Position des Präsidenten heraus, der sich auf das mächtige Militär stützte. 1958 riss der General Ayub Khan (1907–1974) in einem ersten Staatsstreich die Macht an sich. In der Folge kam es immer wieder zu Militärputschen. Nach den zivilen Ministerpräsidenten Benazir Bhutto (*1953) und Nawas Sharif (*1949) putschte sich schließlich der General Pervez Musharraf (*1943) im Jahre 1999 an die Macht, die er bis zum heutigen Tage innehat.

Ebenso wie Indien besteht Pakistan aus völlig unterschiedlichen Kulturen und Sozialstrukturen im westlichen und im östlichen Landesteil, in dem die größten Teile der Bevölkerung leben. Bengali stellt die Volkssprache im Gangesdelta dar, während Urdu als offizielle Landessprache gilt. Die Muslimliga von Jinnah konnte sich aufgrund dieser Komplexität nicht als integrationsstiftende nationale Partei etablieren.

In der Folge des indisch-pakistanischen Krieges 1965 um Kaschmir verschärften sich die Auseinandersetzungen. Schließlich wurde 1971 mit der militärischen Unterstützung Indiens in Ostpakistan der souveräne Staat Bangladesch ausgerufen. Die militärische Unterstützung dieses Unabhängigkeitskampfes seitens Indien war nicht die einzige militärische Konfrontation zwischen den hinduistischen und muslimischen Staaten. Schon 1947 kam es zu einem Krieg um Kaschmir, der mit einem Teilrückzug Indiens endete. Der erneute Versuch Pakistans, ganz Kaschmir zu erobern, scheiterte 1965 durch militärische Erfolge Indiens. Unter dem Schatten der nuklearen Bedrohung – 1974 wurde in Indien der erste Atomsprengkopf gezündet – hat sich eine trügerische Ruhe zwischen den beiden Nationen ausgebildet.

Es sei noch kurz Sri Lanka erwähnt, das am 4. Februar 1948 von den Briten die Unabhängigkeit erhielt. Im unabhängigen Sri Lanka wird das politische Leben im Wesentlichen von der United National Party und seit 1956 auch von der Sri Lanka Freedom Party geprägt. So wie die Gandhi-Nehru-Dynastie in Indien bildeten sich auch in Sri Lanka demokratisch legitimierte Regierungsdynastien heraus.

1970 hatte Ceylon seinen Kolonialnamen abgelegt und sich offiziell in Sri Lanka umbenannt. 1971 wurde der Status eines englischen Dominion aufgegeben und das Präsidialsystem eingeführt. Bis zum heutigen Tag kämpft der Inselstaat mit massiven ethnischen Problemen zwischen den Singhalesen und den seit dem 13. Jahrhundert eingewanderten Wanderarbeitern, den so genannten Tamilen. Durch ein starkes Bevölkerungswachstum in der ersten Hälfte des 20. Jahrhunderts wurde die Frage einer Unabhängigkeit der Tamilen immer relevanter. Seit den siebziger Jahren wird sie zum Teil durch militante separatistische Bewegungen auch mit Gewalt und Terrorismus durchzusetzen versucht.

Indien, Pakistan und Sri Lanka haben seit der Unabhängigkeit eine deutliche Modernisierung erlebt, sich den Traditionen des Westens geöffnet und auch demokratische Gedanken verwirklicht, gleichzeitig aber versuchten sie, traditionelle Prinzipien und die eigene Identität beizubehalten.

Indien heute

Indien ist kulturell ein Kontinent voller Widersprüche, in dem man neben einer großen Aufgeschlossenheit gegenüber modernen Ideen in vielen Lebensbereichen auch geradezu defätistischen Gleichmut antrifft. In den 5000 Jahren der indischen Geschichte wurde durch intellektuelle und philosophische Eigenständigkeit und handwerkliches Geschick eine einzigartige Kultur und Gesellschaftsordnung geschaffen. Die unübersehbare Vielfalt von sozialen Schichten und Gruppen bildet ein spannungsgeladenes und dennoch fest zusammengeschweißtes Sozialgefüge. Die Entwicklung in Indien, die Sozialstruktur und Politik, die Kultur, Kunst und Philosophie hat natürlich viel mit der geographischen Lage des Subkontinents zu tun. Im Norden die majestätische Grenze des Himalaja-Gebirges, gefolgt von den fruchtbaren Ebenen des Ganges und des Indus. Diese Flüsse und der Brahmaputra stellen die Lebensadern Indiens dar und schaffen die vielfältigsten Landschaften, die das Kernland der indischen Zivilisation bilden. In diesem in sich geschlossenen Teil des Subkontinents, der etwa 1200 Kilometer in der Länge und 400 Kilometer in der Breite beträgt, entwickelte sich eine eigenständige Gesellschaftsordnung, die beispiellos ist. Die Koexistenz von althergebrachten und zeitgenössischen Glaubensvorstellungen, Lebensstilen und Arten des kreativen Ausdrucks wirkt sich in ihren Gegensätzen und manchmal sogar in einem erschreckenden Nebeneinander aus, was dem Leben in Indien eine außerordentliche Vitalität und bunte Intensität, ja geradezu Sinnlichkeit verschafft. Indien, das größte demokratische Land der Welt, ist in einer Phase des Übergangs in eine moderne Gesellschaft begriffen, die mit rapider Industrialisierung und sozialen Veränderungen inmitten von Armut noch eine Poesie des Pittoresken und enormen Reichtum an Tradition und Vielfalt aufweist.

Wenn man von Indien spricht, seine Geschichte, seine Geographie, seine Religionen und ethnischen Bevölkerungsgruppen betrachtet, dann ist es fast undenkbar, dass ein einziges indisches Nationalgefühl existiert. Nationalismus in Indien kann im Grunde genommen nur über einen Pluralismus definiert werden. Shashi Tharoor vergleicht Indien mit einem thali, einem Gericht, das aus vielen verschiedenen Schüsseln besteht, deren Geschmäcker jeweils unterschiedlich sind, bisweilen auch nicht zusammenpassen, jedoch zusammengehören, denn sie ergänzen einander. Nur durch diese Vielfalt wird das Essen zu einer befriedigenden Mahlzeit und von dieser Vielfalt lebt auch der Staat und das Nationalgefühl. Der indische Pluralismus findet seinen spezifischen Ausdruck ebenso im Säkularismus, der eben nicht die Abwesenheit von Religion vorschreibt, sondern im Gegenteil eine Fülle von verschiedenen Religionen als gleichberechtigt nebeneinander stellt, von denen keine staatlich privilegiert wird. 1947 wurde mit der Unabhängigkeit die Trennung von Religion und Staat festgeschrieben, eine Trennung, die schon in den Jahrhunderten zuvor mit kleinen Unterbrechungen praktiziert wurde und insofern als Tradition bezeichnet werden kann. Bestes Beispiel für den praktizierten Säkularismus ist, dass es, obwohl die indische Bevölkerung zu 82 Prozent aus Hindus besteht und Pakistan aus Gründen einer muslimisch-separatistischen Bewegung von Indien abgespalten wurde, bereits zwei indische Präsidenten gab, die Muslime waren, und momentan ein Sikh die Amtsgeschäfte führt. Darüber hinaus bekleiden Muslime, Parsen, Sikhs und Juden hohe Ämter im Staats- und auch im Militärwesen.

I. Wirtschaft

Innen

Seit Beginn der fünfziger Jahre war die indische Wirtschaft staatlich geplant. Es regierten die Babus, die indischen Bürokraten. Politiker kamen und gingen, die wahre Macht hielten die Beamten. Korruption grassierte. Unter Nehrus Tochter Indira Ghandi wurde eine allumfassende Regulierung geschaffen, die unter dem Namen license raj eine zweifelhafte Berühmtheit erlangte. Entsprechend hielten sich die wirtschaftlichen Zuwachsraten in engen Grenzen. Von 1950 bis 1980 erzielte Indien bei einem Bevölkerungswachstum von 2,2 Prozent ein durchschnittliches Wirtschaftswachstum von lediglich 3,5 Prozent pro Jahr. Nach dem Sturz Indira Ghandis 1977 machte sich die Janta-Regierung zögerlich ans Werk, die Wirtschaft langsam zu liberalisieren. 1982 konnte das Land die Unabhängigkeit in der Nahrungsmittelversorgung erreichen, ein wichtiges psychologisches Signal für die Bevölkerung des Subkontinents.

Doch während China ab den achtziger Jahren immer mehr ausländische Direktinvestitionen anzog, steckte Indien im Sumpf politischer Unruhen und ökonomischer Fehlplanungen fest. Indien verfügte schon damals über niedrige Lohnkosten, ein entwickeltes Rechts- und funktionierendes Finanzsystem sowie über hervorragende Wissenschaftler und englischsprachige Akademiker. Obwohl das Land seit dem Ende der siebziger Jahre Abstand von seiner selbstgewählten wirtschaftlichen Isolation nahm, ging die Öffnung gegenüber dem Weltmarkt aber nur schleppend voran.

Aufgrund seiner engen Verbindung zum Sowjetsystem, der starren Industriepolitik bis in die neunziger Jahre, der extremen Bürokratie und der politischen Instabilität galt Indien lange Zeit als nicht investorenfreundlich. In der damaligen Lizenzwirtschaft musste jede unternehmerische Tätigkeit umständlich genehmigt werden, jeder Winkel der Wirtschaft war bis ins kleinste Detail reguliert und mit Unmengen von bürokratischen Fallstricken gespickt.

Nach dem Ende des Kalten Krieges musste sich Indien auch wirtschaftspolitisch neu orientieren. Die Staatskassen waren damals so leer, dass das Land im Zuge der Kuwait-Krise durch explodierende Ölpreise und sinkende Devisenüberweisungen durch die indischen Fremdarbeiter im Nahen Osten an den Rand der internationalen Zahlungsunfähigkeit geriet. Indien musste die Hilfe des Internationalen Währungsfonds in Anspruch nehmen, im Gegenzug führte quasi kein Weg an einer Liberalisierung der Wirtschaft vorbei.

Seit 1991, als unter der Regierung Rao mit Finanzminister Manmohan Singh, dem heutigen Ministerpräsidenten, wirtschaftliche
Reformen eingeleitet wurden, ist Indien nun vollauf dabei, die verlorenen Jahre wieder aufzuholen. Das Lizenzsystem wurde weitgehend
abgeschafft, die Zölle von bis zu 400 Prozent auf durchschnittlich
28 Prozent im Jahr 2004 gesenkt, Einfuhrverbote gibt es kaum noch
und staatliche Monopole wie in der Telekommunikation, Luftfahrt
und Petrochemie wurden aufgebrochen.

Neben der Öffnung des Landes gegenüber der internationalen
Wirtschaft sind umfassende Privatisierungsmaßnahmen ein zweiter wichtiger Bestandteil der Reformvorhaben, die die Regierung
seit dem Beginn der neunziger Jahre in Angriff genommen hat.
Viele Unternehmen des staatlichen Sektors, die quer durch alle
Branchen generell übersetzt sind, haben aufgrund der staatlich vorgegebenen Preisgestaltung ohne Rücksicht auf Kosten
hohe Verbindlichkeiten angehäuft. Um das System aufrechtzuerhalten, wurde in der Vergangenheit vor allem an Wartung und
Ersatzinvestitionen gespart, was ein Grund für den desaströsen
Zustand des Infrastruktursektors Indiens ist. Dem Widerstand
der Gewerkschaften gegen Massenentlassungen begegnete man
vor allem durch eine exit policy der großzügigen Abfindungen, die
wiederum stark zu Lasten des Staatshaushaltes gegangen ist. Seine
massiven Haushaltsprobleme hat Indien bislang vor allem durch
Kredite gelöst, wobei ein Großteil des Volumens im Inland aufgenommen wurde.

Die bisher vollzogene Deregulierung der Wirtschaft ist allerdings nur an der Vergangenheit des Landes gemessen signifikant, im
internationalen Kontext ist Indien noch immer ein stark reguliertes
Land. Dennoch wächst die indische Wirtschaft mit durchschnittlich
knapp 6 Prozent seit den neunziger Jahren nun deutlich schneller als
mit den als »Hindu-Wachstumsrate« verspotteten durchschnittlich
3,5 Prozent vor der wirtschaftlichen Liberalisierung.

Zur Überraschung vieler Beobachter führt auch die seit 2004 regierende Kongresspartei die von der Vorgängerregierung BJP angefan-
gene Linie der Liberalisierung der Wirtschaftsstrukturen weiter. Sie
verfolgt jedoch gleichzeitig die Strategie, neben der rein wachstums-

orientierten Entwicklung auch Verteilungsgerechtigkeit zu erreichen und, in den Worten von Ministerpräsident Singh, eine »Globalisierung mit menschlichem Gesicht« zu verwirklichen. So sollen nach den Plänen der Regierung beispielsweise gewinnbringende Staatsunternehmen zunächst nicht privatisiert werden. Die Kongresspartei trägt damit den Interessen des Großteils ihrer Wähler Rechnung, der bislang nicht von den Wachstumsbranchen des Landes profitieren konnte.

Zwar leben derzeit noch immer 26 Prozent der 1,1 Milliarden Einwohner Indiens unterhalb der Armutsgrenze – das sind deutlich mehr als in China. Und noch immer finden über 600 Millionen Inder ihr Auskommen in der Landwirtschaft. Indien erwirtschaftet mit 17 Prozent der Weltbevölkerung bislang kaum 2 Prozent der globalen Wirtschaftsleistung. In China sind es bei 21 Prozent der Weltbevölkerung immerhin 5 Prozent.

Doch die Verhältnisse ändern sich: Steigende Einkommen und eine stetig anwachsende Mittelklasse führen dazu, dass in Indien ein gewaltiger Binnenmarkt entsteht. Nachdem viele Jahre lang gut ausgebildete indische Ingenieure und qualifizierte Spezialisten das Land verlassen haben, kehren nun immer mehr Fachkräfte zurück, weil sich die Aufstiegs- und Karrierechancen in ihrer Heimat deutlich verbessert haben.

Im Vergleich zu den asiatischen Tigerstaaten und China nahmen sich die indischen Wachstumsraten bis vor kurzem zwar immer noch recht bescheiden aus, dafür blieb das Land aber dank seiner vorsichtigen Währungspolitik von der asiatischen Finanzkrise der späten neunziger Jahre verschont.

Mit der zunehmenden Öffnung zum Weltmarkt konnte das reale Pro-Kopf-Einkommen Indiens in den letzten zehn Jahren um mehr als 50 Prozent gesteigert werden, trotz der niedrigen Ausgangsbasis ist dies eine bemerkenswerte Leistung. 2003 hat Indien erstmals ein Rekordwachstum von 8,5 Prozent verbuchen können und rückt seither zusehends ins Zentrum des internationalen Interesses. Auch 2004 lag das Wachstum immerhin bei beachtlichen 7,5 Prozent und konnte 2005 auf 8,1 Prozent gesteigert werden. Neben dem Ausbau der Infrastruktur ist die Konsumnachfrage mit einem

Plus von knapp 8 Prozent die wichtigste Triebkraft des indischen Wachstums.

Damit hat sich die Geschwindigkeit der wirtschaftlichen Expansion in den letzten drei Jahren deutlich beschleunigt. Die entscheidende Frage ist, ob es Indien gelingen wird, diese Entwicklung langfristig beizubehalten und womöglich noch weiter zu beschleunigen. In den vergangenen 25 Jahren lag das durchschnittliche indische Wirtschaftswachstum bei unter 6 Prozent, ein gleitender Fünf-Jahres-Mittelwert zeigt nur erstaunlich geringe Abweichungen. Zwar lagen die Wachstumsraten in den vergangenen drei Kalenderjahren jeweils über 7 Prozent, in den drei Jahren zuvor jedoch wurden lediglich durchschnittliche 4,7 Prozent erreicht. Somit könnte die jüngste Beschleunigung des Wachstums tatsächlich eher zyklischer als struktureller Natur sein. Andererseits sorgt die zunehmende Integration Indiens in die globale Ökonomie für eine nachhaltige Verstärkung der Wachstumsdynamik.

Geht es nach den Plänen der indischen Bundesregierung, soll das Wachstumstempo der indischen Ökonomie künftig noch stärker zulegen und das Bruttoinlandsprodukt (BIP) bis 2010 um jährlich bis zu 10 Prozent wachsen. Ministerpräsident Singh geht davon aus, dass dieser Wert in den kommenden Jahren zu erreichen sei, wenn es gelingt, die Effizienz der indischen Volkswirtschaft zu verbessern. Eine Schlüsselrolle dabei spielt die Verbesserung der Infrastruktur. Nimmt man die ungeheure Aufbruchstimmung, die in Indien herrscht, zum Maßstab, dürften diese Zahlen in der Tat erreichbar sein.

Internationale Institutionen beurteilen die Wachstumsaussichten Indiens zwar vorsichtiger, aber ebenfalls ausgesprochen positiv. Die Asiatische Entwicklungsbank (ADB) geht für die Fiskaljahre 2006/07 und 2008/09 von Wachstumsraten in Höhe von 7,6 und 7,8 Prozent aus, der Internationale Währungsfonds (IWF) schätzt den Zuwachs für 2006/07 mit 6,9 Prozent etwas konservativer ein. Entscheidende Faktoren für die nachlassende Dynamik werden laut IWF eine schwächere Binnennachfrage infolge des höheren Ölpreises und steigende Zinsen sein. Die wachsende Verbrauchernachfrage und steigende Energiepreise haben indes auch zu einer Ausweitung des

Leistungsbilanzdefizits 2005/06 auf 3,0 Prozent des BIPs geführt, das im laufenden Jahr 2006 bis zu 3,5 Prozent erreichen könnte und zu anhaltender Sorge an Indiens Kapitalmärkten führt. Trotz des hohen Wirtschaftswachstums war die Regierung bislang noch nicht besonders erfolgreich darin, die Arbeitslosigkeit nachhaltig abzusenken. Während die Löhne der High Potentials um bis zu 15 Prozent jährlich steigen und sich bereits ein massiver Engpass bei den gut ausgebildeten Nachwuchskräften abzuzeichnen beginnt, bleiben viele Menschen auf dem Land und ungebildete Tagelöhner in den Städten ohne Arbeit. Obwohl die Wirtschaft zwischen 1993/94 und 1999/2000 um durchschnittlich 6,5 Prozent im Jahr wuchs, legte die Beschäftigung lediglich um 1 Prozent jährlich zu. Die offizielle Arbeitslosenrate stieg im selben Zeitraum von 6 auf 7,3 Prozent. Im Sektor der produzierenden Industrie innerhalb des »organisierten Bereiches« der Wirtschaft, der 2001 insgesamt 27,8 Millionen Menschen umfasste, stagniert die Zahl der Beschäftigten bei wenig über 6 Millionen. Ursächlich ist unter anderem das restriktive Arbeitsrecht, das einen raschen Ausbau der arbeitsintensiven Industrien behindert. So können zum Beispiel Unternehmen mit mehr als 100 Beschäftigten nicht ohne weiteres Arbeitnehmer entlassen, was Neueinstellungen erschwert. Die Folge sind eine Verlagerung des Wachstums auf den nicht organisierten und kontrollierten Bereich der Wirtschaft und eine höhere Arbeitslosigkeit.

Inzwischen liegt die Erwerbslosenquote im Schnitt bei 9,1 Prozent. Zum Arbeitskräftepool von derzeit 470 Millionen Menschen kommen jedes Jahr weitere 20 Millionen junge Inder neu hinzu, das sind alle zwei Jahre etwa so viele wie die gesamte Erwerbsbevölkerung Deutschlands. Langfristig hohe Wachstumsraten und flexible Beschäftigungsverhältnisse sind daher unerlässlich, um eine wirksame Armutsbekämpfung zu ermöglichen.

Die relative Einkommensverteilung in Indien ist weniger drastisch ungleich und ähnelt derjenigen europäischer Staaten. Der Gini-Koeffizient, der den Grad der Gleichheit in der Einkommensverteilung bestimmt, lag in Indien 2005 bei 0,38, das ist höher als in Deutschland und niedriger als in den USA. Auch in China lag der Wert mit 0,45 deutlich höher.

Derzeit wächst das Pro-Kopf-Einkommen der indischen Bevölkerung um durchschnittlich 11 Prozent jährlich, was einer gewaltigen Wohlstandssteigerung gleichkommt. Seit der wirtschaftlichen Liberalisierung 1991 hat sich das nominale Pro-Kopf-Einkommen annähernd verdoppelt. Allerdings beträgt das durchschnittliche verfügbare Einkommen auch im Jahr 2005 lediglich rund 610 Dollar pro Jahr, viel zu wenig um substanziellen Konsum zu ermöglichen. Andererseits umfasst die kaufkräftige indische Mittelschicht schon heute 50 bis 150 Millionen Menschen, wobei die Definition hier stark von der einer europäischen Mittelschicht abweicht. Insofern sollte man sich von derzeit häufig auftauchenden Zahlen wie der einer 300 Millionen Menschen umfassenden »Mittelschicht« nicht verwirren lassen. Circa 75 Millionen indische Haushalte verfügen über ein Jahreseinkommen zwischen 1 000 und 4 000 Euro, 40 Millionen Haushalte über 4 000 bis 8 000 Euro jährlich. Diese rasch anwachsende Mittelschicht, die als extrem konsumfreudig gilt, ist der wahre Wachstumsmotor hinter dem indischen Aufschwung. 1,2 Millionen Haushalte haben ein jährliches Einkommen von zum Teil deutlich über 8 000 Euro. 23 US-Dollar-Milliardäre kommen heute schon aus Indien – das sind weit mehr als in China. Der vielleicht schillerndste unter den indischen Aufsteigern ist der in London lebende Stahlmagnat Lakshmi Mittal, der es 2005 auf Platz drei in der Liste der reichsten Männer der Welt geschafft hat.

Parallel zum Einkommenszuwachs der Bevölkerung wächst der indische Absatzmarkt mit Riesenschritten. Schon heute zählt Indiens Konsumgütermarkt zu den zehn größten der Welt, bis 2010 könnte er unter die Top fünf aufsteigen. In fast allen Bereichen ist das Marktpotenzial enorm. Die Unternehmensberatung McKinsey schätzt, dass sich beispielsweise das Volumen des Marktes für Autokomponenten bis 2015 verfünffachen wird. Bei den Indern mittlerer Einkommensschichten werden auch Fernreisen zusehends populärer. Entsprechend explosiv entwickelt sich die Tourismuswirtschaft – Touren nach »Europe with Indian Food« sind derzeit groß im Kommen. Auch der Versicherungsmarkt des Subkontinentes boomt. So wuchs das Prämienvolumen im Bereich Lebensversicherungen allein 2005 um 50 Prozent. Neben China gilt Indien damit als vielversprechendster Wachstumsmarkt.

Die Zusammensetzung der indischen Wirtschaftsleistung ist für ein Entwicklungsland ungewöhnlich. Aktuell trägt der Dienstleistungssektor 52,4 Prozent zum indischen BIP bei, ein bemerkenswert hoher Anteil, wie man ihn in der Regel nur in den höher entwickelten Volkswirtschaften der Industrieländer antrifft. Mit einem Rekordwachstum von 9,8 Prozent war der Dienstleistungssektor auch im abgelaufenen Fiskaljahr 2005/06 der wichtigste Wachstumsmotor der indischen Volkswirtschaft, wobei nicht nur der steigende internationale Bedarf an IT- und Outsourcing-Services eine Rolle gespielt hat, sondern auch die starke inländische Nachfrage. Der industrielle Sektor, der 26 Prozent der indischen Wirtschaftsleistung ausmacht, wuchs ebenfalls um stattliche 9 Prozent.

Die für den überwiegenden Teil der indischen Bevölkerung so wichtige Landwirtschaft konnte dank des günstigen Monsuns 2005 immerhin um 3,9 Prozent zulegen. Die relativ geringen Zuwächse im primären Sektor und die hohe Abhängigkeit vom Monsun reflektieren nach wie vor anhaltende Schwierigkeiten bei der Steigerung der Produktivität in der Agrarwirtschaft Indiens, die für die Armutsbekämpfung im Land eine entscheidende Rolle spielt.

Verantwortlich für die bemerkenswerte Wirtschaftsstruktur Indiens ist der ungewöhnliche Wachstumspfad des Landes. Nach dem allgemein anerkannten Modell von Fourastié entwickelt sich eine Volkswirtschaft nach folgendem Muster: Ein zunehmender industrieller Sektor verdrängt allmählich den Agrarsektor, wobei im Laufe der weiteren Entwicklung dann wiederum der Anteil des Dienstleistungssektors zunimmt, der seinerseits den Anteil des industriellen Sektors stabilisiert oder zurückdrängt. In Indien hingegen wurde in beeindruckender Art und Weise die Industrialisierungsphase zunächst übersprungen. Heute dominiert der Dienstleistungssektor mit einem Anteil von über 50 Prozent des BIPs die wirtschaftliche Struktur. Nach wie vor sind die Dienstleistungen der am schnellsten wachsende Wirtschaftssektor des Landes. Ein entscheidender Faktor für diese Entwicklung ist die Tatsache, dass Indien aufgrund seiner Kastenordnung schon immer eine arbeitsteilige Gesellschaft war, in der bestimmte wirtschaftliche Tätigkeiten von spezialisierten Kasten übernommen wurden. Hinzu kommt, dass der Dienstleistungssektor in Indien auch traditionell eine überragende Rolle gespielt hat. Der übliche Entwicklungspfad von der Agrargesellschaft über die Industriegesellschaft hin zur Dienstleistungsgesellschaft ist somit nicht auf Indien anwendbar. Die arbeitsteiligen Gesellschaften Südasiens haben im Grunde alle eine etwas andere Entwicklung genommen, als man sie nach herkömmlichem Verständnis erwarten würde. So hat auch in Pakistan der Dienstleistungssektor hinsichtlich der Wertschöpfung bereits in den sechziger Jahren den industriellen Sektor überholt und in den achtziger Jahren den Primärsektor als führendes Wirtschaftssegment abgelöst.

Die mangelnde Entwicklung des industriellen Sektors in Indien ist vor allem auf einen akuten Mangel an Kapital, eine ungenügende Infrastruktur und die Existenz zahlreicher starrer rechtlicher Vorschriften zurückzuführen. Dagegen konnten sich Unternehmen des Dienstleistungssektors unter Ausnutzung moderner Kommunikationstechnik und mit geringem Kapital-, dafür umso größerem Mitarbeiter- und Wissensinput erfolgreich auf dem Weltmarkt positionieren.

Kann Indien also ohne einen großen Industriesektor auskommen? Angesichts des steigenden Arbeitskräfteangebots und der zunehmenden Nachfrage nach Produkten des verarbeitenden Gewerbes infolge höherer Einkommen erscheint dies auf Dauer unwahrscheinlich. Der Boom des Servicesektors kann nicht darüber hinwegtäuschen, dass nur ein Bruchteil der indischen Bevölkerung darin Arbeit findet und das Wachstum weite Teile des Landes noch nicht erreicht hat. Die boomende IT-Branche des Landes, die 4,5 Prozent des BIPs erzeugt, beschäftigt lediglich 0,25 Prozent der Erwerbsbevölkerung. Damit ist sie nicht die Jobmaschine, die Indien braucht, um seine mehreren hundert Millionen weniger gut ausgebildeten Arbeitskräfte in Lohn und Brot zu bringen. In entscheidendem Maße hängt die weitere Industrialisierung des Landes vom Ausbildungsniveau der Landbevölkerung und dem Ausbau der Infrastruktur ab, die den physischen Transport von Gütern zu erschwinglichen Preisen überhaupt erst ermöglicht. Von einem Staat auf dem Weg zur postindustriellen Gesellschaft im herkömmlichen Sinne kann man trotz der überragenden Rolle des Dienstleistungssektors also noch nicht sprechen, vielmehr braucht Indien einen starken industriellen Sektor, um die wirtschaftliche Entwicklung auf eine breite Basis zu stellen und einen ausreichenden Jobpool für seine weniger gut ausgebildeten Arbeitskräfte des Niedriglohnsektors zu etablieren.

Trotz des Booms im Bereich der Dienstleistungen ist der Anteil der Beschäftigten in den drei Sektoren in den letzten Jahrzehnten relativ konstant geblieben: 60 Prozent der Erwerbsbevölkerung finden in der Landwirtschaft ihr Auskommen. Noch immer erzeugt der Agrarsektor 20 Prozent des indischen BIPs. Damit ist Indien im Grunde genommen nach wie vor ein Agrarland.

Der Entwicklung der Landwirtschaft kommt aus diesem Grund eine entscheidende Bedeutung zu. Seit der Unabhängigkeit des Landes hat sich die Bevölkerung mehr als verdreifacht. In den fünfziger und sechziger Jahren bieb die Nahrungsmittelproduktion zunächst hinter dem raschen Bevölkerungswachstum zurück, mehrfach konnten Hungerkatastrophen nur durch Nahrungsmittellieferungen aus den USA und anderen Ländern verhindert werden. Die in der Mitte der sechziger Jahre begonnene »Grüne Revolution«, die den Einsatz neu entwickelter Hochertragssorten, den Anbau von Monokulturen und intensive Düngung propagierte, sorgte für nachhaltige Ertragssteigerungen und trug dazu bei, dass Indien in den achtziger Jahren die Nahrungsmittelunabhängigkeit erreichte. Allerdings behindert bis heute vielfach die Verwaltung den landwirtschaftlichen Sektor. So schreiben viele indische Bundesstaaten den Bauern noch immer vor, ihre Waren an staatlich bestellte Zwischenhändler zu verkaufen, statt sie auf den örtlichen Märkten feilzubieten. Hinzu kommt, dass der indische Primärsektor durch fehlende landwirtschaftliche Infrastruktur und antiquierte Produktionsmethoden nach wie vor alljährlich den Launen des Monsuns unterworfen ist. In den letzten Jahren konnte die Produktivität des Sektors daher kaum erhöht werden. Die Steigerung der produktiven Effizienz durch den Ausbau der ländlichen Infrastruktur könnte das Ziel der Regierung, das Wirtschaftswachstum auf bis zu 10 Prozent zu erhöhen, zumindest in Sichtweite rücken. Schon heute ist Indien der zweitgrößte Erzeuger von Obst und Gemüse und produziert etwa 10 Prozent des weltweiten Obst- und 14 Prozent des weltweiten Gemüseoutputs. Der Anteil des Landes am globalen Handel mit landwirtschaftlichen Produkten ist dennoch mit lediglich 1 Prozent verschwindend gering. Mindestens 30 Prozent der Erzeugnisse verrotten, noch bevor sie den Markt erreichen, andere Schätzungen gehen gar von 60 Prozent aus. Der Grund dafür liegt in den ungenügenden Lagermöglichkeiten, dem Fehlen einer funktionierenden Kühlkette und unerschwinglichen Transportkosten aufgrund der schlechten Infrastruktur, die den Handel unrentabel machen. Wenn diese Hindernisse aus dem Weg geräumt würden, könnte sich Indien zu einem internationalen Exporteur für Frischprodukte entwickeln und den Lebensstandard seiner Landbevölkerung bedeutend anheben. Mit einer Spezialisierung auf dieses so genannte Agribusiness haben schon Länder wie Chile und Brasilien ein starkes Wirtschafts- und Wohlstandswachstum erreichen können.

Indiens privatwirtschaftliche Struktur zeichnet sich vor allem durch die Dominanz großer alteingesessener Familienunternehmen aus. Das Tata-Imperium beispielsweise, dessen 91 Tochtergesellschaften heute Autos bauen, Stahl und Chemikalien erzeugen, Handel und Mobilfunk betreiben und im Hotelleriebereich aktiv sind, gehört einer der ältesten und angesehensten Unternehmerdynastien Indiens. Der Respekt vor der Tradition und der Stolz auf die Vergangenheit sind in Indien allgegenwärtig. Die Familienunternehmen bieten Konstanz im Wandel und verfügen über hochloyale Mitarbeiter. Viele von ihnen haben sich zu schlagkräftigen, international agierenden Unternehmen entwickelt, die auf dem besten Weg an die Weltspitze sind. Hinzu kommen zahlreiche kleinere hochdynamische Firmen moderner Wirtschaftsbranchen. Viele dieser Unternehmen können auf dem Weltmarkt ohne Probleme mithalten und verfügen über eine ausgesprochen hohe Produktivität.

Ähnlich wie in China lassen sich auch in Indien stark divergierende Wachstumsraten in den verschiedenen Bundesstaaten beobachten. Dabei verzeichnen die Bundesstaaten im Süden und Westen des Landes ein sehr viel dynamischeres Wachstum als diejenigen im Norden und Osten. Der am schnellsten wachsende Bundesstaat ist Gujarat. Hier hat sich das BIP zwischen 1993 und 2006 mehr als verdoppelt. Ein wichtiger Faktor dabei ist die Effizienz der lokalen Behörden. So hat beispielsweise der bis 2004 amtierende Ministerpräsident von Andra Pradesh, Sri Nara Chandrababu Naidu, Hyderabad, die Hauptstadt des Bundesstaates mit einer Fülle von Steuervergünstigungen und Infrastrukturhilfen für Firmen und Forschungsabteilungen in eine der führenden High-Tech-Metropolen verwandelt. Mit billigerem Land und gutem Service warb er die multinationalen IT-Firmen von Standorten wie Bangalore ab, wobei auch die bestehende Forschungslandschaft mit zahlreichen erstklassigen akademischen Einrichtungen eine Rolle gespielt haben dürfte. Das einseitige Setzen auf moderne Industrien und die Vernachlässigung des zweiten Wachstumspfades, der Bekämpfung der Armut, wurde dem Ministerpräsidenten allerdings zum Verhängnis, als ihn Gegner vor allem von Seiten der Bauern 2004 aus dem Amt jagten.

Auch die Alphabetisierungsquote variiert regional stark. Eine wichtige Rolle beim Rückgang des Analphabetismus in der Bevölkerung spielt die zunehmende Verstädterung. Während in den modernen Bundesstaaten mit der raschsten Urbanisierung der Anteil der Analphabeten gegen null geht, können im ärmsten Bundesstaat Bihar noch nicht einmal 50 Prozent der Menschen lesen und schreiben.

Außen

Indien ist in nur geringem Maße in die internationale Wirtschaft integriert. Da die stärkere Einbindung in die Globalisierung jedoch ein entscheidender Faktor bei der Entwicklung der Wirtschaft Indiens ist, nimmt die Regierung seit einigen Jahren zunehmend Abstand von der bisherigen protektionistisch gefärbten Handelspolitik. Trotz seines Beitritts zur Welthandelsorganisation (WTO) im Jahr 1995 ist Indien nach wie vor eine relativ geschlossene Volkswirtschaft, in der der Außenhandel lediglich etwa 25 Prozent des BIPs beträgt. In China und anderen ost- wie südostasiatischen Ländern ist dieser Anteil mehr als doppelt so hoch. Ausfuhren machen bislang lediglich ein Zehntel des indischen BIPs aus, ein Bruchteil dessen, was andere asiatische Emerging Markets aufweisen. Auch das Zollniveau liegt in Indien mit durchschnittlich 28 Prozent im Jahr 2004 deutlich höher als beispielsweise in den ASEAN-Staaten. Dennoch wächst auch In-

diens Außenhandel rapide: Im am 31. März 2006 zu Ende gegange-
nen Fiskaljahr stiegen die Ausfuhren um 25 Prozent an, und das Land
exportierte erstmals Waren im Gesamtwert über 100 Milliarden US-
Dollar. Allerdings stiegen die Importe mit 32 Prozent noch rasanter
und kletterten auf 140 Milliarden US-Dollar an. Satte 30 Prozent der
Gesamtsumme entfallen dabei auf Ölimporte. Damit lag das Leistungsbilanzdefizit des Landes bei 3 Prozent des BIPs. Für das kommende Fiskaljahr sagt die ADB aufgrund weiter steigender Energiepreise und gleichzeitig größer werdender Nachfrage eine Ausweitung
auf bis zu 3,5 Prozent des BIPs voraus, was Märkte und Ökonomen
gleichermaßen besorgt.

Um das Defizit auszugleichen, muss Indiens Exportwirtschaft
künftig noch stärker wachsen. Die Industrieexporte des Landes
sind von 37 Milliarden US-Dollar im Jahre 2002 auf 54 Milliarden
US-Dollar im Jahre 2004 angestiegen und erreichten in den neun
Monaten von April bis Dezember 2005 66,4 Milliarden US-Dollar,
18 Prozent mehr als im Vorjahreszeitraum. Industrielle Exporte stellen somit drei Viertel aller indischen Ausfuhren. Das übrige Volumen
wird von der leistungsfähigen Dienstleistungsbranche erbracht. Soft-
ware- und Dienstleistungsexporte Indiens erreichten im Fiskaljahr
2005/06 23,6 Milliarden US-Dollar. Die Beratungsfirma McKinsey
rechnet damit, dass Indien bis zum Jahre 2015 mit 300 Milliarden
Dollar an Waren- und Dienstleistungsexporten einen Weltmarkt-
anteil von 3,5 Prozent erreichen kann – mehr als dreimal soviel wie
die derzeitigen 0,9 Prozent. Gerade im Bereich der qualifizierten Fertigung sollte Indien durchaus in der Lage sein, schnell zu China aufzuschließen. Günstige Lohnkosten und gut ausgebildete Mitarbeiter
bieten ideale Grundlagen für den Ausbau einer exportorientierten
Industrie. Ausländische Autohersteller wie Suzuki und Honda werden
bis zu 90 Prozent von lokalen Zulieferern versorgt, und dies mit hoher
Qualität. Noch aber schrecken ein nach wie vor schwer durchdring-
bares bürokratisches Dickicht und hohe Energie- und Transportkosten potenzielle Investoren von Indien als Herstellungsbasis ab.

Um die ambitionierten Wachstumsziele von 10 Prozent pro Jahr
zu erreichen, setzt die Regierung verstärkt auf eine intensive Wirt-
schaftsförderung. Dabei hat sie den hohen Mehrwert einer exportori-

entierten Strategie für die Wirtschaft erkannt und 2004 eine Politik angeregt, die darauf abzielt, Indiens Anteil am Handel mit Industriegütern innerhalb von fünf Jahren zu verdoppeln. In Zukunft sollen bestimmte Branchen im Rahmen einer aktiven Industriepolitik gefördert werden. Sektoren wie Elektronik, Software, Biotechnologie und Forschung & Entwicklung, aber auch Infrastrukturbranchen wie Stromerzeugung und Telekommunikation, sowie exportorientierte Unternehmen sollen durch steuerliche Anreize und Vergünstigungen intensiv gefördert werden. Zudem plant die Regierung, Zollformalitäten für Exporteure zu erleichtern und den Import von Maschinen für Agrarproduzenten zu ermöglichen. Außerdem errichtet Indien nach dem Vorbild Chinas Exportförderzonen, so genannte Special Economic Zones (SEZ), in denen ausländische Firmen bevorzugt investieren können. In diesen Zonen sind 100-prozentige ADI-Beteiligungen (ausländische Direktinvestitionen) erlaubt, die steuerliche Behandlung und Devisenpolitik sind transparenter und es gelten teilweise geringere Zollsätze für eingeführte Produktionsmittel. Ausländische Investoren profitieren zudem von einer besseren Stromversorgung und Infrastruktur. Schon China hat mit derartigen SEZ beeindruckende Erfolge erzielen können. Mindestens 75 derartige Zonen sind in Indien in Planung, mehr als zwölf davon schon jetzt in Betrieb.

Einen wichtigen Stellenwert in Indiens Außenhandelspolitik nimmt der seit 2004 verfolgte »Look East«-Ansatz ein, der den ideologischen Hintergrund für eine stärkere ökonomische Integration des Landes mit den ASEAN-Ländern sowie China, Japan und Korea liefert.

Das gespannte Verhältnis Indiens zu Pakistan und anderen Anrainerstaaten hat die indische Wirtschaft in der Vergangenheit in mehrfacher Hinsicht belastet. Dabei fielen weniger die Rüstungsaufwendungen ins Gewicht, als vielmehr der eingeschränkte Warenaustausch, der bislang nur einen Bruchteil des vorhandenen Potenzials realisiert. Trotz der Existenz der South Asian Association for Regional Cooperation (SAARC), einer Art Pendant zur südostasiatischen ASEAN, ist der intraregionale Handel für Indien unbedeutend. Nach offiziellen Angaben wickeln die sieben teilnehmenden Staaten lediglich etwa 4 Prozent ihres Außenhandels miteinander ab. Obwohl der tatsächliche Wert aufgrund des in der Region weit verbreiteten Schmuggels deutlich höher sein dürfte, ist dieser Anteil dennoch verschwindend gering. Grundsätzlich haben sich die Mitgliedsländer der SAARC darauf geeinigt, langfristig auf die Errichtung einer südasiatischen Freihandelszone hinzuarbeiten. Eine derartige Entwicklung würde dem Handel in der Region einen entscheidenden Schub geben. Ein erster Schritt in diese Richtung wurde bereits mit einem bilateralen Freihandelsabkommen zwischen Indien und Sri Lanka unternommen. Auch sind die Investitionen indischer Unternehmen in den südasiatischen Nachbarstaaten in den letzten Jahren deutlich angestiegen. So hat beispielsweise der Tata-Konzern ein Investitionspaket über mehr als 2 Milliarden US-Dollar für Bangladesch angekündigt, während eines von Tatas Tochterunternehmen die Errichtung eines IT-Schulungs-Instituts in Pakistan plant.

Im Bereich der ADI liegt Indien noch immer deutlich hinter Ost- und Südostasien. Im abgelaufenen Fiskaljahr 2005/06 lag der Wert der ADI in Indien bei etwas über 5,5 Milliarden US-Dollar – weniger als 10 Prozent der 60,3 Milliarden, die 2005 nach China flossen. Damit entfallen lediglich 0,8 Prozent der globalen ADI-Ströme auf Indien. Eine höherer Anteil an ADI ist für Indien jedoch entscheidend, um die Investitionsquote von derzeit rund 30 Prozent auf bis zu 40 Prozent des Bruttosozialprodukts zu steigern und damit ein höheres Wachstum von 8 bis 10 Prozent erreichen zu können.

Bislang setzt Indien auf die globale Nische einer sehr anpassungsfähigen Dienstleistungsindustrie, wobei sich die Deregulierung nur auf wenige Bereiche, wie beispielsweise den IT-Sektor, konzentriert. Nicht zuletzt deswegen ist die Infrastruktur in einem katastrophalen Zustand und die Industrialisierung noch längst nicht so weit vorangeschritten wie gewünscht. Nach wie vor spielen die mächtigen Gewerkschaften eine entscheidende Rolle auf dem regulären Arbeitsmarkt, häufige Streiks verschlechtern das Investitionsumfeld. Der informelle Sektor, geölt durch Korruptionszahlungen, beherrscht das gesamte Wirtschaftsleben. Immer noch stehen einem stärkeren ausländischen Engagement Beteiligungsbeschränkungen und hohe Importzölle entgegen.

Inzwischen hat die Regierung die Defizite erkannt und begonnen, Investoren durch einen erleichterten Einstieg an den Standort Indien zu locken. Mit Ausnahme von nationalem Einzelhandel, weiten Teilen der Landwirtschaft und einigen sicherheitssensiblen Sektoren können sich ausländische Investoren mittlerweile in allen Branchen Indiens betätigen. Noch bestehen allerdings zahlreiche Kapitalver-kehrsbeschränkungen. In einigen Sektoren wie beispielsweise bei öffentlichen Banken sind ausländische Engagements auf 20 Prozent begrenzt. Allerdings werden diese Beteiligungsschranken für Inves-titionen nach und nach liberalisiert und angehoben. Bei Bau- und bestimmten Infrastrukturprojekten können sich ausländische Unter-nehmen schon jetzt vollkommen ohne indischen Partner engagie-ren. In anderen Bereichen wie bestimmten Finanzdienstleistungen, Logistik und Printmedien sind 100-prozentige ADIs ebenfalls bereits zugelassen. Der Anteil der 100-prozentigen Töchter steigt dement-sprechend kontinuierlich an und liegt derzeit bereits bei mehr als 30 Prozent der ausländischen Projekte in Indien.

Auch im Hinblick auf bürokratische Rahmenbedingungen für Investoren hat sich einiges getan, beispielsweise mit der Einführung des elektronischen Genehmigungsverfahrens. Im ADI Confidence Index der Strategieberatung A. T. Kearney, der das Meinungsbild von Managern führender Unternehmen wiedergibt, hat Indien daher 2005 erstmals die USA überrundet, um nach China das zweitattrak-tivste Zielland für ADI zu werden. Der Großteil der Investitionen ausländischer Investoren geht dabei nach Neu-Delhi und Bombay, wo die meisten internationalen Konzerne ihren Sitz haben.

Im Zuge des Besuchs von US-Präsident Bush in Indien Anfang März 2006 bezeichneten sich Indien und die USA nicht nur als »brothers in democracy«, sondern diskutierten auch umfassende Wachstums-chancen für die Wirtschaft und die Betätigung amerikanischer Unternehmer. In der Tat ist die Bilanz der Amerikaner, was ADI in Indien betrifft, vergleichsweise mager. Dabei gibt es gute Gelegen-heiten für US-Firmen, in Indien zu investieren sowie die Vorteile der Liberalisierung und der neuen indisch-amerikanischen Partnerschaft zu nutzen. Derzeit läuft in indischen Zeitungen eine große Anzeigenkampagne der CII (Confederation of Indian Industry) mit dem Motto: »India and USA. Natural partners.« »US forty billion of bilateral trade in products in services going to 100 US billion and beyond« wird darin angekündigt. Der derzeitige Handel zwischen Indien und den USA, der knapp 40 Milliarden US-Dollar erreicht, soll innerhalb der nächsten fünf Jahre auf 100 Milliarden US-Dollar gesteigert werden.

Platz drei bei den ausländischen Investoren geht mit rund 2 Milliarden US-Dollar kumulierter Direktinvestitionen an Japan, das seine Wirtschaftsaktivitäten in Indien vor allem vor dem Hintergrund des instabilen Verhältnisses zu China in den letzten Jahren deutlich verstärkt hat.

Während angelsächsische Unternehmen Indien unter anderem wegen der geringeren Sprachbarrieren vor allem als Dienstleistungsplattform nutzen, gewinnt Indien zunehmend auch als industrieller Standort an Bedeutung. Primär nutzen multinationale Unternehmen hierbei die niedrigen Löhne und den großen Pool qualifizierter Ingenieure. Bislang wurde der Subkontinent aufgrund seiner ausgezeichneten Wissenschaftler oft als Forschungs- und Entwicklungsstandort geschätzt, allmählich kommt das Land aber auch als Fertigungs- und Exportbasis ins Gespräch. Beispielhaft dafür sind die 14 Siemensfabriken im Land, die ihren Ausfuhranteil in den letzten drei Jahren von 0 auf 15 Prozent erhöht haben, 30 Prozent sollen es in den kommenden Jahren werden. Vor allem die Märkte Südasiens und der Golfregion, die durch die Milliarden an Petrodollars einen enormen Boom durchleben, lassen sich dabei von Indien aus gut bedienen.

Die Ausgangsfaktoren sprechen für Indien – für die Zukunft ist ein sprunghafter Anstieg ausländischer Investitionsströme zu erwarten. Allein Microsoft hat angekündigt, in den kommenden vier Jahren 1,7 Milliarden US-Dollar in Indien investieren zu wollen.

Die größten Handy-Hersteller der Welt, Nokia, Ericsson, LG, Samsung und Motorola, wollen bis 2007 Produktionskapazitäten im Wert von 1 Milliarde US-Dollar in Indien errichten, der südkoreanische Chipproduzent Intellect baut eine 600 Millionen US-Dollar teure Fabrik in Hyderabad. Auch deutsche Investoren fassen immer stärker Fuß. Metro will nach der erwarteten Erteilung einer Groß-

handelslizenz im Laufe des Jahres 2006 diverse Hypermärkte errichten. Die Deutsche Bank, die marketingtechnisch in Indien bereits sehr
präsent ist, bereitet sich auf den Einstieg ins Privatkundengeschäft
vor und möchte Mehrheitsbeteiligungen an verschiedenen indischen
Banken erwerben. Auch die Allianz steht in den Startlöchern für eine
Intensivierung ihres Indien-Engagements. Deutsche Industrieunter-
nehmen expandieren ebenfalls in großem Stil auf dem Subkontinent.
So hat Siemens weitere Investitionen in Höhe von 500 Millionen
US-Dollar bis 2009 angekündigt, Bosch weihte Anfang 2006 sein
neues Werk für Dieseleinspritzsysteme in Bangalore ein, dem Inves-
titionen von fast 100 Millionen US-Dollar vorausgegangen waren.
Der Autozulieferer reagiert damit auf die explodierende Nachfrage
in Indien und will mit dem Werk mehrere Großaufträge indischer
Firmen bedienen.

Der Finanzminister Chidambaram verspricht sich bis zum Jahr
2015 150 Millionen US-Dollar an ausländischen Direktinvestitionen. Nicht zu Unrecht konstatiert er, dass kein Land der Erde so
viele Investitionen wie Indien benötigt. Vor allem in Bezug auf die
Infrastruktur, wie Flughäfen, Kraftwerke, Autobahnen und Häfen
trifft dies zu. Hier sind allerdings nicht nur ausländisches Kapital,
sondern auch heimische Konzerne gefragt.

Ähnlich wie in China verlaufen die bis vor wenigen Jahren obligatorischen Joint-Ventures mit einheimischen Partnern nicht immer
glücklich. Das deutsche Logistikunternehmen Schenker etwa wagte
sich über ein Joint-Venture in den Markt – und kaufte die Anteile
seines Partners schließlich zum sechsfachen Preis zurück. Ähnliches
musste die Wella AG erleben, die 1999 den Sprung nach Indien
machte und mit dem indischen Partner JL Morison ein 74:26-Joint-
Venture etablierte. Trotz steigender Umsätze warf das Projekt kein
Geld ab, und Wella kaufte letztendlich seinen Partner zu einem deutlich überhöhten Preis aus.

Auch in Indien empfiehlt es sich, keinen Markteintritt um jeden
Preis anzustrengen und das Engagement im Vorfeld genauestens zu
planen. Im Gegensatz zu China erwirtschaften die meisten indischen
Ableger multinationaler Konzerne in Indien allerdings in kürzester
Zeit schwarze Zahlen und hohe Renditen. Bajaj Allianz, die indische

Tochter der Allianz AG erzielte schon im ersten Geschäftsjahr einen Nettogewinn. Mit länderspezifischen Innovationen wie einer Versicherung für bei Pilgerreisen benutzte Esel erzielt der Konzern hohe zweistellige Eigenkapitalrenditen.

Die entscheidenden Investitionsbremsen, die eine Expansion ausländischer Firmen im großen Stil in Indien derzeit behindern, sind neben der unzulänglichen Infrastruktur die hohen bürokratischen Hürden. Trotz des ungeheuren Marktpotenzials des Landes und der schrittweisen Verbesserungen im Investitionsumfeld gelten die Rahmenbedingungen in Indien noch immer als nicht investorenfreundlich. In der Doing-Business-Umfrage der Weltbank schneidet Indien als Investitionsstandort in der Praxis schlecht ab. Mehr als 71 Tage muss man einplanen und elf bürokratische Schritte überwinden, bevor man ein Unternehmen starten kann. In den anderen südasiatischen Staaten waren es durchschnittlich nur 35 Tage und 7,9 Schritte. Bei Import- und Exportregularien und -kosten, Beschaffung von Betriebserlaubnissen und der Durchsetzung kommerzieller Verträge liegt Indien ebenfalls stets unter dem südasiatischen Durchschnitt – trotz des Endes der Lizenzwirtschaft, der allumfassenden Regulierung vor mehr als zehn Jahren. Korruption ist ebenfalls ein alltäglich präsentes Ärgernis in Indien. Auf dem Korruptionsindex 2005 von Transparency International erreicht das Land unter 146 Ländern Platz 88. Der Polizei- und Justizapparat ist teilweise genauso korrupt wie die Politiker und sie arbeiten oft Hand in Hand. Wenn es der nächsten Generation nicht gelingt, der Korruption Herr zu werden, dann steht Indiens Seriösität für Investoren auf dem Spiel, gleichzeitig werden inländische Wirtschaftsaktivitäten behindert.

Ausländische Investoren sehen sich zudem mit einem nicht unerheblichen Währungsrisiko konfrontiert.

Dennoch: trotz aller Negativaspekte sorgt die boomende Binnennachfrage dafür, dass multinationale Unternehmen zunehmend positiv über ein Engagement in Indien nachdenken und internationale Konzerne verstärkt Produktionskapazitäten im Land aufbauen. Einer der wichtigsten Erfolgsfaktoren ausländischer Investoren ist die Investition in einheimische Mitarbeiter. Lokale Manager können bei der Auswahl und Umsetzung der Geschäftsstrategie auf dem Subkontinent und durch ihre Beziehungen vor Ort von größter Bedeutung für den Unternehmenserfolg sein. Der Begriff »employee« verbreitete sich in Indien erst mit der Ankunft der Engländer, davor sprach man meist von »member«, ein Indiz dafür, dass Inder ihr Unternehmen als Familie verstehen. Dennoch ist die Mitarbeiterfluktuation vor allem qualifizierter Facharbeiter dank boomender Nachfrage vergleichsweise hoch. Mit attraktiven Weiterbildungs- und Entwicklungsmöglichkeiten sowie Incentives können Investoren hier vorbeugen. Generell herrschen ein ausgeprägtes Hierarchiedenken und hohe Achtung vor dem Alter, was ausländische Unternehmer mit ins Kalkül nehmen sollten.

Von größter Wichtigkeit sind zudem persönliche Beziehungen und eine langfristige Strategie. Ähnlich wie in China sind halbherzige Engagements auch in Indien zum Scheitern verurteilt.

Zudem müssen gerade im überaus nationalbewussten Indien Produkte stark an den Markt angepasst werden, um erfolgreich zu sein. So verkaufte die Coca-Cola-Company in Indien nur sehr wenig von ihrem Flaggschiff Coca-Cola und musste zähneknirschend wieder die lokale Marke Thumbs Up einführen, die süßer und intensiver schmeckt. DHL ist überaus erfolgreich mit Indien-spezifischen Angeboten wie dem University Express, der den 200 000 Studenten, die sich jedes Jahr in Indien an Universitäten im Ausland bewerben, eine schnelle Lieferung und Sendungsverfolgung anbietet. Der Logistikdienstleister ist mit einem Marktanteil von über 50 Prozent und zahlreichen lokalspezifischen Dienstleistungen die unbestrittene Nummer eins auf dem indischen Markt.

Ähnlich erfolgreich ist auch Nokia mit einer indischen Variante seiner Mobiltelefone, die wegen einer eingebauten Taschenlampe besonders bei den hunderttausenden Fernfahrern beliebt ist, die auf den schlecht beleuchteten Straßen des Landes Rast machen. Der schwedische Konzern Electrolux vertreibt auf dem Subkontinent mit seinem Biljee-Kühlschrank ein Modell, das durch eine integrierte Batterie bis zu zwölf Stunden ohne Strom auskommt – perfekt für das indische Hinterland, das häufig von längeren Stromausfällen geplagt wird. Global einheitliche Produkte sind insofern für Indien eher ungeeignet.

Hinzu kommt, dass der stark fragmentierte Einzelhandel speziell abgestimmte Vertriebsstrategien erfordert. Noch werden 95 Prozent des Marktes über etwa zwölf Millionen kleine Einzelhändler abgewickelt, moderne Verkaufsformate wie Supermärkte sind noch weitgehend unbekannt. Wegen seines riesigen Marktpotenzials und der kaum entwickelten Einzelhandelsbranche gilt Indien mit seinen mehr als 30 Millionenstädten bei multinationalen Handelskonzernen schon jetzt als der derzeit attraktivste Investitionsstandort. Zu diesem Schluss kommt auch eine Studie der Strategieberatung A. T. Kearney, auf deren Global Retail Development Index Indien kürzlich Russland vom ersten Platz verdrängt hat.

Weil bislang noch immer eine von 25 Familien mit dem indischen Pendant des Tante-Emma-Ladens ihren Lebensunterhalt bestreitet, geht die Öffnung des Marktes aber nur langsam vonstatten. Metro, Tesco, Wal-Mart und Carrefour – sie alle sind bereits in Indien aktiv und stehen in den Startlöchern, um bei einer weiteren Öffnung des Landes massiv zu expandieren. Die bisherige Versorgungskette des Einzelhandels über zahllose Zwischenhändler muss dringend verbessert werden. Derzeit landen die Waren erst nach fünf bis sechs Stationen im Regal, entsprechend verdirbt rund ein Viertel der Lebensmittel im Laufe der Handelskette. Die Qualität der Fisch- und Fleischprodukte ausländischer Anbieter ist daher oft deutlich besser als die der indischen Zulieferer. Zudem bieten die ausländischen Ketten den Vorteil fester Preise, während die indischen Zwischenhändler die Preise für ihre Produkte täglich neu gestalten. Um der ausländischen Konkurrenz zuvorzukommen, etabliert gegenwärtig auch die inländische Reliance Group eine großdimensionierte Supermarktkette. Ein wichtiger Schritt auf dem Weg zur Marktliberalisierung war die Lockerung der Beschränkungen für den markenspezifischen Einzelhandel. Bisher konnten internationale Handelskonzerne nur über Franchise-Vereinbarungen mit lokalen Partnern im Land operieren, seit Januar 2006 aber können globale Marken wie Nokia, Reebok und Gucci ihre eigenen Läden mit 51-prozentiger Beteiligung in Indien betreiben. Dabei fasst die indische Regierung ins Kalkül, dass die Öffnung des Marktes für ausländische Handelsketten umfangreiche Investitionen in Transportwege und Lagerkapazitäten nach sich ziehen könnte.

Für die internationale Automobilindustrie hat Indien sowohl als Herstellungsbasis als auch als Absatzmarkt enormes Potenzial. 2004 wurden eine Million Fahrzeuge im Wert von 4 Milliarden Euro auf dem Subkontinent abgesetzt, rund doppelt so viel wie fünf Jahre zuvor. Fast alle lagen im Preissegment unter 10 000 Euro. 42 Prozent davon entfallen auf die indische Tochter Maruti Udyog des japanischen Suzuki-Konzerns. Danach folgt mit 18 Prozent Tata Motors, Teil des indischen Tata Konglomerats, das als erfolgreichstes Wirtschaftsimperium des Landes im Wirtschaftsjahr 2004/05 17,6 Milliarden US-Dollar umsetzte. Insgesamt bedienen einheimische Hersteller knapp 70 Prozent des Marktes. Die Unternehmensberatung Booz Allen Hamilton prognostiziert, dass das Land bis 2015 mit 3,5 Millionen verkauften Autos zum fünftgrößten Markt der Welt aufsteigen wird. Nach China entdecken deshalb immer mehr internationale Autobauer den Subkontinent. Mit 1 800 verkauften Fahrzeugen im Jahr 2004 beherrscht Mercedes nach eigener Aussage gegenwärtig 80 Prozent des indischen Luxussegments. Auch Volkswagen und Audi planen, eine Produktion vor Ort aufzubauen, die koreanische Hyundai will bis 2008 500 Millionen US-Dollar in indische Produktionskapazitäten investieren. Hochburg der Industrie ist das südindische Madras, in dem 50 Prozent der indischen Automobilkomponenten produziert werden.

Was Investitionen indischer Unternehmen im Ausland anbelangt, liegt das Land schon heute deutlich vor den anderen so genannten »BRIC-Staaten« Brasilien, Russland und China. 192 Übernahmen stemmten indische Unternehmen im Jahr 2005 im Ausland, 2002 waren es lediglich 28. Der bislang größte internationale Coup gelang dem Branchenprimus des Stahlsektors: Die Ankündigung von Stahlmagnat Lakshmi Mittal, den europäischen Konkurrenten Arcelor für 23 Milliarden Euro übernehmen zu wollen, schlug auf dem Weltwirtschaftsforum 2006 in Davos wie eine Bombe ein. Wenn die Übernahme abgeschlossen ist, wird Mittal Steel, der als einziger Stahlkonzern in allen Teilen der Welt vertreten ist, zum mit Abstand größten Stahlimperium der Erde avancieren. Der rasante Aufstieg der indischen Konzerne im globalen Wettbewerb sorgt für großen Stolz im Land. Gleichzeitig ist er auf frappierende Art und Weise ein Synonym für den verzweifelten Überlebenskampf des »Old Europe«. Die Mittals gehören dabei zu einer der selbstbewussten dynamischen neuen Unternehmerdynastien, denen in Europa zunehmend protektionistische Töne entgegenschlagen. Ob Protektionismus den Vormarsch der Inder stoppen kann ist allerdings mehr als fraglich. Nach einer Studie der Boston Consulting Group haben indische Unternehmen dank exzellentem Management und der Fähigkeit, Trends frühzeitig zu erkennen und zu nutzen, das Potenzial, mit ihren Übernahmen die gesamte globale Wirtschaft zu revolutionieren.

Gerade Deutschland spielt für indische Unternehmen als Tor nach Europa eine wichtige Rolle, nachdem die deutsche Greencard für IT-Experten kaum indische Spezialisten ins Land locken konnte. So wurden im Jahr 2005 30 deutsche Unternehmen von indischen Firmen übernommen. Dazu gehörte der Polyesterproduzent Trevira, den Reliance aufkaufte, der Automobilkomponentenhersteller Zelter wurde von Amtek Auto übernommen und Bahrat Forge erwarb den Zulieferer Carl Dan Peddinghausen. Die Akquisition der deutschen Betapharm durch die indische Dr. Reddy's mit einem Volumen von 480 Millionen Euro stellt einen vorläufigen Höhepunkt des indischen Engagements in Deutschland dar, aber die Investitionswelle wird auch in Zukunft weiterrollen. Die Tradition deutsch-indischer Wirtschaftskontakte reicht schon mehr als fünfhundert Jahre zurück, als Kaufleute aus Augsburg und Nürnberg mit Schiffen nach Indien fuhren, um eine Handelsroute entlang des Kap Hoorn aufzubauen. 1854 und 1855 öffneten in Bombay und Kalkutta zwei preußische Konsulate ihre Pforten, eine ständige Schiffsverbindung zwischen Indien und Hamburg beförderte den stetig zunehmenden Warenaustausch. Auch in jüngerer Zeit wächst der bilaterale Handel im Zuge der allmählichen Öffnung Indiens zum Weltmarkt mit Riesenschritten: 2005 legte er um 21,6 Prozent auf 7,6 Milliarden Euro zu, und wies damit ein doppelt so hohes Volumen auf wie noch fünf Jahre zuvor. Damit entspricht er etwa einem Sechstel des deutsch-chinesischen Handels. Im Gegensatz zur chinesischen fiel die Handelsbilanz mit Indien 2005 allerdings positiv für Deutschland aus: Waren im Wert von 4,2 Milliarden Euro konnten deutsche Unternehmen in den Subkontinent exportieren, gegenüber 3,4 Milliarden Euro an Gütern und Dienstleistungen, die aus Indien eingeführt wurden. Mit dem rapiden wirtschaftlichen Wachstum des Landes entsteht ein immer größer werdender Markt auch für deutsche Unternehmen. Vor allem die Maschinenbaubranche kann vom Boom in Indien profitieren und eine kontinuierlich wachsende Nachfrage verzeichnen. Um satte 43 Prozent schossen die Lieferungen der Branche nach Indien im vergangenen Jahr in die Höhe und konnten so den Rückgang der Nachfrage in China teilweise auffangen.

In der Vergangenheit war Indien eines der Hauptempfängerländer deutscher Entwicklungshilfe. Insgesamt 8 Milliarden Euro sind in den letzten 50 Jahren von Deutschland in den Subkontinent geflossen. Angesichts der wachsenden Präsenz des Landes in der globalen Wirtschaft mehren sich indes die Stimmen, die Zahlungen einzufrieren. Allerdings hat Deutschland bei den Entwicklungshilfezahlungen auch bilaterale Interessen im Auge: deutsche Firmen haben gute Chancen, die ausgeschriebenen Projekte zu gewinnen.

Deutsche Unternehmen haben eine lange Tradition in Indien: Von 1867 an errichtete Siemens die indisch-europäische Telegraphenlinie zwischen Kalkutta und London, Bayer eröffnete 1896 seinen ersten Produktionsstandort in Indien. Selbst während der langen Jahre der Wirtschaftskontrollen waren deutsche Unternehmen in Indien präsent, wenn auch in begrenztem Maße. Die deutsche Handelskammer in Indien ist die weltweit größte Außenhandelskammer und mit fünf Niederlassungen und 16 Repräsentanzbüros auch Indiens mitgliederstärkste Kammer.

Das Volumen der kumulierten deutschen Direktinvestitionen von August 1991 bis März 2006 beläuft sich auf etwa 1,58 Milliarden US-Dollar. Obwohl weitere Milliardeninvestitionen angekündigt wurden, verdeutlicht die Zahl doch, dass Indien für deutsche Unternehmen als Investitionsstandort bisher so gut wie keine Rolle gespielt hat. Bürokratische Hindernisse, Infrastrukturprobleme und Verzögerungen im überfrachteten Genehmigungsverfahren waren bislang die Hauptgründe für diesen Zustand. Trotz aller Vernachlässigung: Von April 2005 bis März 2006 hat sich das Volumen der deutschen Direktinvestitionen auf 303 Millionen US-Dollar im Vergleich zum

Vorjahr mehr als verdoppelt. Damit ist Deutschland inzwischen wieder der viertwichtigste Investor auf dem Subkontinent.

Bislang sind rund 200 deutsche Unternehmen mit indischen Tochtergesellschaften auf dem Subkontinent aktiv, viele davon überaus erfolgreich. Hinzu kommen über 600 deutsch-indische Joint-Ventures. Geographisch konzentrieren sich die deutschen Investitionen auf die Stadt Bombay, das Finanzzentrum des Landes. Knapp ein Drittel der deutsch-indischen Joint-Ventures befindet sich dort. Ebenfalls wichtiger Standort ist die Landeshauptstadt Neu-Delhi sowie der Bundesstaat Karnataka, Sitz des indischen Silicon Valley Bangalore. 80 Prozent der deutschen Unternehmen in Indien sind dem Bereich der verarbeitenden Industrie zuzurechnen und kommen vornehmlich aus den Sektoren Elektrotechnik, Maschinenbau, Autozuliefer- und Chemieindustrie. Konzerne wie DaimlerChrysler, BMW, Siemens, Bayer, Allianz, ThyssenKrupp und SAP expandieren im großen Stil auf dem Subkontinent. Obwohl ausländische Engagements in Indien in der Regel ausgesprochen erfolgreich sind und auch kleinere Unternehmen auf der Suche nach kostengünstigen Produktionsstandorten zunehmend die Vorzüge Indiens entdecken, engagieren sich deutsche Mittelständler noch immer zögerlich auf dem indischen Markt: Nach 199 Millionen Euro Investitionen 2004 sank ihr Anteil 2005 auf 135 Millionen ab.

Dabei gelingt es gerade deutschen Unternehmen, sich mit Qualität und Reputation auf dem indischen Markt überaus erfolgreich zu positionieren. Dient China den deutschen Unternehmen vorwiegend als Herstellungs- und Exportbasis, so verfolgen deutsche Investoren in Indien eine auf den lokalen Absatzmarkt orientierte Strategie. Während in China viele der internationalen Unternehmen, die ihre Strategie auf den lokalen Absatzmarkt ausgelegt haben oftmals in wirtschaftlichen Schwierigkeiten stecken, können Unternehmen in Indien mit dieser Politik häufig gut verdienen. Nach Angaben der Industrie- und Handelskammer aus dem Jahre 2004 operieren circa 77 Prozent der deutschen Projekte in China rentabel. Auch die deutsch-indischen Unternehmen, die an den lokalen Börsen notiert sind, haben ihre Ertragskraft kontinuierlich gesteigert. Ihre Performance hat sich laut IGCC-Index nach Angaben der deutsch-indischen

Handelskammer vom Februar 2005 sogar noch besser entwickelt als der ohnehin starke indische Leitindex Sensex.

Im Gegensatz zu China hat der Standort Indien bislang noch wenig Euphorie, auch und gerade nicht beim deutschen Mittelstand, ausgelöst. Zu wenig ist bekannt über das Potenzial des Landes. Die Medienaufmerksamkeit, die sich in der Vergangenheit fast ausschließlich auf China konzentriert hat, schwenkt inzwischen zunehmend auf den Subkontinent um. Noch aber gilt Indien als unterschätzte Investitionsregion. Doch die Entwicklung der Standortqualität obliegt auch der indischen Regierung. Nur wenn die überfälligen Verbesserungsmaßnahmen für die Infrastruktur und die Bürokratie greifen, kann auch mehr Investitionskapital angelockt werden.

Probleme

Infrastruktur

Mit der derzeitigen, relativ geringen Effizienz, einer Investitionsquote von 30 Prozent des BIPs und einer Sparquote von 29 Prozent wird die indische Wirtschaft nicht mehr als 7,5 bis 8 Prozent wachsen können. Würde das Land hingegen seine Effizienz verbessern, wäre die Volkswirtschaft nach Auffassung von Ministerpräsident Singh in der Lage, in den kommenden vier Jahren jeweils um 10 Prozent zu wachsen. Eine Schlüsselrolle bei der Erhöhung der Effizienz spielt die Verbesserung der Infrastruktur.

Im Konkurrenzkampf mit China um Marktanteile und Investitionen ist die desolate Lage der Infrastruktur Indiens größter Schwachpunkt. Wenn der Ausbau der Infrastruktur in den kommenden Jahren nicht konsequent vorangetrieben wird, werden die anderen ambitionierten Ziele der Regierung kaum zu schaffen sein. Strom und Wasser sind knapp, funktionierende Transportwege existieren nur auf niedrigstem Niveau, was eine effiziente Logistik unmöglich macht und die Transportkosten in schwindelerregende Höhen treibt.

Die Bandbreite der Defizite reicht dabei von Telekommunikation über Straßen bis hin zu Elektrizitätsversorgung und Flughäfen.

Die Infrastruktur ist nicht nur meilenweit vom Niveau der chinesischen entfernt, in die circa achtmal soviel investiert wird wie in die indische, sondern hinkt der ganzen Region hinterher. Dabei besitzt Indien das mit 3,8 Millionen Kilometer längste Straßennetz der Welt und die Indische Eisenbahn mit ihrer über 150-jährigen Geschichte und fast 64000 Schienenkilometern betreibt eines der weltweit umfangreichsten und am stärksten frequentierten Schienennetze.

Infolge anhaltender Einnahmeausfälle auf Seiten des Staates sind die Investitionen in die Infrastruktur über Jahre hinweg stetig zurückgefahren worden. Fast alle Flug- und Seehäfen sind in einem miserablen Zustand, das Straßennetz bedarf landesweit einer umfassenden Erneuerung. Das Schienennetz ist seit Kolonialzeiten nicht mehr erweitert worden. Durch den mangelnden Ausbau der Infrastruktur führt das explosionsartige Wachstum des Landes ins Chaos. In den Metropolen Indiens geht zur Rush Hour auf den Straßen gar nichts mehr, für eine Strecke von wenigen Kilometern sind stundenlange Fahrzeiten keine Seltenheit.

Gerade in der IT-Hochburg Bangalore ist die Situation dramatisch. Wer die großen IT-Parks der Stadt erreichen will, ist stundenlang unterwegs. Die Straßeninfrastruktur ist für 300000 Fahrzeuge ausgelegt, muss aber täglich das Fünffache dessen verkraften. Jede Woche kommen 3000 neue Fahrzeuge hinzu. Die Unternehmen haben begonnen, den Arbeitsbeginn nach vorn zu verlegen, und holen ihre Mitarbeiter mit eigenen Bussen ab – genützt hat es wenig. Ein Angebot der Konzerne, den Ausbau des Straßensystems selbst zu finanzieren, lehnte die Stadtregierung aus Angst vor Konkurrenz ab. Ähnlich chaotisch ist die Stromversorgung: vier- bis fünfmal am Tag bricht in Bangalore die Stromversorgung zusammen, fast alle Firmen verfügen deshalb über eigene Generatoren. Unternehmen, die das Infrastruktur-Chaos in Bangalore abschreckt, wandern zusehends in Städte wie Madras und Bombay ab, wo die Verhältnisse noch erträglicher sind. Bisher verfügt die Stadt lediglich über einen Inlandsflughafen. Der internationale Flughafen sollte seit 2003 in Betrieb sein – derzeit wird Mitte 2007 angepeilt. Ein Betonskelett lässt auf eine seit Jahren geplante Entlastungsstraße zum Flughafen schließen,

Symptome der verfehlten Infrastrukturpolitik der Regierung, die den indischen Boom zu stoppen drohen. Landesweit übersteigt die Energienachfrage in Stoßzeiten das Angebot um 16 Prozent. Während der Bedarf in den letzten Jahren zweistellig zulegte, fiel der Ausbau der Kapazität immer weiter zurück. Schätzungen gehen davon aus, dass etwa 40 Prozent des Stromes aus dem staatlichen Stromnetz auf dem Weg zu den zahlenden Kunden verloren geht. Das liegt nicht nur am überlasteten Stromnetz, das regelmäßig zusammenbricht, sondern auch an der Tatsache, dass Millionen Stromkunden das Netz einfach kostenfrei anzapfen.

Für die Verlagerung von Produktionskapazitäten nach Indien ist besonders der miserable Zustand der ineffizienten Häfen hinderlich, wo die Abfertigung von Schiffen zehnmal so lange dauert wie anderswo. Moderne Containerschiffe der neuesten Generation können in Indien wegen ihrer Größe oftmals überhaupt nicht abgefertigt werden. Die Verstopfung an den Docks führt dazu, dass manche Schiffe bis zu 30 Tagen im Hafen liegen müssen, bis sie endlich entladen werden.

Durch die unzureichenden Kapazitäten beim Straßen- und Schienentransport profitiert der Luftverkehrsmarkt des Landes. Für Flugzeugbauer wie Airbus und Boeing ist Indien schon jetzt der wichtigste Zukunftsmarkt neben China: Indische Fluggesellschaften haben Bestellungen für 400 Maschinen aufgegeben, eine unglaubliche Zahl wenn man bedenkt, dass derzeit nur etwa 200 Flugzeuge im Einsatz sind. Vor allem nach der Öffnung des Marktes für private Anbieter hat es eine regelrechte Angebotsexplosion gegeben. Allein 2005 gingen fünf neue Fluggesellschaften an den Start, weitere elf sollen 2006 und 2007 folgen. Sie werben vor allem Kunden des rückständigen Eisenbahnnetzes ab, das regelmäßig durch dramatische Unfälle von sich reden macht. Momentan aber sind auch im Luftverkehr Verspätungen die Regel, es gibt viel zu wenige Landeslots und die Kapazitäten der Flughäfen sind hoffnungslos überlastet.

Nach Meinung von Sunil Bharti Mittal, dem Vorsitzenden von Bharti Televentures, der größten Mobilfunkgruppe des Landes, verliert Indien jedes Jahr 3 bis 4 Prozentpunkte Wachstum aufgrund seiner schwachen Infrastruktur. Implizit bedeutet das, dass das Land ein

Wachstumspotenzial von 11 bis 12 Prozent hätte und damit schneller wachsen könnte als China. Derzeit wird der Vorteil der niedrigen Arbeitskosten des Landes durch die hohen Transportgebühren und Elektrizitätskosten erodiert.

Um dieses wohl entscheidenste Problem für Indiens weitere Entwicklung in den kommenden Jahren konsequent anzugehen, müssen künftig große Summen in die marode Infrastruktur fließen. Bis 2017 wird der Investitionsbedarf auf 500 Milliarden US-Dollar geschätzt. Trotz des hohen Wirtschaftswachstums hat der indische Staat dafür aber kein Geld. Ohne Privatisierungen und Public-Private-Partnerships (PPP) ist ein nennenswerter Ausbau der Infrastruktur deshalb nicht zu erreichen. Um die enormen Investitionen zu ermöglichen, hat die Regierung den Sektor für ausländische Beteiligungen geöffnet und die politischen Rahmenbedingungen für ausländische Investitionen in die Infrastruktur in den letzten Jahren kontinuierlich verbessert. Gerade bei der Privatisierung der Infrastruktur ergeben sich auch für ausländische Firmen zahlreiche Chancen. Unter Ministerpräsident Singh konnten erstmals einige Straßenbauprojekte über PPPs erfolgreich realisiert werden. Auch bei der Privatisierung der Flughäfen Bombay und Neu-Delhi konnte die Regierung erstmalig bedeutungsvolle Ergebnisse erzielen: Nach jahrelangem mühevollen Tauziehen und landesweiten Protesten der Flughafenarbeiter gingen die Betreibergesellschaften Neu-Delhi und Bombay an zwei internationale Konsortien. Damit steht einer umfassenden Modernisierung der derzeit noch altertümlich anmutenden und völlig inadäquaten Flughäfen nichts mehr im Wege.

Während in den frühen neunziger Jahren ein Festnetzanschluss noch ein Statussymbol war, in dessen Genuss gerade 2 Prozent der Bevölkerung kamen, ist das Telefon heute dank privater Investitionen in Stadt und Land weit verbreitet. In etlichen anderen Bereichen ist es jedoch weitaus schwieriger, Investoren aus dem privaten Sektor für die Finanzierung zu gewinnen. In unprofitablen Branchen wie dem Schienennetz und den ländlichen Straßen- und Bewässerungssystemen bestehen für private Investoren wenig Anreize, sich zu engagieren. Die Regierung hat daher angekündigt, ihre Devisenreserven, die im April 2006 mit 155 Milliarden US-Dollar beziffert werden, zur Anschubfinanzierung hinzuziehen zu wollen. Damit stehen die Chancen gut, dass eine substanzielle Verbesserung in der Infrastruktur mittelfristig erreicht werden kann. Allerdings sollte man eher verhalten optimistisch sein, da die Anstrengungen der Regierung im Infrastruktursektor in den vergangenen Jahren immer wieder deutlich unter den Erwartungen geblieben sind.

Wenn die entsprechenden Investitionen aber tatsächlich getätigt werden, wäre nicht nur das vielleicht größte Hindernis des indischen Wachstums beseitigt, sondern die Verbesserungen in der Infrastruktur könnten gleichzeitig als Jobmotor Millionen von ungelernten Arbeitern eine Beschäftigung verschaffen. Zudem könnte eine funktionierende Logistik den Lohnkostenvorteil des Landes, der eine international derart wettbewerbsfähige lokale IT- und Outsourcing-Industrie geschaffen hat, auch für andere Branchen nutzbar machen.

Energie und Umwelt

Wie in anderen aufstrebenden Volkswirtschaften wächst auch auf dem indischen Subkontinent der Energiebedarf rapide an und könnte das künftige Wachstum des Landes empfindlich treffen. Bislang ist der Stromverbrauch pro Kopf einer der niedrigsten der Welt und beträgt nur etwas mehr als ein Drittel des chinesischen Wertes. 60 Prozent der ländlichen Haushalte haben überhaupt keinen Stromanschluss. Nach Regierungsprognosen muss bis 2012 nahezu eine Verdopplung des heutigen Niveaus der Stromerzeugung erreicht werden, um die Nachfrage überhaupt decken zu können. Bislang wird mehr als die Hälfte des Stromes mit Kohle erzeugt, beachtliche 26 Prozent werden durch Wasserkraft generiert. Damit hängt nur ein kleiner Teil der indischen Energieversorgung von ausländischen Öl- und Gasvorräten ab, was die indische Wirtschaft bis zu einem gewissen Maß unempfindlich gegenüber Preisschocks an den internationalen Energiemärkten macht. Indiens Wachstumssektoren IT, Business Process Outsourcing (BPO) und Handel sind ebenfalls relativ ölunabhängig, was sich stabilisierend auf die wirtschaftliche Entwicklung auswirkt. Mit der raschen Zunahme der privaten Motorisierung geht allerdings ein steigender Ölbedarf einher, der nur über einen massiven Anstieg der Ölimporte gedeckt werden kann. Damit sieht sich Indien ähnlich wie China in Zukunft einer grundlegenden Problemstellung gegenüber, für die schon jetzt die Weichen gestellt werden müssen. Mit einiger Verspätung zu China hat sich Indien daher seit einigen Jahren dem Wettlauf um die weltweiten Öl- und Gasreserven angeschlossen. Außerdem plant die Regierung für das Fiskaljahr 2007 eine wesentliche Änderung in ihrer Treibstoff-Subventionspolitik. Bislang waren Benzin und Diesel für alle Abnehmer nicht unerheblich vom Staat subventioniert, was vor allem zu Lasten der staatlichen Ölkonzerne und des Haushaltes ging. Mit der Reform sollen diese Subventionen nur noch für diejenigen Konsumenten gelten, die unterhalb der Armutsgrenze leben. Der Schritt ist in vielerlei Hinsicht vernünftig: Einerseits entlastet er den tiefroten Staatshaushalt, dessen ausuferndes Defizit eine Gefahr für die weitere Entwicklung darstellt, andererseits fördert er einen vernünftigen Umgang mit den knappen Ressourcen und setzt so Anreize für Alternativen.

Aufgrund der relativ geringen Größe des industriellen Sektors ist die Umwelverschmutzung in Indien weniger dramatisch als in China. Aber auch in Indien sind Luftverschmutzung und der Raubbau an der Umwelt auf dem Vormarsch. Vor allem die überfüllten, von überquellendem Verkehr und nicht existenten Abgasvorschriften geplagten Städte sind hier betroffen. Eine Studie der Weltbank und der ADB von 2004 belegen, dass mindestens vier indische Städte zu den verschmutztesten Metropolen Asiens gehören. Die traurige Führung hat dabei die Hauptstadt Neu-Delhi. Das oberste Gericht Indiens hat deshalb bereits 1998 angeregt, die gesamte städtische Busflotte auf Ergdgas umzurüsten. Inzwischen verfügt Neu-Delhi mit mehr als 7 000 Bussen über die größte Erdgas-Flotte der Welt. Dennoch bleiben die Probleme groß. So wird der wachsende Energiebedarf des Landes in erster Linie durch Kohlekraftwerke gedeckt. Die wenig fortschrittliche Technik dieser Kraftwerke verursacht einen massiven Ausstoß von Schwefelgasen und Kohlendioxid. Zu hoffen bleibt, dass Indien im Zuge der zukünftigen Industrialisierung aus dem Negativbeispiel Chinas lernt und industrielle Mindeststandards zum Schutz der Umwelt durchsetzt.

Haushalt

Für das weitere gesamtwirtschaftliche Wachstum des Landes ist ein ausbalancierter Staatshaushalt unabdingbar. Das hohe Haushaltsdefizit Indiens, das seit dem Ende der achtziger Jahre aufgrund einer expansiven Politik der Regierung auf rund 10 Prozent jährlich angeschwollen ist, hat sich daher als deutliche Wachstumsbremse herausgestellt. Infolge der maroden Staatsfinanzen sind die Ausgaben für die Finanzierungskosten deutlich angestiegen, wodurch Ressourcen von den entscheidenden Sektoren wegkanalisiert worden sind.

Um gegenzusteuern hat die Zentralregierung damit begonnen, das Defizit in den letzten Jahren kontinuierlich abzusenken. So konnte das zentrale Haushaltsdefizit im Fiskaljahr 2005/06 auf 4,3 Prozent des BIPs reduziert werden, im folgenden Jahr will man eine weitere Absenkung auf 3,8 Prozent erreichen. Das im März 2006 verabschiedete neue Budget für 2006/07 ist ein austarierter politischer Kompromiss, der einerseits das Wachstum durch verschiedene Steuererleichterungen fördern und andererseits das Defizit in anderen Bereichen in den Griff bekommen soll. Auf neue oder höhere Steuern will man dabei verzichten; die Steigerung der Einnahmen soll primär durch ein robustes Wirtschaftswachstum und die Privatisierung von Staatsunternehmen finanziert werden. Diese Maßnahmen werden, sofern erfolgreich umgesetzt, nachhaltig für eine solidere wirtschaftliche Entwicklung sorgen. Positiv für die Pläne der Regierung wirkt sich aus, dass die Zahl der staatlich Beschäftigten in den letzten Jahren leicht zurückgegangen ist.

Allerdings muss man berücksichtigen, dass neben der Zentralregierung auch die lokalen Regierungen massiv Schulden aufnehmen. Das kombinierte Haushaltsdefizit von Bund und Bundesstaaten lag bei 7,6 Prozent des BIPs, eine Schuldenlast, die den indischen Staatsapparat gewaltig drückt und die Budgetflexibilität immer stärker einschränkt. Die Behörden haben mittlerweile erkannt, dass eine substanzielle Verbesserung der Einnahmen-Ausgaben-Struktur auch auf föderaler Ebene dringend notwendig ist, um die wirtschaftliche Stabilität Indiens nicht zu gefährden.

Die Einführung einer Mehrwertsteuer im Frühjahr 2005, die den

Bundesstaaten zugute kommt und die wichtigste Reform darstellt, die die Kongressregierung bislang umgesetzt hat, zeigt bereits erste Resultate: Die Steuereinnahmen wurden nicht unbeträchtlich erhöht. Allerdings bleibt noch einiges zu tun, um die neue Steuer umfassend durchzusetzen und ihre Höhe zwischen den einzelnen Bundesstaaten zu harmonisieren.

In Indien gibt es einen großen Unterschied bei der Besteuerung von Dienstleistungen, die bislang einem Steuersatz von 10 Prozent unterliegen, und Gütern, die mit 16 Prozent besteuert werden. Durch die Ausweitung der Steuerbasis auf Dienstleistungen, die von der neuen service tax in Höhe von 12 Prozent erfasst werden sollen, wird der Abstand zwischen den beiden verringert. Die endgültige Einführung einer goods and services tax (GST), die für 2010 festgeschrieben wurde, wird sich ebenfalls positiv auf den Staatshaushalt auswirken.

Wie in anderen asiatischen Ländern haben die Devisenreserven in Indien in bislang ungekannter Weise zugenommen und lagen im April 2006 bei über 155 Milliarden US-Dollar. Damit übersteigen sie bereits die Auslandsschulden des Landes. Die hohen Devisenbestände gewähren der Regierung einen größeren Handlungsspielraum bei ihren finanzpolitischen Entscheidungen.

Für ein stabiles Wachstum von überragender Bedeutung ist auch eine geringe Inflationsrate. Im Vergleich zu anderen Emerging Markets wie China ist der Preisanstieg in Indien relativ hoch und gefährdet dadurch auch die innenpolitische Stabilität. Allerdings ist die Inflation in den vergangenen Jahren zurückgegangen und hat sich auf einem hohem Niveau von rund 5 Prozent stabilisiert. Im Fiskaljahr 2005/06 betrug die Inflationsrate basierend auf dem Verbraucherindex 5,6 Prozent.

Chancen

Schlüsselbranchen

Die Struktur der indischen Wirtschaft zeichnet sich durch einige Zukunftsbranchen vor allem im Bereich des Dienstleistungssektors aus. Der IT-Sektor zählt dabei zu den besonderen Boombranchen des Subkontinentes. Seit den siebziger Jahren haben die Inder vor allem mit zeitaufwändigen Softwareanpassungen Schritt für Schritt die Weltmärkte erobert und ihre globalen Kompetenzen zunehmend erweitert. Während anfangs nur einfache Tätigkeiten nach Indien ausgelagert wurden, stieg der Grad der Komplexität von Jahr zu Jahr rapide an. Unzulänglichkeiten in der Infrastruktur wurden durch Insellösungen wie Generatoren und Satellitenverbindungen umschifft. Der Spitzenorganisation der indischen Softwarefirmen NASSCOM gelang es, bei der Regierung geeignete Maßnahmen zur Entwicklung der Branche durchzusetzen, zu denen unter anderem weitgehende Handlungsfreiheit für Unternehmen und eine Steuerbefreiung der Software-Technologieparks zählen. Binnen weniger Jahre wurde Indien so zu einem weltweit führenden Zentrum der Software-Entwicklung.

Mehr als 300 der Fortune-500-Unternehmen lassen softwarebezogene Arbeiten mittlerweile in Indien erledigen. Die rund 1 000 einheimischen Unternehmen der Branche setzen mehr als 28 Milliarden US-Dollar um und verzeichnen jedes Jahr Zuwächse im hohen zweistelligen Bereich. Fast jeder dritte IT-Experte weltweit kommt aus Indien. Nahezu die Hälfte des globalen Marktes für IT-Dienstleistungen und BPO entfallen heute auf den Subkontinent. Die Wurzel dieses Booms liegt vor allem im erstklassigen Ausbildungsniveau des Landes. So gehört beispielsweise das Indian Institute of Technology (IIT) bei Kalkutta, eines der insgesamt sieben IITs, neben drei amerikanischen Universitäten zu den besten Hochschulen für Technik weltweit.

Obwohl die IT-Branche nach Angaben der NASSCOM erst 4,5 Prozent der indischen Wirtschaftsleistung ausmacht, erzeugt sie mittlerweile mehr als die Hälfte aller Dienstleistungsexporte und erwirtschaftete im Fiskaljahr 2005/06 einen Gesamtumsatz von 36 Milliarden US-Dollar. Angesichts des hoch qualifizierten und weiter anwachsenden Arbeitskräftepools dürfte die Bedeutung des IT-Sektors innerhalb des indischen Dienstleistungssektors künftig weiter anwachsen. Bisher arbeiten circa 1 Million Inder in der Branche, bis 2008 soll ihre Zahl sich verdoppeln. Angesichts des riesigen Arbeitskräftepools des Landes ist dies wenig, der Mehrwert für die Industrie Indiens jedoch gewaltig. 2005 flossen 6,5 Milliarden US-Dollar an Investitionen in den Sektor – knapp 50 Prozent des Wertes der gesamten IT-Exporte des Landes. Microsoft, Chip-Produzent Intel und der Netzwerkausrüster Cisco wollen jeweils mehr als 1 Milliarde US-Dollar in den Standort investieren und bestätigen Indiens Image als hochattraktiven Standort für Informationstechnik. Jeder fünfte Mitarbeiter des US-Softwarekonzerns Oracle sitzt bereits in Indien.

Aus Bangalore, der Hochburg des IT-Sektors in Indien, stammen 90 Prozent aller indischen Softwareexporte, mehr als 1 100 internationale IT-Unternehmen tummeln sich bereits in der Sieben-Millionen-Metropole. 250 000 Programmierer arbeiten hier täglich an Softwarelösungen für die globale Wirtschaft, mehr als im amerikanischen Silicon Valley, wobei selbst dort 40 Prozent der IT-Spezialisten indischer Herkunft sein sollen. Zu den Vorreitern der IT-Outsourcing-Industrie Bangalores gehört Infosys. 1981 gegründet, beschäftigt das Unternehmen heute 53 000 Mitarbeiter, 15 000 wurden allein im letzten Jahr neu eingestellt. Bei fast 2,2 Milliarden US-Dollar Umsatz erwirtschaftete das Unternehmen 2005 545 Millionen US-Dollar Gewinn, 33 Prozent mehr als im Vorjahr. Zu den Kunden von Infosys zählen Unternehmen wie DHL und Adidas. Auch die führenden IT-Dienstleister Wipro und Tata Consultancy Services (TCS) sind mittlerweile in der ganzen Welt bekannt.

Die inländischen und ausländischen IT-Unternehmen in Bangalore wachsen in atemberaubender Geschwindigkeit. Aufgrund der vielen Neubauten ist von der einstigen Gartenstadt kaum etwas übrig geblieben. Schon auf dem Weg vom Flughafen verkünden große Werbetafeln: »IBM stellt ein«. Die IT-Löhne in Bangalore steigen jedes Jahr zweistellig, die Mitarbeiterfluktuation ist hoch. Unternehmen wie die deutsche SAP klagen schon über die steigenden Kosten und denken über Verlagerungen nach China und Osteuropa nach, noch aber wächst der Sektor rasant weiter, wobei auch andere Städte des Landes von den Spillover-Effekten profitieren. Inzwischen ist nicht mehr nur Bangalore der attraktivste IT-Standort Indiens, sondern

Städte wie Hyderabad, Madras, der Großraum Neu-Delhi sowie die einstige Elendsmetropole Kalkutta beginnen sich zu profilieren. Im Finanzjahr 2005/06 ist die gesamte indische IT-Branche um 28 Prozent gewachsen, die Ausbildung neuer Experten kann mit dieser Entwicklung kaum Schritt halten. Zwar werden jedes Jahr mehr als 300 000 Ingenieure in Indien ausgebildet, lediglich ein Viertel davon ist jedoch geeignet, in der IT-Dienstleistungsbranche zu arbeiten. Allein Infosys stellt jedes Jahr 15 000 bis 20 000 neue Mitarbeiter ein, IBM plant, die Zahl der Fachkräfte in Indien um 14 000 zu erhöhen, und der amerikanische IT-Dienstleister Accenture will die aktuell 19 000 Stellen auf dem Subkontinent bis 2008 auf 30 000 bis 50 000 steigern.

Die Angebotslücke treibt die Gehälter in die Höhe, im mittleren Management steigen die Einkommen um satte 15 bis 20 Prozent jährlich. IT-Experten kosten inzwischen bereits 40 000 Euro pro Jahr. Indiens Preisvorteil gegenüber anderen Ländern wird damit sukzessive geringer, während andere Länder in Osteuropa, Lateinamerika, aber auch China rapide aufholen. Die Strategieberatung McKinsey hat berechnet, dass bereits in fünf Jahren eine halbe Million IT-Kräfte in Indien fehlen könnten. Langfristig hängt das Wachstum der Branche aber von ausreichend qualifizierten Mitarbeitern ab.

Die indischen IT-Dienstleister haben diese Entwicklungen erkannt und setzen daher zunehmend auf Expansion in andere kostengünstige Standorte, die gleichzeitig näher an den Kunden liegen. Dabei machen sie auch in immer stärkerem Maße westlichen Anbietern das Terrain streitig und rücken auch räumlich immer weiter nach Europa vor. Verstärkt schaffen die indischen Software-Riesen für ihre europäischen Kunden Außenstellen in Osteuropa, wo sie das Lohngefälle nutzen, aber trotzdem von lokaler Expertise und Sprachkenntnissen profitieren können. TCS eröffnete jüngst ein neues Solution-Center in München, das 35 deutsche Kunden, darunter Konzerne wie O2 und die Deutsche Bank betreut. In Budapest betreibt TCS ein Programmierzentrum mit 350 Mitarbeitern, weitere Neueinstellungen sind geplant. Daneben ist das Unternehmen mit Niederlassungen in China, Brasilien und Chile aktiv, während Infosys in die Standorte Shanghai und Prag investiert.

Neben der IT-Outsourcing-Industrie boomt die gesamte indische
BPO-Branche. Auch andere IT-gebundene Dienstleistungen wie Call-
Center, Schadensregulierung für Versicherungen, juristische Beratung
und andere Back-Office-Dienstleistungen etablierten sich zusehends
neben dem Kerngeschäft der IT-Entwicklung. Mittlerweile sind mehr
als 300 000 Inder in Call-Centern beschäftigt. Der größte Anbieter
von BPO-Dienstleistungen ist die ehemalige General Electric Tochter
GE Capital International Services (GECIS). Indien ist das international wichtigste Partnerland für die Auslagerung von IT-basierten
Geschäftsprozessen geworden und spielt damit eine Schlüsselrolle
darin, die Kosten internationaler Konzerne zu senken und ihre Wettbewerbsfähigkeit zu erhalten.

Neben einem großen Pool an kompetenten Fachkräften, einem
englischsprachigen Umfeld und guten Qualitätskontrollsystemen
kann Indien auch von einem gesetzlichen Rahmen profitieren, der
in Bezug auf Sicherheit und Datenschutz besser ausgeprägt ist als bei
anderen Konkurrenten in der Region. Informationssicherheit und
Datenschutz spielen auch eine wichtige Rolle dabei, ob die Branche
ihre internationale Position weiter ausbauen kann. Im April 2005
geriet die indische Call-Center-Branche unter Druck, als bekannt
wurde, dass drei Mitarbeiter des Unternehmens Mphasis 350 000 US-
Dollar von Citibank-Kunden in New York abgezweigt haben sollen.
Wenig später wurde berichtet, dass ein IT-Mitarbeiter in Neu-Delhi
vertrauliche Informationen von 1 000 Bankkunden weiterverkauft
habe. Der Branchenverband der indischen IT-Industrie gründete
daher kürzlich eine unabhängige Aufsicht zur Selbstregulierung.

Auch in anderen Bereichen beginnt sich die indische BPO-Indus-
trie immer stärker zu profilieren, beispielsweise in der Werbebran-
che. Eine Werbekampagne in Indien konzipieren zu lassen, kostet nur
ein Achtel dessen, was man in entwickelten Märkten dafür ausgeben
müsste. Dank dem boomenden, zunehmend anspruchsvolleren Wer-
bemarkt des Landes und den qualifizierten Talenten ist die Qualität
hoch. Allerdings ist die Branche sehr kulturspezifisch, weshalb ein
massenweises Abwandern aus den Hochlohnländern in Richtung
Indien vorerst wohl nicht zu erwarten ist. Andere indische Dienstleister spezialisieren sich auf Steuerbescheide: 2003 wurden 25 000

amerikanischer Steuerbescheide in Indien bearbeitet – 2005 hatte sich die Zahl bereits auf 400 000 erhöht.

Die traditionelle Anlehnung an das anglo-amerikanische System in Bereichen wie Bildung, Recht, Buchführung und Rechnungslegung macht Indien prädestiniert für die Entwicklung einer zu den USA und Großbritannien komplementären Outsourcing-Industrie. Die Investment Bank JP Morgan Chase beispielsweise plant, 30 Prozent ihrer Back-Office-Arbeiten nach Indien zu verlagern. Dementsprechend sind die USA der größte Absatzmarkt für indische BPO-Dienstleistungen – 2005 entfielen 80 Prozent des Gesamtgeschäfts auf sie. Ein weiterer Löwenanteil entfällt auf Großbritannien, mit dem Indien 2005 mehr als 70 Prozent seines Europageschäftes abgewickelt hat.

Ohne die starke Nachfrage aus Nordamerika wäre die rasche Entwicklung des indischen IT-Sektors so nicht möglich gewesen. Allerdings sind derzeit in den USA Gesetze in der Pipeline, die heimische Unternehmen in ihren Möglichkeiten zur Auslagerung beschränken sollen. Wenn diese greifen, würde Indien ein beträchtlicher Teil des Marktes wegbrechen, der nicht ohne weiteres durch die Erschließung neuer Märkte beispielsweise in Europa ausgeglichen werden könnte.

In Zukunft ist auch in Europa eine Export-Offensive indischer Dienstleistungsunternehmen zu erwarten, die die heimischen Anbieter empfindlich treffen wird. Die Deutsche Bank beispielsweise hat angekündigt, fast die Hälfte aller Back-Office-Arbeiten, die beim globalen Wertpapierhandel anfallen, bis 2007 nach Indien auslagern zu wollen. Bei weniger international orientierten Anbietern ist das Marktpotenzial indischer Dienstleister allerdings durch sprachliche Hürden eingeschränkt.

Ein großer Wachstumsmarkt in Indien ist auch der Medizintourismus, dessen Marktpotenzial McKinsey im Zeitraum von 2005 bis 2010 auf 2 Milliarden US-Dollar schätzt. Hervorragend ausgestattete Krankenhäuser bieten erstklassige Versorgung und Operationen mit einer Erfolgsquote an, die Instituten in den USA und Europa in nichts nachstehen. Leistungen wie Hüfttransplantationen, die etwa in Großbritannien mit langer Wartezeit verbunden sind, werden in Indien sofort erledigt. Herzeingriffe, die in Amerika 30 000 US-Dollar kosten, bieten die Inder für ein Fünftel an – in gleich guter Qualität. Besonders viele Patienten kommen aus den arabischen Ölstaaten, aber indische Krankenhausketten wie Apollo verhandeln bereits mit europäischen und amerikanischen Versicherungsgesellschaften.

Eine andere Art von Dienstleistungen bietet die boomende Filmindustrie des Subkontinents, die weltweit die meisten Kinofilme produziert. 1 000 Filme in Spielfilmlänge werden jährlich abgedreht, die meisten davon in Hindi, der seit 1965 zweiten offiziellen Amtssprache Indiens neben dem Englischen. Zunehmend finden diese Filme auch Verbreitung in anderen Ländern, vor allem in Asien, haben aber mittlerweile selbst die Leinwände Europas erreicht. Bombay ist dabei das cineastische Zentrum Indiens, das auch schon als »Bollywood« bezeichnet wird. Seit 2001 gilt die Branche offiziell als Industrie, was den Zugang zu Kapital, das zuvor oft aus ominösen Quellen kam, maßgeblich erleichtert hat. Inzwischen fließt sogar privates Risikokapital in indische Produktionen, 4,5 Milliarden US-Dollar wurden 2004 umgesetzt. Einer Schätzung von PricewaterhouseCoopers zufolge sollen es 2009 bereits 10 Milliarden sein. Die starke Verbreitung des Fernsehens hat dazu geführt, dass das Informationsdefizit der ungebildeten Bevölkerungsgruppen deutlich abgemildert werden konnte. Inzwischen hat das Fernsehen das Kino als wichtigstes Unterhaltungsmedium des Milliardenvolkes abgelöst. Kein Wunder also, dass Konzerne wie Walt Disney sich mit eigenen Fernsehsendern auf dem Subkontinent engagieren wollen.

Besonders leistungsfähig ist die indische Pharmabranche, die als die viertgrößte der Erde gilt: 40 Prozent aller weltweit verkauften Generika stammen aus indischer Herstellung. Dabei ist vor allem der Marktanteil des Landes bei Exporten in andere Entwicklungsländer beachtlich. Circa 10 000 Pharmaunternehmen gibt es derzeit im Land, zumeist kleine Firmen. Gegenwärtig steht eine Konsolidierungswelle der Branche in Indien an, bei der zahlreichen Unternehmen nur die Flucht nach vorn bleibt. Viele indische Pharmaunternehmen breiten sich daher international immer stärker aus. Mit Zukäufen in Europa und den USA, wie beim Erwerb der Nürnberger Heumann Pharma durch Torrent Pharmaceuticals, fassen die indischen Anbieter immer stärker auch auf neuen Märkten Fuß. Jüngstes Beispiel ist der Pharmakonzern Dr. Reddy's, der im Februar 2006 im Ringen um den deutschen Generikaproduzenten Betapharm die ebenfalls indischen Ranbaxy Laboratories ausgestochen hatte.

Auch die Schwerindustrie Indiens ist dank der gut ausgebildeten heimischen Ingenieure durchaus leistungsfähig. Beim Anlagenbau – vor allem im Mittleren Osten, Zentralasien und Afrika – kommen häufig indische Firmen wie Larsen & Toubro zum Zug, weil sie attraktive Konditionen bieten und moderne Technik liefern. In der Raumfahrt spielt Indien ebenso schon in der Topliga mit. Längst schießt das Land eigene Satelliten ins All; indische Trägerraketen sollen bald weltweit für kommerzielle Starts zur Verfügung stehen.

Neben den boomenden Dienstleistungsindustrien wie IT und Outsourcing dürften in Zukunft vor allem der Bankensektor, aber auch Industriebranchen wie die Pharmaindustrie sowie die Textil- und Automobilindustrie von der zunehmenden Liberalisierung und Internationalisierung der indischen Wirtschaft profitieren. Die Textilindustrie Indiens konnte kräftige Zugewinne durch das Auslaufen der Textilabkommen der WTO Anfang 2005 verzeichnen und die Ausfuhren in die USA und nach Europa im hohen zweistelligen Bereich steigern. Die Automobilzulieferindustrie Indiens wird zunehmend in die globale Branche integriert und dürfte aufgrund ihrer lange etablierten Produktionsstätten und hoher Fachkompetenzen vor allem im Ingenieurbereich nachhaltig von der steigenden globalen Arbeitsteilung profitieren.

Weichenstellungen

Welche Faktoren haben die rasante Entwicklung der modernen Hochleistungsbranchen wie IT und Biotechnologie in Indien ermöglicht? Entscheidend für den Ausbau dieser Industrien war das exzellente Humankapital des Landes. Durch die konsequente Elitenförderung der indischen Politik in den vergangenen Jahrzehnten ist ein enormer Wissenspool entstanden. Führende indische Universitäten haben seit den siebziger Jahren ein Niveau erreicht, dass sich in jeder Hinsicht mit westlichen Institutionen messen kann. Die 380 Universitäten und 1 500 Forschungsinstitute des Landes bringen Fachkräfte hervor, deren Niveau bemerkenswert ist. Schon früh fanden Kooperationen mit Unternehmen statt, die für einen starken Praxisbezug in der Ausbildung sorgten. Derartige PPPs im akademischen Bereich haben sich in Indien als überaus erfolgreich erwiesen. Zwar wandert noch immer ein Viertel der indischen High Potenzials mangels ansprechender Arbeitsmöglichkeiten im eigenen Land in die USA und nach Großbritannien aus. So haben diese indischen Spezialisten in der Vergangenheit einen wichtigen Beitrag zum Siegeszug der amerikanischen Softwareindustrie geleistet. Der Trend des brain drains hat sich aber in den letzten Jahren verlangsamt, und etliche der indischen Akademiker kehren in ihr Heimatland zurück.

Derzeit studieren 9,3 Millionen Inder, Tendenz steigend. Zwar ist die Bildungspolitik im föderalen Indien wie auch in Deutschland Ländersache, die Zentralregierung gibt jedoch für die Wissenschaft fast zehnmal so viel aus wie die einzelnen Bundesstaaten zusammen. Der Anteil der Forschung am BIP des Landes soll bis 2007 auf 2 Prozent gesteigert werden.

Mehr als 200 Forschungsinstitute unterstehen der Regierung. Atom-, Raumfahrt- und Rüstungsministerium unterhalten jeweils eigene Forschungsinstitute, hinzu kommen die Ministerien für erneuerbare Energien und Landwirtschaft, die ebenfalls zahlreiche Projekte finanzieren.

Durch den konsequenten Ausbau der Wissenschaft und Forschung ist es dem stolzen Volk der Inder gelungen, seit den siebziger Jahren die demütigende Abhängigkeit von Hilfe von außen auch nach dem Ende der Kolonialzeit zu durchbrechen. Damit war das Land in der Lage, eigene Autos, Atomkraftwerke und Satelliten zu bauen, während die grüne Revolution seit Anfang der 80er Jahre für Nahrungsmittelunabhängigkeit sorgte. Den ideologischen Hintergrund lieferte die Swadeshi-Philosophie, deren Kernprinzip die wirtschaftliche Unabhängigkeit ist. Beflügelt durch diese Philosophie konnten sich Indiens Universitäten zu derart hochklassigen Ausbildungsstätten entwickeln.

Das Bildungssystem des Landes ist vom Kleinkindalter an hoch kompetitiv. Das beginnt beim Kindergarten, der das Bestehen für die Aufnahmeprüfung in die »richtige« Schule ermöglicht und setzt sich bis hin zu College und Universität fort. An den renommierten

Institutes of Technology (IIT), die gleich hinter Berkeley, MIT und Stanford als weltbeste technische Hochschulen gelten, bewerben sich jedes Jahr 200 000 Jugendliche um 3 500 Plätze. Es gibt Familien, deren Kinder zwei Jahre lang gezielt für die IIT-Aufnahme lernen. Auch an Medizinhochschulen kommen jährlich 70 000 Bewerber auf nur 1 600 Plätze. Damit schafft Wettbewerb von Anfang an die Grundlagen für eine effiziente Leistungsgesellschaft.

Indische Familien nehmen angesichts des umkämpften Arbeitsmarktes große finanzielle Opfer auf sich, um ihren Kindern eine gute Ausbildung zu ermöglichen. Eine indische Mittelstandsfamilie gibt über 40 Prozent ihres verfügbaren Einkommens für Bildung aus. Mit dem raschen Anwachsen der Mittelschicht können immer mehr Eltern einen wesentlichen Teil ihrer Finanzausstattung für die Ausbildung ihrer Kinder einsetzen. Auf diese Weise entsteht ein Wissensreservoir, dass Indien von anderen aufstrebenden Entwicklungsländern unterscheidet.

Die Investitionen in die Hochklassebildung zahlt sich für das Land aus: Keines der so genannten Entwicklungsländer hat so viele Nobelpreisträger hervorgebracht wie Indien. Seit dem Jahr 2000 haben mehr als 100 multinationale Konzerne neue Forschungs- und Entwicklungszentren im Land errichtet. Somit kann Indien im Gegensatz zu anderen Ländern vor allem sein Humankapital nutzen und muss nicht einzig auf seine Rohstoffe oder die schiere billige Arbeitskraft als Wachstumsmotoren bauen.

Allerdings sind viele Colleges und Universitäten, die nicht zu den Top-Bildungseinrichtungen gehören, wenig praxisorientiert. Auch ist die Bildungsbeteiligung im Land noch viel zu gering. Nur 48 Prozent der indischen Kinder besuchen weiterführende Schulen, in China hingegen sind es 83 Prozent. Nach wie vor stellt Indien den weltweit größten Pool an Analphabeten. Zwar hat sich der Alphabetisierungsgrad in den vergangenen Jahrzehnten von 18 Prozent im Jahr 1951 auf 65 Prozent im Jahr 2001 deutlich erhöht, dennoch besteht weiter akuter Handlungsbedarf.

Auch bei der Hochschulbildung muss die Beteiligung der Bevölkerung noch erweitert werden. Lediglich 11 Prozent der entsprechenden Altersgruppe ist in Universitäten und Fachhochschulen eingeschrieben, in China sind es immerhin 13, in Thailand sogar 37 Prozent. Damit ist die indische Gesellschaft gespalten in eine kleine Schicht von Leistungsfähigen, die mit Topqualifikationen Arbeit auf Weltklasseniveau verrichten können, und ein Heer der Ungebildeten, die einzig in der Landwirtschaft Arbeit finden und beim indischen Wirtschaftswachstum außen vor bleiben.

Die so genannte digital divide teilt das Land in die Gruppe der erfolgreichen Teilhaber an der Informationsrevolution und den großen Rest. Diese duale Gesellschaft muss die Regierung in den kommenden Jahren durch einen konsequenten Ausbau des allgemeinen Bildungssystems überwinden. Nur so kann die Produktivität des Landes nachhaltig gesteigert und ein höherer Industrialisierungsgrad erreicht werden. Insbesondere Frauen haben Förderungsbedarf: Landesweit liegt die Analphabetenquote bei ihnen doppelt so hoch wie bei den Männern. Ziel der Regierung ist es daher, die Ausgaben für den Bildungssektor deutlich zu erhöhen, um bis zum Jahr 2020 allen Kindern im Alter von 6 bis 14 Jahren eine schulische Ausbildung zu verschaffen.

Langfristig profitieren kann die indische Ökonomie von ihrer jungen Bevölkerungsstruktur. Dadurch ist die Versorgung der Boomwirtschaft mit frischen Arbeitskräften, einem entscheidenden Faktor für die konjunkturelle Entwicklung, bis weit ins 21. Jahrhundert sichergestellt. 2025, wenn in Europa und Japan, aber auch in China die Vergreisung der Gesellschaft längst gravierende Ausmaße angenommen haben wird, kann Indien sehr wahrscheinlich noch immer ein Durchschnittsalter von lediglich 30 Jahren aufweisen.

Zur wirtschaftlichen Entwicklung des Landes haben zudem einige positive Aspekte des britischen Kolonialerbes beigetragen, wobei vor allem der gefestigte rechtliche Rahmen, die konstitutionelle Regierung, die freie Presse und die weite Verbreitung der englischen Sprache zählen. Zudem verfügt Indien über funktionierende Aufsichtsbehörden für den Finanzsektor und verbindliche institutionelle Rahmenbedingungen.

Allerdings lässt die Effizienz der Institutionen in Indien noch deutlich zu wünschen übrig. Komplizierte Vorschriften auf Bundes- und lokaler Ebene sowie grassierende Korruption schaffen nach wie vor einen bürokratischen Dschungel, dessen Wirkungsgrad gering ist. Im Governance Index der Weltbank steht Indien hinsichtlich der Effizienz seiner Regierung deshalb noch hinter China. Die Inder sind stolz auf ihre Demokratie, deren Stabilität bei einer derartig niedrigen Einkommensbasis eine echte Errungenschaft darstellt. Politische Entscheidungen dauern aber aufgrund der komplizierten demokratischen Strukturen oftmals quälend lange und behindern dadurch den wirtschaftlichen Aufschwung. Um Reformvorhaben durchzusetzen, braucht die Regierung unter anderem auch die Stimmen der Kommunisten, die gegen Themen wie Privatisierung opponieren. Erforderlich ist auch das Einverständnis der Kommunen, was mitunter ebenfalls zu Schwierigkeiten führt. Die seit Jahren überfällige Teilprivatisierung der Flughäfen in Neu-Delhi und Bombay, bei Ersterem ist auch die deutsche Fraport dabei, konnte erst nach einem wochenlangen Streik im Februar 2006 realisiert werden.

Banken und Finanzen

Dieser Sektor spielt eine Schlüsselrolle bei der Entwicklung einer Volkswirtschaft, da er den Schalthebel zwischen Ersparnissen und Investitionen bildet.

Der Finanzsektor Indiens weist bislang eine solide Verfassung auf. Im indischen Bankensystem dominieren noch immer die staatlichen Banken, die rund 70 Prozent der Aktiva im Sektor halten. Die nach Bilanzsumme größte Bank ist die State Bank of India, gefolgt vom größten privaten Institut, der ICICI Bank, und der Nummer drei, der Punjab National Bank. Etwa 10 Prozent der gesamten Aktiva entfallen auf die Beteiligungen ausländischer Banken am Sektor. Citigroup, HSBC und ABN Amro haben sich bereits frühzeitig und flächendeckend etabliert und investieren vor allem ins Privatkundengeschäft. Unter der wachsenden Zahl der Nachzügler findet sich auch die Deutsche Bank, die im Herbst 2005 ins indische Privatkundengeschäft eingestiegen ist.

Ausländische Banken dürfen schon jetzt 100-prozentige Tochtergesellschaften in Indien eröffnen. Für ein Engagement an indischen Instituten gelten bislang für ausländische Investoren aber noch strenge Beteiligungsgrenzen. Die Öffnung des heimischen Banken-marktes erfolgt in zwei Stufen: In der ersten Stufe, die bereits jetzt greift, werden zunächst einheimische öffentliche und private Banken konsolidiert. Banken, bei denen Restrukturierungsbedarf besteht, dürfen bis zu einem Anteil von 74 Prozent auch von ausländischen Instituten erworben werden.

An profitablen Instituten ist eine geringere Beteiligung möglich, die allerdings ebenfalls heraufgesetzt werden soll. In der zweiten Stufe, die die Regierung ab 2009 angekündigt hat, soll ausländischen Banken eine Beteiligung an allen indischen Privatbanken bis zu einer Obergrenze von 74 Prozent ermöglicht werden. Aufgrund der hohen Filialdichte der etablierten Häuser und dem ungeheuren Markt-Potenzial des Landes ist ein ähnlicher Run wie bei den Milliarden-investitionen ausländischer Finanzhäuser in China zu erwarten. Die Ersparnisse der Haushalte, von denen ein Großteil in Bankguthaben angelegt ist, wurden in Indien nicht im großen Stil zur Kreditvergabe verwendet, und das Verhältnis des Kreditvolumens zum BIP ist aus-gesprochen niedrig. Im Haushaltsjahr 2004/05 konnte Indien aller-dings mit 30 Prozent das höchste Wachstum an Bankkrediten seit 15 Jahren verzeichnen, wobei die starke Nachfrage des gewerblichen Sektors eine wesentliche Rolle gespielt hat. Die Entwicklung wird durch das starke Wirtschaftswachstum von Raten über 8 Prozent getragen, die Firmen an ihre Kapazitätsgrenzen stoßen lässt und Erweiterungen erforderlich macht. Die Zinspolitik der Regierung hat zudem dazu geführt, dass Kredite inzwischen auch für private Unternehmen und Verbraucher erschwinglicher geworden sind. Im Gegensatz zu China erfolgen Kreditvergabe und Risikomanagement in Indien in erster Linie nach marktwirtschaftlichen Kriterien, wes-halb der Anteil fauler Kredite gering ist. Die indische Sparquote liegt bei 29 Prozent, wobei die Ersparnis der privaten Haushalte 2005 auf 22,6 Prozent des BIPs geschätzt wird. Damit ist sie deutlich geringer als beispielsweise in China, wo sie über 40 Prozent erreicht. Aller-dings wird die Alterssicherung, eine der wichtigsten Motivationen zum Sparen, in Indien eher durch die Familie abgedeckt, da hier keine rigorose Ein-Kind-Politik angewendet wurde. Aufgrund der überwiegend jungen Altersstruktur und dem hohen Anteil junger Menschen, die in den kommenden Jahren ins Erwerbsleben eintreten werden, wird die Sparquote aber auch in Indien mit hoher Wahrscheinlichkeit weiter steigen.

Bislang legen die Inder ihre Ersparnisse konservativ an: Mehr als die Hälfte fließt in Sachanlagen, dann folgen Bankguthaben und mit einigem Abstand Staatsanleihen. In letzter Zeit ist die nationale Nachfrage nach Investmentfonds kräftig gestiegen, was ohne Zweifel mit dem guten Abschneiden des Kapitalmarktes zusammenhängt. Dieser Trend deutet darauf hin, dass die Nachfrage nach anderen Anlageklassen mit höheren Renditen nachhaltig zunehmen wird, auch vor dem Hintergrund, dass die junge Bevölkerung relativ risikoavers ist. Das Marktpotenzial für Investitions- und Finanzdienstleistungen ist damit beträchtlich. Tatsächlich beginnt der Markt für Privatkunden gerade erst zu erwachen. Profitieren kann der Sektor vor allem vom schnellen Wachstum der Mittelschicht. Citi Bank, ICICI Bank und HSBC sind überall präsent, ebenso wie Werbung für »Mutual Equity Funds« zum Beispiel von Tata und anderen Banken.

Verbraucherkredite und Finanzierungsinstrumente sind in Indien noch wenig entwickelt. Traditionell lehnen Inder private Kredite zur Finanzierung von Konsum ab. Mikrofinanzdienstleistungen, die kleinen und Kleinstunternehmern aus den unteren Schichten der Bevölkerung Kredite beispielsweise zum Aufbau eines eigenen Geschäftes einräumen, verbreiten sich dagegen zusehends. Damit wird sowohl ein riesiger Pool von Ideen und Innovationen realisiert als auch wirksam Armut bekämpft, gleichzeitig entsteht eine profitable Industrie, die in steigendem Maße auch auf internationales Anlegerinteresse stößt.

Aufgrund der starken Entwicklung der indischen Kapitalmärkte – angesichts derer Pessimisten schon von einer Investitionsblase sprechen – und wegen der Befürchtung eines stärkeren Inflationsdrucks hat die indische Zentralbank im Januar 2006 die Leitzinsen mit 5,5 Prozent auf das höchste Niveau seit drei Jahren angehoben und die Banken gleichzeitig vor zu freizügiger Kreditvergabe gewarnt. Nachdem das Kreditwachstum im Fiskaljahr 2004/05 bereits bei beachtlichen 30 Prozent gelegen hatte, kletterte das Volu-

men neuer nicht-landwirtschaftlicher Kredite in den drei Quartalen
bis einschließlich Dezember 2005 um 32 Prozent gegenüber dem
Vorjahr, fast doppelt soviel wie die Zentralbank RBI noch im April
erwartet hatte und der höchste Anstieg, seit sie 1971 mit der Aus-
wertung der Daten begonnen hat. Ein Drittel dieses Volumens entfiel
dabei auf Immobilienfinanzierung und Verbraucherkredite. Höher
will die Zentralbank die Leitzinsen allerdings nicht schrauben – sonst
könnte das von Ministerpräsident Singh erklärte Ziel des 10-prozen-
tigen Wachstums pro Jahr in weite Ferne rücken.

Die indische Rupie ist derzeit noch nicht frei konvertierbar, sondern kann nur dann von Firmen und Einzelpersonen umgetauscht
werden, wenn die Devisen für den Handel mit Gütern und Dienstleistungen eingesetzt werden. Um die vollständige Integration Indiens
in die Weltwirtschaft zu erleichtern, strebt Ministerpräsident Singh
aber mittelfristig eine vollständige Freigabe der Währung an. Damit
könnten Unternehmen und Individuen einfacher ins Ausland investieren und auch Schulden aufnehmen, etwa für Firmenkäufe. Widerstand gegen eine schnelle Umsetzung der Reformpläne ist allerdings
von den Wirtschaftsnationalisten in der Regierung zu erwarten.

Wie viele asiatische Volkswirtschaften kauft Indien zur Stüt-
zung seiner Exportwirtschaft US-Dollar an und hat im April 2006
bereits Devisenbestände in Höhe von 155 Milliarden US-Dollar aufgebaut – damit hält das Land die sechstgrößten Devisenbestände
der Welt –, es lässt aber eine langsame Aufwertung der Rupie zu.
Aufgrund des Leistungsbilanzdefizits, das 2005 3,0 Prozent des
BIPs erreichte, steht die Währung allerdings derzeit unter leichtem
Abwertungsdruck.

Aktien

Die Börse in Bombay ist mit ihrer über 130 Jahre währenden Geschichte die älteste Börse Asiens. Im Dezember 2005 waren 2 540
Unternehmen auf dem indischen Kapitalmarkt registriert, nur in
New York sind mehr Unternehmen gelistet. Der überwiegende Teil
sind vitale privat geführte Firmen, die zunehmend von Offshore-Out-
sourcing profitieren und selbst neue Märkte im Ausland erschließen.

Nach einem Qualitäts-Rating der Agentur Standard & Poor's verfügt nahezu jedes zweite in Indien börsennotierte Unternehmen über eine ausgesprochen solide Finanzdecke, ein ausgereiftes Geschäftsmodell und demnach eine ausgezeichnete wirtschaftliche Qualität. In anderen Schwellenländern liegt der Anteil solide geführter Unternehmen wesentlich niedriger. So hat die Agentur in China lediglich 33 Prozent der gelisteten Unternehmen das Qualitäts-Rating zuerkannt.

Nicht zuletzt aus diesem Grund konnte der indische Aktienmarkt seit 2001 konstant hohe Zugewinne verzeichnen und ist seit 2003 förmlich explodiert. Bis Anfang 2006 hat sich der wichtigste indische Benchmark-Index BSE der Bombay Stock Exchange von 3 500 auf 10 600 Punkte mehr als verdreifacht, der Gesamtmarkt legte seit 2003 um 130 Prozent zu. 2005 wies der Index mit 42 Prozent Zugewinn die zweitbeste Performance Asiens nach Südkorea auf. Einen zusätzlichen Schub hat der indischen Börse nicht nur die durch US-Präsident Bush 2005 herbeigeführte Anerkennung Indiens als Atommacht verliehen, sondern auch die Ankündigung der Regierung Anfang 2006, ein milliardenschweres Investitionsprogramm für die Infrastruktur auf den Weg bringen zu wollen. Dies wird Indiens Attraktivität als Investitionsstandort nachhaltig verbessern und auch der heimischen Industrie nützen. Gleichzeitig kommt die Investition einem riesigen Konjunkturprogramm gleich.

Allerdings braucht man für den indischen Aktienmarkt gute Nerven. So hatte der Gesamtmarkt zwischen März 2000 und September 2001 rund 60 Prozent seines Wertes eingebüßt. Ebenso führte der unerwartete Ausgang der indischen Parlamentswahlen im Mai 2004 an nur einem Tag zum Absturz des Leitindexes Sensex um zeitweilig 18 Prozent. Auch die starken Zuwächse 2005/06 interpretieren viele Beobachter bereits als Überhitzungserscheinung, eine Konsolidierung auf hohem Niveau scheint wahrscheinlich. In der Tat hat der Sensex in den vier Wochen nach seinem Höchststand am 11. Mai 2006 inmitten wachsender Sorge der Anleger über hohe Bewertungen, steigende Zinsen und das indische Leistungsbilanzdefizit fast 25 Prozent eingebüßt, der größte Verlust unter den asiatischen Märkten. Der Handel musste zeitweilig kurzfristig ausgesetzt werden.

Für die Privatanleger des Landes hat die Investition in den indi-

schen Kapitalmarkt eine lange Tradition. Bis heute wird der Aktienmarkt noch immer weitgehend von Privatanlegern dominiert. Indische Kunden investieren risikofreudig – so greifen die meisten Inder
beispielsweise bei Lebensversicherungen zu fondsgebundenen Produkten.

Das durchschnittliche Kurs-Gewinn-Verhältnis (KGV) an den
indischen Aktienmärkten für 2006 lag dagegen im März 2006
bereits beim 16fachen der erwarteten Gewinne von 2006, bei den
indischen Dividendenpapieren sogar noch höher. Für den Sensex, den
Leitindex der Börse Bombay ergibt sich Anfang Juli 2006 auch nach
dem jüngsten Kurssturz eine Bewertung von fast 16, beinahe schon
japanisches Niveau und deutlich über den 12 des MSCI Emerging
Markets Index. Das historische KGV über die letzten 15 Jahre war
in Indien mit 18,5 allerdings schon immer hoch. Im Sensex sind viele
hochbewertete Branchen wie Energie, IT und Pharma enthalten: Der
Stahlriese Mittal, der Pharmakonzern Dr. Reddy's oder die Reliance-
Gruppe. Die hohen Bewertungen etwa bei den IT-Dienstleistern Infosys und Wipro sind insofern gerechtfertigt, da westliche IT-Konzerne
Margen von 5 bis 7 Prozent aufweisen, in Indien jedoch 25 Prozent
und mehr keine Seltenheit sind. Das hohe KGV wird auch durch ein
starkes Gewinnwachstum relativiert, so stiegen die durchschnittlichen Gewinne indischer Unternehmen in der Bilanzsaison 2004/05
brutto um 37,3 Prozent an. Gestiegene Zinsen, ein höherer Ölpreis
und steigende Löhne werden künftig zumindest kurzfristig die Profitabilität senken. Nach einer Prognose von JM Morgan Stanley werden daher für die Saison 2005/06 Gewinnsteigerungen von lediglich
18,4 Prozent erwartet. Damit haben die Bewertungen viel von ihrer
Attraktivität eingebüßt.

Zu den Werten mit der besten Performance zählten 2005 unter
anderem der Autobauer Maruti Udyog, der führende nationale
Hypothekenanbieter Housing Development Finance Corp. und der
Ausrüster im Bereich der Energieerzeugung Bharat Heavy Electrics,
der stark von der unzureichend entwickelten Infrastruktur Indiens
profitieren kann. Angesichts des eklatanten Nachholbedarfs des Sektors bestehen gute Aussichten für einheimische Versorger und andere
Unternehmen aus dem Infrastrukturbereich. Einer der größten Ver-

sorger des Landes gehört der Reliance-Gruppe. Nach einem Streit zwischen den beiden Söhnen des Unternehmens-Patriarchen wurde der Konzern, dessen Geschäftsfelder 3,5 Prozent des gesamten BIPs und 6 Prozent der indischen Exporte ausmachen, Anfang des Jahres 2006 in zwei Teile aufgespalten. Der größere Teil, Reliance Industries, enthält den Energieversorger und besitzt eigene Gasfelder und die drittgrößte Raffinerie der Welt. Auch andere Unternehmen des Bau- und Baustoffsektors werden zukünftig durch die umfangreichen Pläne des Staates zum Ausbau der Infrastruktur profitieren können. Am Bau neuer Kraftwerke und Straßen verdienen unter anderem der Infrastrukturkonzern Larsen & Toubro sowie die Zementhersteller Grasim und Bindari. Auch in der Software- und Generikaindustrie gibt es viele gut positionierte Unternehmen, die kostengünstig produzieren und ein hohes Gewinnwachstumspotenzial aufweisen. Die wachsende Mittelschicht versorgt sich zunehmend mit Statussymbolen wie Motorrädern von Bajaj Auto und Autos von Tata Motors. Reiseunternehmen wie Tesari-Tours sind ebenfalls vielversprechend. Unter den börsennotierten indischen Unternehmen befinden sich auch 24 indisch-deutsche Gemeinschaftsunternehmen, zu den erfolgreichsten darunter gehören unter anderem Siemens Ltd. und MICO & Goetze (India). Der IGCC-15-Index der deutsch-indischen Handelskammer, der 15 Joint-Ventures deutscher Konzerne enthält, die in Indien börsennotiert sind, darunter zum Beispiel Thomas Cook und FAG Kugelfischer hat sich noch besser als der Gesamtmarkt entwickelt.

Der indische Bullenmarkt der letzten Jahre zeigt nicht nur das gestiegene Interesse an der Ökonomie des Subkontinents, sondern auch den stärker werdenden Risikohunger internationaler Investoren. Vor allem seit 2004 hat bei ausländischen Investoren ein regelrechter Run auf die Kapitalmärkte Indiens eingesetzt. 10,7 Milliarden US-Dollar haben internationale Fondgesellschaften 2005 netto in die indischen Aktienmärkte gepumpt, 26 Prozent mehr als im Jahr zuvor, und dem BSE damit nicht unbeträchtlich zu seinem 42-prozentigen Zugewinn verholfen. Allein in den ersten Wochen des Jahres 2006 sind erneut deutlich über 800 Millionen Euro in den Markt geflossen. Damit ist Indien ein wichtiger Empfänger von Kapital ausländischer institutioneller Investoren (FII) geworden. Das Volumen der Portfolioinvestitionen ausländischer Investoren hat 2005 annähernd das doppelte der ADIs erreicht. Weiter steigende Zinsen in den USA stellen zumindest zeitweise eine Gefahr für den indischen Markt da, wenn Geld aus derartigen Risiko-Investitionen zurück in lukrativere Staatsanleihen fließt. So sind in den vier Wochen nach dem Kurssturz im Mai 2006 wieder 2,4 Milliarden US-Dollar von ausländischen Investoren aus dem indischen Wertpapiermarkt abgezogen worden, fast die Hälfte der Einflüsse von netto etwa 5 Milliarden US-Dollar seit Beginn des Jahres bis Mai 2006.

Allerdings fällt es schwer, langfristig nicht positiv für die indischen Märkte gestimmt zu sein. Kurzfristige Rückschläge werden Investoren mit hoher Wahrscheinlichkeit wieder zum Einstieg in den Markt anlocken. Eine Korrektur ist daher lediglich technischer, nicht aber fundamentaler Art. Kein Wunder also, dass laut Umfragen auch über die Hälfte der indischen Investoren eine sehr optimistische Einstellung zur Entwicklung der nationalen Finanzmärkte hat. Wer hierzulande in indische Aktien investieren will, kann sich über Länderfonds oder Zertifikate an der Entwicklung beteiligen. Einzelaktien werden in Europa hingegen in Form von Hinterlegungsscheinen gehandelt, die einen Aufschlag gegenüber dem Originalwert aufweisen.

Der Anleihenmarkt Indiens ist gut entwickelt und ermöglicht indischen Unternehmen eine effiziente Kapitalaufnahme. Der Markt für Schuldtitel zählt zu den liquidesten in ganz Asien und ist ebenso reif und gut entwickelt wie der südkoreanische. Parallel zum Boom des Aktienmarktes hat sich auch der Markt für Private Equity in Indien sprunghaft entwickelt. In den ersten drei Monaten des Jahres 2005 floss dreimal so viel Kapital in nicht-börsengelistete indische Unternehmen wie noch ein Jahr zuvor. Mittlerweile beginnen sich auch große Beteiligungsgesellschaften wie KKR auf dem indischen Markt zu engagieren, vor allem mittelgroße Unternehmen der IT-Branche stehen dabei auf den Wunschzetteln ausländischer Investoren. Zunehmend entstehen neue Hedge-Fonds, die von indischen Managern geführt werden und auch von Rückschlägen des Marktes profitieren können. Allein in Singapur sind mindestens fünf Hedge-Fonds registriert, die sich auf Indien spezialisiert haben.

Während Indien seit 2002 konstant positive Zuwächse am Aktienmarkt verzeichnet und mittlerweile der teuerste Markt Asiens nach Japan geworden ist, hat sich Chinas Börse seit ihrem Peak 2001 in die genau entgegengesetzte Richtung entwickelt. Nach einer kolossalen Kursexplosion ab 2000 sind der Shanghai- und Shenzhen-B-Index spektakulär wieder in sich zusammengefallen. Der wesentliche Grund für die bisher schlechte Performance der nationalen chinesischen Börsen ist die Tatsache, dass in China grundlegende Marktreformen erforderlich sind, deren unzureichende Umsetzung in den letzten Jahren viel Unsicherheit bei den Marktteilnehmern ausgelöst hat. Derzeit nichthandelbare Aktien in direktem oder indirektem Staatsbesitz im Wert von 250 Milliarden US-Dollar könnten bei einer unkontrollierten Freigabe den Markt überschwemmen. Nachdem die angefangenen Reformen zur Neustrukturierung der Aktienmärkte langsam greifen, können seit Ende 2005 erstmals wieder robuste Kursgewinne an den nationalen Börsen in China verbucht werden.

Das Bankwesen in Indien ist wesentlich stabiler als in China. Während sich das gesamte Kreditvolumen chinesischer Banken aktuell auf 140 Prozent des BIPs beläuft, liegt der Anteil in Indien lediglich bei einem Drittel dessen. Die Vergabe von Kapital folgt in Indien noch immer wesentlich stärker als in China marktwirtschaftlichen Kriterien, weshalb Indien im Vergleich zu China kaum notleidende Kredite aufweist.

Das KGV indischer Aktien lag im März 2006 um fast 50 Prozent höher als das KGV von 11 für den MSCI China (in Hongkong notierter Werte) und 11,5 für Asien exklusive Japan. Damit sieht der chinesische Markt sehr viel günstiger aus. Der ausländischen Investoren leichter zugängliche und internationalen Standards entsprechende Markt in Hongkong, an dem die so genannten H-Shares festlandchinesischer Unternehmen gehandelt werden, hat deshalb allein in den ersten beiden Monaten 2006 zweistellige Zuwachszahlen verbuchen können. Die Fundamentaldaten sehen in beiden Märkten mittel- und langfristig vielversprechend aus.

Immobilien

Wie der indische Kapitalmarkt lockt auch der Immobilienmarkt des Subkontinentes inzwischen immer mehr ausländische Investoren an. Die Nachfrage nach Immobilien, die maßgeblich durch die wirtschaftliche Dynamik und die demografische Entwicklung bestimmt wird, steigt in nahezu allen Segmenten des Marktes deutlich. Laut einer aktuellen Studie der Unternehmensberatung McKinsey ist Indien der Immobilienmarkt der kommenden Jahre.

Vor allem die Verlagerung von Büroarbeitsplätzen aus den Industriestaaten treibt die Nachfrage an. So wächst allein der Bedarf an Call-Centern jedes Jahr um 54 Prozent. Die indische Immobilienwirtschaft ist daher ausgesprochen optimistisch. Auch die zunehmende Expansion internationaler Unternehmen, die mit Außenstellen und Produktionsstätten ins Land strömen, hat dem Immobilienmarkt kräftig Schwung verliehen, wobei vor allem erstklassige Bürogebäude wachsend gefragt sind. Angesichts der geringen Größe des derzeitigen Marktes für Büroimmobilien – in Bombay, Neu-Delhi und Bangalore zusammen werden mit lediglich 10 Millionen Quadratmetern weniger Büroflächen ausgewiesen als in Frankfurt am Main – steckt hier gewaltiges Potenzial.

Schätzungen der Deutschen Bank zufolge müssten bis Ende 2010 etwa 55 Millionen Quadratmeter Büroflächen fertig gestellt werden, um die boomende Nachfrage nach hochwertigen Büros zu decken, andere Schätzungen gehen von einem Anstieg der Nachfrage auf mehr als 90 Millionen Quadratmeter bis 2009 aus. Für 2006 werden 5 Prozent Mietsteigerungen in Bombay erwartet, bis zu 10 Prozent sollen es im Central Business District Neu-Delhis werden. In der IT-Hochburg Madras ist die Leerstandsrate schon jetzt auf 4 Prozent gesunken.

Auch Shopping-Center bieten ausgesprochen attraktive Renditemöglichkeiten und besitzen dank der steigenden Einkommen der Inder beachtliches Wertsteigerungspotenzial. Bei Zuwachsraten im Einzelhandel von circa 10 Prozent jährlich in den kommenden zehn Jahren und einer Verlagerung weg vom reinen Versorgungseinzelhandel sehen die Aussichten für Einzelhandelsimmobilien wie auch großflächige Einkaufszentren mehr als vielversprechend aus.

Der größte Baubedarf besteht allerdings auf den indischen Wohnungsmärkten, die bereits heute eine Angebotslücke von 20 bis 30 Millionen Wohneinheiten aufweisen. Trotz umfangreicher Bauvorhaben wird sich diese auch zukünftig massiv ausweiten. Die Wohnungspreise in den Ballungszentren sind entsprechend in den vergangenen Jahren jedes Jahr um mehr als 10 Prozent angestiegen.

Aus eigener Kraft können die einheimischen Entwickler die wachsende Nachfrage mittlerweile nicht mehr stemmen. Erst seit 2005 können ausländische Investoren Immobilien in Indien erwerben, davor war der Markt weitgehend gegen fremdes Kapital abgeschottet. Ein Engagement bleibt dennoch risikobehaftet – nach 2001 waren die Büromieten durch zu viele spekulative Neubauten einheimischer Investoren zeitweise um bis zu 28 Prozent gefallen. Zudem ist der indische Immobilienmarkt bisher kaum transparent, ein Grundbuch wie in Deutschland ist unbekannt. Die Märkte sind außerdem noch sehr illiquide, Finanzinstrumente zur Immobilienfinanzierung noch kaum entwickelt. Die Transaktionskosten für ausländische Investoren sind daher hoch, um eine notwendige Absicherung des Eigenkapitals und den Aufbau lokaler Expertise zu gewährleisten.

Von vielen kritischen Beobachtern wird angemerkt, dass es nur wenige zuverlässige lokale Projektentwickler gibt, die mit zu viel Geld überhäuft werden. Dies könnte auf die geringer werdenden Margen drücken. Dennoch gibt es etliche Milliardenfonds, die mit dem Thema indischer Immobilien strukturiert werden, wie etwa der Infrastrukturfond von IDFC. Auch ist in den nächsten Monaten mit der Einführung des ersten börsengelisteten Real Investment Trusts (REIT) zu rechnen. Trotz der eben angesprochenen Schwierigkeiten dürften für Gewerbeimmobilien die Wachstumsbedürfnisse der immer größer werdenden Dienstleistungsindustrien verbunden mit einer steigenden Binnennachfrage für weiteres Wachstum sorgen. Die weiter zügig voranschreitende Verstädterung, die steigenden Haushaltseinkommen und der große Bedarf an Kapital, um diesen Nachfrageschub zu finanzieren, wird den Immobiliensektor auch mittelfristig interessant machen.

Ausblick

Obwohl das Land immer stärker in den Fokus des globalen Interesses rückt, ist Indiens Aufstieg zu einer globalen Wirtschaftsmacht derzeit erst in Ansätzen auszumachen. Während sich einige hoch effiziente moderne Industrien herausgebildet haben, ist die Landwirtschaft noch immer der wichtigste Wirtschaftszweig, der fast zwei Drittel der Bevölkerung beschäftigt. In den kommenden Jahrzehnten ist jedoch davon auszugehen, dass Indiens Bedeutung in der Weltwirtschaft dramatisch zunehmen wird.

Seit die Regierung begonnen hat, den Liberalisierungsprozess der Wirtschaft einzuleiten, kann Indien von deutlich gesteigertem Wachstum profitieren. Dank fortschreitender Reformen beschleunigte sich der BIP-Zuwachs von einem Durchschnittswert von 3,5 Prozent in den sechziger und siebziger Jahren, als die staatliche Politik eine Industrialisierung unter Autarkie nach sowjetischem Muster anstrebte, auf robuste 6 Prozent in den neunziger Jahren. In den drei Jahren seit 2003/04 konnte Indien nochmalig Steigerungen auf über 7 Prozent jährlich verzeichnen.

Vieles spricht dafür, dass Indien seinen Wachstumspfad nachhaltig beibehalten kann. Die stärkere Integration des Landes in die globale Ökonomie, die günstige demografische Struktur, der politische Reformkurs der Regierung und die Schaffung notwendiger Rahmenbedingungen durch Investitionen in Infrastruktur und Bildung haben das Potenzial, über die nächsten 15 Jahre ein stabiles Wachstum von wenigstens 6 Prozent zu ermöglichen. Insbesondere die verarbeitenden Industrien und die wissensbasierten Dienstleistungsbranchen dürften dabei wichtige Wachstumsquellen sein.

Unter dieser Annahme wird sich die Größe der indischen Volkswirtschaft gemessen in Kaufkraftparitäten und US-Dollar bis 2020 nahezu verdreifachen und dürfte damit ungefähr der Größe der deutschen Volkswirtschaft entsprechen. Das BIP pro Kopf in Kaufkraftparitäten wird sich in diesem Zeitraum auf etwa 5 000 US-Dollar verdoppeln und Indien damit in die Reihe der asiatischen Länder mit mittlerem Einkommen katapultieren, zu denen heute Thailand und Malaysia gehören. Der Anteil dessen, was Verbraucher für Nahrung ausgeben, sinkt dabei mit steigenden Einkommen kontinuierlich und ermöglicht eine stärkere Diversifizierung des Konsums. Dies ist bei der rasch anwachsenden Mittelschicht Indiens bereits jetzt der Fall und der Trend wird sich entsprechend weiter fortsetzen. Die Aussichten für den indischen Absatzmarkt sind somit überaus vielversprechend. Dennoch ist es kein selbstverständlicher Aufstieg. In früheren Jahren hat Indien schon mehrfach den Optimismus von westlichen und auch indischen Unternehmen enttäuscht. Diesmal spricht die stabile Wachstumsdynamik aber für einen nachhaltigen Erfolg und ebenso die Tatsache, dass Indien in der Lage ist, globale Player zu erschaffen, die, versehen mit ausreichend Liquidität, im Ausland bereits auf Einkaufstour gehen. Dies darf jedoch nicht darüber hinwegtäuschen, dass Indien nach wie vor ein armes Land ist. Mit einem Sechstel der Weltbevölkerung steuert es nur 1,3 Prozent der weltweiten Exporte von Gütern und Dienstleistungen bei und 0,8 Prozent des ausländischen Direktinvestments gehen nach Indien – verglichen mit 6,6 Prozent und 8,2 Prozent für China. Auch das Pro-Kopf-Einkommen beträgt mit 728 US-Dollar nur die Hälfte von China. Und obwohl die Wirtschaft schnell wächst, muss Indien deutlich schneller wachsen, weil sich sonst die Armut festigt und die sozialen Spannungen steigen. Politiker in Indien glauben, dass allein aufgrund der demografischen Entwicklung sich die Sparquote von derzeit 29 auf 34 Prozent in den nächsten fünf bis sieben Jahren erhöhen wird und dann automatisch ein durchschnittliches Wachstum von 8 Prozent pro Jahr folgt. Viele gehen davon aus, dass das Momentum, das durch die Reformen vor 15 Jahren in Gang gesetzt wurde, nicht mehr gestoppt werden kann.

In Wirklichkeit besteht dringender Handlungsbedarf bei der Regierung: Neben einer weiteren Liberalisierung, der Instandsetzung der Infrastruktur und umfassenden sozialen Reformen, die auch die Ungleichheiten durch das Kastensystem stärker abmildern, bedarf es energischer Privatisierungsbemühungen. Diese Faktoren sowie das hohe Fiskaldefizit, das nicht zuletzt durch fehlgeleitete Preissubventionen unterstützt wird, behindern weiteres Wachstum.

Konjunkturelle Risiken sind neben dem schwindelerregend hohen gesamtstaatlichen Defizit von 7,7 Prozent des BIPs 2005/06 eine sich weiter verschlechternde Außenhandelsbilanz und die schwächere Rupie – Faktoren, die auch bei der Asienkrise 1997/98 eine Rolle gespielt haben. Zwar ist die Korrelation mit der globalen Konjunktur durch den geringen Exportanteil der Wirtschaft niedrig, dennoch gibt es zahlreiche interne Risikofaktoren die sich der ökonomischen Entwicklung entgegenstellen könnten.

Fatal wäre ebenso ein Erlahmen des politischen Reformprozesses, der das Land von einer bürokratischen Planwirtschaft in eine effiziente und zukunftsweisende Marktwirtschaft verwandeln soll. Wie auch der Börsencrash im Mai 2004 nach dem unerwarteten Ausgang der Parlamentswahlen verdeutlichte, sind die politischen Risiken im Land nicht zu unterschätzen. Die größer werdenden regionalen Unterschiede in der wirtschaftlichen Entwicklung des Landes könnten die Reformbestrebungen der Regierung aufgrund der förderalistischen Struktur Indiens abbremsen. Die sich rasch entwickelnden Bundesstaaten treten selbstbewusst auf und sind kaum bereit sind, eine Verzögerung ihrer wirtschaftlichen Expansion durch zurückgebliebene Staaten hinzunehmen. Diese wiederum, die einen nicht unerheblichen Teil der Sitze im Parlament stellen, werden alles daransetzen, Reformen und einen Abbau der Subventionen, die ihrer verarmten Bevölkerung zugute kommen, zu verhindern.

Allerdings hat die Regierung erkannt, dass ein nachhaltig schnelleres Wachstum Indiens nur durch weitere umfassende Reformen zu bewerkstelligen ist. Die bisher durchgeführten Wirtschaftsreformen können sich daher auf einen breiten politischen Konsens stützen, auch wenn die aktuelle Koalitionsregierung die Umsetzung der Neuerungen zögerlicher angeht als ihre Vorgängerin. Zu den entscheidenden Reformen, die die Regierung einleiten muss, um die strukturellen Schwächen der Wirtschaft zu überwinden, zählen die Rückführung des hohen Haushaltsdefizites, der Verkauf staatlicher Vermögenswerte, massive Investitionen in die Infrastruktur, ein Zurückfahren der Bürokratie sowie die Befreiung des organisierten Wirtschaftssektors von überholten arbeitsrechtlichen Vorschriften. Oberste Priorität muss zudem die verstärkte Investition in die Infrastruktur bekommen. Zentral sind auch die Deregulierung des starren Arbeitsmarktes, die Liberalisierung des Handels und eine aktive Förderung des Agrarsektors.

Nichtsdestotrotz überwiegen die positiven Faktoren. Indiens rasche Urbanisierung und die damit einhergehende Absenkung der Analphabetenquote wird in Zukunft deutliche Auswirkungen auf das Arbeitskräftepotenzial des Landes haben. Ebenso dürfte der Ausbau der Infrastruktur einen starken Modernisierungsimpuls geben, der einen rasanten gesellschaftlichen Wandel auslösen wird. Durch verbesserte Rahmenbedingungen wie eine leistungsfähige Infrastruktur und weniger bürokratische Hürden stehen die Chancen des Landes, sich als führender globaler Fertigungsstandort zu etablieren, gut. Die immer stärkere Einbindung des Landes in die internationale Wirtschaft, wird mit massiven Investitionen und Kapitalströmen aus dem Ausland einhergehen Diese steht heute erst am Anfang ihrer Entwicklung. Gleichzeitig entstehen in rasanter Geschwindigkeit zahlreiche indische Global Player, die dank effizientem Management und hoher Flexibilität die Weltmärkte im Sturm erobern.

2. Politik

Innenpolitik

Politisches System

Der Staat Indien ist gemäß der Verfassung von 1950 eine parlamentarische Demokratie. Das Parlament als gesetzgebende Gewalt besteht aus zwei Kammern: dem Unterhaus (Lok Sabha) und dem Oberhaus (Rajya Sabha). Die indischen Staatsbürger wählen das Unterhaus auf fünf Jahre nach dem Prinzip des Mehrheitswahlrechtes. Das Oberhaus wird von Vertretern der Bundesstaaten gewählt.

Indien gliedert sich in 28 Bundesstaaten und sieben Unionsterritorien, die sich wiederum in insgesamt 603 Distrikte oder Bezirke unterteilen. Während die Unionsterritorien von der Zentralregierung in Neu-Delhi verwaltet werden, verfügt jeder Bundesstaat über ein eigenes Parlament und eine eigene Regierung.

Die Parteienlandschaft in Indien gestaltet sich sehr vielfältig, denn einzelne Parteien agieren häufig nur in bestimmten Bundesstaaten. Es hat sich jedoch in den letzten Jahrzehnten aus der lang währenden Dominanz einer einzelnen Partei quasi ein Zwei-Parteien-System herauskristallisiert. Dessen Koalitionen, die mitunter aus über zehn Parteien bestehen, haben sich unter der Führung der Kongresspartei (Indian National Congress, INC) beziehungsweise der BJP (Bharatiya Janata Party) als relativ stabil erwiesen, obwohl den Mitgliedern der kleineren Parteien die Basis für eine Einigkeit auf nationaler Ebene fehlt. Der Aufwand und die Kosten, eine Wahl in Indien durchzuführen, sind trotz der elektronischen Abstimmung gewaltig, woraus möglicherweise eine gewisse Zurückhaltung, eine Regierung ohne weiteres zu Fall zu bringen, resultiert.

Die Kongresspartei dominierte seit der Unabhängigkeit 1947 bis Mitte der neunziger Jahre mit zwei kurzen Unterbrechungen die Politik des Landes. Sie stand im Laufe dieser Zeit größtenteils unter der Führung der Nehru-Gandhi-Familie. Seit Anfang der neunziger Jahre wurde durch die Kongresspartei in Indien eine große Zahl von Reformen auf den Weg gebracht, die eine wirtschaftliche Öffnung und außenpolitische Neuorientierung des Landes vorsahen. Neben der Privatisierung von Staatsbetrieben und der Aufhebung von Handelsbeschränkungen standen die Beseitigung bürokratischer Investitionshemmnisse sowie Steuersenkungen im Vordergrund.

Die Wirtschaftsreformen wurden nach 1998 in der Regierungskoalition unter der Führung der pro-hinduistisch eingestellten BJP von Atal Bihari Vajpayee weitergeführt. Der Ministerpräsident war zwar in der Bevölkerung sehr beliebt und auch sein Bemühen um einen dauerhaften Frieden mit Pakistan wurde zumeist positiv aufgenommen, jedoch hat die Parole »India Shining« die Wähler bei den Parlamentswahlen 2004 nicht überzeugen können. Von dem Boom der letzten Jahre hatten weite Teile der indischen Bevölkerung nicht profitiert. Darüber hinaus hat das Massaker im Frühjahr 2002 an mehr als 1 000 Muslimen in Gujarat, das von der BJP befürwortet wurde, zu einem Verlust an Ansehen und letztendlich von Stimmen geführt.

Im Mai 2004 gewann dementsprechend die von der Kongresspartei geführte United Progressive Alliance (UPA) die Wahlen mit 220 von 545 Sitzen. Die BJP-geführte Koalition, die National Democratic Alliance (NDA), konnte nur 185 Sitze auf sich vereinigen. Sonia Gandhi hat die Kongresspartei mit dem Versprechen, den indischen Bürgern ein besseres Leben mit mehr Jobs zu ermöglichen, zum Erfolg geführt. Weiterhin tritt sie für hohes Wachstum, soziale Harmonie und eine stärkere Armutsbekämpfung ein. Indien ist inzwischen auf dem Weg von einer Klassen- zu einer Mittelstandsgesellschaft mit liberaler Marktwirtschaft weit fortgeschritten; die Wähler stimmten für ein sozial gerechtes und tolerantes Indien.

Investoren fürchteten, dass die von der BJP vorangetriebenen Liberalisierungs- und Privatisierungsreformen im Hinblick auf die indische Wirtschaft wieder abgebaut beziehungsweise nicht weitergeführt werden würden, denn die Kongresspartei ist auf die Unterstützung einiger kommunistischer Parteien, der Linken Front, angewiesen. Zudem wurden führende Reformer bei der Wahl verdrängt. Chandrabadu Naidu beispielsweise, Ministerpräsident von Andhra Pradesh, hatte ebenso wie sein Amtskollege S. M. Krishna in Karnataka soziale Reformen und vor allem die IT-Branche unterstützt. Beide wurden abgewählt.

Der befürchtete Rückgang der Privatisierungen schien nicht unbegründet zu sein, denn die Koalition ließ verlautbaren, dass profitable und strategisch wichtige Staatsunternehmen nicht mehr zum Verkauf stünden wie zum Beispiel die Ölkonzerne Hindustan Petroleum und Bharat Petroleum. Damit würde dem Staat jedoch eine wichtige Einkommensquelle fehlen, um das Haushaltsdefizit (10 Prozent des BIPs auszugleichen und den Ausbau der Infrastruktur voranzutreiben. Zudem wurde in Andhra Pradesh eine Reform des maroden Elektrizitätswesens rückgängig gemacht: Die Landbevölkerung erhält künftig wieder freien Strom, sodass sich die Subventionsausgaben um 80 Millionen US-Dollar jährlich erhöhen – Geld, das für Investitionen in neue Kraftwerke nicht mehr zur Verfügung steht. Die Linke Front kündigte ebenso ihren Widerstand gegen die Öffnung von Versicherungen, Banken und Einzelhandel für ausländische Investoren an.

Eine Woche nach dem Wahlsieg verzichtete jedoch Sonia Gandhi zugunsten des Wirtschaftsexperten und ehemaligen Finanzministers Manmohan Singh auf eine Kandidatur als Ministerpräsidentin. Sie wollte damit auch kritischen Stimmen ob ihrer italienischen Herkunft entgegentreten. Die Börse in Bombay reagierte umgehend positiv auf diese Nachricht, denn Singh wird als Schlüssel für eine Weiterführung der Reformen gesehen.

Manmohan Singh ist ein stiller Star der indischen Regierung. Kaum jemand hatte diesem zurückhaltenden Mann eine solide Führung nach dem Rücktritt Sonia Gandhis zugetraut; er wurde als Marionette Gandhis angesehen. Doch Singh ist viel mehr als das: Aus einer Familie stammend, die mit Trockenfrüchten handelte, studierte er in Chandigarh und Cambridge, habilitierte sich an der Universität in Oxford auf dem Gebiet für internationalen Handel und wurde mit mehreren Honorarprofessuren geehrt. Er arbeitete als Fachmann jahrelang in höchsten Positionen diverser Ministerien, der indischen Zentralbank, der Asiatischen Entwicklungsbank und dem IWF. Als Finanzminister von 1991 bis 1996 im Kabinett von Narasimha Rao war er maßgeblich an den wirtschaftlichen Reformen und dem folgenden Aufschwung des Landes beteiligt, weil er die Öffnung und Liberalisierung des verkrusteten Außenhandels gegen allerlei Vorbehalte vorantrieb.

Als Premier und Staatsmann hat er den Anspruch Indiens auf einen ständigen Sitz im UN-Sicherheitsrat zielstrebiger als seine Vorgänger verteidigt. Auch die Beziehungen zu Pakistan, China und den USA – bisweilen nicht gerade konfliktfrei – hat er stetig zu verbessern gesucht.

Ein besonderer Akzent liegt in dieser Legislaturperiode auf der Förderung der Armen in der Gesellschaft. Sozial- und Infrastrukturprogramme wurden auf den Weg gebracht, um die medizinische Versorgung in ländlichen Gegenden zu verbessern, um Kinder mit täglichem Schulessen zu versorgen und um mehr Lehrer zu engagieren, damit die Alphabetisierungsrate ansteigt und in der Folge mehr Kinder auf dem Arbeitsmarkt bessere Chancen erhalten. Singh hat nicht vergessen, woher er kommt, und er weiß, wem die Kongresspartei die Stimmen zu verdanken hat. Doch setzt er dem Sozialpopulismus die fortzuführende Liberalisierung und Öffnung der Märkte entgegen, denn vor allem darin sieht er Potenzial, um die Armut zu bekämpfen.

Der indische Premier, der erste Sikh in diesem Amt, ist ein ruhiger Politiker – unprätentiös und unbestechlich. Er strahlt ebenso Vertrauen wie Besonnenheit aus. Öffentliche Auftritte liebt er nicht, absolviert sie aber pflichtbewusst und konzentriert, mit Würde und erinnert darin eher an die versunkene indische Kultur denn an das moderne Indien mit seinem Materialismus und seiner Geltungssucht. Singh ist ein Mann der leisen Töne, der wenigen, doch treffenden Worte und bemüht im Parlament durchaus Victor Hugo, um seine Überzeugungen zu unterstreichen: »Keine Macht der Welt kann eine Idee aufhalten, deren Zeit gekommen ist.« Die Zeit für die indischen Reformen und den Wirtschaftsaufschwung ist gekommen, jene für Manmohan Singh und seine Ideen ebenso.

Singh steht einer Koalition von 19 Parteien vor. Der gefundene Kompromiss um das Regierungsprogramm scheint jedoch den Stempel der Kongresspartei zu tragen: Was das angekündigte Herunterfahren der Privatisierungen betrifft, ist laut Singh eher mit selektiveren Privatisierungen zu rechnen. Sie sollen nur nicht weiter »als eine Ideologie« vorangetrieben werden. Die prekäre Haushaltssituation der Regierung lässt keinen Spielraum für Populismus. Die bereits begonnenen Reformen müssen ausgeweitet werden, um auch auf dem Land Wirkung zu zeigen.

Regierung Singh

Nach einem Jahr Regierung durch die Kongresspartei ist wirtschaftlich gesehen das Ergebnis nicht ideal. Die Reformen sind nötiger denn je, jedoch musste die Regierung auf ihre Wähler, die vor allem aus den ärmeren Bevölkerungsschichten stammen, Rücksicht nehmen, sodass Reformmaßnahmen verlangsamt wurden. Dies geschah nicht zuletzt auch wegen der Linken Front, auf deren Unterstützung die Kongresspartei angewiesen ist. Die Kommunisten fungierten bei einigen Vorstößen als Bremse.

Für wettbewerbsfähigere Unternehmen ist in Indien eine Lockerung des rigiden Arbeitsrechts unvermeidbar. Die bisherige Arbeitsgesetzgebung gilt als ein großes Hindernis bei der notwendigen Schaffung neuer Arbeitsplätze sowie bei der Steigerung der Produktivität, sodass ausländische Unternehmen häufig aus diesem Grund vor einem Engagement in Indien zurückweichen.

Zu Beginn des Haushaltsjahrs 2005/06 verkündete der Finanzminister Palaniappan Chidambaram, dass ein Schwerpunkt des Haushaltsplans der Kampf gegen die Armut darstelle. Es werden zunächst 1,8 Milliarden Euro für die Flutopfer vom Dezember 2004 bereitgestellt, weitere 1,75 Milliarden Euro sollen in Infrastrukturmaßnahmen fließen. Um die Ärmsten der Bevölkerung in die Wirtschaft einzugliedern, werden zudem die Spitzenzölle von 20 auf 15 Prozent gesenkt. Der Import von Geräten soll durch Geld aus den Devisenreserven des Staates finanziert werden. Zur Stärkung der nationalen Kapitalmärkte möchte die Regierung einen Markt für Unternehmensanleihen schaffen, den Derivatenhandel ankurbeln und den Staatsbanken mehr Freiraum geben. Ferner sind Erleichterungen ausländischer Investitionen in einigen Wirtschaftszweigen geplant.

Zu den von Kritikern erhofften radikalen Reformen des Steuersystems, die den verwirrenden Zustand indischer Steuerbegünstigungen für Unternehmen und Einzelpersonen beheben sollten, kommt es allerdings nicht. Der Spitzensteuersatz für Unternehmen wird nur leicht auf 30 Prozent gesenkt; weitere Steuervorteile erhalten Geringverdiener.

Unterdessen ist am 1. April 2005 eine Mehrwertsteuer eingeführt worden, die bei 12,5 Prozent des Warenwertes liegt. Ausgenommen von der Besteuerung sind Treibstoff, Schnaps und Lotterietickets. Diese Einführung war jedoch in Indien stark umstritten. Es handelte sich hierbei mittlerweile um den sechsten Versuch. Auch dieses Mal regten sich wieder Proteste: Einzelhändler begannen mit einem dreitägigen Streik. Sie beklagten eine unzureichende Informationspolitik sowie die Beibehaltung paralleler Steuern. Mit dieser Reform strebt die Regierung eine Verbreiterung der Steuerbasis an, um der schlechten Zahlungsmoral der Bevölkerung zu begegnen. Auf der anderen Seite ist dies ein erster Schritt hin zu einer Vereinfachung des komplizierten Steuersystems.

Die schlechte Zahlungsmoral ist das größte Problem für die

indischen Finanzminister. Während in den letzten 15 Jahren die Wirtschaftsleistung enorm gesteigert werden konnte, sind die steuerlichen Einnahmen auf ein Niveau gesunken, das unter dem der späten achtziger Jahre liegt.

Das Hauptziel muss also darin bestehen, die Steuereinnahmen zu steigern, ohne jedoch Investitionen zu behindern. Dazu hat Finanzminister Chidambaram den ungewöhnlichen Vorschlag gemacht, Barabhebungen von mehr als 10 000 Rupien (etwa 187 Euro) an einem Tag mit 0,1 Prozent zu versteuern, denn viele Transaktionen wie der Kauf von Autos oder Häusern werden häufig mit Bargeld erledigt.

Indiens Haushaltsdefizit sank auf 4,3 Prozent des BIPs und die Differenz zwischen Steuereinnahmen und -ausgaben von 3,5 auf 2,6 Prozent. Letztere soll laut dem »Responsibility and Budget Management Act« bis zum 31. März 2008 auf Null zurückgefahren werden. Im Jahre 2005/06 will die Regierung jedoch weniger einsparen, um die Projekte für verbesserte Bildung, Infrastruktur, Landwirtschaft und Gesundheitsversorgung voranzutreiben.

Das Aussetzen der Defizitreduzierung stößt allerdings auf Kritik seitens ausländischer Rating-Agenturen, denn ihrer Meinung nach sei es einfacher, schwierige Entscheidungen zu treffen, wenn die Wirtschaftsleistung stark wächst. 2006 stehen wiederum Wahlen in Westbengalen und Kerala an, wo die Kongresspartei mit den Linken konkurriert – somit sind Kompromisse im Parlament von Neu-Delhi ungewisser –, und 2007 sind Entscheidungen wahrscheinlich schon vom kommenden Wahlkampf geprägt. Für Chidambaram wird es schwer, beide Wege zu beschreiten: die Einhaltung der Absprachen mit den Linken und das konsequente Vorantreiben der Wirtschaftsreformen.

Im März 2005 stellte die indische Regierung verschiedene Maßnahmen vor, die unter anderem auch die bisher verbotene Nachtarbeit für Frauen beinhalten. In Unternehmen ab einer Größe von zehn Angestellten sollen Frauen auch in der Zeit zwischen 22.00 und 6.00 Uhr arbeiten dürfen. Dies würde vor allem der Textilindustrie sowie der IT-Branche zugute kommen, denn viele junge Inderinnen sind als Schneiderinnen oder in Call-Centern tätig.

Die Änderung der Arbeitszeitbestimmungen für Frauen wird als ein wichtiger Beitrag für die Gleichberechtigung der Frau gesehen. Gleichzeitig besteht allerdings die Gefahr, dass Frauen ausgebeutet werden, denn es sind keine weiteren Schutzmaßnahmen vorgeschrieben. Die Einbringung eines solchen Gesetzesvorschlags beruht auf einem Kompromiss zwischen der Kongressregierung und den sie unterstützenden linken Parteien. Einigkeit auch über weitergehende Reformen des Arbeitsrechts zu erlangen, dürfte indes schwieriger werden, denn eine Lockerung des Kündigungsschutzes, das Recht auf Kurzarbeit und ein Erschweren von Streiks stoßen im linken Lager auf heftigen Widerstand. Auch die Vorgängerregierung hatte diesbezügliche Änderungen verfolgt, sie aber nicht durchsetzen können.

Am 29. September 2005 wurde der Linksdruck und die Ablehnung vieler Projekte der Regierung offenbar, als ein Generalstreik das öffentliche Leben in Indien lahmlegte. Mehr als eine Million Inder protestierten gegen die geplanten Reformen der Regierung, die eine Privatisierung der Flughäfen in Neu-Delhi und Bombay vorsahen. Vor allem Arbeiter aus den Bereichen der Luftfahrt, der Eisenbahn, der Post- und Telekomdienste sowie der Banken und Börsen gingen auf die Straße. Der Politikwissenschaftler Swapan Dasgupta glaubt, dass die vier kommunistischen Parteien im indischen Parlament seit den frühen siebziger Jahren nicht mehr so viel Einfluss hatten wie heute. Er bemängelt, es habe seit dem Regierungsantritt Singhs im Prinzip keine Wirtschaftsreformen mehr gegeben, gerade weil die Linke ein effektives Vetorecht habe.

Der Haushalt für 2006/07 setzt auf die Fortsetzung des gesamtwirtschaftlichen Wachstums um 8 Prozent; Reformthemen bleiben wiederum weitgehend unberührt: Es werden zum Beispiel keine weiteren Privatisierungsvorhaben erwähnt, die Subventionen werden nicht zurückgefahren und auch die notwendige Arbeitsreform wird nicht weiter thematisiert. Die befürchtete Rücksicht auf die anstehenden Wahlen in einigen Bundesstaaten sowie auf die Linke Front scheint sich bewahrheitet zu haben.

Es wird geschätzt, dass 2006/07 die laufenden Einkünfte um 15,8 Prozent ansteigen, ein Wert, der vor allem auf einem angenommenen Wachstum der Steuereinnahmen um 19,3 Prozent basiert. Vor allem der Dienstleistungsbereich soll in Zukunft stärker zur Kasse gebeten werden. Neben einer Erhöhung des Servicesteuersatzes von 10 auf 12 Prozent wird die Basis um 17 Dienstleistungsaktivitäten auf 96 zu besteuernde Segmente erhöht. Bei den direkten Abgaben fällt die Körperschaftssteuer ins Gewicht, deren Anwachsen auf 28,4 Prozent geschätzt wird.

Auf der Seite der Ausgaben ist ebenfalls eine Erhöhung vorgesehen. 20,1 Prozent Mehraufwand konzentrieren sich auf drei Schwerpunkte: Zunächst sollen 695,9 Milliarden Rupien (circa 5,3 Milliarden Euro) in die Energiewirtschaft fließen (dies entspricht einem Zuwachs von 29,5 Prozent), soziale Dienste wie Gesundheit, Erziehung, Arbeit und Beschäftigung werden mit 633,1 Milliarden Rupien (rund 4,8 Milliarden Euro) bezuschusst (Zunahme von 23,5 Prozent), und das Transportwesen steht mit 486,1 Milliarden Rupien (etwa 3,7 Milliarden Euro) an dritter Stelle (Steigerung um 20,3 Prozent). Das Einnahmedefizit soll im Vergleich zum Vorjahr von 2,6 auf 2,1 Prozent reduziert werden. Das Haushaltsdefizit soll 3,8 Prozent des BIPs erreichen.

Im April 2005 kündigte die indische Regierung ein breit angelegtes Gesundheitsprogramm für 300 000 Dörfer an. Nachdem die Gesundheitsversorgung vor allem in ländlichen Gegenden lange vernachlässigt wurde, soll nun das System dezentralisiert werden, sodass einzelne Bundesstaaten und Gemeinden bei der Planung mehr Verantwortung übernehmen müssen. Man möchte in jedem Dorf eine Frau für den Basisgesundheitsdienst ausbilden, denn vorrangiges Ziel ist es, die Müttersterblichkeitsrate auf dem Land zu senken, da jährlich in Indien 136 000 Frauen bei der Geburt sterben. Zudem soll die dörfliche Infrastruktur gestärkt werden. Insgesamt hat die Regierung für das Programm 1,5 Milliarden US-Dollar zur Verfügung gestellt.

Ein weiteres Problem ist Aids, das sich durch die starke Verbreitung von Wanderarbeitern in ganz Indien rasant ausbreitet. In der Wirtschaftsmetropole Bombay sind 44 Prozent der weiblichen Prostituierten mit dem HI-Virus infiziert. Bislang haben sich fünf Millionen Inder mit dem Virus angesteckt, jedes Jahr werden 500 000 neue Fälle gemeldet. Wenn keine drastischen Schritte unternommen werden, wird Indien bald Südafrika als Land mit den meisten HIV-Infizierten überholt haben. Noch ist unklar, ob und inwieweit massive wirtschaftliche Auswirkungen zu erwarten sind. Der indische Think Tank National Council of Applied Economic Research rechnet mit bis zu 0,86 Prozentpunkten weniger Wachstum pro Jahr, von den menschlichen Tragödien einmal abgesehen. Mit 40 Millionen US-Dollar jährlich kommt der Löwenanteil im Budget zur Aids-Prävention von der Bill & Melinda Gates Foundation, die durch die Spende des Gesamtvermögens von Warren Buffett, dem zweitreichsten Mann der Welt, – eine Spende in Höhe von 32 Milliarden US-Dollar – nunmehr ein großes Budget und mehr Einfluss hat, als manchem lieb ist.

Obwohl Indien über 4 Prozent der weltweiten Frischwasserreserven verfügt, stellt Wassermangel eine der größten Bedrohungen dar. 2002 und 2003 litten erneut verschiedene Landesteile an Dürreperioden, weil der Monsun ausblieb; und obwohl der Staat große Lagerbestände angelegt hat, ist die Nahrungssicherheit vieler Menschen bedroht. Dies zeigt, wie anfällig die indische Landwirtschaft gegenüber solchen Schwankungen ist. Steigende Bevölkerungszahlen werden ähnliche Krisen in den nächsten Jahren verschärfen, denn die zur Verfügung stehende Wassermenge stagniert. In den nächsten 20 Jahren wird der Wasserbedarf um geschätzte 50 Prozent ansteigen. 370 Millionen Inder haben schon heute keinen Zugang zu sauberem Wasser. Die Bohrlöcher reichen in einigen Gegenden, zum Beispiel im Süden von Neu-Delhi, bis zu 200 Meter in die Erde. Teilweise gibt es am Tag nur 15 Minuten fließendes Wasser. Große Entfernungen zwischen den Trinkwasserreservoirs und den Verbrauchern in den Städten werden durch undichte Röhrensysteme überbrückt, wodurch einer Studie der Weltbank zufolge 30 Prozent des Wassers verloren gehen. Auf der anderen Seite gehen die Verbraucher sehr unachtsam mit Wasser um, denn es kostet praktisch nichts. Durch fehlende Wasserreservoirs und ein ungenutztes Bewässerungspotenzial kommt es daher insgesamt zu einem Verlust von 87 Prozent des eigentlich vorhandenen Grund- und Regenwassers, das nun so in den Indischen Ozean abfließt. Abgefülltes Trinkwasser stellt inzwischen eine

Wachstumsbranche mit Milliardenumsätzen dar. Um den drohenden Problemen zu begegnen, müssen also die Verluste gestoppt und noch nicht vorhandene Reserven genutzt werden. Dazu ist jedoch auch eine Entwirrung der Kompetenzen hinsichtlich des Wassers nötig: Bis zu sechs Ministerien sind für Wasser zuständig.

Separatistische Bewegungen

Eine innere Bedrohung stellen für Indien die zahlreichen politisch und religiös motivierten Gruppen dar, die vor Attentaten und auch Anschlägen auf Zivilisten nicht zurückschrecken. In der Kaschmirregion agieren islamisch motivierte »Freiheitskämpfer«, im Nordosten Indiens gibt es separatistische Bewegungen und große Teile des Ostens werden von maoistischen Rebellen, den Naxaliten, heimgesucht. Daneben führt religiöser Fanatismus ebenfalls immer wieder zu blutigen Auseinandersetzungen.

Anschläge separatistischer Bewegungen erschüttern immer wieder den Nordosten Indiens. Man schätzt die Anzahl der militanten Gruppierungen auf rund 50. Die separatistische Rebellenorganisation United Liberation Front of Asom (ULFA) beispielsweise kämpft für die Unabhängigkeit Assams. In den letzten Jahren radikalisierte sich die Organisation insofern, als dass zunehmend auch unschuldige Zivilisten und Kinder Ziele der Anschläge wurden. Führende Köpfe der ULFA distanzierten sich deshalb davon und stellten sich den indischen Behörden. Dabei gaben sie an, dass einige Mitglieder der ULFA in Pakistan ausgebildet wurden.

Ein weiteres Problem in Assam könnten auf lange Sicht die Flüchtlinge Bangladeschs in dieser Region darstellen. Vor allem im Zuge der Unabhängigkeitsbewegung des ehemaligen Ostpakistans im Jahre 1971, die von Indien unterstützt wurde, kam es zu einer massenhaften Flucht. Die Zahl der Schutzsuchenden wird auf bis zu 20 Millionen geschätzt. Um den Strom zu stoppen beziehungsweise um Assam und Indien vor zu vielen illegalen Einwanderern zu schützen, wurde eigens der Illegal Migrants Determination by Tribunals (IMDT) Act beschlossen, jedoch ist die Bilanz, was die wirklich erfolgten Abschiebungen betrifft, äußerst dürftig. Es gibt

Stimmen, die davon ausgehen, dass, wenn nicht bald konsequent gegen die illegalen Einwanderungen etwas unternommen wird, die Situation in Assam nicht mehr beherrschbar sei. Schwarzmaler vermuten gar, dass in diesem Gebiet Al-Qaida- und ISI-Operationen Schutz genießen und dass im Falle einer Eskalation die Situation in Assam schlimmer werden könnte als in Jammu und Kaschmir.

Hinter diesen Befürchtungen steckt die Angst vor einer Ausweitung des Flüchtlingsproblems mit Bangladesch. In diesem Nachbarland Indiens wächst der Einfluss islamischer Extremisten, die antiindische Sentiments hegen und militante Gruppen im Nordosten Indiens unterstützen. Die Grenze zwischen den beiden Ländern ist vom indischen Standpunkt aus gesehen die verwundbarste. Reißt der Flüchtlingsstrom nicht ab – und hält man sich vor Augen, dass die demografische Verteilung eine wichtige Rolle spielte bei der Frage, wie viele Teile der Regionen Bengalens und Assams 1947 Ostpakistan zugesprochen worden waren –, dann erklärt sich auch die Angst vor einer eventuellen Abtrennung Assams oder des Nordostens von Indien im schlimmsten Falle.

Seit knapp 40 Jahren existiert die maoistische Bewegung. Schon 1967 wurde sie in der bengalischen Stadt Naxalbari nach Streitigkeiten zwischen den Stämmen der Shantals und der Kulaks geboren; ihre Anhänger werden auch Naxaliten genannt. Eine erste organisatorische Struktur erhielt sie zwei Jahre später mit der Gründung der Kommunistischen Partei Indien (Communist Party of India [Marxist-Leninist], CPI [ML]), die sich im Namen auf Marx und Lenin beruft, aber die Guerillastrategie von Mao Zedong verfolgt. Etwa zur gleichen Zeit begann sich in Nepal die maoistische Abspaltung der dortigen Kommunistischen Partei zu radikalisieren. Man zählte im Laufe der Jahre rund 150 Untergruppen der maoistischen Bewegung, von denen circa 40 als gewalttätig gelten.

Im Jahr 2001 ging eine internationale Allianz, das Koordinationskomitee der maoistischen Parteien und Organisationen Südasiens (CCOMPOSA), aus einem Zusammenschluss verschiedener Gruppierungen hervor. Darunter befinden sich auch die unter dem Namen Kommunistische Partei Indiens (CPI [Maoist]) vereinigten Rebellengruppen »Volkskrieg« (People's War Group) und das Maoistisch-

Kommunistische Zentrum (Maoist Communist Centre). Im Oktober 2004 wurden bei einem Treffen von indischen, nepalesischen, bengalischen und sri-lankischen Gruppen des Koordinationskomitees in Kalkutta unter anderem mögliche Vernetzungen mit anderen Widerstandsbewegungen wie jener in Kaschmir diskutiert.

Eine operative Verbindung mit den »Freiheitskämpfern« in Kaschmir wäre für den Staat Indien eine zusätzliche Bedrohung. Schon heute werden die maoistischen Rebellen zuweilen zu den Gefährlichsten gezählt. Sie seien die »Hauptbedrohung für den Staat«, meint der frühere Armee-Chef Shankar Roy Chowdhury, denn ihre Ausbreitung ist gewaltig. Bereits mehr als ein Drittel des Landes, 13 von 35 indischen Bundesstaaten und Unionsterritorien, wird durch die Naxaliten destabilisiert, und die Zahl der Gewaltopfer steigt kontinuierlich an (482 im Jahre 2002, 515 und 555 in den beiden folgenden Jahren).

Dabei verfügen die Maoisten nicht einmal über große Waffen- oder Sprengstoffarsenale und auch personell soll es nur einige Tausend bewaffnete Kämpfer geben. Das Problem liegt in ihrer Verbreitung: Laut P. V. Ramana von der Observer Research Foundation in Neu-Delhi habe sich die Zahl der betroffenen Distrikte innerhalb von zwei Jahren verdreifacht, sodass faktisch der Staat in 150 Distrikten nicht mehr regiere. Die Wälder des zentralindischen Hochlandes sind ideale Zufluchtsorte der Rebellen.

Nun soll eine »Gemeinsame bundesstaatsübergreifende Einsatztruppe« aufgebaut werden, um den Anhängern wenigstens die Möglichkeit der Flucht in einen anderen Bundesstaat zu nehmen. Zudem wurden die 13 betroffenen Staaten aufgefordert, einen Aktionsplan festzuschreiben, in dem sie darlegen, wie sie einerseits die Sicherheitslage verbessern und andererseits die sozialen Ursachen beheben wollen.

Dass die Maoisten ausgerechnet im Osten Indiens Anhänger finden, ist nicht verwunderlich, wenn man bedenkt, dass dort der wirtschaftliche Aufschwung Indiens der letzten Jahre keinen Niederschlag fand. Die Rebellen kämpfen hier gegen den Feudalismus und die Benachteiligung der niederen Kasten. Ihr Ziel ist es, einen eigenen Staat mit kommunistischer Prägung aufzubauen, den sie Dandakaranya nennen wollen. Er würde sich über das Gebiet mehrerer Bundesstaaten erstrecken, zu denen Andhra Pradesh, Maharashtra, Orissa, Bihar und Chhattisgarh gehören.

Um den Maoisten in Zukunft besser zu begegnen, muss neben der gemeinsamen Einsatztruppe auch eine Politik verfolgt werden, die alle betroffenen Bundesstaaten unterstützen. Es bedarf einer einheitlichen Strategie: entweder das Verbot der Rebellenorganisationen in allen Bundesstaaten oder der Beginn breit angelegter Verhandlungen. Solange jedoch die Bundesstaaten nicht an einem Strang ziehen, wird der Kampf erfolglos bleiben.

Derweil fand im Dezember 2005 eine weitere geheime Sitzung der CCOMPOSA in Bangladesch statt. In einer Pressemitteilung vom 26. Dezember 2005 ließ das Komitee unter anderem verlautbaren, dass es die äußerst brutalen Übergriffe und Ermordungen von Angehörigen des Stammes von Bastar (Chhattisgarh), welche unter maoistischer Führung stehen, verurteilt. Die Angriffe waren von paramilitärischen Gruppen im Namen von Salwa Judum, eine von der Regierung unterstützte anti-maoistische Gruppe, unter der Führung eines MLAs (Member of Legislative Assembly) in den vorangegangenen fünf Monaten verübt worden. Die CCOMPOSA fordert einen sofortigen Stopp der Übergriffe und eine öffentliche Untersuchung der Vorfälle in Chhattisgarh vor einem internationalen Tribunal.

Religiös motivierte Streitigkeiten sind häufig nicht klar von den politischen Konflikten in Kaschmir, den beschriebenen im Nordosten Indiens und jenen mit den Maoisten zu trennen. Vielfach vermischen sich die ideologische wie die glaubensbezogene Ebene und bedingen beziehungsweise verschärfen einander. So genießen die Maoisten beispielsweise starken Rückhalt bei den Adivasi, den Ureinwohnern Indiens, welche noch immer sozial benachteiligt sind. Ebenso schwingen bei Anschlägen muslimischer Extremisten oft die politischen Probleme in Kaschmir mit. Religiöse Minderheiten wie zum Beispiel die Muslime (13,4 Prozent der indischen Bevölkerung) oder auch die Sikhs (1,9 Prozent der Bevölkerung) verschaffen sich durch derartige Übergriffe immer wieder Gehör. Allein schon die Ausstrahlung eines Spielfilms kann die Feindschaften nähren, wie dies im Mai 2005 der Fall war, als ein Film, dessen Titel *Jo Bole So*

Nihal im Verdacht stand, einen gleichlautenden Gebetsspruch zu verunglimpfen, Anlass für die Zündung von Bomben in zwei Kinos in Neu-Delhi war. Hierbei wurde eine Person getötet und 49 verletzt. Vermutlich steckten hinter diesem Anschlag fanatische Sikhs.

Der Konflikt zwischen Muslimen und Hindus zeigte sich besonders im März 2002. Ein Zug, besetzt von hinduistischen Pilgern, war in Godhra (Gujarat) ausgebrannt, 58 Menschen kamen dabei ums Leben. Muslime wurden dafür verantwortlich gemacht. Die Pilger waren auf dem Rückweg von der »Reinigung« eines Platzes, auf dem eine Moschee gestanden hatte. Diese war zehn Jahre zuvor geschliffen worden, um »wieder« einen hinduistischen Tempel zu errichten. Aufgrund dieser sehr umstrittenen Aktion kam es in den letzten Jahren immer wieder zu blutigen Auseinandersetzungen zwischen Muslimen und Hindus, bei denen über 3 000 Menschen ihr Leben ließen.

Eine Verfolgung der begangenen Straftaten wurde 2002 von der nationalistisch eingestellten hinduistischen BJP-Regierung vor allem in eine Richtung betrieben: Entsprechend den Anti-Terrorgesetzen (Prevention of Terrorism Act, POTA) wurden circa 100 Muslime verhaftet; die folgenden Ausschreitungen gegen Muslime wurden von der BJP zu Racheaktionen erklärt und als solche bewertet. Angeklagte Hinduisten wurden freigesprochen. Forensiker und Augenzeugen bezweifeln indes die Regierungsversion eines Brandanschlages auf den Pilgerzug. Die neue Regierung unter der Führung der Kongresspartei kündigte weitere Untersuchungen an. Sie hob inzwischen auch die umstrittene Anti-Terrorgesetzgebung auf, jedoch scheint sie nicht so weit gehen zu wollen, das geschehene Unrecht wieder gutzumachen.

Es ist zweifelhaft, ob die in den letzten Jahren sich immer stärker herausgebildete Trennung von Muslimen und Hindus aufhebbar ist. Es gibt Stimmen, die behaupten, die Trennung sei zu 90 Prozent vollzogen. In Ahmedabad hat sich unterdessen ein Ghetto mit rund 4 000 muslimischen Familien gebildet, von denen ein Großteil nach den gewaltsamen Übergriffen im Jahre 2002 dorthin geflüchtet ist. Außerhalb dieses Gebietes kommt es vor, dass Muslime auf offener Straße angegriffen werden. Muslimische Geschäfte werden von Hindus boykottiert, und auf dem Arbeitsmarkt wird der Religionszugehörigkeit entsprechend entschieden. Auf der anderen Seite gewinnen konservative muslimische Organisationen in dem Gebiet an Einfluss.

Bei den Bombenanschläge in Varanesi (Uttar Pradesh) im März 2006, bei denen 20 hinduistische Pilger getötet und mehr als 50 Menschen verletzt wurden, geht man davon aus, dass dies das Werk muslimischer Extremisten sei. Eine Isolierung religiöser Minderheiten, wie dies beispielsweise in Ahmedabad geschehen ist, kann die bestehenden religiösen Konflikte nicht lösen, sondern beschwört allenfalls neue Gewalt herauf.

Außenpolitik

Die indische Außenpolitik hat sich seit dem Ende des Kalten Krieges sehr gewandelt. Nach seiner Unabhängigkeit war Indien eher darauf bedacht, sich als souveräner Staat zu präsentieren und dabei seine Führungsrolle unter den Entwicklungsländern zu unterstreichen. Als größte Demokratie der Welt mit charismatischen Führungspersonen wurde es nicht müde, Werte wie Gerechtigkeit und Idealismus zu propagieren und gegen die Teilung der Welt in Ost und West zu protestieren. Die Anlehnung an Russland galt jedoch als gegeben. Seit den neunziger Jahren hat die Beziehung zu Russland aber an Bedeutung verloren. Indien scheint nun auf eine Ausweitung globaler Beziehungen bedacht zu sein. Dabei sind die USA zum wichtigsten Partner außerhalb Asiens emporgestiegen.

Grundsätzlich wird die Außenpolitik Indiens durch sicherheitspolitische Überlegungen bestimmt, bei denen die eigene Sicherheit, die regionale Vormachtstellung und ein auszuweitender Einfluss auf die Weltpolitik vorrangige Ziele darstellen. Zur Erreichung dieser Ziele ist ein lang währender wirtschaftlicher Aufschwung des Landes unabdingbar ebenso wie eine sicherheitspolitische und wirtschaftliche Anbindung an Staaten in Südostasien, China, Japan und an die USA.

Nach nur einem Jahr Amtszeit kann die indische Regierung 2005 eine erfolgreiche Außenpolitik konstatieren: Der Friedensprozess mit Pakistan wurde mit neuem Elan von Ministerpräsident Singh fortgeführt. Man kann sagen, dass die Beziehungen zwischen den beiden

Ländern so gut sind wie seit Jahrzehnten nicht mehr. Die Staaten verhandeln sogar wieder das Streitthema Kaschmir und haben zwei Buslinien erneut eingeführt, die in den beiden Teilen der Himalajaregion verkehren.

Daneben wurde das Verhältnis zu China deutlich verbessert, und Singh schaffte es, sich als strategischen Partner für die USA zu positionieren, wodurch das Land heute geopolitisch besser dasteht.

Verteidigung

Indien hat zwar nicht so viel wie China in seine Militärstruktur investiert, ist aber – mit großem Abstand nach China – die zweitgrößte Militärmacht Asiens. Die Armee hat über eine Million Mann unter Waffen, die Luftwaffe verfügt über mehr als 850 Kampfflugzeuge und die Marine ist ausgerüstet mit 27 Kriegsschiffen und derzeit noch 16 U-Booten, die bald mit Nuklearmarschkörpern ausgestattet werden sollen. Umfassende Modernisierungsprogramme für die Luftwaffe und für die Marine werden als Begründung für die höheren Ausgaben im Militärsektor verwendet. Weltweit liegt Indien mit seinen Rüstungsausgaben auf Platz Zehn. 2 Prozent aller Militärausgaben gehen dabei auf das indische Konto. Damit zieht Indien mit Russland gleich. Im Vergleich dazu liegt China mit seinen Militärausgaben, die weltweit rund 4 Prozent ausmachen, vor Deutschland auf dem 5. Platz. Unangefochten stehen die USA an der Spitze: An den weltweiten Rüstungsausgaben haben sie einen Anteil von 48 Prozent.

Besonders seit 1998 hat Indien kräftig in den Verteidigungssektor investiert. Mit einer jährlichen Steigerung zwischen 13 und 25 Prozent (2005 beliefen sich die Verteidigungsausgaben bereits auf circa 15 Milliarden Euro) wurde eine Modernisierung der militärischen Ausrüstung und Technologie ermöglicht, die einer stärkeren Machtdemonstration gegenüber Pakistan dient sowie Indiens Anspruch auf eine zukünftige wichtige Rolle in der Weltpolitik unterstreicht. Der Besitz atomarer Waffen soll in der gleichen Weise interpretiert werden. Indien ist nicht an einem Erstschlag interessiert; es setzt vielmehr auf eine »glaubwürdige Abschreckung«.

Der größte Waffenlieferant Indiens ist Russland, gefolgt von

Israel. Hier werden modernste Waffensysteme erworben, denn Israel ist seinerseits ein Nutznießer der amerikanischen Technologien. Seit der Aufnahme der diplomatischen Beziehungen im Jahre 1992 konzentriert sich die indisch-israelische Zusammenarbeit hauptsächlich auf Verteidigungspolitik und Geheimdienstaktivitäten. Man verspricht sich von dieser Beziehung eine Erhöhung des Tempos bei der Modernisierung der indischen Streitkräfte.

Nach den Atomtests in Indien und Pakistan 1998 waren beide Staaten mit wirtschaftlichen und militärischen Sanktionen belegt worden. Seit beide Länder jedoch nach den Anschlägen in New York und Washington im September 2001 Verbündete der Amerikaner im weltweiten Kampf gegen den Terrorismus geworden sind, hoben die USA die Beschränkungen gänzlich für Indien und teilweise für Pakistan auf. Mit dem Angebot der Amerikaner vom März 2005, sowohl Indien als auch Pakistan F-16-Kampfjets von Lockheed Martin anzubieten, ist dies ein weiteres Zeichen seitens der USA, die nuklearen Ambitionen beider Länder zu akzeptieren.

Im März 2006 wurde in Neu-Delhi zwischen dem indischen Ministerpräsidenten Singh und dem amerikanischen Präsidenten Bush eine Zusammenarbeit in der zivilen Nutzung der Atomenergie vereinbart. Wenn der US-Kongress dem Vertrag zustimmt – das US-Parlament muss im Vorfeld ein Gesetz ändern, das bislang den Atomhandel mit Indien verbietet –, genießt Indien das Recht, von den Amerikanern Reaktorkomponenten und Brennstäbe zu kaufen, was eigentlich nur Staaten erlaubt ist, die den Atomwaffensperrvertrag unterzeichnet haben. Den USA scheint an der Partnerschaft mit Indien sehr viel gelegen zu sein, denn durch dieses Zugeständnis riskieren sie die Infragestellung des gesamten Vertrages. De facto wird Indien durch den indisch-amerikanischen Atomvertrag als Nuklearmacht legitimiert, obwohl es nicht dem Atomwaffensperrvertrag beigetreten ist. Dies könnte dazu führen, dass andere Länder sich ermutigt fühlen, es Indien gleichzutun und Atomwaffenprogramme aufzulegen. Gerade Iran hat in diesem Zusammenhang die Doppelmoral der Amerikaner kritisiert, die einem Mitglied des Atomwaffensperrvertrages die Anreicherung verwehren wollen und gleichzeitig einem Nicht-Mitglied die volle Unterstützung zusagen.

Indien musste im Gegenzug zum Angebot der USA einer Reihe von Schutzmaßnahmen und Restriktionen zustimmen, die unter anderem die Inspektion der zivilen Nuklearanlagen – die militärischen bleiben außen vor – durch die Internationale Atomenergie-Organisation (IAEO), eine strenge Trennung seiner zivilen und militärischen Nuklearprogramme und die Unterzeichnung einiger Verordnungen vorsehen, welche ein striktes Verbot des Exportes von Waffensystemen und -komponenten sowie ein Moratorium der Atomtests umfassen. Auch offensive Forderungen der USA hinsichtlich Themen wie dem Iran könnten an das Abkommen geknüpft werden. Der Kernwaffenteststopp-Vertrag war jedoch nicht Teil der Bedingungen, ebenso wenig wie die Einstellung der Produktion von Atomwaffenmaterial, wozu sich die fünf Atommächte China, Frankreich, Großbritannien, Russland sowie die USA verpflichtet haben.

Für Indien bedeutet der Vertrag neben der stillschweigenden Anerkennung als Atommacht vor allem die Möglichkeit dringend benötigter Uranimporte sowie des Erwerbs von moderner Atomtechnologie, die für die schnell wachsende Wirtschaft unabdingbar sind. Die Atomenergie machte im Jahr 2004 nur 3 Prozent der insgesamt erzeugten Energien in Indien aus. Viele sehen in der Steigerung der atomaren Stromerzeugung eine attraktive Alternative zur Kohle beziehungsweise zu den teuren Öl- und Gasimporten.

Kritiker auf der indischen Seite beanstanden indessen, Indien hätte für das Abkommen einen zu hohen Preis gezahlt. Sie wehren sich gegen die Beobachtung ihrer Atomenergieanlagen durch die IAEO und bemängeln die zu stark gewordene Abhängigkeit von den USA. Beispielsweise haben sich die Amerikaner gegen das Projekt des Baus einer Gaspipeline von Iran über Pakistan nach Indien ausgesprochen; für Indien könnte diese jedoch von großer Bedeutung sein, um ihren Energiebedarf zu decken.

Eine Lieferung von Atomtechnologie an Indien seitens der USA ist bisher rein rechtlich noch nicht möglich. Neben der amerikanischen Gesetzesänderung ist gleichfalls die Zustimmung der Nuclear Suppliers Group (NSG) notwendig, der momentan 45 Länder angehören, die über Nukleartechnologie verfügen. Diese Gruppe hat sich durch die Aufstellung von Richtlinien zur Exportbeschränkung verpflichtet, die Weiterverbreitung von Kernwaffen zu unterbinden.

Indien fällt bislang unter die Kategorie der Nichthandelspartner. Frankreich und Großbritannien haben im Februar 2006 aber bereits Interesse an einer möglichen Zusammenarbeit mit Indien auf dem Gebiet der zivilen Nukleartechnologie signalisiert. Australien erklärte im Mai 2006 seine grundsätzliche Bereitschaft, Indien mit Uran zu versorgen, wenn bestimmte Regeln wie die Überwachungsauflagen erfüllt würden. In Deutschland hält die Diskussion noch an, wobei es fraglich ist, ob sich eine Ablehnung wirklich vermeiden lässt, da der Exportbann bereits gebrochen ist. Möglicherweise könnten Deutschland dann lukrative Atomgeschäfte mit Indien entgehen.

Kritiker weisen jedoch darauf hin, dass bei einer Anerkennung der indisch-amerikanischen Ambitionen die abrüstungspolitischen Schäden enorm wären und die Gefahr bestünde, dadurch die Rüstungswettläufe in Südasien noch weiter anzuheizen. China hat bereits angekündigt, dass es bei einer Ausnahmeregelung für Indien Pakistan ebenfalls mit Nukleartechnologie beliefern möchte. Dementsprechend betrachtet China das indisch-amerikanische Atomabkommen kritisch. Die Aufwertung Indiens und die Unterstützung der USA beim Aufbau des Landes als Gegenpol zur aufstrebenden Macht Chinas in Asien ist kaum zu übersehen. Der indische Sicherheitsexperte Dipankar Banerjee tritt jedoch solchen Vorwürfen entgegen. Die Volksrepublik sei zu groß, als dass ihr Einfluss in der Region eingedämmt werden könne. Zurzeit versucht Indien, seine Beziehungen zu China weiter auszubauen. Der Handel entwickelt sich mit keinem anderen Land intensiver.

Kaschmir

Das Verhältnis Indiens zu Pakistan ist zwiespältig. Auf der einen Seite besteht immer noch eine gewisse Skepsis gegenüber der pakistanischen Regierung und die Forderung nach einer harten Linie, auf der anderen Seite werden die Stimmen lauter, die für einen Dialog mit Islamabad votieren, um die Konfrontationen zu verringern, da davon auch das internationale Ansehen Indiens abhänge. Indiens Streben um Anerkennung als Regionalmacht erfordert eine Entspannung der Lage.

Den zentralen Konfliktpunkt stellt noch immer die Kaschmirregion dar. Indien, das die Oberhoheit über die Teile Kaschmirs besitzt, die sowohl für Pakistan also auch für Indien am attraktivsten sind, beansprucht als größeres und mächtigeres Land formal ganz Kaschmir. Dies schließt auch die sich unter chinesischer Verwaltung befindlichen Gebiete mit ein. Pakistan hingegen würde gerne ein Plebiszit entsprechend der UN-Resolution von 1949 durchführen, bei dem sich die Bewohner für die indische oder pakistanische Zugehörigkeit entscheiden sollten.

Beide Positionen sind unvereinbar, und eine Lösung verlangt sehr viel Kompromissbereitschaft. In den letzten Jahren ist jedoch Bewegung in den Friedensprozess gekommen – nicht zuletzt dank des mehr oder weniger sanften Drucks seitens des Auslandes, an erster Stelle der USA. Doch wenn die Befriedung Kaschmirs weiter voranschreiten soll, muss Indien nicht nur mit Pakistan verhandeln, es muss gleichzeitig einen Dialog mit den moderaten separatistischen Gruppen im indisch-kontrollierten Teil Kaschmirs führen.

Beide Strategien wurden von der BJP-geführten Regierung verfolgt und Gespräche initiiert. 2003 vereinbarte Indien eine Waffenruhe mit Pakistan, und 2004 begannen die Friedensverhandlungen. Die seit Mai 2004 regierende UPA-Koalition setzt auf die Fortführung dieser Politik. Dementsprechend wurde in den letzten beiden Jahren ein Paket von vertrauensbildenden Maßnahmen geschnürt, das Indien und Pakistan zur Lösung des Kaschmirkonfliktes ausgehandelt haben.

Dazu gehört der so genannte »Friedensbus«, der die beiden Teile Kaschmirs wieder verbindet. Die vor mehr als 50 Jahren eingestellte Buslinie zwischen Muzaffarabad und Srinagar wurde am 7. April 2005 wieder aufgenommen. Weitere Maßnahmen betreffen die Ausweitung der bereits bestehenden Busverbindung zwischen Neu-Delhi und der pakistanischen Stadt Lahore sowie die Wiederaufnahme der Eisenbahnstrecke durch die Wüste von Rajasthan nach Sindh. Auch sollen die Konsulate in Bombay sowie in Karachi wiedereröffnet werden. Ferner sieht das Programm Verbesserungen der Handelsbeziehungen vor. Die Verhandlungen für den Bau einer Erdgaspipeline von Iran über Pakistan nach Indien sind erste Schritte in diese Richtung. All diese Projekte sind von großer Bedeutung für den Friedensprozess im Kaschmirkonflikt, schließlich standen sich im Jahre 2002 noch eine Million Soldaten an der Grenze gegenüber, nachdem Indien Pakistan für einen Anschlag auf das indische Parlament verantwortlich gemacht hatte.

Neben diesen politischen, wirtschaftlichen und infrastrukturellen Projekten wird seit einiger Zeit auch der kulturelle Austausch vorangetrieben, der Sportler, Wissenschaftler, Künstler und Journalisten einschließt. Ein Länderspiel zwischen Indien und Pakistan im Kricket, der beliebtesten Sportart des südasiatischen Subkontinents, ist beispielsweise zum Fest der Versöhnung deklariert worden, wohingegen frühere Begegnungen in den Medien wie militärische Ereignisse geschildert wurden: das Kricketfeld als Kriegsschauplatz.

Nach einem starken Erdbeben im Oktober 2005 in der Region Kaschmir wurden weitere Reisebeschränkungen aufgehoben, die die Hilfslieferungen an die betroffenen Menschen sowie die Aufräumarbeiten erleichtern sollen. Solche Maßnahmen gelten als vertrauensbildend. Allerdings beschuldigt Indien Pakistan, nach wie vor bewaffnete Milizen zu unterstützen und diese über die Grenze zu lassen. In Islamabad wurden offiziell wirkende Plakate aufgehängt, auf denen Indien zum Abzug aus Kaschmir aufgefordert wird und Pakistani zu einer Beteiligung am Freiheitskampf Kaschmirs aufgerufen werden.

Präsident General Musharraf hat sich jedoch im Vergleich zu seiner Haltung am Anfang seiner Regierungszeit bereits stark auf Indien zubewegt, indem er beispielsweise die Verbesserung der wirtschaftlichen Beziehungen nicht mehr an eine vorherige Lösung des Kaschmirkonfliktes knüpft. Er scheint heute ernsthaft an einer Lösung im Interesse des Volkes in Kaschmir interessiert zu sein und nicht mehr in erster Linie den territorialen Anspruch zu verfolgen. Da dieses Umdenken manchen Pakistani zu schnell gehen könnte – indienfeindliche politische Ideologen, religiöse Parteien oder auch Teile des Offizierskorps halten die Politik des Generals für einen »Ausverkauf« der pakistanischen Interessen an den »Erzfeind« Indien, den er auf Anordnung des »Satans Amerika« unternommen habe –, muss offenbar zu pseudo-propagandistischen Maßnahmen gegriffen werden. Diese Doppelmoral – auf der einen Seite die Öffnung der Grenzen und auf der anderen die anti-indische Propaganda – ist jedoch für den Friedensprozess nicht ungefährlich, schließlich nützen Verträge nichts, wenn das Gros des Volkes nicht dahintersteht und militante Organisationen aus diesem Zuspruch Mitglieder rekrutieren.

Überschattet werden die friedensbemühenden Maßnahmen immer wieder von Anschlägen seitens muslimischer Extremisten – zum Beispiel am 29. Oktober 2005, als auf Märkten in Neu-Delhi 59 Menschen Opfer von Bombenattentaten wurden. Ein erfolgreicher Dialog mit dem Dachverband der sezessionistischen Parteien, der All-Party Hurriyat Conference, ist davon abhängig, dass Indien auf Forderungen der moderaten Politiker Kaschmirs eingeht, denn ihr Rückhalt in der Hurriyat ist umstritten.

Neben den gemäßigten Kräften gibt es die pro-pakistanischen Gruppen mit islamistischen Tendenzen sowie die Nationalisten, die eine Unabhängigkeit Kaschmirs von sowohl Indien als auch Pakistan anstreben. Die Hauptforderungen der Kaschmiris betreffen zum einen die Reduzierung der stationierten indischen Truppen; die jedoch werden nur vorgenommen, wenn die militante Gewalt abnimmt und die grenzüberschreitende Infiltration gestoppt wird. Zum anderen drängen die Separatisten in einem weiteren Schritt auf einen internen Waffenstillstand sowie auf die Freilassung von Gefangenen und die Einhaltung der Menschenrechte. Die weitgehenden Freiheiten indischer Sicherheitskräfte sind allerdings von der indischen Regierung noch nicht begrenzt worden.

Die Gewalt geht aber inzwischen überwiegend nur noch von externen Rebellen aus. Die militante Organisation Lashkar-e-Toiba gehört zu den größten und am besten ausgebildeten Gruppierungen, die in Kaschmir gegen Indien kämpfen. Ihre Mitglieder sollen zeitweise in den afghanischen Trainingslagern von Al-Qaida ausgebildet worden sein. Lashkar-e-Toiba wird für mehrere Anschläge in Indien verantwortlich gemacht, darunter der auf das Parlament im Jahre 2001 sowie jener auf Hindu-Pilger in Ayodhya in Nordindien, wo Hindu-Nationalisten 1992 eine Moschee zerstörten.

Wenn der Friedensprozess zwischen Pakistan und Indien weiter voranschreitet und zu einer Einigung führt, ist es fragwürdig, inwieweit sich die militanten Kräfte in Kaschmir an eine solche Vereinbarung gebunden fühlen. Die Grenze zwischen dem kaschmirischen Nationalismus und dem islamischen Fundamentalismus ist zudem sehr dünn. Der Kaschmirkonflikt wird von Ideologen der islamischen Rechten als Teil eines generellen Konfliktes in Südasien gesehen, der unter dem Zeichen des Krieges gegen die »Ungläubigen« steht und auf eine Zerstörung Indiens abzielt.

Die Kaschmiris verurteilen inzwischen mehrheitlich jegliche Gewalt in ihrer Region, ob es sich nun um militante Freiheitskämpfer, Islamisten oder indische Sicherheitskräfte handelt. Bei der weiblichen Bevölkerung zeigt sich der Wandel besonders deutlich: Unterstützte in den neunziger Jahren die Mehrheit noch das militante Vorgehen, so gaben 2003 über 90 Prozent der Frauen an, dass der bewaffnete Kampf nichts Positives gebracht habe. Die Arbeitslosigkeit, vor allem unter der Jugend, sei das zentralste Problem. Es fiele leichter, ein Gewehr zu bekommen als einen Arbeitsplatz. Ebenso wie in ganz Indien sei die Korruption weit verbreitet, die hohen Hilfsgelder, die in den Staat fließen, wanderten zu einem großen Teil in dunkle Kanäle.

Es stellt sich die Frage, welche Optionen es für die Lösung des Konfliktes um Kaschmir und für diese Region selbst gibt. Eine Volksabstimmung scheint nicht mehr möglich, denn es müsste sowohl das gesamte Jammu als auch Kaschmir, also der indische wie der pakistanische Teil, einbezogen werden. Die Fragen müssten in dreierlei Hinsicht gestellt werden: Möchte das Volk einen Anschluss an Pakistan, an Indien oder die Unabhängigkeit. Ein unabhängiges Kaschmir würde Pakistan aus strategischen und militärischen Gründen nicht unterstützen, und Indien könnte ebenso wenig die Region freigeben – auch wenn es informell schon die Line of Control (LoC) als internationale Grenze akzeptiert –, denn eine Regierung, die dem zustimme, würde des nationalen Verrats beschuldigt werden und hätte keinen weiteren Rückhalt in der Bevölkerung.

Letztendlich wäre vielleicht ein Modell, wie es zwischen Österreich und Italien für Südtirol ausgehandelt wurde, eine realistische Perspektive. Südtirol verfügt über weitgehend offene Grenzen und eine weitreichende innere Autonomie. In Kaschmir könnte ein aus beiden Teilen bestehender Beratungsausschuss gebildet werde, und wenn man die LoC öffnete, würde dadurch der Zivil- und Handelsverkehr gefördert werden. Letzteres wäre auch der angestrebten Freihandelszone der südasiatischen Staaten, der »South Asian Association for Regional Cooperation« (SAARC), förderlich.

Die Rolle der USA im Friedensprozess um Kaschmir ist komplex: Die USA haben sich sowohl Pakistan als auch Indien zu Verbündeten in ihrem Kampf gegen den Terrorismus gemacht und sind dabei, mehr denn je ihre Macht in West-, Mittel- und Südasien zu etablieren.

Gegenüber Pakistan hoben die USA hervor, welche Kosten ein Krieg mit Indien verursachen würde, sicherten dem Staat finanzielle Unterstützung zur Stärkung der kranken Wirtschaft zu und lieferten konventionelle Waffen zur Verbesserung der pakistanischen Verteidigungsfähigkeit. Indien bot man eine langfristige strategische Partnerschaft an, um dem Land den Aufstieg zur dominierenden Macht in Südasien zu ermöglichen, wodurch sich Indien gegenüber China behaupten könne.

Der Einfluss der USA ist inzwischen durch diese Strategie in beiden Ländern sehr gewachsen. Dank der Unterstützung und dem internationalen Druck beginnen Indien und Pakistan nun langsam, ihre politischen Differenzen den Gesamtinteressen unterzuordnen und sie nicht weiter einer ideologischen Fixierung oder einer historischen Fiktion zu opfern.

Nepal

Indien pflegt traditionell intensive wirtschaftliche Beziehungen zu Nepal, die sowohl historisch als auch kulturell begründet sind. Indien stellt für Nepal den bedeutendsten Handelspartner dar – dementsprechend groß ist auch die wirtschaftliche Abhängigkeit des kleinen Nachbarlandes. Indien leistet Nepal Entwicklungshilfe, und die Beschäftigung von nepalesischen Gastarbeitern sowie Pensionszahlungen an ehemals in der indischen Armee dienende Gurkhas spielen neben touristischen Einnahmen indischer Herkunft für die Zahlungsbilanz der nepalesischen Regierung eine wichtige Rolle.

Seit 1950 existiert zwischen den beiden Staaten ein Friedens- und Freundschaftsvertrag, dem man Elemente eines gegenseitigen Beistandspaktes nicht absprechen kann. Indien hegt deshalb Ambitionen, sich hinsichtlich der Sicherheitsfragen ein gewisses Mitspracherecht vorzubehalten, denn es betrachtet Nepal als Teil seines Einflussraums. Nepal gehört jedoch der Gruppe der Blockfreien Staaten (NAM) an und hat sich keinem militärischen Bündnis angeschlossen.

Da die Grenze zwischen den beiden Staaten offen ist, kann der Konflikt mit den aufständischen Maoisten, der sich im hinduistischen Königreich seit 1996 als ein bewaffneter entwickelt, nicht ohne indische Unterstützung gelöst werden. Die Maoisten versuchen, in Nepal eine kommunistische Einparteiendiktatur zu errichten. Mit ihrer Bewaffnung hat sich vor allem die Situation der Zivilbevölkerung auf dem Lande verschlechtert, da diese immer wieder zwischen die Fronten der maoistischen Extremisten einerseits und der staatlichen Sicherheitskräfte andererseits gerät. Beide Parteien begehen massive Menschenrechtsverletzungen.

Indien ist an einer Deeskalation der Lage interessiert, denn indisch-maoistische Gruppen wie die der Naxaliten haben seit jeher strategisch mit den nepalesischen Maoisten zusammengearbeitet. Letztendlich zieht jedoch die strafrechtliche Verfolgung und Verhaftung maoistischer Spitzenfunktionäre auf indischem Boden Anschläge in Nepal nach sich, die die indischen Wirtschaftsinteressen empfindlich treffen. Ein gemeinsamer indisch-nepalesischer Kampf gegen die »regierungsfeindlichen Aufständischen«, wie sie die Chinesen lieber nennen, ist vermutlich der einzige Weg, um des Problems Herr zu werden.

Der nepalesische König Gyanendra trat seine Regierung im Jahr 2001 an. Er folgte seinem Bruder Birendra auf den Thron, als dieser samt seinen Familienangehörigen bei einem Massaker das Leben verlor. Offiziell heißt es, dass Birendras Sohn der Täter war, der im »Drogenrausch« seine Eltern und Geschwister und schließlich sich selbst erschoss. Diesem Tathergang wird jedoch in der Öffentlichkeit nicht viel Glauben geschenkt.

Nach seiner Krönung verdreifachte Gyanendra als tüchtiger Geschäftsmann die königliche Apanage auf 4,5 Millionen Euro, was seiner Beliebtheit durchaus nicht förderlich war. Sein Bild ersetzt bis heute nur in wenigen Ämtern das seines Vorgängers, dessen liberale und nationale Haltung selbst die Maoisten schätzten. Gyanendra regiert seit der Thronbesteigung autoritär, jedoch ohne eine klare Linie. Insgesamt vier Mal ließ er bisher den Regierungschef austauschen und löste im Mai 2002 das Parlament auf. Letztendlich ist es der Regierung, aber auch dem König nicht gelungen, den maoistischen Aufstand zu beenden oder zumindest einzudämmen. Im Februar 2005 erklärte König Gyanendra schließlich den Ausnahmezustand und übernahm die Leitung des Notstandskabinetts.

Indien sah sich gezwungen, ein Waffenembargo gegen das Land zu verhängen. Am Rande der Asien-Afrika-Konferenz in Indonesien im April 2005 hatte der indische Ministerpräsident Singh dem König Gyanendra von Nepal ein Ende des Embargos in Aussicht gestellt unter der Voraussetzung, dass Nepal bald zu einer parlamentarischen Demokratie zurückkehre. Mit der Aufhebung des Ausnahmezustandes im April 2006 wurde ein erster Schritt in diese Richtung getan, und dementsprechend nahm die indische Regierung die Waffenlieferungen an Nepal wieder auf. Eine langfristige Aussetzung der Lieferungen würde auch den gemeinsamen Kampf gegen die aufständischen maoistischen Rebellen untergraben.

3. Gesellschaft

Indien ist extrem vielfältig. Bei genauerer Betrachtung findet man auf dem Subkontinent annähernd jedes Vorurteil bestätigt, genauso aber auch sein Gegenteil. Die Rolle der Frau beispielsweise ist einerseits äußerst traditionell und konservativ besetzt, andererseits war aber Indien das erste Land, das eine verbindliche Frauenquote einführte und so viele Frauen in Politik und hohen Managementpositionen verzeichnen kann wie nur wenige andere Länder. Je mehr man in die indische Kultur eintaucht, umso mehr lösen sich die scheinbaren Widersprüche des Landes auf.

Für ein trotz allem sehr armes Land, in dem die Einkommens-
unterschiede gewaltig sind, liegt die Kriminalitätsrate auf einem
erstaunlich niedrigen Niveau. Wichtiger ursächlicher Faktor hierfür
ist der hinduistische Glaube an das Karma eines jeden Menschen:
Nur wer moralisch integer lebt und Gutes vollbringt, wird im nächsten Leben belohnt, wer aber schlecht handelt, wird mit gesellschaft-
lichem Abstieg in die unteren Kasten bestraft.

Die indische Mentalität verfügt über ein hohes Maß an Flexibilität, Anpassungsfähigkeit sowie Improvisationstalent und ist maßgeblich durch die Heterogenität der Gesellschaft geprägt. Noch immer
bestimmen Traditionen und Kultur das Leben in jeder Hinsicht. Von
ausländischen Unternehmen werden indische Mitarbeiter wegen
ihrer Fähigkeit geschätzt, kreativ an komplexe Aufgaben heranzuge-
hen und abstrakt zu denken.

Heute leben knapp 1,1 Milliarden Menschen in Indien. Die Bevölkerung wächst jährlich um 1,5 Prozent, und in den kommenden
Jahren ist kaum mit einem deutlichen Rückgang zu rechnen. Bis
2020 dürfte sich das Arbeitskräfteangebot des Landes daher um
250 Millionen Menschen erhöhen.

Ähnlich wie in China gehen Experten auch in Indien von einer
demografischen Schieflage im Geschlechterverhältnis von Mädchen und Jungen aus. Vor allem die Mittelschicht in den Städten
wünscht sich männliche Kinder und hat die Beziehungen wie auch
die finanziellen Mittel, um das seit 1994 bestehende Verbot der
Geschlechterbestimmung zu umgehen. Im wohlhabenden Süden
von Neu-Delhi kommen auf 1 000 geborene Jungen nur 845 Mädchen. Teil des Problems ist die indische Tradition der Mitgift, bei
der die Eltern tief in die Tasche greifen müssen, um ihre Töchter zu
verheiraten. Obwohl der Brauch offiziell verboten ist, ist gerade in
den Städten der Brautpreis sehr hoch. Mit Aufklärungskampagnen
und gesetzlichen Maßnahmen versucht die Regierung aus Furcht
vor langfristigen sozialen Spannungen, dem ungleichen Geschlechterverhältnis entgegenzulenken. Wie drastisch die negativen Konsequenzen ausfallen, ist allerdings noch nicht abzusehen und sollte
nicht überschätzt werden.

Hindus und Kastenwesen

Die indische Bevölkerung umfasst 1,1 Milliarden Menschen, von denen 82 Prozent der hinduistischen Glaubensrichtung angehören. Von den über 850 Millionen Hindus leben wiederum 75 Prozent auf dem Lande. Die zweite große Religionsgemeinschaft sind Muslime, die zu 12 Prozent in Indien vertreten sind. Weitere religiöse Gruppen sind Christen, Sikhs, Buddhisten, Jainas, Bahai und Parsen. Die Buddhisten machen heute weniger als 1 Prozent der Bevölkerung aus, obgleich der Buddhismus in diesem Land entstanden ist.

Hinduismus ist von Haus aus ein geographischer Begriff und wurde von den in Nordindien eindringenden Muslimen verwendet, die die Bewohner des Indusgebietes als Hindus bezeichneten. So wie die Griechen aus dem indischen Namen des Indusflusses (Sindhu) den Namen Indos schufen, der derzeit für die Gesamtheit der Bewohner des Gangeskontinentes gebraucht wird, so bildeten die Muslime aus der persischen Form des gleichen Flusses (Hindush) den Namen der Inder, die nicht der Religion des Propheten, also dem Islam angehörten.

Der Hinduismus ist keine Gründerreligion, die sich auf eine historische Persönlichkeit zurückführen lässt; er ist auch keine Buchreligion, in der es eine kanonisierte Heilige Schrift gibt. Es gibt keine vorgeschriebenen Glaubensüberzeugungen oder rituelle Kulthandlungen, und niemand ist verpflichtet, sichtbare Zeichen zu tragen, um seine Zugehörigkeit zu demonstrieren. Hinduismus ist vielmehr ein Oberbegriff für die vielfältigsten religiösen Kontraste und Praktiken und stellt damit eine spezifisch indische Erscheinung dar.

Hindus nehmen keinen ersten und einzigen Urheber der Religion an, weil sie an die Ewigkeit der sich immer wieder erneuernden Welt glauben. Insofern kennen sie auch keinen Weltanfang und kein Weltende und somit auch keinen geschichtlich bedeutsamen Weltprozess. Aus diesem Grunde kann auch keinem göttlichen oder menschlichen Wesen die gleiche Bedeutung beigemessen werden, wie zum Beispiel Christus und Mohammed, da das Christentum und der Islam von einem einmaligen historischen Weltverlauf ausgehen. Der Hinduismus will eine ewige Religion sein, die zu allen Zeiten der Menschheit die ewige Wahrheit in der jeweils adäquaten Gestalt übermittelt, weswegen immer wieder neue Lehrmeister auftreten können. Der Kosmos ist im Großen wie im Kleinen ein geordnetes Gesetz, der von dem Weltgesetz (Dharma) beherrscht wird, das sich sowohl im natürlichen als auch im sittlichen Leben manifestiert.

Das indische Kastenwesen ist ein uraltes System, das der Aufteilung der Gesellschaft in verschiedene Gruppen dient. Der Begriff casta wurde von den Portugiesen geprägt; in Indien ist eher varna gebräuchlich. Man unterscheidet vier Hauptkasten: die Brahmanen (Priester und Gelehrte), die Kshatriyas (Könige, Prinzen, Krieger, höhere Beamte), die Vaishyas (Bauern, Händler, Kaufmänner) und die Sudras (Knechte, Dienstleistende). Auf der untersten Stufe stehen die Parias, die Unberührbaren.

Hinter dem Kastenwesen steht im Grunde nur die Vorstellung, dass die Zuordnung zu einer Varna mit bestimmten kosmischen und sozialen Pflichten verbunden ist, also mit dem Aufgabenbereich, aber auch mit dem Grad der rituellen Reinheit. Die Zugehörigkeit zu einer Kaste sagt nichts über den finanziellen Stand eines Menschen aus – Angehörige der obersten Kaste können auch sehr arm sein –, jedoch hat die jahrhundertelange Ausbeutung der Sudras und der Unberührbaren ihre Spuren hinterlassen, sodass sich Armut tendenziell eher bei diesen Gruppen finden lässt.

Obwohl das Kastenwesen offiziell als abgeschafft gilt, spielt es bis heute eine nicht unbedeutende Rolle in der indischen Gesellschaft und beschränkt nachhaltig die soziale Mobilität der Bevölkerung. Schätzungsweise 70 Prozent der Spitzenbeamten und gut 60 Prozent der Richter sind Brahmanen, die aber nur 5 Prozent der Gesamtbevölkerung ausmachen. Ein Aufstieg ist nicht gänzlich unmöglich: Der ehemalige Staatspräsident Shri Kocheril Raman Narayanan, der von 1997 bis 2002 im Amt war, gehört beispielsweise der Kaste der Unberührbaren an.

Moderne Hindus lehnen heute das Kastenwesen vielfach ab. In den Städten ist eine stete räumliche Trennung kaum möglich. Man erkennt nicht, welche Kastenzugehörigkeit der Mensch hat, der sich im Bus neben einen setzt, und im Restaurant weiß man in der Regel auch nicht, welcher Kaste der Koch angehört. Allerdings werden in guten Restaurants gern Brahmanen als Köche engagiert, um zu gewährleisten, dass Höherkastige nicht von Niederkastigen zubereitete Speisen verzehren müssen. Hochzeiten finden heute mitunter häufiger über Kastenschranken hinweg statt, doch werden Verbindungen zwischen sozial höherrangigen und niederrangigen Partnern weiterhin nicht gern gesehen. Im urbanen Umfeld herrschen also wie auch in anderen Gesellschaften eher finanzielle Kriterien, die die Bevölkerung ihrem wirtschaftlichen Status entsprechend einteilt. Auf dem Land hält sich das Kastenwesen länger, denn dort kennt jeder jeden und man weiß um den Stand in der Vergangenheit.

Stadt und Land

Insgesamt leben heute rund 30 Prozent der indischen Bevölkerung in Städten, in manchen Bundesstaaten sind es bis zu 45 Prozent.

In Bombay, der Wirtschafts- und Finanzmetropole Indiens, ist im Dezember 2004 ein 6 Milliarden US-Dollar schweres Stadterneuerungsprogramm angelaufen. Es sieht unter anderem vor, illegal errichtete Häuser in den Slumgebieten zu beseitigen, um Freiraum zu schaffen. Die Slumsiedlungen in Bombay bedecken rund 14 Prozent der Stadtfläche, in ihnen leben jedoch 60 Prozent der Einwohner. Man geht davon aus, dass von den insgesamt knapp 13 Millionen Einwohnern außerdem 2,5 Millionen Menschen in baufälligen, einsturzgefährdeten Häusern wohnen. Insgesamt gelten 5 Prozent der Einwohner als obdachlos und nochmals 2 Prozent als »Nomaden«.

Ziel der Stadterneuerung ist die Schaffung eines zweiten Shanghais, vielleicht sogar dessen Überflügelung. In Mandal Mankurb, einem Slum im Stadtinneren am Fluss Mithi, soll ein Geschäftsviertel mit weiteren Banken und Büros entstehen. Die Bewohner des Slums haben sich jedoch schon in der Vergangenheit mehr oder weniger erfolgreich gegen Pläne solcher Art gewehrt. Bereits 25 Mal wurde Mankurb mit Bulldozern dem Erdboden gleich gemacht; die Bewohner kehrten jedoch jedes Mal auf »ihr« Land zurück und bauten spärliche Behausungen wieder auf.

Ähnlich wie in China wird durch den steigenden Wohlstand der Mittelklasse der Druck auf die Politik zunehmen. Abgesehen von der Anprangerung der Korruption im Justizapparat dürfte dies insbesondere für die Umweltbedingungen gelten. Denn wer möchte schon mehrere Millionen Rupien für ein Kondominium oder ein Apartment in einem der rapide aus dem Boden wachsenden Hochhäuser Bombays oder Neu-Delhis zahlen, ohne den Himmel sehen zu können. Genau dies ist auch das Problem in China, insbesondere in Peking und in Shanghai. Aufgrund der zentralistischen Führung dürfte es dort wahrscheinlich einfacher als in Indien sein, diese Probleme mittelfristig in den Griff zu bekommen.

Die sozialen Unterschiede sowie das Ungleichgewicht bei der Verteilung der Profite, die der wirtschaftliche Aufschwung gebracht hat, sind in Indien immens. Auf der einen Seite beherrscht High-Tech das Leben, man arbeitet hier mit den modernsten Systemen der Welt; auf der anderen Seite gibt es Gegenden, die nicht an die Elektrizität angeschlossen sind und in denen die Menschen nicht wissen, wie sie ihre Kinder ernähren sollen. In Indien ist es möglich, dass ausgehungerte Arbeiter bei Kerzenschein Gräben ausheben, um faser-optische Kabel zu verlegen.

Die Regierung hat Schritte unternommen, um der Armut auf dem Land zu begegnen. Mit dem »ländlichen Arbeitsgarantieprogramm«, das einem Familienmitglied jährlich eine 100-tägige Beschäftigung mit einem Tageslohn von 60 Rupien (1,20 Euro) zusichert, ist eine richtige Richtung eingeschlagen worden. Der Mindestlohn ist zwar auf dem privaten Arbeitsmarkt kaum zu halten, denn es gibt laut einer Mitarbeiterin der Hilfsorganisation Vachan nicht genügend Arbeit für alle. Die Menschen würden auch für die Hälfte des Lohnes arbeiten. Das staatliche Programm ist dennoch sinnvoll, denn dadurch werden Projekte finanziert, für die sich keine Investoren finden, beispielsweise der Bau von Brunnen und Regenauffangbecken sowie das Anlegen von Terrassenfeldern.

Feudale Strukturen sind in einigen Regionen Indiens, speziell im Bundesstaat Bihar, noch immer gesellschaftliche Realität. Großgrundbesitzer (zamindars) beschäftigen abhängige oder landlose Angehörige der untersten Kasten zu Hungerlöhnen (20 Rupien am

Tag, circa 0,35 Euro; das ist etwas mehr als die Hälfte des indischen Mindestlohns), ferner unterhalten sie Privatarmeen.

Die Schaffung einer Bauernschaft ohne Landbesitz geht noch auf die britische Kolonialzeit zurück. Durch die Einführung der Landverteilungsgesetze sollte damals die Ordnung auf dem Land aufrechterhalten werden. Das Gesetz zur Begrenzung des Landbesitzes (Land Ceiling Act) von 1961, das den Grundbesitz auf wenige Hektar pro Person beschränkt, wurde jedoch nicht konsequent durchgesetzt, was auf den großen Einfluss der zamindars auf Politik, Verwaltung und Justiz zurückzuführen ist.

In waldreichen Gegenden Indiens leben noch rund 70 Millionen Ureinwohner, die so genannten Adivasi (erste Menschen/erste Siedler). Sie machen circa 7 Prozent der indischen Bevölkerung aus, stellen jedoch keine homogene Bevölkerungsgruppe dar, sondern gliedern sich in verschiedene tribes (Stämme). Hauptsächlich sind sie im Bundesstaat Jharkhand beheimatet. Ihre Existenz ist zunehmend gefährdet, da Naturschutzbestimmungen die Rechte der in den Wäldern lebenden Menschen, die ihren Lebensunterhalt nachhaltig aus den Ressourcen des Waldes beziehen, stark beschneiden und sie aus ihrer gewohnten Umgebung vertreiben. Ein Gesetzesentwurf, vorgestellt im Mai 2005, soll das Gleichgewicht zwischen Naturschutz und den Rechten wie Bedürfnissen der Adivasi-Gemeinschaften wieder herstellen.

Die »Scheduled Tribes (Recognition of Forest Rights) Bill 2005« sieht vor, dass Waldsiedlungen, die vor 1980 bezogen wurden, bestehen bleiben dürfen, auch wenn sie in Naturschutzgebieten liegen. Die Nutzung der Waldressourcen durch die Adivasi soll anerkannt werden, jedoch ist künftig jede Art der Jagd verboten. Ferner sollen die Siedlungen als Gemeinden registriert werden und die lokale Selbstverwaltung im Rahmen der traditionellen gram sabhas (Dorfräte) eine weitgehende Autonomie genießen.

Trotz der Minderheitenrechte, die die Ureinwohner laut der indischen Verfassung genießen, und verschiedener Schutzgesetze sowie Programmen seitens der Regierung zur Verbesserung ihrer Lebenssituation ist die Lage der Adivasi nachhaltig nicht verbessert worden, da die Umsetzung der entsprechenden Gesetze und Projekte häufig nur unzureichend vollzogen wird beziehungsweise sie an den Problemen der Ureinwohner vorbeigehen.

Werte und Wandel

Indien ist eine der ältesten Zivilisationen der Welt und eine der jüngsten Nationen. Die letzten fünf Jahrzehnte haben einen beeindruckenden Prozess des Zusammenwachsens dieser ungeheuren Vielfalt und Gegensätzlichkeit mit sich gebracht. Selten zuvor haben sich die Inder als Teil eines Indiens gefühlt, das den gesamten Subkontinent umfasst.

Trotz der weiterhin starken regionalen Anbindung der Inder und nicht zuletzt wegen des Fehlens von systematischem staatlichen Druck entstand immer mehr eine pan-indische Identität, die durch etliche Faktoren begünstigt beziehungsweise überhaupt erst ermöglicht wurde.

Zunächst einmal ist die technische Revolution durch die Verbreitung von Fernsehen und Radio zu nennen. Zur Zeit der Unabhängigkeit gab es beim All India Radio (AIR) insgesamt nur sechs Radiostationen, mit denen nur 3 Prozent des Gebietes und 11 Prozent der indischen Bevölkerung erreicht wurden. Mittlerweile sendet AIR in 24 Sprachen und 146 Dialekten von über 200 Sendezentren und erreicht damit 90 Prozent von ganz Indien.

Das Fernsehen wurde 1975 auf Satellitentechnik umgestellt, denn ähnlich wie das Radio sollte das Fernsehen vor allem dem Zweck der Information und gesellschaftlichen Erziehung der indischen Massen dienen. Unterstützt durch zwei Ereignisse, 1982 als Indien die Asiatischen Spiele abhielt und 1991 während des Golfkrieges, erhielt die Verbreitung des Fensehens massive Schübe. Im Staat von Uttar Pradesh gibt es zum Beispiel nur 2 Millionen Häuser oder Wohnungen mit Toiletten, aber 6,4 Millionen mit Fernsehgeräten.

Als Nebeneffekt der von der Regierung systematisch angestrebten Aufklärung und Erziehung der Massen haben jedenfalls das Fernsehen und das Radio die Inder näher zusammengebracht.

Die schnelle Urbanisierung hat ebenfalls das pan-indische Selbstverständnis unterstützt. Mittlerweile gibt es 35 Städte mit mehr als einer Million Einwohnern; ein Drittel der Bevölkerung lebt heute in Städten. Die Ansammlung verschiedenster Bevölkerungsgruppen in einer Stadt hat zu Verständigung, Akzeptanz und Austausch beigetragen.

Die Verfolgung des Ziels der »nationalen Integration« seitens der indischen Regierung unter Nehru hat jedoch auch Rückschläge hinnehmen müssen. So gab es in den fünfziger Jahren die Initiative, Hindi zur Nationalsprache zu erheben, was jedoch auf Eis gelegt wurde, als einige nicht hindisprechende Staaten Widerspruch erhoben. Auch eine Reform des »All India Services« der landesweiten Bürokratie ließ sich nicht verwirklichen. Weiterhin spielten Kastenzugehörigkeit, regionale Beziehungsnetzwerke und Lokalpolitik eine große Rolle, die dazu führte, dass die meisten Beamten in ihrer jeweiligen Heimat stationiert sein wollten.

Dennoch wurden zwischen 1960 und 2001 nicht weniger als 17 neue Regionen erschaffen, um lokalen Bedürfnissen und Lobbyismus nachzugeben. Der Staat Bombay wurde 1960 in die Staaten Gujarat und Maharashtra aufgeteilt und im Jahre 2000 entstanden Jharkhand, Chhattigarh und Madhya Pradesh.

Von den 250 Millionen Menschen, die in den Städten Indiens leben, haben 25 Millionen Mobiltelefone – eine Zahl, die sich in den nächsten fünf Jahren auf bis zu 100 Millionen erhöhen soll. 500 000 Dörfer haben Zugang zu einer Telefonlinie. Es gibt 50 Millionen Festnetzanschlüsse und 1,2 Millionen öffentliche Telefone – eines pro 3,3 Quadratkilometer – die ausgiebig genutzt werden. Auf dem Land hat sich auch das Lesen von Büchern und Zeitungen durchgesetzt. Es wird geschätzt, dass von 180 Millionen Lesern der Printmedien sich knapp die Hälfte in ländlichen Gebieten befindet. Auch dies sind Faktoren, die eine nationale Identifizierung begünstigen.

Was die Anwerbung von internationalen Touristen betrifft, ist Indien nicht sonderlich erfolgreich gewesen. Erst Kampagnen wie »Incredible India« versuchen hier, Abhilfe zu schaffen. Umso erfolgreicher ist Indien jedoch hinsichtlich seines Binnentourismus. Die Anzahl der Inder, die innerhalb Indiens zu ihrem Vergnügen reisen, steigt exponential an. Dies ist die Ursache und gleichzeitig das Resultat einer Assimilierung der Konsumgewohnheiten und der Geschmacksstandards. Mittelklasse-Hotels schießen aus dem Boden und die indische Eisenbahn ist der Haupttransporteur für diese Touristenwelle. Jeden Tag benutzen Millionen von Indern die 11 000 Züge, die auf einem Schienennetz von rund 64 000 Kilometern 7 000 Bahnhöfe anfahren. Wenn im Jahr 2007 13 000 Kilometer an neuen Autobahnen fertig sind, dann wird auch dies den Binnentourismus noch steigern.

Schließlich sollte auch nicht unterschätzt werden, welchen enormen Einfluss die riesige Menge an Bollywoodfilmen auf einen einheitlichen kulturellen Standard hat. In Bollywood werden pro Tag drei Filme produziert und mit einem Wachstum von 15 Prozent pro Jahr ist es einer der erfolgreichsten Industriezweige in ganz Indien. Viele der massenproduzierten Filme werden auf DVD- und Videorecordern zu Hause gesehen.

Der vereinheitlichende Geschmack und die enorme Popularität von Bollywoodfilmen und moderner indischer Musik stellen eine dramatische Abkehr von den traditionellen Künsten dar. Bis vor wenigen Jahren waren vor allem die klassische indische Musik sowie die klassische Literatur von größter Bedeutung. Man hat sich jedoch nicht den aus Amerika und dem Westen hereinströmenden Einflüssen widerstandslos geöffnet, sondern vielmehr Anregungen aufgenommen für die Herausbildung einer populären indischen Kultur im Bereich der bildenden Künste, Literatur und Theater.

All diese Fortschritte dürfen natürlich nicht darüber hinwegtäuschen, dass unter der Oberfläche, insbesondere auf dem Land, noch traditionelle Denk- und Verhaltensstrukturen vorherrschen und zum Teil zu sehr negativen Konsequenzen führen. Mitgiftmorde, das Töten von weiblichen Neugeborenen, und die durchaus immer wieder vorkommende Gewalt gegen Frauen, Minderheiten und Tiere zeigen, dass seit Tausenden von Jahren Extreme nebeneinander existieren. Sicherlich ist die indische Kultur durch das Prinzip von Ahimsa, Gewaltlosigkeit, geprägt und der passive Widerstand, der seinerzeit durch Gandhi erfolgreich zur Erlangung der Unabhängigkeit eingesetzt wurde, hat das Indienbild vieler Ausländer geprägt. Trotzdem gibt es in der indischen Gesellschaft einen hohen Gewaltanteil.

Der indische Schriftsteller und Diplomat Pavan K. Varma sieht einen Unterschied zwischen Gewalt, die gegen sozial Schwächere und Niedrigstehende ausgeübt und oftmals als soziale Sanktion eingesetzt wird – etwa wenn Frauen nicht den geltenden Normen zu entsprechen scheinen –, und Gewalt, bei der es darum geht, mit äußeren Feinden und Bedrohungen umzugehen. Hier konstatiert Varma, dass die Inder grundsätzlich eher nachgiebig und unaggressiv sind. Indien, das in seiner langen 5 000 Jahre alten Geschichte keine Kriege gegen Nachbarn vom Zaun gebrochen hat, war auch, wenn es angegriffen wurde, also im Verteidigungsfall, immer nachgiebig. Dies hat sogar zu der Überlegung geführt, ob Indien in der Lage ist, sich gegen eine massive Bedrohung effektiv zu verteidigen.

Eine große Tugend und einen hohen Wert der Inder stellen Anpassungsfähigkeit und Durchhaltevermögen gerade in widrigen Umständen dar. Die Toleranzgrenze gegenüber den Unpässlichkeiten des täglichen Lebens ist groß. Diese Widerstandsfähigkeit und das Durchhaltevermögen verbunden mit der spirituellen Orientierung durch das Gesetz des Karma erklären vielleicht, warum es in einer Stadt wie Neu-Delhi, mit 3 Millionen Einwohner in Slums, weiteren 3,5 Millionen in illegalen Vororten, täglich 50 000 Millionen Liter Trinkwasser zu wenig und etwa 600 000 Tonnen Abfall zu viel, zu keinen Unruhen kommt.

Die Sitten scheinen zumindest in den Städten etwas gelockerter; Empfängnisverhütung und ein etwas freierer Umgang mit Sexualität sind dort spürbar.

Ein wichtiger Wandel ist auch an der Rückkehr der Auslandsinder ablesbar. Viele von ihnen, die das Land für eine bessere Ausbildung oder eine Arbeitsstelle verließen, wenden sich zunehmend zurück. Man schätzt, dass das Netto-Vermögen der Auslandsinder rund 235 Milliarden Euro beträgt. Sie sind in den USA zur wohlhabendsten Einwanderergemeinschaft geworden, die rund 200 000 Millionäre umfasst. 30 Prozent der Ärzte in den USA sind Inder. Abgesehen von Mexiko war Indien Anfang dieses Jahrtausends die zweitgrößte legale Immigrationsnation für die USA. Indien stellt auch die meisten ausländischen Studenten in den USA: In den Jahren 2004/05 studierten rund 80 000 Inder an den amerikanischen Universitäten – Tendenz steigend. Das Gefühl, dass Indien wirtschaftlich immer erfolgreicher ist und womöglich an einem Scheideweg steht, führt dazu, dass immer mehr Auslandsinder sich durch finanzielle Unterstützung oder durch eine physische Heimkehr zur Unterstützung des Heimatlandes bewegen lassen. Die neue innere und äußere Wahrnehmung Indiens als wohlhabender Staat, der etwa im IT-Sektor weltweit führend ist, hat dazu geführt, dass auch immer mehr Geld zurück in die indische Wirtschaft fließt. Das Selbstbewusstsein der Inder innerhalb und außerhalb des Landes steigt stetig an.

Wohlstand ist ein akzeptiertes und verbreitetes Lebensziel in Indien. Das weitverbreitete Vorurteil, die indische Kultur sei in erster Linie spirituell und dem Jenseits zugewandt, kann so allgemein nicht stehengelassen werden. Wohl die bedeutendsten Götter im Leben eines Hindus sind Ganesha und Lakshmi. Lakshmi, die Frau von Vishnu, ist die Göttin für Ruhm, Wohlstand und Reichtum. Ganesha, der Sohn von Shiva, steht ebenso für materiellen Wohlstand und geschäftlichen Erfolg. Artha, also das Erringen von materiellem Reichtum ist bei den Hindus als eines der vier fundamentalen Ziele des Lebens akzeptiert.

Die Legitimität des Strebens nach Reichtum, verbunden mit den zeitweilig schwierigen wirtschaftlichen Umständen und Möglichkeiten in Indien, führt zu einem weithin akzeptierten Pragmatismus und der Fähigkeit zu improvisieren, da auch ein Unrechtsbewusstsein für Korruption und Intrigen fehlt. Die traditionelle Hindu-Gesellschaft hat sich Fragen wie das absolut Gute oder absolut Böse nicht zugewandt. Wie könnte auch in einer vergänglichen, sich beständig ändernden Welt etwas ewig falsch oder richtig sein? Es können daher viele der täglichen kleinen Verstöße durch Opfer und rituelle Handlungen geheilt werden.

Die Mächtigen und Wohlhabenden im Lande müssen im Zuge ihres Dharma, ihres richtigen Weges, die Macht, die sie haben, auch ausüben. Macht steht über Wissen. Jemand, der sich in einer mächtigen Position befindet, hat daher Anspruch auf Schmeicheleien, Respekt und Loyalität. In indischen autoritären Strukturen, wo Untergebene oftmals außergewöhnlich unterwürfig wirken, ist jedoch beiden Seiten bewusst, dass die Machtposition nur eine vorübergehende sein kann. Aus diesem Grund bereitet sich der schmeichelnde, unterwürfige Untergebene durchaus auf den Gedanken vor, dass demnächst jemand Anderes in der Position sich befinden könnte.

Der Neid bei anderen, verbunden mit der Furcht vor dem bösen Blick, führen oftmals dazu, dass man mit den Wölfen heult und versucht, nicht aufzufallen. Man erfüllt einfach die Rolle, die die anderen erwarten. Aus diesem Grund sind die sich ständig aufblähenden, vermeintlich demokratischen Institutionen und Strukturen in dem Land im Innern ziemlich undemokratisch. Nur das Wort des Vorgesetzten ist Gesetz. Die Machtposition wird mit unbedingtem Gehorsam, wenn auch nicht mit Loyalität, bedacht. Die indische Faszination gegenüber Macht und das Streben danach führt dazu, dass permanent neue Positionen und Behörden geschaffen werden, in denen dem Bedürfnis nach Status Rechnung getragen werden kann.

Es überrascht nicht, dass bei solchen Strukturen wenig Idealismus und viel Opportunismus vorherrschen. Deswegen spielt auch Korruption eine so große Rolle. Jeder Amtsinhaber ist sich der Vergänglichkeit seiner Position bewusst, und versucht, so viel wie möglich aus dem gegenwärtigen Vorteil herauszuschlagen. Dies ist im Hinduismus durchaus akzeptabel, denn wo es keine absolute Sünde gibt und sich auch Götter bestechen lassen, kann dies den Menschen wohl nur Recht sein.

Die neuen Entwicklungen im sozialen und kulturellen Leben Indiens zeigen sich in der Entstehung einer neuen pan-indischen Identität. Gleichzeitig machen sich zaghafte Fortschritte bei der Nivellierung der Gesellschaft bemerkbar, was sowohl geographisch als auch sozial verstanden werden kann. Dennoch ist im Gegensatz zu anderen Ländern die upward mobility, also die Aufstiegschancen für niedrigstehende Kasten und die Landbevölkerung noch relativ eingeschränkt. Doch verbunden mit dem weiter stattfindenden wirtschaftlichen Aufstieg und dem technischen Fortschritt im Allgemeinen kann man davon ausgehen, dass sich in den nächsten Jahren soziale Verbesserungen ergeben werden. Trotz aller regionalen Partikularinteressen kann erwartet werden, dass im Zuge der wirtschaftlichen und politischen Anerkennung, die sich weltweit immer mehr für Indien zeigen wird, das Entstehen einer pan-indischen Bewusstheit immer stärker wird. Die Ziele, die schon unter Nehru nach der Unabhängigkeit verfolgt wurden, wie Gesetze für mehr Gerechtigkeit, Verteilung von Wohlstand, Abschaffung von Korruption, könnten sich so endlich verwirklichen lassen. Das demokratische Bewusstsein ist mittlerweile stabil verankert, und wenn es gelingt, Missstände wie Korruption, Opportunismus und Nepotismus in den Griff zu bekommen, dann wäre viel erreicht.

Dadurch dass der Hinduismus in Indien so allgegenwärtig ist und keine strikte Trennung zwischen Geschäft und Religion bestand, gibt es im indischen Geschäftsleben eine große Komplexität, aber auch Freiraum und Kreativität. Einheit in der Vielfalt ist ein Grundgedanke des modernen Hinduismus, der sich auch in der Geschäftswelt auswirkt.

Inder können eine große Kreativität an den Tag legen und indische Manager haben ein ausgeprägtes Gefühl für Gerechtigkeit, Großzügigkeit und Gelassenheit. Ein Manager muss wissen, was richtig ist und Menschlichkeit in den Vordergrund stellen, sich aber auch Respekt verschaffen. In Indien ist der Erwerb von Respekt und Anerkennung der Umwelt das Wichtigste in einer Struktur. Das Ansehen hängt von klugen Entscheidungen und einer gelungenen Umsetzung ab. Auch bei indischen Familien ist nicht automatisch derjenige, der der Älteste ist oder das größte Vermögen hat, das Oberhaupt der Familie, sondern derjenige, der sich das meiste Ansehen verschafft hat. Da die Wirtschaft wie in den meisten anderen asiatischen Ländern als Familie strukturiert ist, in der man ein Member ist, ergibt sich eine enorme Komplexität wie in jeder weitverzweigten Familie. Die indische Mentalität führt dazu, dass Effektivität, die nachmessbar ist, also etwas Quantitatives enthält, nicht so ausschlaggebend ist wie Effizienz, was bedeutet, dass man den optimalen Weg finden muss. Die Betonung der Effizienz hat dazu geführt, dass in der Kolonialherrschaft durch die Engländer die eigenständige Kultur in Indien nicht zerstört worden ist, wie etwa bei kommunistischen Systemen. Vielmehr herrscht noch die indische Elite, die schon unter den Engländern bestanden hat.

Die überlieferten Regeln und Riten der indischen Kultur haben noch immer Bedeutung, müssen aber relativiert werden. Die Frage etwa, warum Kühe heilig sind, hatte ursprünglich eine mythologische Bedeutung, denn Krishna wuchs unter Kuhhirten auf und der Gott Shiva ritt auf dem Rücken einer Kuh, die alles Lebensnotwendige lieferte. Nicht zuletzt deswegen wurde das Töten einer Kuh als Mord deklariert und Kühe konnten sich überall verbreiten. Zudem waren Kühe ein Zahlungsmittel und erfüllen heute noch eine wirtschaftliche Funktion bei der Beseitigung von Abfall.

Aufgrund der traditionell großen Bedeutung von Verwandtschaft und Freunschaft werden Mitarbeiter, Partner oder Lieferanten meist nach diesen Kriterien ausgewählt. Dies hat auch damit zu tun, dass man in Indien nicht automatisch davon ausgeht, Anspruch auf Wohlverhalten und Vertrauen anderer zu haben, sodass man auf den worst case vorbereitet sein muss, nämlich dass ein Geschäft nicht ehrlich ist. Diese Gefahr kann durch Intensivierung des persönlichen Kontakts zwar gemildert werden, dennoch bleibt es einfacher und sicherer mit Freunden und Verwandten Geschäfte zu machen.

Die erstaunlichen Erfolge im IT-Sektor in Indien werfen die Frage auf, ob Indien oder die indische Kultur eine spezielle Affinität zur Mathematik hat.

Die Bedeutung des IT-Sektors für Indien ist mit dem der Textilindustrie für Großbritannien im 19. Jahrhundert oder dem für Öl für den Mittleren Osten im 20. Jahrhundert zu vergleichen.

In der Tat gibt es eine Tradition exzellenter Mathematik, die auf die Industal-Zivilisation zurückgeht. In dieser über 2 500 Jahre alten Kultur wurde das Dezimalsystem erfunden, was von wahrhaft weltweiter Bedeutung werden sollte und das Computer-Zeitalter erst ermöglichte. Bei der Zivilisation der Veden spielten Astronomie und Astrologie eine ebenso große Rolle wie die Mathematik, die sich auch mit Zahlensymbolik beschäftigte. Die Kunst der Zahlen war eine besondere Spezialität der vedischen Hindus und führte mit der Erfindung der Null zu neuen Höhen. Durch das ganze Mittelalter hindurch gab es herausragende indische Mathematiker und Astronomen, wie Aryabhata (5. Jahrhundert), Brahma Gupta (6. Jahrhundert), Mahavira (9. Jahrhundert) und Bhaskara (12. Jahrhundert). Mittels der Araber wurde die indische Mathematik auch im Westen verbreitet.

Diese Tradition der Wissenschaften und des analytischen Denkens zeigt sich in der heutigen Zeit unter anderem darin, dass nach 1947 die wissenschaftliche und technische Ausbildung hohe Priorität genoss. Obwohl noch immer 25 Prozent aller Männer und 45 Prozent aller Frauen in Indien Analphabeten sind, so gibt es doch sechsmal so viele Studenten an indischen Universitäten und anderen Hochschulinstituten als zum Beispiel in China. Gleichzeitig werden in den sieben indischen Institutes of Technologies (IIT), die sich in Bombay, Neu-Delhi, Kanpu, Kharagpur, Madras, Guwahati und Roorkee befinden, Weltklasse-Ingenieure und -Wissenschaftler ausgebildet.

Indien morgen

Indien durchläuft derzeit dramatische Veränderungen. Das Wirtschaftswachstum hat sich deutlich beschleunigt, in der Politik ist aus der jahrzehntelang währenden Vorherrschaft der nationalen Kongresspartei eine Art Zwei-Parteien-System erwachsen, und auch geopolitisch wandelt sich die Rolle Indiens. Die entscheidenden Fragen sind, ob sich Indien auf dem Weg zur Weltmacht befindet und – wenn ja – welche Auswirkungen diese Entwicklung sowohl im Inneren als auch auf das Machtgefüge der wirtschaftlichen, politischen und militärischen Systeme in Asien und der Welt haben wird. Letzteres provoziert die gerade im Zusammenhang mit China oft diskutierte Frage, ob und gegebenenfalls welche Konsequenzen der Aufstieg Indiens zur Weltmacht für Deutschland nach sich ziehen wird.

1. Wirkung nach innen

Verschiedene Prognosen wie etwa von Goldman Sachs und der Deutschen Bank erwarten für den Zeitraum von 2006 bis 2020 ein kontinuierliches Wirtschaftswachstum von mindestens 5,5 Prozent, wobei die Steigerung vor allem auf die verarbeitende Industrie und die wissensbasierten Sektoren zurückgeführt wird. Das Bevölkerungswachstum wird sich dabei auf 1,3 Prozent verlangsamen.

Wichtig ist dabei, dass das Wachstum innerhalb des riesigen Landes mit verschiedenen Geschwindigkeiten stattfindet. Der Süden und Westen mit den Provinzen Gujarat wird sich deutlich schneller entwickeln als der Norden und Osten Indiens. Die zunehmende Rivalität der unterschiedlich wachsenden Bundesstaaten, die bewusst ausgespielt wird und den politischen Freiraum bei Investitionen und anderen wirtschaftspolitischen Entscheidungen erhält, könnte ein Problem darstellen. Denn unter den am langsamsten wachsenden Bundesstaaten sind auch zwei der größten – Uttar Pradesh und Bihar –, die 120 von 543 Sitzen im Unterhaus des Parlamentes stellen. Man kann davon ausgehen, dass diese Bundesstaaten versuchen werden, die Fördermittel der Zentralregierung und den Subventionsabbau zugunsten ihrer verarmten Bevölkerung nötigenfalls mittels Blockadepolitik zu beeinflussen.

Im Kampf gegen die Armut konnten zwischen 1990 und 2000 deutliche Erfolge erzielt werden. Die Armutsquote fiel auf dem Land von 37 auf 27 Prozent und in der Stadt von 33 auf 23 Prozent. Naheliegenderweise ging die Armut am deutlichsten in den Bundesstaaten zurück, in denen das stärkste Wirtschaftswachstum zu verzeichnen war. Gleichzeitig nahm in diesen Regionen die Verstädterung zu und das Analphabetentum ab. Obwohl Indien noch weit hinter China zurückliegt, was die Befreiung der Bevölkerung aus der Armut betrifft, so kann doch von einem rasanten Wandel in den nächsten Jahren ausgegangen werden. Bis zum Jahr 2020 wird die stärkere Urbanisierung zusammen mit der höheren Alphabetisierung und der geringeren Kinderanzahl einen großen Einfluss auf das Arbeitskräftepotenzial gewonnen haben.

Man kann ebenso davon ausgehen, dass bis dahin die Infrastruktur ausreichend ausgebaut ist und das Land dadurch wesentlich stärker in den Prozess der Internationalisierung, Modernisierung und Globalisierung mit einbezogen sein wird. Da weiterhin Inder ins Ausland gehen werden und die Non-Resident-Indians (NRI) mehr Geld in die Heimat zurück überweisen, dürfte das Netzwerk der Overseas Indians stärker werden.

Die ADI werden deutlich anwachsen, aber weiterhin eine relativ geringe Rolle spielen. Der Anteil von Im- und Exporten von Gütern an der Gesamtwirtschaft Indiens ist zwar zwischen 1993 und 2005 von 13 auf 25 Prozent gestiegen, jedoch liegt er nach wie vor weit unterhalb des Niveaus von China oder den südostasiatischen Tigerstaaten. Dem IT-Bereich wird in diesem Zusammenhang eine zentrale

Bedeutung zukommen; derzeit macht er nur etwas über 4 Prozent des BIPs aus, aber mehr als die Hälfte der Dienstleistungsexporte – beide Zahlen dürften steigen.

Insgesamt ist der Einfluss der Globalisierung in Indien zwar auch bisher spürbar geworden, doch wird er sich bis 2020 noch deutlich verstärken. Durch die Abschaffung von zahlreichen Einfuhrbeschränkungen und die zunehmende Marktdurchdringung durch internationale Anbieter wird der Konsum ausländischer Güter gerade in den urbanisierten Gebieten verstärkt werden. Die Auslagerung von BPO-Prozessen nach Indien bringt der indischen Mittelschicht neue Arbeitsplätze und höhere Löhne.

Indische Unternehmen werden sich in den nächsten Jahren zunehmend dem Weltmarkt zuwenden, Joint-Ventures und Kooperationen eingehen und auch im Venture-Capital-Bereich aktiv werden. Durch die zunehmende Integration indischer Unternehmen in den Weltmarkt wird sich der indische Markt sowohl für inländische als auch für ausländische Mitspieler verändern.

Hand in Hand mit dem Wirtschaftsaufschwung wächst das indische Selbstbewusstsein. Trotz der nach wie vor bestehenden inneren Probleme und sozialen Missstände verstärkt sich eine Art Pan-Indianismus. Die bisherigen Minderwertigkeitsgefühle auch und gerade im Direktvergleich mit dem großen Konkurrenten und Nachbarn China sowie das Selbstmitleid werden ersetzt durch zunehmendes Selbstbewusstsein, was manchmal sogar in Arroganz umschlagen kann. Die indische Gesellschaft, die aufgrund ihrer Vielfalt und des Nebeneinanders der Extreme nicht die Geschlossenheit wie China aufweist, besitzt kein inneres Zentrum, sondern wird von der kollektiven Aufbruchstimmung von sich weg geführt. Die freigesetzten Kräfte und Energien könnten dazu genutzt werden, die drängenden sozialen Probleme in den Griff zu bekommen. Es ist viel Wunschdenken dabei, wenn von der IT-Weltmacht Indien gesprochen und mit Stolz daraufhingewiesen wird, dass die indische Weltraumforschungsorganisation ISRO von Bangalore aus bald den Weltraum erobern soll. Auch wenn sowohl das indische Bruttosozialprodukt als auch der Anteil der IT-Branche in absoluten Zahlen nicht so groß und bedeutend sind, wie es klingen mag: In Indien finden subtile, aber bleibende Veränderungen statt. Sie mögen nicht im Äußeren greifbar sein und sich nicht in einer glitzernden Infrastruktur zeigen wie in China, sie finden jedoch im Inneren statt. Wenngleich der Wahlkampfslogan »India Shining« (Indien strahlt) bei den Wahlen von 2004 ein Misserfolg war, so steht er doch zusammen mit den anderen griffigen Titeln für Marketing-Kampagnen wie »Incredible India« durchaus für dieses neu erwachende und dafür umso stärkere Selbstbewusstsein. In den nächsten Jahren wird es darum gehen, dass das äußere Bild Indiens dem neuen inneren Bild, das sich immer stärker in der Bevölkerung verankern wird, entspricht. Die Chancen dafür stehen nicht schlecht. Es ist gerade einmal 20 Jahre her, dass Indien in erster Linie als das Land der Schlangenbeschwörer, der Elendsmassen und das Land von Mutter Teresa bekannt war, die in den Slums von Kalkutta ihre Pflicht tat. In letzter Zeit hat sich das Image gewandelt und Indien wird immer mehr als die Heimat von smarten Computer whiz kids und begnadeten Ärzten gesehen. Dieser Trend dürfte weiter an Fahrt gewinnen. Die Geschichte des bunten Staates Indien wird derzeit von einem Sikh-Ministerpräsidenten, einem muslimischen Staatspräsidenten und einer in Italien geborenen katholischen Witwe fortgeschrieben.

2. Wirkung nach außen

Indien richtet seine Außen- und Sicherheitspolitik grundsätzlich neu aus, um dem Ende des Kalten Krieges Rechnung zu tragen. Dies zeigt sich unter anderem am neuen Charakter der indisch-amerikanischen Beziehungen. Das Gleiche gilt für das veränderte Verhältnis Indiens zu China, aber auch zu den anderen südostasiatischen Staaten.

Bis 2010 wird Indien nach den USA, China und Japan an die Stelle Südkoreas als viertgrößter Energiekonsument der Welt treten. Deswegen versucht Indien, den Ölnachschub nicht nur aus dem Nahen Osten, sondern auch aus Südamerika und Afrika zu gewährleisten. Die Bemühungen um eine Sicherung der Energieversorgung führen möglicherweise zu einer Neuordnung der politischen Landschaft

Südasiens. Derzeit ist Saudi-Arabien mit einem Viertel der Gesamtimporte (1,9 Millionen Barrel pro Tag) Indiens wichtigster Öllieferant. Weitere 15 Prozent werden aus Nigeria bezogen. Indien pflegt zudem intensive Beziehungen mit dem Iran. Im Gegenzug zu seiner Beteiligung an Irans Ölfeldern investiert Indien in die Hafen- und Energieinfrastruktur des Landes. So bauen der Iran und Indien gemeinsam den iranischen Hafen Chabahar aus, an dem Indien die exklusiven Nutzungsrechte haben wird. Chabahar steht damit in direkter Konkurrenz zum pakistanischen Tiefseehafen Gwadar, der weitgehend von den Chinesen entwickelt wird und ebenfalls einen Seezugang zu den küstenlosen Staaten Zentralasiens und Afghanistan gewährleisten soll.

Die Beziehungen zu Indiens Anrainerstaaten sind seit jeher asymmetrischer Natur. Indien sieht sich jedoch mit einer immer schwieriger werdenden sicherheitspolitischen Lage in Südasien konfrontiert. Die ethnischen Konflikte in Sri Lanka dauern schon über 25 Jahre an, im benachbarten Nepal gewinnt die maoistische Unabhängigkeitsbewegung immer mehr Einfluss. Bangladesch, das erst im Jahre 1971 dank der indischen Intervention unabhängig geworden ist, wird zunehmend von einer zahlenmäßig nicht großen, aber umso stärker auftretenden Gruppe von muslimischen Fundamentalisten bedroht.

Die Handelsbeziehungen mit den südasiatischen Nachbarn dürften sich in den nächsten Jahren intensivieren. Die grundsätzliche Einigung mit Bangladesch und Myanmar über die Einrichtung einer Gaspipeline ist ein erstes Beispiel dafür. Darüber hinaus wurde die SAARC gegründet, der neben Pakistan und Indien auch Nepal, Butan, Bangladesch, Sri Lanka und die Malediven angehören. Es existiert bereits ein bilaterales Freihandelsabkommen zwischen Indien und Sri Lanka. Gleichzeitig etablieren indische Konzerne Niederlassungen oder gar Produktionsstätten in den Ländern dieser Region, so hat zum Beispiel die Tata Inc. ein Investitionspaket von 2 Milliarden US-Dollar für Bangladesch ausgearbeitet und gründet IT- und Forschungsniederlassungen in Pakistan. Man kann davon ausgehen, dass in den nächsten 15 Jahren die Gründung einer südasiatischen Freihandelszone gelingen könnte.

Indiens neue Außenpolitik greift aber weit über seine Nachbarstaaten in Südasien hinaus.

Seit der Unabhängigkeit 1947 hat sich Indien vor allem darauf
verlegt, als eigenständiger Staat und führende Nation unter den
Entwicklungsländern die Politik der Blockfreiheit zu vertreten. Der
Widerstand gegen die Spaltung der Erde in eine Ost- und eine West-
hälfte sowie das Bestreben nach ökonomischer Gerechtigkeit, Umver-
teilung und Idealismus machten es zu einer geachteten Nation. Doch
noch in den neunziger Jahren war Indien in der Weltpolitik kaum
zu bemerken. In den letzten Jahren ist es erstmals bei multilateralen
Handelsverhandlungen hervorgetreten, wie etwa im Jahre 2003 bei
einem von den Industrieländern verfochtenen Handelsabkommen für
Agrarprodukte, wogegen Indien zusammen mit China Widerstand
leistete.

Mit dem wachsenden wirtschaftlichen und auch militärischen
Gewicht wird sich die künftige Rolle Indiens in der Weltpolitik defi-
nitiv ändern. Bereits jetzt strebt der Staat einen ständigen Sitz im
UN-Sicherheitsrat an. Auch in anderen multilateralen Organisatio-
nen wird Indien, motiviert durch das Beispiel Chinas, mehr Einfluss
suchen. Indiens Beteiligung an den ASEAN-Foren und an anderen
asienweiten Organisationen wie auch der Beitritt zur International
Energy Agency (IEA) sind die ersten Anzeichen in dieser Richtung.
Nicht zuletzt durch den Beitritt Chinas wird sich auch der Einfluss
Indiens in der WTO vergrößern. Der große Erfolg der Aufnahme
Indiens in die Organisation zur Unterbindung der Verbreitung von
Nukleartechnologie, die nach dem Besuch des US-Präsidenten Bush
im März 2006 die lange überfällige Akzeptanz auf Augenhöhe
bedeutet, wird ein Übriges tun.

Da sich Indien vor allem darauf konzentriert, zunächst auf der
weltpolitischen Bühne wahrgenommen und integriert zu werden, ist
noch nicht abzusehen, in welche Richtung sich die indische Außenpolitik schlussendlich entwickeln wird. In der Atompolitik wird Indien
versuchen, den ihm zugestandenen Spielraum durch die Akzeptanz
durch die USA auszunutzen und gleichzeitig Pakistan daran zu hindern, Gleiches zu erreichen.

Im Ergebnis bleibt, dass Indien zwar dank seiner stabilen demokratischen Struktur, der immer größer werdenden Mittelschicht und dem großen militärischen Gewicht bereits jetzt einen weltpolitisch wichtigen Status hat. Durch die Strukturprobleme, insbesondere die Mängel in der Infrastruktur, und die Defizite bei der Armutsbekämpfung ist Indien jedoch noch keine Weltmacht. Um zu einer global bedeutenden Macht zu werden und auch zu China aufzuschließen, müsste Indien in den nächsten fünf bis zehn Jahren ein Wachstum von mindestens 8 Prozent vorweisen. Ob dies erreicht werden kann, ist fraglich, denn eine Reform der strukturellen Probleme der Wirtschaft wie das hohe Haushaltsdefizit, die Entschlackung der antiquierten arbeitsrechtlichen Vorschriften, die Privatisierung und der Verkauf von staatlichen Vermögenswerten und die Umleitung dieser Gelder in die Infrastruktur sind dringend und überfällig. Auch in anderen Ländern sind solche Schritte zeitraubend und mühselig. In der komplexen politischen Landschaft Indiens mit den zahllosen Koalitionspartnern, auf die Rücksicht genommen werden muss, gestaltet sich dies jedoch besonders schwierig. Auch das wachsende Risiko einer Aids-Epidemie könnte das öffentliche Gesundheitswesen Indiens und die Wirtschaft stark bedrohen. Die Attraktivität Indiens ist entscheidend an stabile Verhältnisse gebunden. Diese wiederum werden grundlegend von dem Verhältnis Indiens zu Pakistan, den USA und China geprägt.

Politisch wird einiges davon abhängen, ob im Jahre 2008 wieder die Kongresspartei die Regierungsverantwortung erhält. Die derzeitige Koalition mit den kommunistischen Parteien macht die Politik der Kongresspartei etwas schwerfälliger, was die weltpolitischen Aufgabenstellungen betrifft. Die Kommunisten sind besonders kritisch hinsichtlich einer Vertiefung der Beziehung zu den USA. Sollte die BJP wieder an die Macht kommen, dürfte sich an der grundsätzlichen Einsicht in die Notwendigkeit der Wirtschaftsreformen und den erklärten Zielvorgaben, der Verbesserung der Infrastruktur und der Bekämpfung der Armut, nicht viel ändern. Entscheidend ist, egal welche Koalition die Regierung stellt, der grassierenden Korruption und Vetternwirtschaft Herr zu werden. Dies scheint aus verschiedenen kulturellen, aber auch politischen Gründen schwieriger zu sein als in China. Insgesamt vereinigt jedoch die indische Politik flexiblen Pragmatismus unter der Wahrung nationaler Interessen.

Im Ergebnis wird man davon ausgehen können, dass der wirtschaftliche Aufschwung in Verbindung mit dem wachsenden wirtschaftlichen und politischen Gewicht in der Welt eine Art Eigendynamik entfachen wird, der quer durch alle Parteien die indischen Politiker dazu bringen wird, die Reformbemühungen voranzutreiben. Die Aufmerksamkeit der Weltmedien und der Regierungen anderer Länder werden dazu beitragen, den bereits beginnenden »Indien-Hype« zu verstärken, der ähnlich wie im Falle Chinas Elemente einer sich selbst erfüllenden Prophezeiung haben kann. Denn je mehr über die »Success Story India« oder »India Unbound« geschrieben und diskutiert wird, umso größeres Interesse und letztendlich auch Investitionen und politische Veränderungen dürften folgen.

Unter der Voraussetzung einer klugen Außenpolitik, die auf Stabilität setzt, könnte es Indien gelingen, in den nächsten zehn bis fünfzehn Jahren zu China aufzuschließen. Insofern werden Indien und China die bedeutendsten Mächte Asiens sein. Doch ihre Bedeutung für die Weltwirtschaft wird allein schon aufgrund der Tatsache der kombinierten Märkte mit über drei Milliarden Menschen gewaltig sein.

Das durch den Aufstieg Chinas in seinen Grundfesten erschütterte Europa wird den zu erwartenden schnellen Aufschluss Indiens wohl nur noch aus der Entfernung wahrnehmen.

China – Die Weltfabrik

Der 1. Oktober 2014 ist ein sonniger Tag. Heute vor 65 Jahren war die Volksrepublik China ausgerufen worden.

China hatte sich seither immer mehr zur tonangebenden Instanz in ganz Asien entwickelt. Im Land der aufgehenden Sonne hingegen war die Sonne wohl endgültig untergegangen. Nach den Komplikationen in Folge der Geiselnahme japanischer Sportler durch chinesische Studenten während der Olympischen Sommerspiele in Peking 2008 und der folgenden Beinahe-Konfrontation hatten die Nationalisten in Japan stetig an Einfluss verloren. Wirtschaftlich war Japan schon länger nicht mehr die wichtigste Macht in Asien. Im Gegenteil: China hatte durch eine kluge Wirtschafts- und Außenpolitik die führende Position übernommen. Der mittlerweile etablierte Ostasien-Gipfel sowie die unmittelbar vor dem Abschluss stehenden Gespräche zur Schaffung einer asiatischen Währungsunion standen unter der Leitung Chinas. Durch die Sommerspiele 2008 und die Weltausstellung in Shanghai 2010 hatte die Volksrepublik der staunenden Welt zeigen können, was das Land seit den ersten Reformen von Deng Xiaoping alles geschafft hatte. China war eine weltweit gefürchtete und geschätzte Großmacht, die auf Augenhöhe mit den USA agierte und in internationalen Konflikten als Schlichter auftrat. Durch den Bau von zwei weiteren Mega-Staudämmen, die Errichtung von mehr als fünfzig Atomkraftwerken und die Einführung moderner Technologien beim Fahrzeug- und Anlagenbau war es China gelungen, seine Umweltprobleme rasch in den Griff zu bekommen. Das Wachstum war mit rund 6 Prozent pro Jahr stabil und nachhaltig, und China war mittlerweile in fast allen Produktkategorien zum weltgrößten Produzenten und Hersteller aufgestiegen. Der einzige Rivale auf Augenhöhe war Indien, mit dem jedoch eine enge wirtschaftliche und politische Zusammenarbeit gepflegt wurde. China war bereits der wichtigste Handelspartner des Subkontinents, während Indien einer der größten Investoren in China war. Lediglich das Verhältnis mit Russland war belastet durch das Überhandnehmen des chinesischen Einflusses im rohstoffreichen Sibirien. An der gemeinsamen Grenze kam es immer wieder zu Zwischenfällen. Dennoch verstanden es Russland, China, Indien und Brasilien immer wieder, auf dem alle zwei Jahre statt-

findenden BRIC-Gipfel Einigkeit zu erzielen. Europa hatte stetig an politischem Einfluss verloren und auch wirtschaftlich stand es nicht zum Besten. Gleichzeitig reisten jedes Jahr mehr Millionen von Chinesen durch die Welt und entdeckten das pittoreske Deutschland als eine der bevorzugten Destinationen, die als eine Art Märchen- und Naturpark angepriesen wurde. Einwöchige Ausflüge zu den Schlössern von Ludwig II., zu Kuckucksuhr-Manufakturen im Schwarzwald sowie Autobahnreisen, wo ausgewählten chinesischen Kunden die Möglichkeit gegeben wurde, innerhalb einer Woche die deutschen Autos der Marken Porsche, Mercedes und BMW zu testen, indem man – ohne Tempolimit – die deutschen Autobahnen hinunterraste, waren äußerst populär. Chinesische Touristengruppen mussten in Deutschland und Europa nichts vermissen. Es gab in jeder größeren Stadt ein chinesisches Shoppingcenter der Marke »Morning Star«, wo es auf vielen Etagen alles zu kaufen gab, was die auf Hochtouren laufende Weltfabrik China zu produzieren verstand. Mittlerweile weltberühmte Marken wie TCL, Haier und Lenovo, aber auch brands im Mode und Konsumgüterbereich waren dort zu teuren Preisen erhältlich, die aber immer noch unter den Weltmarktpreisen in den schicken Boutiquen Shanghais, Hongkongs und Singapurs lagen.

Die Überalterung der Gesellschaft, der Verlust des wirtschaftlichen Innovations- und Wachstumspotenzials verbunden mit einem hohen Anspruchsdenken der seit vielen Jahrzehnten von der Realität abgepufferten Bevölkerung war ein Problem, das die meisten europäischen Staaten gemeinsam hatten. Die Europäische Union dämmerte – zwar noch auf hohem Niveau – ihrem langsamen Abstieg in die Bedeutungslosigkeit entgegen.

Wishful thinking von chinesischer Seite oder durchaus realistisch? Der rasante Aufstieg Chinas zur Weltmacht hat in den letzten Jahren die Schlagzeilen dominiert. Trotz aller Untergangsfantasien, Risiken und auch Zerreißproben bleibt das Land auf Kurs. Wenn man vergleicht, was in den gleichen Zeiträumen in Europa erreicht oder nicht erreicht wurde, ergeben sich beträchtliche Unterschiede. Nur ein umfassendes Umdenken in Europa, das neue Prioritäten setzt und die Wertehierarchie im gesellschaftlichen Konsens überdenkt, könnte diese Vision von Deutschland als einem postmodernen Disneyland, in dem man sich nur noch gegenseitig die Haare schneidet, verhindern.

China gestern

China war für Jahrhunderte eines der mächtigsten und reichsten Länder der Erde, das noch bis 1820 zusammen mit Indien über 40 Prozent der weltweiten Wirtschaftsleistung produzierte.

Seit der Reichseinigung durch Kaiser Qin Shihuang vor mehr als 2 000 Jahren blieb China fast durchgängig ein Kaiserreich. Den größten Teil dieser Zeit war das Land die zivilisatorisch und wirtschaftlich am weitesten entwickelte Nation der Erde sowie das ökonomische und kulturelle Gravitationszentrum Asiens. Noch bis ins 15. nachchristliche Jahrhundert galt China als das Land mit der fortschrittlichsten Technologie der Welt. Die nach Meinung des englischen Philosophen Francis Bacon entscheidenden Erfindungen der Menschheit, der Buchdruck, das Papier, der Magnetkompass und das Schießpulver stammen allesamt aus China.

Unter den zahlreichen kulturellen Hochphasen, etwa der Han- (206 vor bis 220 nach Christus) und der Tang-Dynastie (618 bis 907 nach Christus), die sich durch eine große Offenheit gegenüber ausländischen Einflüssen auszeichneten, erreichte China vor allem unter der Song-Dynastie (960 bis 1279 nach Christus) eine bislang unerreichte Blüte in Wissenschaft und Forschung. Im 11. Jahrhundert kam es in China zu einer regelrechten Wissensexplosion. Große Grundlagenerfindungen wie Buchdruck, Schießpulver, und Hochseekompass wurden in dieser Zeit entwickelt oder perfektioniert. Die Chinesen bohrten nach Erdgas, verwendeten Hebelschleudern und züchteten schnell wachsende Getreidesorten. Das Reich der Mitte stand als erste Wissensgesellschaft der Weltgeschichte an der Spitze des Fortschritts und war dem Westen in Astronomie, Mathematik, Physik, Chemie, Meteorologie, Seismologie und vielen anderen Gebieten weit voraus. Die kulturelle Strahlkraft des Landes erreichte den gesamten Fernen Osten. Kunst und Kultur der benachbarten Staaten belegen bis heute, dass China über Jahrhunderte hinweg die tonangebende Kultur in Ostasien war.

Unter den Ming-Kaisern, die im 14. Jahrhundert die Nachfolge der Mongolen antraten, begann der Abstieg, in dessen Verlauf sich China zusehends abzuschotten begann und, zu großen Teilen seiner Ignoranz der Außenwelt gegenüber geschuldet, einen dramatischen politischen und wirtschaftlichen Niedergang erleben musste.

Mit dem verlorenen Opiumkrieg gegen England 1840 begannen Jahrzehnte schmerzhaftester Demütigung und Schwäche. Das dunkle 19. Jahrhundert, in dem China unter den Westmächten aufgeteilt wurde wie eine Melone, mündete in ein noch blutigeres 20. Jahrhundert. Mit der Revolution von 1911 schließlich wurden nicht nur dreieinhalb Jahrhunderte Fremdherrschaft durch die Mandschu-Dynastie sondern auch über zweieinhalbtausend Jahre Kaiserreich hinweggefegt.

Auch damals prallten Fremdeinflüsse mit althergebrachten chinesischen Denktraditionen aufeinander. Insbesondere der Konfuzianismus stand in der Kritik, durch rigides Beharren auf überlieferten Strukturen die Modernisierung Chinas und eine erfolgreiche Gegenwehr gegen die westlichen Barbaren verhindert zu haben. Das seit über 1 000 Jahren bestehende kaiserliche Prüfungswesen, das vor allem auf klassischer chinesischer Geschichte und Kultur beruhte, wurde abgeschafft und dem westlichen Modernismus Tür und Tor geöffnet.

Mehrfach wurde im China des 20. Jahrhunderts das Ende der alten Welt ausgerufen. Die idealistische, aber korrupte Nanking-Republik von Chiang Kai-Chek versuchte in den zwanziger und dreißiger Jahren eine nationale Erneuerung herbeizuführen, ebenso die Kommunisten unter Mao Zedong, insbesondere nach der Gründung der Volksrepublik China 1949. Doch auch die verheerende Kulturrevolution in den späten sechziger Jahren konnte die alten konfuzianistischen Ideale nicht völlig vernichten. Seit 1978 durchläuft China einen beispiellosen Aufholprozess, um wieder dahin zurückzukehren, wo es über Jahrhunderte hinweg stand: an die Weltspitze.

Noch 1820 war China die größte Volkswirtschaft der Erde und erzeugte nahezu ein Drittel des weltweiten Bruttosozialproduktes (BSP). Während aber in Europa die industrielle Revolution ihren Lauf nahm, fiel China wirtschaftlich und technologisch immer weiter zurück. 1950 war der Anteil des Landes am Welt-BSP auf rund 4,5 Prozent geschrumpft. Die letzten 150 Jahre und insbesondere das 20. Jahrhundert, das von blutigen Kriegen und unzähligen Toten gezeichnet war, sind für das (Selbst-)Verständnis des heutigen Chinas von entscheidender Bedeutung. Seit 1949 ist die Kommunistische Partei in China an der Macht, nachdem sie den Jahrzehnte währenden Kampf mit der nationalen Volkspartei Kuomintang (KMT) für sich entschieden hatte. Nach den zahllosen politischen Experimenten und Verwirrungen der Mao-Ära, die das Land wirtschaftlich zum Stillstand und politisch an den Rand des Bürgerkrieges brachten, führt die Partei China mittlerweile weniger ideologisch als pragmatisch, einer ostasiatischen Entwicklungsdiktatur nicht unähnlich. Mit Erfolg – innerhalb einer Generation hat sich das Pro-Kopf-Einkommen verachtfacht.

Eine Analyse der chinesischen Gesellschaftsstruktur und eine Einordnung der Innenpolitik ist ohne eine Betrachtung der historischen Entwicklungen nicht möglich. Mein vorangehendes Buch, *Das asiatische Jahrhundert. China und Japan auf dem Weg zur neuen Weltmacht*, gibt einen detaillierteren Überblick über die wechselvolle Geschichte des Landes.

China heute

Schon Napoleon Bonaparte prophezeite: »Wenn China erwacht, er-
bebt die Welt.« Fast 200 Jahre später ist seine Vorhersage Wirklichkeit geworden. In der Tat verschieben sich vor unseren Augen derzeit
fundamental die ökonomischen und politischen Machtverhältnisse
der Welt in Richtung Asien, in dessen Zentrum China steht.

1. Wirtschaft

Das Wachstum um jeden Preis hat China in den vergangenen Jahren
große Erfolge beschert. In den fast drei Jahrzehnten, in denen China
sich der Reformpolitik unter Deng Xiaoping verschrieb, ist es dem
Land in einer beispiellosen Transformation gelungen, Hunderte Millionen Chinesen aus der Armut zu erheben. Obwohl Peking seit 2004
Maßnahmen ergreift, eine konjunkturelle Überhitzung abzuwenden,
ist die wirtschaftliche Dynamik des Landes ungebrochen. Die Regierung scheint die Ökonomie trotz der halsbrecherischen Geschwindigkeit auf Kurs halten zu können.

Superlative

Die atemberaubende Entwicklung erzeugt Superlative in endloser
Kette. Das bevölkerungsreichste Land der Erde hat bereits jetzt mehr
als 100 Millionenstädte, das gigantischste Staudammprojekt der Geschichte der Menschheit entstand am Jangtsefluss, an dessen Ufern

Chongqing, die mit 31 Millionen Menschen größte Stadt der Welt, liegt. Als Symbol seiner neuen Stärke hat China im Oktober 2003 erstmals eine bemannte Raummission gestartet – als drittes Land nach den USA und der ehemaligen Sowjetunion. Von nun an müssen sich die Kosmonauten und Astronauten das All mit den chinesischen Taikonauten teilen.

Ein beeindruckendes Zeugnis chinesischen Gigantismus ist die Millionenmetropole Shenzhen, deren kometenhafter Aufstieg beinahe einem modernen Weltwunder gleichkommt. Unter Deng Xiaoping wurde 1980 die Errichtung von Sonderwirtschaftszonen (Special Economic Zones – SEZ) beschlossen, eine Art nationales Versuchslabor in Echtgröße. Eine dieser SEZs war das in unmittelbarer Nähe zu Hongkong gelegene Fischerdorf Shenzhen. Wo in den siebziger Jahren arme Bauern ihre Reisfelder bewirtschafteten, erhebt sich heute die reichste Stadt Chinas und 7-Millionen-Metropole, deren Pro-Kopf-Einkommen mit über 5 000 US-Dollar im Jahr nationale Spitze ist. Längst werden hier keine Billigprodukte mehr zusammengeschraubt: Shenzhen hat sich als Hochburg der High-Tech-Industrie etabliert, in der mittlerweile mehr als ein Zehntel der Komponenten der globalen Laptop-Produktion gefertigt wird.

Die Stadt liegt im Perlflussdelta, einer hochgradig integrierten Region, die neben Shenzhen die Provinzhauptstadt Guangzhou und in ihrem äußeren Gürtel Hongkong und Macao umfasst. Durch die ökonomische Komplementarität zu Hongkong, das die hocheffiziente Industrie des Hinterlandes durch erstklassige Serviceleistungen ergänzt, hat sich das Perlflussdelta zur wettbewerbsfähigsten Region Chinas entwickelt. Als »Stadt ohne Alte« mit einem Durchschnittsalter von unter 30 Jahren ist Shenzhen zudem die jüngste Metropole der Welt.

In den 27 Jahren seit dem Beginn der Reform- und Öffnungspolitik ist China jedes Jahr um unglaubliche 9,7 Prozent gewachsen. Auch 2005 konnte die chinesische Volkswirtschaft auf ein beeindruckendes Wachstum von 9,9 Prozent verweisen und stellte damit erneut alle anderen Emerging Markets in den Schatten. Sowohl 2004 als auch 2005 wurden die Planwerte der chinesischen Regierung von 8 Prozent deutlich überschritten. Trotz des Einsatzes makroökonomischer Steuerungsinstrumente zur Abkühlung überhitzter Sektoren ist die chinesische Volkswirtschaft damit erneut wesentlich schneller gewachsen als erwartet. Selbst wenn das Reich der Mitte lediglich mit moderaten 7 bis 8 Prozent weiter wächst, wird es bis 2010 Deutschland und bis 2020 Japan überholt haben und die zweitgrößte Volkswirtschaft der Erde sein.

Chinas wirtschaftlicher Aufschwung ist in der Tat atemberaubend und in seinen Dimensionen einzigartig. Zunehmend werden aber auch die Schattenseiten dieser Entwicklung sichtbar: Die jährlichen Umweltschäden in China haben mittlerweile ein Ausmaß erreicht, dass auf bis zu 10 Prozent des BIPs geschätzt wird – ebenso hoch wie das Wirtschaftswachstum. Die ungleiche Entwicklung und die zunehmenden Disparitäten innerhalb der Bevölkerung gefährden die soziale Stabilität. Hinzu kommt, dass der ungeheure Rohstoffhunger Chinas zu einem massiven Preisanstieg auf dem Weltmarkt geführt hat. Die immer deutlicher hervortretende Bedrohung westlicher Arbeitsplätze durch das riesige Reservoir billiger Arbeitskräfte, die rasche Entwicklung zu einem High-Tech-Land, das die USA und Europa an Exporten bereits überholt hat und schon jetzt Standards setzt, sind auch durch die Industriestaaten nicht mehr zu ignorieren. Die drängenden Probleme der immer weiter aufklaffenden Einkommensschere und der gravierenden Umweltverschmutzung können auch von der chinesischen Regierung nicht länger unbeachtet bleiben. Die wirtschaftspolitischen Prioritäten Pekings verlagern sich daher zunehmend hin zu einer nachhaltigeren Entwicklung. Auf dem Weltwirtschaftsforum im Januar 2006 in Davos hat die chinesische Regierung deshalb angekündigt, das Wachstum auf 8 Prozent drosseln zu wollen, um die Umwelt zu schonen und damit die Lebensqualität der Bürger zu erhöhen. Der 11. Fünfjahresplan, der ab 2006 in Kraft tritt, strebt ein tragbares Wachstum von 7,5 Prozent pro Jahr an. Das chinesische Pro-Kopf-Einkommen soll sich dabei von dem Niveau des Jahres 2000 bis 2010 verdoppeln.

Im Dezember 2005 hatte das Nationale Statistikbüro eine umfassende BIP-Revision für die vergangenen Jahre herausgegeben, die China bereits für 2005 als weltweit viertgrößte Volkswirtschaft nach den USA, Japan und Deutschland ausweist.

Die Neubewertung hatte ergeben, dass Chinas Wirtschaft Ende 2004 reell bereits 16,8 Prozent größer war als zuvor angenommen. An der Qualität chinesischer Statistiken gibt es unter anderem wegen ihrer geringen Schwankungsbreite schon länger Zweifel. Internationale Beobachter waren jedoch eher von einer Übertreibung bei der Angabe des chinesischen Wirtschaftswachstums ausgegangen. Für den ökonomischen Zensus waren deshalb rund zehn Millionen Datenerfasser ausgezogen, um unter dem Motto »Macht den ökonomischen Zensus gewissenhaft zum Erfolg« die gesamte Wirtschaft des Landes mitsamt ihrer Abermillionen Kleingewerbe zu erfassen. Dass die chinesische Volkswirtschaft über Nacht wegen einer vormaligen statistischen Ungenauigkeit um die Größe Österreichs anwächst, beweist, dass das Land noch für manche Überraschung gut ist.

Ein Hauptgrund für die drastische Korrektur lag offenbar darin, dass die Dynamik des privaten Dienstleistungssektors bislang deutlich unterschätzt worden war. Vor allem Kleinunternehmen aus dem Servicebereich wie Garküchen und Frisöre waren bislang nicht erfasst worden. Wie in vielen Entwicklungsländern gibt es in China im Dienstleistungsbereich eine Art Grauzonenökonomie, da Kleinunternehmer ihre Umsätze nur ungern den Behörden melden, teils um Steuern zu sparen, teils weil sie keine Geschäftslizenz besitzen.

Die BIP-Revision wirft auch ein neues Licht auf die Zusammensetzung der chinesischen Ökonomie. Mit lediglich 47 Prozent des BIPs 2005 hat der industrielle Sektor ein deutlich geringeres Gewicht als bislang vermutet, während der Dienstleistungssektor nahezu 41 Prozent zur Wirtschaftsleistung beisteuert. Vor der Neubewertung war man von lediglich einem knappen Drittel ausgegangen. Die höhere Bewertung des Dienstleistungssektors deutet indes darauf hin, dass die Chinesen mehr konsumiert haben.

Die für das Jahr 2006 von chinesischen wie internationalen Experten entworfenen Prognosen zwischen 8,5 und 9 Prozent wurden vom BIP-Wachstum im ersten Halbjahr erneut übertroffen. Mit 10,3 im ersten und 11,3 Prozent im zweiten Quartal 2006 lag der Zuwachs mehr als zwei Prozentpunkte über dem offiziellen Ziel der Regierung und nährte erneut Befürchtungen vor einer Überhitzung der Volkswirtschaft. Mit insgesamt 10,9 Prozent für das erste Halbjahr 2006 hat sich die wirtschaftliche Expansion nochmals beschleunigt und den höchsten Zuwachs seit zehn Jahren erreicht. Um das explosive Wachstum einzudämmen, hat die Zentralbank erneut Maßnahmen zur Abkühlung der Konjunktur in die Wege geleitet. So stieg der Mindestreservesatz der Banken im Juni 2006 auf 8 Prozent, was dem Finanzmarkt Liquidität entzieht. Zudem liegt der Leitzins seit April mit 5,85 Prozent auf einem vergleichsweise hohen Niveau und die Kreditvergabe der Banken soll weiter eingeschränkt werden. Mit der Abkehr vom Modell »Wachstum um jeden Preis« werden sich die Steigerungsraten der Volksrepublik allerdings zwangsläufig verringern müssen – in Chinas eigenem Interesse.

Die explosive wirtschaftliche Entwicklung hat China in dramatischer Weise zur »Werkbank der Welt« gemacht. Im Zeitalter der Globalisierung stammt der Großteil der bei uns verkauften Konsumgüter inzwischen aus dem Reich der Mitte. Mehr als jede zweite Digitalkamera, jedes dritte Handy und jede vierte Waschmaschine werden in der Volksrepublik hergestellt. Durch die effizientere Arbeitsteilung in der globalisierten Ökonomie sind die Profite der international agierenden Unternehmen weltweit auf Rekordniveau. Der gefräßige Drache am Jangtsefluss mit seiner unter Volldampf stehenden Industrie ist zum weltgrößten Verbraucher von Stahl und Kohle avanciert. Das Wirtschaftswunderland im Fernen Osten ist bisher vom Westen vor allem als Chance wahrgenommen worden. Der gewaltige Absatzmarkt hilft exportorientierten Ländern wie Japan und Deutschland, eine Binnenrezession zu vermeiden und die Effekte struktureller Schwächen daheim zu überdecken. Für westliche Unternehmen ist China bislang in erster Linie ein Zukunftsmarkt und rangiert damit noch immer weit vor Indien, auch wenn sich das internationale Interesse mittlerweile verstärkt auf den Subkontinent richtet.

Chinas Binnenmarkt wird zunehmend zum internationalen Wirtschaftsfaktor. Die Kaufkraft der Bevölkerung steigt Jahr für Jahr rapide an. Auch 2005 hat sich das Pro-Kopf-BIP in China um respektable 9,9 Prozent erhöht. Mit 1 628 US-Dollar rangiert es aber immer noch unterhalb von Ländern wie Namibia, Peru und Marokko. Die bedeutende Leistung, dass das Haushaltseinkommen seit 1978 um durchschnittlich 14 Prozent pro Jahr angestiegen ist, soll indes nicht herabgesetzt werden. Angesichts der anhaltenden Investitionsdynamik 2005 ist für das laufende Jahr und 2007 mit einer weiterhin starken wirtschaftlichen Expansion zu rechnen. Die Asiatische Entwicklungsbank geht für das Gesamtjahr 2006 von einem Wachstum deutlich über 9 Prozent aus, trotz der möglicherweise zurückgehenden Steigerungen bei den Investitionen. Eine wichtige Rolle beim zukünftigen Wachstum kommt dabei im Gegensatz zu früheren Jahren der anziehenden Binnennachfrage und dem steigende Konsumniveau zu.

Auch die Weltbank schätzt den Wachstumspfad des Landes als solide ein, auch wenn das Ausbalancieren der Wachstumskomponenten hin zu einer nachhaltigeren Entwicklung Zeit braucht. Für das Jahr 2006 geht die Institution von einem Wachstum in Höhe von 9,2 Prozent aus, 0,7 Prozent weniger als noch im vorangegangenen Jahr. Die Organisation für wirtschaftliche Zusammenarbeit und Entwicklung (OECD) stellte der chinesischen Wirtschaft Mitte 2006 in ihrem ersten China-Bericht ebenfalls ein gutes Zeugnis aus. Der Umbau von der staatlich dominierten Planwirtschaft in eine flexibel agierende Privatwirtschaft setzt ein hohes Potenzial an Effizienz frei und führt zu einer verbesserten Produktivität und Profitabilität. Mittlerweile wird nur noch ein Drittel der chinesischen Wirtschaftsleistung von Staatsunternehmen erbracht, das hohe Wachstum findet im Wesentlichen im privaten Sektor statt.

Angesichts der dramatischen Beschleunigung des Wachstums im ersten Halbjahr 2006 lässt sich absehen, dass China die Prognosen der internationalen Institutionen auch 2006 wohl wieder deutlich übertreffen wird. Damit scheinen die ökonomischen Steuerungsmaßnahmen der Regierung nicht zu greifen. Erneut ist vor allem das ungebremste Investitionswachstum für die unerwünschte Entwicklung verantwortlich. Die daraus resultierenden Überinvestitionen münden in die Firmenpleiten und faulen Kredite von morgen – und gefährden damit den instabilen Finanzsektor und somit die gesamte Wirtschaft des Landes. Dennoch hat sich das Wachstum trotz der einseitigen Entwicklung durch den hohen Anteil von Außenhandel, Investitionen und ADI an der chinesischen Wirtschaftsleistung bislang Jahr für Jahr außergewöhnlich stabil und unabhängig von internationalen Konjunkturzyklen gezeigt. Die Aussichten für die chinesische Volkswirtschaft sind damit auch weiterhin vielversprechend.

Wachstumsfaktoren

Chinas astronomische Wirtschaftsexpansion seit 1978 wird vor allem von zwei Motoren angetrieben: dem kräftigen Exportwachstum sowie den umfangreichen Investitionen in Industrieanlagen und Infrastruktur. Mittlerweile stimmen internationale Institutionen und Experten darin überein, dass das Wachstumsmodell des Landes sowohl im Interesse Chinas als auch der restlichen Welt stabiler ausbalanciert werden muss, um die erforderliche Nachhaltigkeit zu erreichen und eine drohende Überhitzung der Wirtschaft zu vermeiden. Seit 2004 hat die Regierung eine Reihe von makroökonomischen Maßnahmen in Kraft gesetzt, um das Wachstum der Sektoren zu bremsen, in denen bereits eine starke Überinvestition besteht. Vor allem die Stahl- und Zementindustrie sowie die Bauwirtschaft sind davon betroffen. Eine Schlüsselrolle bei der Neuausrichtung der Wachstumsfaktoren kommt allerdings in erster Linie der Binnennachfrage zu, die trotz aller Lippenbekenntnisse noch immer deutlich hinter Investitions- und Exportwachstum zurückbleibt.

Ein großer Teil des chinesischen Erfolgsmodells ist mit Außenhandel assoziiert. Ausfuhren machen fast ein Drittel des chinesischen BIPs aus, was für ein derartig großes Land einem enorm hohen Niveau entspricht. Seit 1970 ist der Wert der chinesischen Exporte um den Faktor 140 angewachsen, siebenmal schneller als der Weltdurchschnitt.

Durch das Beispiel Japans in den sechziger und siebziger Jahren inspiriert, sah sich die chinesische Regierung darin bestätigt, dass es sich lohnen könnte, Abhängigkeiten vom Weltmarkt und sogar Spannungen mit Handelspartnern wegen eines großen Außenhandelsüberschusses in Kauf zu nehmen. Ähnlich wie in Japan und den asiatischen Tigerstaaten in den neunziger Jahren stieg der Außenhandel Chinas um ein Vielfaches schneller als das BIP. In der Folge hat sich der Anteil Chinas am Welthandel von 0,8 Prozent seit der wirtschaftlichen Öffnung 1978 auf 7,7 Prozent 2005 erhöht. Der Erfolg dieses Wachstumsmodells legt den Schluss nahe, dass zu starker Protektionismus ein Irrweg ist. Auch Indien konnte erst im Zuge der Öffnung zum Weltmarkt ein stärkeres Wachstum erreichen. Dadurch kann ein Land seine komparativen Kostenvorteile im internationalen Handel nutzen, während der permanente Anpassungsdruck auf dem Weltmarkt zu Effizienzsteigerungen bei gleichzeitiger Kostenersparnis führt.

In den letzten zehn Jahren hat sich das Volumen des chinesischen Außenhandels erneut versechsfacht und China ist mittlerweile auf Platz drei der weltgrößten Exporteure angelangt. Die OECD geht davon aus, dass das Land bis 2010 Deutschland und die USA überholen und zum größten Exporteur der Welt aufsteigen wird.

Dem hohen Exportwachstum von 28,4 Prozent 2005 steht hingegen ein Einbruch in der Importdynamik gegenüber. Mit 17,6 Prozent Zuwachs haben die Importe weniger als halb so viel zugelegt wie noch im Jahr zuvor. Dafür verantwortlich sind vor allem der Rückgang bei den Investitionen, aber auch die zunehmende Substitution von Importprodukten durch chinesische Erzeugnisse.

Durch die ungleichmäßige Entwicklung hat sich der Außenhandelsüberschuss Chinas weiter vergrößert und durchbrach 2005 mit 112 Milliarden US-Dollar erstmalig in der Geschichte des Landes die 100-Milliarden-US-Dollar-Grenze. Damit hat der Leistungsbilanzüberschuss Chinas ein Rekordniveau von 7,1 Prozent des BIPs erreicht. Im Juni 2006 war der Handelsüberschuss mit 125 Milliarden US-Dollar so hoch wie noch nie. Exporten von 813 Milliarden US-Dollar standen Einfuhren von 688 Milliarden US-Dollar gegenüber. Insbesondere der Handel mit den USA ist dabei unausgewogen. Während das bilaterale Handelsdefizit 2003 noch bei 124 Milliarden US-Dollar lag, ist der Betrag 2005 auf schwindelerregende 202 Milliarden US-Dollar geklettert. Dieses Missverhältnis ist ein permanenter Stein des Anstoßes im Verhältnis der beiden Staaten und sorgt in den USA für eine zunehmend negative Wahrnehmung Chinas.

Internationale Handelspartner schauen mit zunehmender Besorgnis auf den explodierenden Außenhandelsüberschuss des Landes.

Vor allem die USA drängen in diesem Zusammenhang verstärkt auf eine Flexibilisierung des chinesischen Yuan. Wenngleich das Exportwachstum nach wie vor einer der wichtigsten Wachstumsfaktoren bleibt, hat sich seine Bedeutung bei der Beurteilung der Entwicklung der chinesischen Wirtschaft durch die BIP-Neubewertung vom Dezember 2005 relativiert. Die Ausfuhren machen demnach 29 Prozent der chinesischen Wirtschaftsleistung aus. Dieser Wert ist für eine derart große Volkswirtschaft zwar ausgesprochen hoch, bislang waren die Ökonomen aber sogar von 34 Prozent ausgegangen. Beim Exportweltmeister Deutschland liegt der Anteil der Ausfuhren am BIP mit 33 Prozent noch höher als in China.

Dennoch ist China mit seinem gewaltigen Außenhandelsüberschuss auf dem besten Weg, eine erneute Hysterie, wie sie Japan Ende der achtziger Jahre hervorrief, auszulösen, vielleicht sogar zu übertreffen. Bei der Kritik des anschwellenden chinesischen Außenhandelsüberschusses muss man allerdings berücksichtigen, dass weit mehr als die Hälfte der chinesischen Ausfuhren auf das Konto von ausländischen Unternehmen, den so genannten Foreign Invested Enterprises (FIEs) geht. Bei High-Tech-Exporten liegt der Anteil ausländischer Unternehmen sogar bei mehr als 80 Prozent. Damit fließt der Löwenanteil der Exportprofite in die Taschen der Konzerne in Europa und den USA. Die Entwicklung Chinas zur »Werkhalle der Welt« hat neben den Profiten der Investoren auch andere positive Seiten für die industrialisierte Welt gebracht. Durch die Schwemme billiger Importe gibt es in den Ländern der Ersten Welt einen starken Kaufkraftzuwachs, der die massive Teuerung der Energieträger und Rohstoffe vorerst abfängt.

Der Beitritt zur WTO – auch in der Volksrepublik selbst hoch umstritten – war ein voller Erfolg für das Land und hat dem chinesischen Außenhandel weiteren Schub gegeben. Von der achtgrößten Handelsnation bei Eintritt in die Organisation 2001 hat sich China inzwischen bereits an Japan vorbei auf Position drei geschoben.

Auf dem Papier werden die meisten WTO-Forderungen von Peking erfüllt – in der Realität ergibt sich dagegen oftmals ein anderes Bild. Vor allem im Bereich des Schutzes geistigen Eigentums gibt es in China noch massive Defizite. Auch die opake Subventionspolitik der Volksrepublik sorgt bei den Handelspartnern für Verstimmung. Bei öffentlichen Aufträgen werden lokale Unternehmen gegenüber internationaler Konkurrenz oftmals vorgezogen. China versteht es meisterhaft, den WTO-Beitritt zu seinen Gunsten auszunutzen. Dabei folgt die Volksrepublik dem Beispiel Japans und Südkoreas, beide langjährige-WTO-Mitglieder. So haben in Südkorea ausländische Automobilhersteller einen Marktanteil von unter 1 Prozent, in Japan sind große Teile des Dienstleistungssektors nach wie vor gegen internationale Konkurrenz abgeschottet.

Die EU hat sich zu Chinas wichtigstem Handelspartner entwickelt, fast 30 Prozent des bilateralen Handelsvolumens entfallen davon auf Deutschland. Bereits 2002 hat China Japan als Deutschlands größten Handelspartner in Asien abgelöst. Die Deutschen waren zwar auch 2005 erneut Exportweltmeister, China sitzt der Bundesrepublik aber bereits im Nacken und wird sie vielleicht schon 2008 überrundet haben. Dabei ist China eines der wenigen Länder, mit denen Deutschland ein ausgeprägtes Handelsdefizit hat – und das bereits seit 1988.

2005 hat sich die einseitige Prägung des bilateralen Handels mit Deutschland in einem bislang unerreichten Ausmaß verschärft. Während die Lieferungen in die Volksrepublik sich nur marginal um 1,4 Prozent auf gut 21 Milliarden Euro erhöhten, wuchsen die Exporte nach Deutschland erneut um 20 Prozent auf 40 Milliarden Euro. Damit ist das Außenhandelsminus Deutschlands fast ebenso groß wie die gesamten Exporte nach China.

Hauptgrund für diese Entwicklung ist die vorläufige Sättigung des chinesischen Marktes für Investitionsgüter, was nicht zuletzt mit den Maßnahmen zur Abkühlung bei den Anlageinvestitionen zusammenhängt. Dennoch ist China gerade im Hinblick auf die stetig wachsende Konsumnachfrage des Landes ein entscheidender Wirtschaftspartner für Deutschland. Auch im Fernen Osten hat sich das Reich der Mitte mittlerweile wieder als Dreh- und Angelpunkt des innerasiatischen Handels etabliert. Die wachsende wirtschaftliche Bedeutung Asiens geht Hand in Hand mit einer immer stärkeren ökonomischen und politischen Einbindung Chinas in die Region. Der rapide steigende Konsum in China ist ein entscheidender Wachstumsfaktor für die umliegenden Staaten. China hat 2004 die USA und die EU überholt und ist zum größten Handelspartner Japans aufgestiegen. Damit stehen die wirtschaftlichen Beziehungen der beiden Länder im krassen Gegensatz zur politischen Lage, die sich in jüngster Zeit kontinuierlich verschlechtert hat.

Wie in anderen aufstrebenden asiatischen Länder zuvor, begann die wirtschaftliche Entwicklung Chinas in den achtziger Jahren mit der massenhaften Produktion und Ausfuhr einfacher, billiger Güter der Leichtindustrie. In den letzten Jahren hat die Struktur der chinesischen Exportproduktion aber begonnen, sich zunehmend zugunsten höherwertiger Produktgruppen und Qualitätssegmente zu verschieben. Seit 2004 ist China auch in der strategisch wichtigen Branche für IT- und Telekommunikationsgüter zum weltgrößten Exporteur aufgestiegen. Nach einer Studie der OECD wird das Land spätestens 2010 Exportweltmeister in allen Branchen sein.

Hinter dem starken Wachstum des Technologiesektors steht die Strategie der Wirtschaft und Politik, immer größere Teile der Wertschöpfungskette in China zu erbringen. Genauso hatten auch Japan und Südkorea sich in vergangenen Jahrzehnten vom »Billigheimer«-Image und bloßen Kopieren westlicher Produkte zu globalen Technologieführern entwickelt. Koreanische Produkte zählten noch vor wenigen Jahren als Ware minderer Qualität mit peinlichem Image. Heute hingegen erfreuen sich IT-Produkte von Samsung und LG größter Beliebtheit und stehen der westlichen Konkurrenz technologisch, qualitativ wie ästhetisch in nichts nach.

Ein weiteres Beispiel sind asiatische Automobile: In den siebziger und achtziger Jahren noch belächelt, ist mittlerweile höchste Qualität das Markenzeichen japanischer Autos, und sie erringen Spitzenwerte in der Kundenzufriedenheit. Der Autokonzern Toyota Motor Company ist schon seit Jahren auf Rekordkurs und wird vermutlich noch 2006 General Motors überholen und führender Automobilhersteller der Welt werden.

Auch die chinesische Automobilbranche wächst mit atemberaubender Geschwindigkeit. Während ein Privatauto früher unerschwingliches Luxusprodukt für hochrangige Kader war, lässt der aufstrebende Mittelstand Chinas mittlerweile die Nachfrage explodieren. 2005 haben die chinesischen Autobauer, von denen die meisten Joint-Ventures mit ausländischen Partnern laufen haben, erstmals mehr umgesetzt als ihre Konkurrenten aus Deutschland. Aber der heimische Markt ist den Anbietern auf Dauer mit Sicherheit zu klein. So haben auf der Internationalen Automobil-Ausstellung (IAA) 2005 in Frankfurt die ersten chinesischen Autobauer Brilliance, Jiangling und Landwind – viel früher als von der hiesigen Industrie erwartet – auch hierzulande ihr Debüt gegeben. Noch war ihr Auftritt etwas ungelenk und noch nicht so recht auf den anspruchsvollen deutschen Markt zugeschnitten, doch die pragmatische Art der Chinesen, blitzschnell auf Anforderungen der Nachfrage zu reagieren und Produkte zu einfach unschlagbaren Preisen anzubieten, wird den europäischen Herstellern wohl noch häufiger Kopfschmerzen bereiten.

Das stetige Wachstum von Chinas Ausfuhren wurde vor allem durch die umfangreichen Investitionen in Produktionskapazitäten in den vergangenen Jahren ermöglicht. In letzter Zeit allerdings haben höhere Rohstoffpreise und steigende Löhne die Profitabilität im Exportsektor belastet. In wirtschaftlichen Hot Spots wie dem Perlflussdelta im Süden Chinas sind Engpässe in der Stromversorgung und ein Mangel an Arbeitskräften in der Fertigung bereits die Regel und führen zu empfindlichen Output-Einbußen. Einige Beobachter gehen davon aus, dass in China langsam eine Sättigungsgrenze bei der Verlagerung von Produktion aus den Industrieländern erreicht ist. Hochentwickelte Städte wie Shanghai und Suzhou sind schon jetzt als Investitionsstandorte für arbeitsintensive Fertigung kaum mehr wettbewerbsfähig. Die Lohnkosten in der Industrie sind seit 1999 jedes Jahr um mehr als 10 Prozent angestiegen. Das südchinesische Shenzhen hat 2006 angekündigt, den Mindestlohn für Industriearbeiter um bis zu 23 Prozent anzuheben, was Lohnerhöhungen in ganz Südchina nach sich ziehen dürfte. Chinesische Geschäftsleute haben bereits damit begonnen in Länder wie Vietnam zu investieren, einer »kleineren Version von China«, wo Arbeitsbedingungen und Löhne noch deutlich niedriger sind als im Reich der Mitte. Die Entwicklung ist insofern beunruhigend, als Chinas rapides Wachstum wesentlich auf dem Export beruht, wobei das Land in den vergangenen Jahren hauptsächlich aufgrund seiner niedrigen Lohnkosten massiv Marktanteile auf dem Weltmarkt dazugewinnen konnte. Andererseits ist der Stellenabbau in den staatlichen Industriebetrieben noch immer in vollem Gange. Rund 60 Millionen Chinesen haben seit den neunziger Jahren ihren Job verloren. Zudem gibt es auch in China noch reichlich Platz für Expansionen, zumal der Bedarf an Arbeitskräften vor allem den Niedriglohnsektor betrifft. Die Unterschiede zwischen den hochindustrialisierten Regionen Ostchinas entlang der Küste und den rückständigen Gegenden im Zentrum und Westen des Landes sind gravierend. In second- und third-tier-Städten wie Nanjing oder Wuhan sind die Betriebskosten für Produktionskapazitäten weitaus günstiger als in Shanghai oder Peking. So liegt der Durchschnittslohn im verarbeitenden Gewerbe in der Provinz Guangdong bei 140 Euro im Monat, 40 Prozent über dem, was ein Arbeiter in Sichuan kostet.

Ein Problem sind allerdings die hohen Transportkosten bei der Fertigung im Inland, da die logistischen Systeme in China noch zu wenig entwickelt und teuer sind. Trotzdem verlagern vor allem kleinere chinesische Exporteure ihre Produktion aus den boomenden Küstenregionen wie Guangdong oder Zhejiang ins Hinterland. Damit erfasst der Wirtschaftsboom allmählich auch die rückständigeren Regionen des Landes, was einen entscheidenden Beitrag zum Abbau sozialer Spannungen und Ungleichheiten leistet. Um die unterentwickelten Regionen zusätzlich zu fördern, hat die Regierung im Jahre 2000 die Initiative »Go West« ins Leben gerufen, die Investitionen und Wirtschaft in der Region durch steuerliche Anreize und Fördermaßnahmen ankurbeln soll. In der Vergangenheit sind diese Anstrengungen allerdings weitgehend wirkungslos verpufft. Im Zusammenhang mit den stetig steigenden Kosten in den Küstenregionen scheint sich die Entwicklung jetzt aber deutlich zu beschleunigen.

Zunehmend verlagern multinationale Unternehmen auch sensible Teile der Wertschöpfung nach China, zahlreiche Forschungs- und Entwicklungszentren sprießen aus dem Boden. Angesichts der schieren Masse an Akademikern, Wissenschaftlern und Ingenieuren, die bereit sind, für ein Fünftel des europäischen Lohnes zu arbeiten, scheint langfristig zumindest eine teilweise Verlagerung des Forschungsstandorts Europa wahrscheinlich.

Aufgrund des Aufsaugens der westlichen Technologien, sei es durch Erwerb, Outsourcing oder unautorisiertes Kopieren, sind die Chinesen mittlerweile befreit von jener Arroganz vor dem Fremden, die seinerzeit während der Qing-Dynastie den – vorübergehenden – Abstieg des Landes in der Weltgeschichte forcierte. Ein Beispiel für die neue Offenheit ist die Raumfahrt. Der erste bemannte Weltraumflug war eine die Welt erstaunende technische Errungenschaft in einer langen Serie von Erfolgen im Bereich der Forschung und Technologie. Das bisherige Raumfahrtprogramm Chinas, das durch Breite und Systematik beeindruckt, hat in kurzer Zeit durchschlagenden Erfolg erzielt. Doch nicht nur in der bemannten Raumfahrt tut sich China hervor. Im April 2004 unterzeichnete das Land ein Abkommen mit der EU, nach dem die Europäer chinesische Trägerraketen für den Satellitentransport ins All benutzen dürfen. Überdies hat sich China mit 200 Millionen Euro an dem europäischen Satellitenprogramm Galileo beteiligt, das in den kommenden Jahren mit einem System von 30 Satelliten das Monopol des amerikanischen Navigationssystems GPS aufbrechen soll. Auch mit den südostasiatischen Staaten hat China ein Weltraumbündnis geplant. Bis 2011 wollen 15 Länder der Region Asien-Pazifik auf der Grundlage eines noch zu verhandelnden Bündnisses ein geschlossenes asiatisches Satellitensystem errichten. Allerdings geht die pragmatische Art der Chinesen bei der Forschung mitunter zu weit: Jüngst wurde ein Skandal in Zusammenhang mit einem Shanghaier Professor bekannt, der Mikrochips der Konkurrenz mit seinem eigenen Logo versehen hatte und als Chinas erste selbstentwickelte Mikrochips hatte feiern lassen.

Bereits das vorangehende Buch *Das asiatische Jahrhundert* stand unter dem Eindruck der Herausforderung der »weichen Landung«, die sich die chinesische Regierung in den vergangenen Jahren zum Ziel gesetzt hatte. Die Gefahr einer Überhitzung der Wirtschaft und einer drohenden Inflation schien noch 2004 nur unter schmerzhaften Wachstumseinbußen abzuwenden zu sein.

Während die Preissteigerungsrate im dritten Quartal 2004 mit 5,25 Prozent noch auf einem Siebenjahreshoch lag, ist die Inflation in den darauffolgenden Monaten kontinuierlich gesunken und erreichte 2005 lediglich 1,9 Prozent, ein deutlicher Rückgang und ein erstaunlich niedriger Wert für eine derartige Boomwirtschaft. Die geringe Teuerung war neben den dämpfenden Maßnahmen der Regierung auch auf die Überkapazitäten zurückzuführen, die sich in einigen Sektoren aufgebaut haben.

Der rapide Anstieg der Investitionstätigkeit seit 2002 hat zu ernsthafter Sorge darüber geführt, dass in einigen Sektoren eine gravierende Überinvestition im Gange sei. Vor allem im Stahl- und Automobilsektor haben die Überkapazitäten in der Tat ein substanziell hohes Niveau erreicht. In einigen Sektoren wie dem Stahlsektor scheinen die Maßnahmen der Regierung allerdings zu greifen. Man kann zudem davon ausgehen, dass der ungebrochene Anstieg der Einkommen auch in Zukunft zu einer Ausweitung der Verbraucherausgaben und damit steigender Nachfrage führen wird, was die starken Kapazitätsausweitungen zum Teil relativiert. Seit Mitte 2004 hat die Zentralbank begonnen, die Kreditvergabe durch administrative Maßnahmen einzudämmen, nachdem es 2003/04 eine Rekordwelle beim Kreditwachstum gegeben hatte. Die großzügge Kreditvergabe der Banken gilt als wichtigster Grund für den Investitionsboom im Land. Zudem hat die Regierung eine ganze Reihe von makroökonomischen Maßnahmen zur Verlangsamung der explodierenden Konjunktur und Eindämmung der Investitionstätigkeit angestrengt. So hat die chinesische Zentralbank die globalen Finanzmärkte durch die erste Zinsanhebung seit neun Jahren überrascht.

Allerdings hat die Regierung 2005 wieder einen expansiveren Kurs in der Geldpolitik gefahren. Entsprechend beschleunigte sich die Zunahme der Anlageinvestitionen im ersten Quartal 2006 mit 27,7 Prozent erneut deutlich und lag über den offiziellen Erwartungen. Für das Gesamtjahr peilt die Regierung eine Zunahme der Investitionstätigkeit in Höhe von 17 Prozent an. Um eine Konsolidierung und einen gesünderen Wachstumspfad zu erreichen, wäre eine Zunahme von etwa 20 Prozent geeignet. Ursächlich für die starke Zunahme ist die Tatsache, dass auch die Kreditvergabe der Banken im ersten Quartal 2006 mit 70 Prozent Zuwachs wieder dramatisch angestiegen ist.

Trotz der konsumorientierten Politik zog die Verbrauchernachfrage im ersten Quartal 2006 lediglich um 12,8 Prozent per annum
an und fiel damit weiter deutlich hinter Investitions- und Exportwachstum zurück, Letztere hatten im selben Zeitraum annualisiert
um satte 40 Prozent zugelegt. Damit ist die expansivere Geldpolitik
der Regierung mit dem Ziel einer nachhaltigen Steigerung der Konsumnachfrage fehlgeschlagen.

Etwa ein Viertel der Gesamtinvestitionen entfällt auf Bauinvesti-
tionen in Wohnungen und Bürogebäude. Nach einem erneuten Preisanstieg im ersten Quartal 2005 in großen und mittelgroßen Städten um 5,5 Prozent im Vergleich zum Vorquartal – in Metropolen
wie Shanghai und Beijing sogar um bis zu 15 Prozent im gleichen
Zeitraum – sind erneut die Befürchtungen einer Spekulationsblase
lauter geworden. Die Regierung hat daher durch die Erhöhung der
Haltefristen und verschärfte Richtlinien für Anzahlungen bei der
Finanzierung Immobilienspekulationen vor kurzem einen Riegel
vorgeschoben. In den Hot Spots des chinesischen Immobilienbooms
wurde zudem eine Ausweitung der Spekulationssteuer durchgesetzt.

Die massive Zunahme von Kreditvergabe und Investitionen stellt
ein erneutes Risiko für die Preisstabilität dar, die sich 2005 zunächst
solide entwickelt hatte. Die Regierung hat daher bereits eine erneute
Straffung der Geldpolitik eingeleitet und die Kreditbedingungen für
Banken verschärft. Für die kommenden Monate ist mit weiteren
deutlichen Zinserhöhungen durch die Zentralbank und makroökonomischen Maßnahmen zur Einschränkung der Investitionstätigkeit
zu rechnen. Allerdings ändert auch ein höherer Zins nichts an der
chinesischen Praxis, Kredite nach politischen Kriterien zu vergeben,
was auch weiterhin zu Fehlallokation von Kapital führen dürfte.

Der Pferdefuß bei den meisten der Maßnahmen Pekings ist zudem,
dass sie nur auf zentralem Niveau greifen, in den Weiten des Reiches hingegen werden andere Ziele verfolgt. In den Provinzen setzen
die lokalen Beamten weiter auf höchstmögliches Wachstum, denn
das bedeutet mehr Jobs, höhere Steuereinnahmen und kommt den
regionalen Behörden in vielfältiger Art und Weise zugute. Auch die
dienstliche Beurteilung der Staatsdiener richtet sich oft nach solchen
Kriterien. So wurden 2004 auf nationaler Ebene große Industrie-

und Bauprojekte gestoppt, in den Provinzen hingegen wurden weiter munter Industrieparks und Straßen errichtet. Symptomatisch ist auch der Bau illegaler Kraftwerke, der seit der Erhöhung der Strompreise 2006 für die Betreiber noch attraktiver geworden ist. Während vor zwei Jahren noch Stromknappheit die Regel war, hat der lokale Wildwuchs an Kraftwerken dazu geführt, dass für die kommenden Jahre in manchen Regionen hohe Überkapazitäten bestehen werden.

Vor der im Dezember 2005 erfolgten BIP-Revision war der Anteil der Investitionen am BIP von den Statistikern auf rund 45 Prozent geschätzt worden – ein auch für China außergewöhnlich hoher Wert, der auf ungesunde Übertreibungen hindeutet. Da die Neubewertung allerdings fast nur die Wertschöpfung im Dienstleistungssektor betroffen hat, muss dieser Wert nun relativiert werden. Aktuelle Schätzungen gehen von rund 38 Prozent aus, damit ist die Quote nicht signifikant höher als in den sechziger Jahren in Japan oder in den neunziger Jahren in Südkorea. Das lässt darauf schließen, dass sich China auf einem gesünderen Wachstumspfad befindet als bisher angenommen. Angesichts der weiteren Beschleunigung des Wachstums vor allem im Investitions- und Exportbereich besteht für die Volksrepublik aber nach wie vor die Gefahr einer harten Landung, auch wenn es der Regierung bisher immer erstaunlich gut gelungen ist, gravierende Krisen abzuwenden. Eine Normalisierung des Investitionsniveaus in der Zukunft könnte daher mittelfristig auch ohne schwerwiegende Turbulenzen für die Wirtschaft möglich sein.

Zudem fließt ein substanzieller Teil der Investitionen in die so genannten Engpasssektoren – vor allem in die Energiegewinnung und Landwirtschaft –, die für eine nachhaltige Entwicklung der Volkswirtschaft unabdingbar sind. So ist 2005 und 2006 umfangreich in die Erweiterung der Kapazitäten bei der Stromerzeugung investiert worden, wodurch voraussichtlich schon 2007 auch die von häufiger Stromknappheit geplagten Boomregionen ausreichend versorgt werden können. Die Provinz Guangdong beispielsweise, in der die Städte Shenzhen und Guangzhou liegen, wird über den gewaltigen Drei-Schluchten-Staudamm seit Anfang 2006 ausreichend mit Strom versorgt. Ein weiterer Megastaudamm mit der Kapazität von 12 Atomkraftwerken im Südwesten des Landes ist in Planung.

Die Attraktivität Chinas als Investitionsstandort für ADI ist trotz steigender Kosten und makroökonomischer Fragezeichen noch immer ungebrochen, und der Trend zur weltweiten Kapitalverflechtung nimmt trotz noch bestehender protektionistischer Hürden in China stetig zu. 44 000 neue Investitionsprojekte mit ausländischer Kapitalbeteiligung wurden 2005 registriert. Das Investitionsvolumen in Rekordhöhe von 60,6 Milliarden US-Dollar 2004 wurde 2005 mit 60,3 Milliarden US-Dollar nur knapp verfehlt, das Volumen der neu vereinbarten Vorhaben hat 2005 dagegen wieder einen neuen Höchstwert erreicht. Insgesamt flossen bisher kumuliert über 620 Milliarden US-Dollar an ADI in die chinesische Volkswirtschaft. Über 500 000 Unternehmen mit ausländischer Beteiligung wurden seit der wirtschaftlichen Öffnung 1978 in China gegründet.

Nach Erkenntnissen der UNCTAD, der Welthandels- und Entwicklungskonferenz, geht ein immer größerer Teil des ungebrochen fließenden Investitionsstroms in Forschung und Entwicklung. China ist schon jetzt eines der weltweit führenden Empfängerländer für derartige Investitionen. Dies ist nicht zuletzt der chinesischen Industriepolitik geschuldet, die Marktöffnung und Absatzmöglichkeiten für ausländische Anbieter an Bedingungen wie technologische Entwicklung und höherwertige Fertigung vor Ort zu knüpfen.

Ganz oben auf der Liste der ausländischen Investoren stehen Hongkong und die Steuerparadiese British Virgin und Cayman Islands. Gelder aus diesen Ländern sind strenggenommen keine ausländischen Investitionen, sondern stammen größtenteils aus China selbst. Festland- und Hongkong-Chinesen betreiben ihre Geschäfte über Holdings mit Sitz auf Offshore-Finanzplätzen und profitieren durch dieses so genannte »round tripping« von verbesserten Konditionen in China. Da den chinesischen Behörden so massive Steuerausfälle entstehen und ihnen effektiv die Kontrolle über die Unternehmen entzogen wird, hat die chinesische Verwaltungsbehörde für ausländische Währungen (SAFE) im vergangenen Jahr festlandchinesischen Firmen verboten, ihren Sitz ins Ausland zu verlagern.

Ein weiteres Charakteristikum der chinesischen Volkswirtschaft ist die hohe Sparquote, die zu den höchsten der Welt zählt und auch

die generell hohen Sparniveaus der anderen Länder Asiens in den
Schatten stellt. Langfristig erhöht die Sparquote Produktivität und
Einkommen in einer Ökonomie. Auch das deutsche Wirtschaftswunder nach dem Krieg und die rasche Entwicklung Japans und Südkoreas wurden durch eine hohe Sparquote begünstigt. Nach Angaben
des IWF türmt sich die jährliche gesamtwirtschaftliche Ersparnis der
chinesischen Volkswirtschaft auf mehr als 40 Prozent des BIP. Diese
Summe reflektiert vor allem hohe Unternehmensgewinne, die etwa
die Hälfte des Wertes ausmachen. Da vor allem kleine und mittlere
Unternehmen aufgrund des unzureichend entwickelten Bankensektors ihren Finanzbedarf nicht über Kredite flexibilisieren können,
werden Gewinne zumeist einbehalten. Staatsbetriebe (SOEs) zahlen
in der Regel keine Dividenden an die Anteilseigner, also zu großen
Teilen den Staat, aus, sondern thesaurieren ebenfalls ihre Über-
schüsse.

Noch mehr sparen indes die chinesischen Haushalte. 2004
belief sich die Sparquote des Privatsektors auf rekordverdächtige
49 Prozent. 24 Prozent ihres verfügbaren Einkommens sparte die
städtische Bevölkerung 2004. Die hohe Sparquote der chinesischen
Konsumenten ist auch dafür verantwortlich, dass die Binnennachfrage im Land trotz rapide steigender Einkommen in den letzten Jahren nicht signifikant angezogen hat. Eigentlich müsste man in einem
Land, das ein relativ geringes Pro-Kopf-Einkommen und vor allem
ausgezeichnete Aussichten für nachhaltige Einkommenssteigerungen
auf hohem Niveau hat, auf eine niedrigere Spareigung schließen.
Warum also sparen die Chinesen so viel, anstatt die gestiegene Kaufkraft nach Kräften zu konsumieren?

Das wichtigste Motiv sind die unzureichenden Sozialsysteme des
Landes. Aktuell machen die Sozialversicherungssysteme gerade einmal 2,2 Prozent des BIPs aus. Insbesondere die fehlende Altersvor-
sorge und die explodierenden Kosten für die Gesundheitsversorgung
spielen eine Rolle für das vorsorgliche Sparen der Bürger. Lediglich
9 Prozent der Chinesen sind krankenversichert. Zudem können sich
die Chinesen in der Altersversorgung aufgrund der Ein-Kind-Politik nur auf einen Nachkommen stützen, was die Unsicherheit über
die zukünftige Versorgungslage deutlich erhöht. Hinzu kommt der

Wunsch nach einer guten Ausbildung für das eigene Kind, der bei vielen Familien das wichtigste Sparmotiv ist.

Daneben entwickeln sich die chinesischen Finanzmärkte nur langsam, wodurch Konsumentenkredite kaum verfügbar sind, sodass größere Anschaffungen erst angespart werden müssen. Die unterentwickelten Finanzmärkte führen dazu, dass die Haushalte nur unzureichende Alternativen zur Vermögensanlage in Sparguthaben der Staatsbanken haben. Die Möglichkeit, privaten Konsum auch über Kredite zu finanzieren, und attraktivere Anlagemöglichkeiten zur Portfoliodiversifizierung der Verbraucher würden sicherlich für eine Reduzierung der Sparneigung sorgen und die Binnennachfrage ankurbeln.

Internationale Beobachter kritisieren in letzter Zeit verstärkt das Ungleichgewicht der Triebkräfte des chinesischen Wachstums. Während die wirtschaftliche Expansion zu großen Teilen auf den Investitions- und Exportboom zurückzuführen ist, spielt der private Konsum wie dargestellt nach wie vor nur eine untergeordnete Rolle. Zwei Drittel des chinesischen Wirtschaftswachstums sind auf Direktinvestitionen multinationaler Unternehmen zurückzuführen. Ob eine solche Entwicklung nachhaltig stabil sein kann, ist fraglich. Ökonomisch besteht die Herausforderung der kommenden Jahre darin, das Land weniger abhängig von den Exporten und Investitionen zu machen sowie das Wirtschaftswachstum auf eine nachhaltigere Binnenkonjunktur zu verlagern. Zwar hat die im Dezember 2005 erfolgte BIP-Revision gezeigt, dass die Wachstumskräfte ausgeglichener zusammenwirken, als zuvor vermutet, dennoch besteht weiter Handlungsbedarf, um eine stabile Entwicklung zu gewährleisten.

Mit den rasch steigenden Einkommen der Chinesen könnte das zukünftige Wachstum im Interesse einer nachhaltigeren Entwicklung vor allem von der steigenden Binnennachfrage getragen werden. Insbesondere in den Städten haben die Gehälter massiv zugelegt. Im ersten Quartal 2006 stieg das verfügbare Einkommen in den Städten um 10,8 Prozent zum Vorjahr, auf dem Land dank der Förderung der ländlichen Regionen durch die Maßnahmen der Regierung zur Angleichung des Lebensstandards sogar um 11,5 Prozent. Bei einer Inflationsrate von weniger als 2 Prozent im Jahr 2005 bleibt dabei ein gewaltiger Zuwachs an Kaufkraft hängen. Trotzdem blieb der Anstieg der Verbrauchernachfrage 2005 mit lediglich 7,1 Prozent hinter den Erwartungen zurück, das erste Quartal 2006 konnte immerhin einen annualisierten Anstieg auf 12,8 Prozent verzeichnen. Eine steigende Konsumnachfrage würde auch die wachsenden Spannungen mit den Handelspartnern mildern und für eine positivere Wahrnehmung Chinas im Ausland sorgen.

Standort China – Euphorie und Ernüchterung

Der Traum vom Absatzmarkt China existiert nicht erst seit der wirtschaftlichen Öffnung des Landes. Bereits Marco Polo träumte im 13. Jahrhundert davon, und die kühle Zurückweisung der chinesischen Kaiser im 19. Jahrhundert, die kein Interesse an englischen Waren hatten, führte Mitte des 19. Jahrhunderts indirekt zu den Opiumkriegen, die China über die »Ungleichen Verträge« in ein halbkolonialisiertes Dasein überführte.

Die Hoffnung des Westens beruht nach wie vor darauf, China als riesigen Absatzmarkt zu erschließen. Mit seinen 31 Provinzen, 656 Städten, sieben Haupt- und 80 Nebensprachen sowie einer breiten klimatischen und ökonomischen Vielfalt bietet China jedoch keinen einheitlichen nationalen Markt. Vielmehr gibt es eine Vielzahl von regionalen Märkten. Schlechte Transportverbindungen, der Mangel an leistungsfähigen Logistiksystemen und die Notwendigkeit, zahllose Mittelsmänner einzusetzen, erschweren die Errichtung regionaler und erst recht nationaler Vertriebsnetze. So hat beispielsweise die britische Baumarktkette B&Q 600 Lieferanten für ihre 350 britischen Shops, für die 15 chinesischen Filialen dagegen 1 800 Zulieferer. Der geringe Entwicklungsstand des Landes ist auch daran erkennbar, dass noch fast 15 Prozent des BIPs im Primärsektor, also in der Landwirtschaft, erwirtschaftet werden, die zugleich etwa die Hälfte der Erwerbstätigen beschäftigt.

Wie groß ist nun der chinesische Markt tatsächlich? Von den 1,3 Milliarden Einwohnern leben etwa 40 Prozent in den Städten, also rund 500 Millionen Menschen. Das Nationale Statistikbüro gibt das verfügbare Einkommen in den Städten für 2005 mit 1300 US-Dollar pro Kopf und Jahr an, ein Anstieg um 9,6 Prozent gegenüber dem Vorjahr. Damit umfasst es aber nicht einmal annähernd die 5000 US-Dollar im Jahr, die nach allgemeiner Auffassung nötig sind, um starken Privatkonsum einer Volkswirtschaft zu erlauben. Mit 405 US-Dollar liegt das verfügbare Pro-Kopf-Einkommen auf dem Land noch deutlich darunter. Das verfügbare Einkommen der in den Städten lebenden Chinesen macht somit nicht einmal 5 Prozent des durchschnittlichen amerikanischen Wertes in Höhe von rund 29000 US-Dollar aus.

Hinzu kommt, dass die Chinesen sich aufgrund der wirtschaftlichen Reformen und der demografischen Entwicklung verstärkt selbst vorsorgen müssen und die traditionell ohnehin hohe Sparquote sich noch weiter erhöht. Die chinesischen Verbraucher hatten bis Ende 2005 1,74 Billionen US-Dollar auf privaten Sparguthaben angesammelt, was einem Äquivalent von 95 Prozent des BIPs entspricht. Das ist wesentlich mehr als die 22 Prozent in Indien. Dennoch wird es wahrscheinlich noch mehrere Jahrzehnte dauern, bis die breite Masse der Chinesen den Privatkonsum ausgiebig genießen kann. Diese und ähnliche Überlegungen werden zu selten von ausländischen Unternehmen berücksichtigt. Sie sind hypnotisiert von der Einwohnerzahl und den Statistiken, stellen aber nach der Anfangseuphorie häufig fest, dass der Absatz sich nicht wie geplant entwickelt.

Allerdings steigen die individuellen Einkommen der Chinesen mit rasanten Wachstumsraten und die immer größer werdende Mittelschicht entdeckt ihre Lust am Konsum. Die vielen Millionen Chinesen, die jedes Jahr auf ausschweifenden Shoppingtrips in Hongkong durch die Luxusgeschäfte bummeln, sind mittlerweile einer der wichtigsten Wirtschaftsfaktoren in der ehemaligen Kolonie. Die immer größer werdenden Massen der ins Ausland reisenden Chinesen sind generell äußerst ausgabefreudig und liegen im internationalen Vergleich bei der Höhe der Konsumausgaben auf Reisen nach Amerikanern und Russen an dritter Stelle.

Die neue chinesische Mittelschicht, die über ein Jahreseinkommen von etwa 5000 US-Dollar verfügt, wird bis zum Jahr 2010 voraussichtlich etwa 100 Millionen Menschen umfassen. Chinas geschätzte

300 000 US-Dollar-Millionäre besitzen zusammen bereits jetzt ein Vermögen von 530 Milliarden US-Dollar. 12 Prozent aller Luxuswaren werden inzwischen von Chinesen gekauft, in zehn Jahren, so schätzt die Investmentbank Goldmann Sachs, wird China der weltweit größte Markt für Luxusgüter sein.

Kein Wunder also, dass Manager bei diesen Prognosen zur Euphorie neigen. Der globale China-Hype, der noch vor einigen Jahren sämtliche Medien der Industriestaaten erfasste, hat sich zwar angesichts eklatanter Probleme einiger ausländischer Investoren wieder etwas abgekühlt, trotzdem fließt noch immer Woche für Woche mehr als eine Milliarde US-Dollar an ADI ins Land. Seit der wirtschaftlichen Öffnung 1978 bis einschließlich 2005 sind kumuliert mehr als 620 Milliarden US-Dollar in China investiert worden, 10 Milliarden US-Dollar davon von deutschen Unternehmen. Die jüngsten Milliardeninvestitionen ADI in den Bankensektor sind in dieser Summe noch nicht enthalten. 450 der 500 weltgrößten Konzerne engagieren sich bereits in China.

Heinrich von Pierer meint: »Das Risiko, in China dabei zu sein, ist größer als das, nicht dabei zu sein.« Müssen sich Unternehmen also wirklich um jeden Preis in China engagieren? Bei vielen ausländischen Investoren, vor allem bei jenen, die den Absatzmarkt China erschließen wollten, kehrt nach anfänglicher Euphorie Ernüchterung ein. Nach einer kürzlich vorgelegten Studie der Beratungsgesellschaft Booz Allen Hamilton wird ein Drittel der ausländischen Unternehmen in China langfristig keinen Erfolg haben und die Volksrepublik wieder verlassen. Ein Beispiel dafür ist die deutsche Baumarktkette Obi, die sich 2005 nach fünfjähriger Erfolglosigkeit und zahlreichen ergebnislos versenkten Millionen völlig aus dem China-Geschäft zurückgezogen hat. Die Zeit der schnellen Gewinne ist in den meisten Branchen in China vorbei. Ohne eine sorgfältige Vorbereitung auf den Markt und einen langen Atem geht im Reich der Mitte gar nichts. Ein geringer Anteil von Chinesen in Führungspositionen und unflexible Firmenstrukturen sind weitere Erfolgshindernisse.

Die Herausforderung für ausländische Firmen war und wird es bleiben, trotz des wachsenden Konkurrenzdrucks mit ihren chinesischen Tochtergesellschaften angemessene Profitmargen zu erzielen.

Die Überkapazitäten in China werden auf absehbare Zeit bestehen bleiben und sich noch weiter verfestigen. Zahlreiche first mover mussten nach immensen Investitionen feststellen, dass nach anfänglichen Erfolgen die Kundenbasis auseinander fiel, der Preisdruck größer wurde und heftiger lokaler Wettbewerb entstand. Viele fielen in die so genannte value trap, eine rapide sinkende Profitabilität. So haben zum Beispiel die weltgrößten Brauereien in den neunziger Jahren Hunderte von Millionen US-Dollar in China investiert. Heute beträgt die durchschnittliche Profitabilitätsrate unter den mehr als 400 inländischen und ausländischen Brauereien in China gerade einmal 0,5 Prozent. Und das, obwohl China mittlerweile den weltgrößten Bierverbrauch hat.

Der chinesische Markt weist eine hochgradige Fragmentierung auf und verändert sich in rasender Geschwindigkeit. Ausländische Anbieter müssen deshalb äußerst sorgfältig planen und ständig am Ball bleiben, wenn sie in China Erfolg haben wollen. Ein Beispiel für die Schwierigkeiten und Unberechenbarkeit des chinesischen Absatzmarktes ist der Markt für Mobiltelefone. Ende 2005 hatten 390 Millionen Chinesen ein Handy. Ausländische Hersteller wie Motorola und Nokia sind schon seit mehr als zehn Jahren im Markt präsent. Nach einer explosionsartigen Zunahme an Mobiltelefonen stiegen die Umsätze der ausländischen Hersteller in der Volksrepublik zunächst in schwindelerregende Höhen, und unter Führung von Motorola dominierten sie den Markt.

Nun aber wendete sich das Blatt. Seit 1999 schießen lokale Mobiltelefonhersteller wie Pilze aus dem Boden, über 40 gibt es mittlerweile in China. Bereits 2003 hatten die lokalen Anbieter wie Ningbo Bird und TCL mit der aktiven Unterstützung der chinesischen Regierung einen Marktanteil von über 50 Prozent erreicht. Motorola hat auf diese Entwicklungen ungenügend reagiert. Der Marktanteil des Unternehmens hat sich von seinem Sinkflug bisher nicht erholen können. Nokia hingegen ist es gelungen, nach einer massiven Refokussierung auf den chinesischen Markt und intensiver lokaler Abstimmung der Produkte die Talfahrt aufzufangen und erneut zum Gipfel aufzuschließen. Mit über 31 Prozent Marktanteil hat der finnische Hersteller mittlerweile wieder die Spitzenposition inne, während viele

lokale Hersteller Verluste erwirtschaften. Den kleineren Produzenten
steht eine massive Konsolidierung bevor.

Mit gravierender Überinvestition und rapide sinkenden Margen
hat besonders der chinesische Automobilmarkt zu kämpfen. Während
der vergangenen zwei Jahre hat so ziemlich jeder ausländische Hersteller eine massive Expansion in China angekündigt. Angesichts der
enormen Wachstumsperspektive – die Anzahl der Neuzulassungen in
China hatte sich von 2000 bis 2004 verdoppelt – war bei den internationalen Herstellern eine regelrechte China-Euphorie ausgebrochen.
Durch die zunehmende Konkurrenz ist das Angebot mittlerweile
deutlich größer als die Nachfrage und der Nettogewinn der Branche in China hat sich 2005 auf 1,7 Milliarden US-Dollar halbiert.
Der ehemalige Marktführer und Pionier der ersten Stunde VW, der
Anfang der neunziger Jahre noch über 50 Prozent des Marktes kon-
trollierte, hat seit dem Beitritt des Landes zur WTO kontinuierlich
Marktanteile verloren. 2005 verkaufte der Konzern in China erneut
rund 14 Prozent weniger Autos und schrieb rote Zahlen.

Bis zum Jahr 2010 soll nach den Erwartungen Pekings die Hälfte
des Marktes den rein chinesischen Herstellern wie Geely und Chery
gehören. Die chinesische Regierung schützt den rasch expandierenden Markt daher konsequent vor Konkurrenz aus dem In- und Ausland. Ursprünglich sollten neue gesetzliche Vorschriften regeln, dass
bis 2010 mindestens 50 Prozent der Markenrechte an allen verkauften Autos von chinesischen Herstellern stammen müssen. Aufgrund
zahlreicher Beschwerden musste die Regierung zwar diese Vorschrift
fallen lassen, aber auch künftig dürfen ausländische Autohersteller
nicht mehr als 50 Prozent an einem Gemeinschaftsunternehmen
besitzen, das Autos für den inländischen Markt produziert.

Das erklärte Ziel von chinesischen Herstellern wie Brilliance
China Automotive, dem Joint-Venture-Partner von BMW, der unter
dem Namen Zhonghua (»Chinesische Nation«) gerade eine ganze
Autopalette entwickelt, ist es, nicht nur im Inland konsequent zu
wachsen, sondern auch bald in den Export einzusteigen.

Nicht nur in der Automobil- und Elektronikbranche, sondern in
nahezu allen Segmenten ist China von einem Anbietermarkt zu einem
Käufermarkt geworden. Der Konkurrenzdruck in China ist so groß,

dass voller Einsatz erforderlich ist und nur die besten und schnellsten Anbieter überleben können.

Das Hauptproblem für chinesische wie ausländische Unternehmen ist, wie bereits dargelegt, die Überinvestition. Drei Viertel des chinesischen Wachstums stammen aus der Akkumulation von Kapital. Kurz gesagt: China investiert zu viel und weist zu wenig Profitabilität auf. Zudem verfügt die Volksrepublik über eine staatlich gesteuerte Wirtschaft, und der Schutz von Privatrechten und freien Märkten ist nur unzureichend gewährleistet. Zwar ist der Schutz des Privateigentums mittlerweile in der Verfassung verankert, was zusammen mit den Fortschritten im Rechtssystem, wie der Schaffung einer neuen Insolvenzordnung und eines Sachenrechts, einen epochalen Fortschritt darstellt. Dennoch werden in der Praxis Privatbetriebe, die inzwischen zwei Drittel der chinesischen Wirtschaftsleistung erbringen, von der Regierung gegenüber den Staatsbetrieben benachteiligt. Steuern und Gebühren sind höher, der Zugang zu Krediten und dem Arbeitsmarkt ist schwerer – alles Nachteile, unter denen auch ausländische Unternehmen zu leiden haben. Ein großer Teil des bürokratischen und praktischen Geschehens ist noch experimentell und potenziell instabil. Unter diesen Bedingungen ist es für ausländische und chinesische Unternehmen in der Regel schwierig, einen angemessenen Return on Investment (ROI) zu erzielen.

Mit einer wohl durchdachten Strategie können westliche Investoren in China dennoch überdurchschnittlich viel Geld verdienen. Eine Umfrage der amerikanischen Handelskammer Amcham hat ergeben, dass der Anteil der Unternehmen, die in China überdurchschnittliche Profite einfahren, inzwischen auf 42 Prozent gestiegen ist. Allerdings operieren vor allem diejenigen Investoren profitabel, die in der Volksrepublik ausschließlich für den Export produzieren. Mit chinesischen Konsumenten Geld zu verdienen ist dagegen schwerer. Fast alle lokal hergestellten und verkauften Produkte können problemlos kopiert werden. Attraktiver ist hingegen der Dienstleistungssektor, der in China noch relativ unterentwickelt ist. Hier bestehen allerdings noch Restriktionen, die im Zuge der WTO-Beitrittsverpflichtungen nach und nach aufgehoben werden.

Das Verhältnis zwischen den ausländischen Investoren und den chinesischen Unternehmen ist vielschichtig und komplex. Im Zuge der Öffnungspolitik unter Deng Xiaoping ab 1978 wurden ausländische Investoren in der Regel per Gesetz gezwungen, Joint-Ventures mit lokalen Partnern einzugehen. Die Überlegung dahinter liegt auf der Hand – billige Arbeitskräfte und lokale Kontakte gegen Knowhow und Kapital. Viele ausländische Unternehmen waren in dieser Konstellation weder glücklich noch profitabel, Geld und Wissen flossen lediglich in Richtung China ab.

Auch VW muss inzwischen vor seinem Joint-Venture-Partner SAIC zittern, der sich von einem maroden Staatsbetrieb und Partner zu einem zunehmend erbitterten Konkurrenten entwickelt hat. Das Netzwerk von SAIC umspannt mehr als 60 Tochter- und Gemeinschaftsunternehmen, darunter auch eines mit General Motors, dem schärfsten Konkurrenten von VW in China. Im Sommer 2004 erwarb SAIC die Kontrollmehrheit an Südkoreas viertgrößtem Autobauer Ssangyong Motor, 200 000 Autos will SAIC mit seinem neuen Partner herstellen und exportieren.

Aufeinander prallende Unternehmenskulturen, unterschiedliche Interessenlagen und unkontrollierbarer Abfluss von Technologie haben dazu geführt, dass mindestens ein Drittel der so geschmiedeten Zusammenschlüsse rote Zahlen schrieb. Seit 1998 ist der Joint-Venture-Zwang in vielen Branchen aufgehoben worden, und ausländische Unternehmen können Tochtergesellschaften gründen. Im Zuge der WTO-Verpflichtungen, die 2001 in einem verbindlichen Fahrplan festgelegt wurden, dürfen diese Wholly Foreign Owned Enterprises (WFOE) nun mehr oder minder ungehindert Geschäfte machen. Im Ergebnis dieser Entwicklungen haben zahlreiche multinationale Unternehmen wie UPS und FedEx bereits ihre langjährigen Joint-Ventures aufgelöst und sind nun eigenständig auf dem chinesischen Markt aktiv. Auch bei den Neugründungen geht der Anteil der Joint-Ventures kontinuierlich zurück.

Die Regierung in Peking versteht es, die Interessen der multinationalen Unternehmen an Chinas Milliardenmarkt geschickt zum eigenen Nutzen gegeneinander auszuspielen. So konnte der europäische Hersteller Airbus einen milliardenschweren Deal in China Anfang

2006 nur dadurch gewinnen, dass er dem Aufbau einer ersten außereuropäischen Produktlinie in China zustimmte. Ein weiteres aktuelles Beispiel in diesem Zusammenhang ist die Magnetschwebebahn Transrapid, deren erste kommerzielle Strecke vom Shanghaier Flughafen in die Innenstadt 2002 durch das deutsche Transrapid-Konsortium errichtet wurde, ein Projekt, das mit 100 Millionen Euro von der deutschen Kreditanstalt für Wiederaufbau subventioniert worden war. Folgeaufträge blieben bisher aus, stattdessen verkündeten die Chinesen vor kurzem, dass sie selbst eine ähnliche Magnetschwebebahn entwickelt hätten. Ob die Vorgänge Zufall sind oder ein alarmierender Beleg für eine wirtschaftliche Entwicklungsstrategie, die nicht immer Rücksicht auf ihre Wirtschaftspartner nimmt, bleibt abzuwarten.

Generell bereitet der Schutz geistigen Eigentums ausländischen Investoren in China massive Probleme. Chinesen sind strategisch denkende Geschäftspartner, die auf keinen Fall unterschätzt werden sollten. Durch eine falsche Wahrnehmung Chinas im Westen sind jahrelang Hochtechnologie und Know-how direkt und indirekt durch Personalwechsel abgeflossen und von den Chinesen sofort aufgesogen worden. China benutzt den Westen, um seine eigene globale Position zu verbessern. Die noch immer klaffende Lücke zwischen Gesetzen und deren Umsetzung ermöglicht, dass geistiges Eigentum in China gewissermaßen vogelfrei ist. Nicht nur ausländische Investoren, auch erfolgreiche chinesische Unternehmen sind davon betroffen. Von dem renommierten Maotai-Schnaps der Kweichow-Moutai-Brennerei tauchen jedes Jahr im Handel etwa 50 Prozent mehr auf, als das Unternehmen tatsächlich produziert. Kritik westlicher Handelspartner wiegelt die chinesische Regierung in der Regel mit dem Hinweis ab, dass man bereits über entsprechende Gesetze verfüge.

Dass die pragmatische Art der Chinesen auch für den Umgang mit geistigem Eigentum gilt, hat sich mittlerweile bei ausländischen Investoren herumgesprochen. Kunden, Lieferanten und Angestellte – im Zweifelsfall sind die eigenen Muster, Patente, und Produktionsprozesse vor keinem sicher. Fälle wie den des mittelständischen Pipeline-Herstellers Vietz aus Niedersachsen gibt es mehr als einen. Trotz 22-jähriger China-Erfahrung und jahrelanger erfolgreicher Kooperation wurde der Mittelständler von seinem Joint-Venture-Partner und Kunden durch den Aufbau eines Konkurrenzwerkes, das heimlich dieselben Produkte mithilfe niedersächsischer Technologie zum billigeren Preis herstellte, rücksichtslos hintergangen. Vietz musste daraufhin seine Zelte in China unwiederbringlich abbrechen.

Die Verlagerung von Schlüsselprozessen nach China birgt die Gefahr, dass Angestellte Einblick in kritische Produktionsprozesse bekommen und dies ausnutzen. Der ungenügende Schutz geistigen Eigentums ist eines der dringlichsten Probleme in China und hat das Potenzial, sich in Zukunft als massive Investitionsbremse für das Land zu erweisen. Konfrontiert mit der wachsenden Konkurrenz anderer Standorte wie Indien, in denen ebenfalls billig produziert werden kann, der Rechtsrahmen aber gefestigt und auch die Umsetzung gewährleistet ist, wird Peking hier über kurz oder lang entschlossener handeln müssen.

Haier und Higher

Die Beispiele aus dem Automobil- und Mobilfunkmarkt zeigen, was geschehen kann, wenn ausländische Konzerne ihr Potenzial falsch einschätzen. Es ist allerdings auch erstaunlich, wie schnell chinesische Unternehmen aufholen und westliche Konkurrenten aus dem Markt drängen.

Chinas eigene Marken produzieren derzeit eher für den nationalen Markt. Das wird aber nicht so bleiben. Die Strategie der Chinesen, zuerst den Heimatmarkt in China zu erobern und dann den Weltmarkt zu erstürmen, wird noch manche Branchen in Schwierigkeiten bringen. Bislang ist China in der Warenwelt der globalen Wirtschaft eher verdeckt unterwegs. Mittlerweile stammt ein Großteil an Spielzeug, Kleidung und Consumer Electronics zwar aus China, firmiert aber zumeist unter westlichen Firmennamen. Diese Globalisierung aus nationaler Stärke heraus hatte unter anderem der Hausgerätehersteller Haier vorgelebt, der 1984 in Qingdao mit der Produktion begann und heute über 30 000 Beschäftigte auf der ganzen Welt hat. Mit seinem Slogan »Haier and Higher« ist er der weltweit viertgrößte

Hersteller »Weißer Ware« und vor allem in Amerika erfolgreich; in Australien sponsert er das »Melbourne Haier Tigers« Basketball-Team.

Bereits heute hat China einige Unternehmen, die das Zeug zum Global Player haben. Darunter befinden sich Schwergewichte wie China Mobile, der weltgrößte Mobilfunkbetreiber, Sinopec und Huawei, ein milliardenschwerer Telekomausrüster, der bereits 50 Prozent seines Umsatzes im Ausland macht. TV-Produzent TCL machte hierzulande mit der Übernahme des insolventen Herstellers Schneider von sich reden und avancierte durch das Zusammengehen mit dem französischen Thomson zum größten TV-Hersteller der Welt.

Spätestens seit der chinesische Marktführer Lenovo mit der Übernahme der PC-Sparte der amerikanischen IBM für 1,7 Milliarden US-Dollar zum drittgrößten Computerhersteller der Welt geworden ist, sollte den westlichen Unternehmen klar sein, dass chinesische Unternehmen ernstzunehmende Konkurrenten sind. Wie einst japanische Unternehmen vor 40 und südkoreanische vor 20 Jahren sind sie in der Lage, ehemals unbekannte Namen mit frischen Ideen, Knowhow und Größe auf dem Weltmarkt zu starken Marken auszubauen. Die spektakuläre Übernahmeschlacht um den amerikanischen Energiekonzern Unocal, die von der US-Regierung ausgebremst wurde, verdeutlicht, welche Probleme die USA mit der Entwicklung Chinas zum starken Player auf der globalen Bühne haben. Obwohl das Angebot von CNOOC mit 1,5 Millionen US-Dollar über dem des Konkurrenten Chevron lag, also finanziell eindeutig vorzuziehen gewesen wäre, wurde die Transaktion auf politischen Druck hin nicht durchgeführt – und das in einem Land, das sich als Inbegriff des freien Marktes versteht. Chinas Anteil an den 500 größten Unternehmen der Welt ist von drei im Jahre 1995 auf 15 im Jahre 2005 angewachsen. Zwar geben nach wie vor in Asien noch japanische Konzerne den Ton an, die über 600 der 1000 größten Unternehmen Asiens stellen, dennoch gewinnen chinesische Unternehmen zusehends an Bedeutung.

Auch die chinesische Regierung hat die heimischen Konzerne dazu aufgerufen, aktiv nationale Champions und globale Marken zu entwickeln. Die erklärte Politik Pekings ist es, mindestens 50 chinesische Konzerne in der Liste der größten Unternehmen der Welt zu platzieren. Für diese »Go Global«-Initiative soll die Volksrepublik mehrere Milliarden US-Dollar zurückgestellt haben.

Vor allem von dem Ziel getrieben, neue Absatzmärkte zu erschließen, sind chinesische Unternehmen zunehmend als Investoren im Ausland aktiv.

2005 haben die Chinesen fast 7 Milliarden US-Dollar im Ausland investiert, bis 2009 sollen es nach einer Gemeinschaftsstudie der Economist Intelligence Unit, Deloitte und Bank of America 30 Milliarden werden.

Mit einem Run chinesischer Investoren auf den Westen, dem entsprechend, was seinerzeit die Japaner taten, ist vorerst allerdings nicht zu rechnen.

Der Großteil der chinesischen Unternehmen sieht nach Ergebnissen der Gemeinschaftsstudie Asien als bevorzugte Region für Auslandsinvestitionen, 60 Prozent der Investitionen 2005 fielen dieser Region zu. Zudem mussten chinesische Unternehmen, die ausländische Konzerne schlucken wollten, in jüngster Zeit zahlreiche Rückschläge hinnehmen.

So wurde Haiers Übernahmeversuch des amerikanischen Konkurrenten Maytag durch Whirlpool vereitelt, China Mobiles Versuch einer 26-prozentigen Übernahme von Pakistan Telecom verlief zugunsten von Emirates Telecommunications im Sande. Die Chinesen konzentrieren sich deshalb inzwischen stärker auf weniger spektakuläre Übernahmeziele. Sie sind vor allem an starken Marken und soliden Distributionssystemen interessiert. Neben dem Bereich Leichtindustrie stehen vor allem Energie- und Rohstoffunternehmen hoch im Kurs.

In Deutschland sind die Chinesen seit zwei Jahren verstärkt im Mittelstand auf Einkaufstour, 278 deutsche Betriebe sind laut der auf chinesische Investoren spezialisierten Unternehmensberatung Klein&Coll 2004 in chinesischen Besitz übergegangen. Da viele deutsche Mittelstandsbetriebe Probleme bei der Nachfolgeregelung haben, sind hochspezialisierte Kleinbetriebe oftmals zum Schnäppchenpreis zu erwerben. In erster Linie der Marktzugang, aber auch Technologie und Markenaufbau spielen eine Rolle im Kalkül der chinesischen

Investoren. Besonders begehrt sind angeschlagene Mittelstandsbe-triebe mit klangvollen Namen, eine Strategie, die sich aber auch als unglücklich erwiesen hat. Das belegen Fälle wie die Übernahme des insolventen Flugzeugbauers Dornier Fairchild durch den chinesischen D'Long Konzern 2004, der kurz darauf selber bankrott ging.

Dennoch haben die Chinesen schon mehr als einmal bewiesen, dass Flexibilität und Pragmatismus zu ihren größten Stärken gehören und sie in der Lage sind, blitzschnell zu reagieren. »Go Global« wird daher mit hoher Wahrscheinlichkeit schneller vonstatten gehen, als es sich so mancher in den Industrieländern wünscht. Wie einst japa-nische und koreanische Unternehmen haben die bisher unbekannten chinesischen Firmen die Disziplin, das Know-how, die Größe und vor allem auch die staatliche Unterstützung, um ihr einziges Manko, eine schwache Marke, im Weltmarkt wettzumachen. Insofern wer-den Haier, Chery und Landwind mit Sicherheit nicht die einzigen chi-nesischen Unternehmen sein, auf deren Konkurrenz sich die hiesigen Anbieter einstellen müssen.

Bankensektor und Aktienmarkt

Der chinesische Finanzmarkt wird im Wesentlichen von vier Key Playern bestimmt: vier staatseigene Großbanken, die so genannten Big Four, die im ganzen Land flächendeckend vertreten sind, rund 110 zum Teil privat betriebene, überwiegend regionale Banken, Kre-ditkooperativen (Genossenschaftsbanken) und ausländische Banken. Hinzu kommen die Finanzinstitute des Nichtbankensektors.

Der gesamte chinesische Finanzsektor ist von einer umfassenden Umstrukturierungs- und Privatisierungswelle ergriffen, wobei eine allmähliche Privatisierung und Anpassung nach den Regeln öko-nomischer Betriebsführung erfolgt. Ganz oben auf der Agenda steht die Reform der vier großen Staatsbanken, der Bank of China (BoC), der China Construction Bank (CCB), der Industrial & Commercial Bank of China (ICBC) und der Agricultural Bank of China (ABC), die zusammen knapp 70 Prozent des Kredit- und mehr als 60 Prozent des Einlagengeschäftes kontrollieren.

1994 übertrug die Regierung die politisch gelenkte Kreditvergabe von den vier Staatsbanken auf die so genannten Policy Banks, die Agricultural Development Bank of China, die China Development Bank und die Export Import Bank of China, die sich vor allem durch die Emission von Anleihen finanzieren. Trotzdem lastet das planwirtschaftliche Erbe noch immer wie Blei auf den Bilanzen der Staatsbanken.

Außer der ABC, die am stärksten unter der politisch gelenkten Kreditvergabe leidet, sind die Big Four bereits für Börsengänge in Hongkong avisiert beziehungsweise haben diese bereits hinter sich gebracht. Dem Rekordlisting der CCB in Hongkong Ende 2005, dem mit 9,2 Milliarden US-Dollar weltgrößten Börsengang seit 2001, folgte im Mai 2006 das mit 9,7 Milliarden US-Dollar noch höhere Listing der BoC, die nun mit einer Marktkapitalisierung von 107 Milliarden US-Dollar zum achtgrößten Institut der Welt avanciert ist. Die Aktie der mit 94 Jahren ältesten Chinesischen Bank war mehr als siebzigfach überzeichnet und legte am ersten Handelstag um fulminante 15 Prozent zu – ein Beweis für die große Attraktivität der chinesischen Boomwirtschaft für die Anleger, die auch die milliardenschweren notleidenden Kredite und zwielichtige Vergabepraktiken der Bank nicht einzutrüben scheint. Im Oktober 2006 soll die ICBC an die Börse gebracht werden und an den Handelsplätzen Hongkong und Shanghai 20 Milliarden US-Dollar einlösen. Wenn das Listing in dieser Größenordnung gelingt, könnte die ICBC den weltweit größten Börsengang nach Emissionsvolumen vollziehen, seit 1998 das japanische Unternehmen NTT Mobile 18,4 Milliarden US-Dollar erzielte.

Die Geschäftsbanken gehören teils direkt oder über Staatsunternehmen der Regierung, teils Privatinvestoren. Derzeit entfallen auf die rund 110 Institute etwa 18 Prozent der gesamten Einlagen. Im Vergleich zu den Big Four spielen sie nur eine eingeschränkte Rolle, operieren aber durch ihre geringere politische Belastung in der Regel effizienter und verfügen über eine zunehmende Präsenz am Markt. Die Geschäftsbanken unterteilen sich in zwei Gruppen, die Joint Stock Commercial Banks und die City-Banken. Die Joint Stock Commercial Banks haben die Form von Aktiengesellschaften mit beschränkter Haftung, ihre Beteiligungsstrukturen sind in den meisten Fällen relativ geschlossen und staatlich geprägt und können auf nationaler Ebene operieren. Die City-Banken dagegen sind aus den städtischen Kreditkooperativen entstanden und konzentrieren ihre Geschäftstätigkeit vornehmlich auf die Städte, in denen sie ihren Sitz haben. Sie können in der Regel nur regional eng beschränkt operieren, wodurch ihnen ein wesentlicher Nachteil entsteht.

Kreditkooperativen gibt es derzeit rund 30 000 in China, auf sie entfallen circa 11 Prozent aller Bankeinlagen. Sie vergeben Kredite an kleine und mittelständische Unternehmen und agieren vorwiegen auf dem Land.

Von der Gruppe der ausländischen Banken sind derzeit etwa 200 in China aktiv. Ihr Marktanteil war Ende 2004 trotz der allmählichen Öffnung des Sektors mit 1,4 Prozent verschwindend gering. Zumeist handelt es sich um Zweigstellen, nur wenige sind Joint-Ventures oder 100-prozentige Töchter. Angesichts des unterentwickelten Marktes für Privatkunden ergeben sich für den Sektor extrem lukrative Aussichten. Beispielsweise sind erst 10 Millionen Kreditkarten in China im Einsatz und Verbraucherkredite wie Hypotheken noch weitgehend unbekannt. Entsprechend spektakulär sind die Investitionen, die ausländische Banken in den Sektor getätigt haben. Über 15 Milliarden Euro haben sie seit 2004 in die Branche investiert. Die Big Four verfügen über eine umfassende flächendeckende Präsenz, die ausländische Institute mittelfristig niemals erreichen können. Deshalb sind prozentuale Beteiligungen im einstelligen Bereich internationalen Banken viele Milliarden US-Dollar wert.

Im Zuge der WTO-Verpflichtungen muss China seinen Markt bis Ende 2007 vollständig für ausländische Banken öffnen. Bisher ist die Beteiligung ausländischer Banken an chinesischen Kreditinstituten auf 20 Prozent limitiert, was eine umfassende Kontrolle unmöglich macht. Trotz der WTO-Bestimmungen hat die chinesische Regierung zuletzt verstärkt darauf hingewiesen, dass die dominierende Kontrolle der Banken letztlich beim Staat verbleiben sollte, um die Stabilität der Wirtschaft und des Finanzsektors zu gewährleisten.

Daneben gibt es die Finanzinstitute des Nichtbankensektors, die sich im Wesentlichen in drei Gruppen unterteilen: die Trust- und

Investment-Companies (TIC), Finanzierungs- und Leasinggesell-
schaften. Auf sie entfallen etwa 1 Prozent der gesamten Einlagen.
Die Regulierung des Sektors wurde zunächst durch die Zentralbank, die People's Bank of China (PBC), durchgeführt. Im April 2003
wurde die Bankenaufsicht auf die neu gegründete Bankenaufsichts-
kommission, die China Banking Regulatory Commission (CBRC),
übertragen, um die Ressourcen der PBC ganz auf die Geldpolitik zu
konzentrieren. Die Hauptziele der CBRC sind die Einlagensicherung
und der Verbraucherschutz.

Eine permanente Quelle der Instabilität für das chinesische Finanzsystem ist das hohe Niveau der notleidenden Kredite. Das Gesamtvolumen der faulen Kredite erreichte Ende 2005 nach offiziellen
Angaben einen Stand von 12,8 Billionen Yuan (1,57 Billionen US-
Dollar), wobei sich eine durchschnittliche Relation zum Gesamtkre-
ditvolumen aller chinesischen Banken von 8,5 Prozent ergab. Damit
übersteigt die Gesamtsumme sogar die enormen Devisenreserven des
Landes, die im Juni 2006 941,1 Milliarden US-Dollar und damit
das weltweit höchste Niveau erreichten. Seit 1998 hat die chinesische
Regierung mehr als 280 Milliarden US-Dollar zur Tilgung notlei-
dender Kredite aufgewendet, alleine im Zuge der Vorbereitungen
zur Privatisierung der Big Four waren die Bilanzen von drei der vier
Großbanken um 60 Milliarden US-Dollar geliftet worden. Trotzdem
machen notleidende Kredite noch immer mehr als 10 Prozent des
Kreditvolumens bei den Staatsbanken aus. Einer kürzlich veröffentlichten Studie von Ernst&Young zufolge beträgt das Gesamtvolumen
der notleidenden Kredite bei den Großen Vier 358 Milliarden US-
Dollar – die offizielle Seite hatte dagegen 133 Milliarden angege-
ben. Offensichtlich auf Druck der chinesischen Regierung, die den
anstehenden Börsengang der BoC nicht gefährden wollte, und wegen
scheinbar wackeliger Prognosewerte bei der Berechnung musste die
Wirtschaftsprüfungsgesellschaft die Studie allerdings in einem pein-
lichen Schritt zurückziehen. Die geringste Belastung mit notleidenden Krediten weisen die Geschäftsbanken auf, offiziellen Angaben
zufolge lag ihr Anteil bei den Joint Stock Companies Ende 2005 bei
unter 5 Prozent.

Der Kreditboom von 2003/04 könnte indes eine weitere Welle der

Zahlungsunfähigkeit auslösen. Die ausgesprochen hohen Investitionsquoten dieser Jahre von rund 40 Prozent wurden größtenteils durch
die Banken finanziert, die die enorme Expansion der Immobilien-
entwicklung und Produktionskapazitätsausweitung durch verstärkte
Kreditvergabe ohne entsprechendes Risikomanagement und nicht
nach kommerziellen Kriterien ermöglichten. So ist das Volumen an
notleidenden Krediten bei allen chinesischen Banken 2005 erneut um
16,9 Prozent gewachsen. Erst durch die Einführung der Kreditkon-
trollen durch die Regierung 2004 zur Abkühlung überhitzter Sektoren konnte die rasante Zunahme des Kreditvolumens zunächst abgebremst werden, hat sich aber im Laufe des ersten Quartals des Jahres
2006 wieder deutlich beschleunigt. Die Regierung hat deshalb damit
begonnen, erneut Maßnahmen zur Beschränkung der Kreditvergabe
einzuleiten.

Die Stärke der Big Four ist deren umfangreiches Filialnetzwerk,
das eine ideale Plattform für das rentable Privatkundengeschäft
darstellt. Die Konkurrenz mit den Geschäftsbanken hat sich in den
letzten Jahren verschärft und das Kreditvolumen der vier hat sich
infolgedessen stark ausgeweitet. Nun gilt es zu verhindern, dass eine
Verschlechterung der Kreditqualität die Fortschritte wieder infrage
stellt.

Die Restrukturierung des Bankensektors und der effizienter
werdenden Staatsbetriebe sowie die hohen Devisenreserven haben
2005 dazu geführt, dass die Rating-Agenturen Fitch und Standard
& Poor's die Bewertung der Qualität chinesischer Staatsanleihen
auf A- angehoben haben. Chinas Staatsanleihen stehen nun auf glei-
cher Stufe wie die Griechenlands, Chiles und Südkoreas. Dennoch
erwarten den chinesischen Bankensektor noch immer gewaltige
Herausforderungen. Die weitere Verringerung der notleidenden
Kredite und die Weiterführung der Bankenreform haben oberste
Priorität. Die chinesischen Banken haben einen hohen Kapitalbedarf, da die Eigenkapitalausstattung wegen der Vorschriften für
Rückstellungen und Eigenkapitalquoten nicht sehr gut ist. Deshalb
befürwortet die chinesische Regierung eine stärkere ausländische
Beteiligung, ohne aber die Kontrollmehrheit zu verlieren. Neben
einer größeren Flexibilität des geldpolitischen Systems ist auch eine

entscheidende Verbesserung der Bilanzierungs- und Regulierungs-
standards nötig.

Die Umwälzungen im chinesischen Finanzsektor sind gewaltig,
und die Entflechtung von politischen Motiven und kommerziellen
Absichten geht nicht ohne Schmerzen vonstatten. Letztlich bewir-
ken die Reformen aber eine effizientere Kapitalallokation und eine
langfristige Steigerung der Produktivität. Unternehmen werden ihre
Investitionsentscheidungen künftig durch den Kapitalpreis und nicht
mehr durch politische Erwägungen treffen.

Neben den Börsengängen der vier Staatsbanken, die einen entscheidenden Schritt in der Reform des Sektors darstellen, ist auch
die Entwicklung des Segmentes der privatwirtschaftlichen Banken
von großer Bedeutung. Dem rasant wachsenden Kapitalbedarf des
Privatsektors muss ein funktionierendes Bankenwesen Rechnung tragen, um eine optimale wirtschaftliche Entwicklung zu gewährleisten.
Gleichzeitig muss ein Missbrauch der Banken durch ihre jeweiligen
Eigentümer und Lokalregierungen verhindert und die internen Kontrollen verbessert werden. Nach Angaben der CBRC wurden allein in
den ersten neun Monaten 2005 892 Betrugsfälle durch Angestellte in
den chinesischen Banken aufgedeckt. Nicht nur kleinere Geschäftsbanken, sondern auch die großen Staatsbanken sind betroffen. Bei
der BoC und der CCB kam es im Vorfeld des Börsenganges zu spek-
takulären Unterschlagungsfällen.

Für die weitere Entwicklung der chinesischen Wirtschaft hat die
Reform der Finanzmärkte Priorität. Ein gut funktionierender und auf
einer breiteren Basis beruhender Finanzmarkt ist ein entscheidender
Schritt bei der Umgewichtung der chinesischen Wirtschaft weg von
der Export- und Investitionsabhängigkeit hin zu einem unabhängi-
geren und stabileren Binnenmarkt. Um die Sparquote nachhaltig in
höheren Konsum zu übersetzen, muss auch die Gesellschaftspolitik
der Regierung umfassend reformiert werden.

Trotz aller Unkenrufe, dass die chinesische Bankenkrise über kurz
oder lang zum Kollaps des Landes führen wird, darf man dennoch
vorsichtig optimistisch sein. Im Gegensatz zu Japan hat China das
Problem der notleidenden Kredite früher erkannt und in den letzten Jahren entschlossen in Angriff genommen. Auch die Reform

der Kapitalmärkte wird, obwohl mit Sicherheit noch einige Jahre ins Land gehen werden, letztlich mit hoher Wahrscheinlichkeit von Erfolg gekrönt sein.

In den letzten zehn Jahren haben es in China mehr Menschen zu einem Millionenvermögen gebracht als in den USA und Großbritannien zusammengenommen. Die Sparquote privater Haushalte ist ausgesprochen hoch. Das angesparte Geld bleibt im Land, da es im Moment nur in sehr geringem Ausmaß ins Ausland transferiert werden oder in andere Währungen umgetauscht werden darf. Dadurch hat sich in China Anfang 2006 ein Sparguthaben chinesischer Haushalte von fast 1,9 Billionen US-Dollar angesammelt, was inzwischen zahlreiche ausländische Vermögensverwalter und Privatbanken angelockt hat. Daneben existieren Sparguthaben chinesischer Unternehmen in Höhe von 1,2 Billionen US-Dollar.

China ist nach Japan Asiens zweitgrößter Kapitalmarkt, dennoch sind die Möglichkeiten einer produktiven Kapitalanlage für heimische Anleger noch immer stark beschränkt. Ein Großteil der Ersparnisse liegt in niedrig verzinsten Bankguthaben, die bei den Banken in Kredite für Staatsbetriebe umgewandelt werden. Für Privatanleger bleibt dabei nach Abzug der Inflationsrate nahezu keine Rendite übrig. Einzig die Spekulation mit Immobilien oder die Beteiligung an IPOs inländisch gehandelter Börsenunternehmen war bis vor kurzem alternativ neben der klassischen Sparanlage möglich. Nachdem sich nach erneuten zweistelligen Preissteigerungen im Immobiliensektor wieder einmal die Befürchtungen einer Spekulationsblase mehren, hat die Regierung zahlreiche Maßnahmen in die Wege geleitet, die die Spekulation mit Immobilien erschweren. Fondsprodukte gibt es trotz des verstärkten Engagements ausländischer Anbieter in den letzten Jahren immer noch wenig, die existierenden sind wegen der bis vor kurzem schlechten Performance der chinesischen Aktienmärkte bislang längerfristig kaum erfolgreich. Aufgrund dieser Situation mussten sich chinesische Privatanleger bis vor kurzem mit Kapitalrenditen von weniger als 2 Prozent zufrieden geben.

Im April 2006 nun hat die Zentralbank mit dem Qualified Domestic Institutional Investor Scheme (QDII) eine lang erwartete Reform in die Wege geleitet, die es chinesischen Bürgern erlaubt, Devisen bis zu 20 000 US-Dollar im Jahr zu tauschen und durch die so genannten qualifizierten Institutionen in China in Kapitalanlagen im Ausland zu investieren. Zudem können auch ausgewählte Banken Investitionen im Ausland tätigen. Bislang konnte der chinesische Yuan nur zu Handelszwecken, nicht aber zur Portfolioinvestition in Devisen getauscht werden. Diese Reform wird langfristig vielfältige positive Implikationen für den chinesischen Finanzsektor mit sich bringen. Nicht nur wird Liquidität im Inland abgebaut und dadurch einer Überhitzung gegengesteuert, sondern chinesische Finanzinstitutionen werden gleichzeitig effizienter werden müssen, um weiterhin Anleger anziehen zu können. Hinzu kommt, dass durch den verstärkten Umtausch von Yuan in US-Dollar der Druck zur Aufwertung der chinesischen Währung geringer werden könnte.

Die chinesischen Kapitalmärkte werden von der China Securities Regulatory Commission (CSRC) kontrolliert, die infolge der Asienkrise gegründet wurde und ebenso wie die CBRC direkt dem Staatsrat untersteht. Die Börsenplätze in Shanghai und Shenzhen sind hinsichtlich ihrer Marktkapitalisierung und internationalen Bedeutung relativ klein und waren auch im Jahre 2005 die Aktienmärkte mit der international schlechtesten Performance, was in scharfem Kontrast zu der ausgesprochen guten Performance der anderen Emerging Markets steht. Die chinesischen Privatanleger mussten mit ansehen, wie der chinesische Aktienmarkt seit seinem Peak im Juni 2001 fast 50 Prozent seines Wertes eingebüßt hat und im Sommer des Boomjahres 2005 seinen absoluten Tiefpunkt erreichte. Wichtigster Einflussfaktor für die schlechte Entwicklung ist die Tatsache, dass sich in China noch immer Aktienholdings im Wert von mehreren hundert Milliarden US-Dollar in Staatsbesitz befinden. Zudem wurden viele der Unternehmen vom Staat zu überhöhten Preisen an den Markt gebracht. Es galt die Faustregel, dass Aktien zum Zwanzigfachen des laufenden Gewinns emittiert werden, weswegen zahlreiche Firmen ihren Ertrag durch Einmaleffekte künstlich aufgebläht hatten. Da in der Regel bei Staatsunternehmen zwei Drittel der Wertpapiere beim Staat verbleiben, versucht der staatliche Anteilsverwalter, die Aktienüberwachungs- und Verwaltungskommission (SASAC) möglichst viel Gewinn für den Staat zu erzielen und die Anteile so teuer wie möglich zu verkaufen. Die Regierung räumt inzwischen selbstkritisch ein, dass der Aktienmarkt in China die Anlagefunktion fast völlig ausgeblendet hat und sich nahezu ausschließlich auf die Finanzierungsfunktion konzentriert.

Von den knapp über 1 400 gelisteten Unternehmen sind weniger als 10 Prozent dynamische Privatunternehmen, der Rest besteht aus stark subventionierten Staatsbetrieben, für die Shareholder-Value nach wie vor ein Fremdwort ist. Erst 2006 haben die Märkte wieder deutlich angezogen, nachdem einige Reformen zur Anpassung der Finanzmärkte an internationale Standards langsam zu greifen beginnen.

So konnten beide Handelsplätze im ersten Halbjahr 2006 über vierzigprozentige Zugewinne verbuchen und verhalten sich damit erneut diametral gegenüber den anderen Emerging Markets, die seit Mai um bis zu 25 Prozent abgestürzt sind. Insbesondere für Hedgefonds, die auch in Zeiten schlechter Märkte Renditen erzielen, stellen die chinesischen Kapitalmärkte daher eine interessante Portfolioalternative dar. Der chinesische Aktienmarkt ist in einer einzigartigen Art und Weise fragmentiert. Zunächst gibt es die so genannten A-Aktien, die in Shanghai und Shenzhen gehandelt werden dürfen und in chinesischen Yuan ausgezeichnet sind. Ursprünglich durften nur chinesische Investoren und seit 2002 ausgewählte ausländische Großinvestoren, so genannte Qualified Foreign Institutional Investors (QFII), mit A-Aktien handeln. Daneben gibt es B-Aktien, die 1991 von der Regierung eingeführt wurden, um ausländisches Kapital für die wirtschaftliche Entwicklung des Landes zu beschaffen. B-Aktien werden in Shanghai in US-Dollar und in Shenzhen in Hongkong-Dollar gehandelt und waren ursprünglich dafür gedacht, ausländischen Investoren den Marktzugang zu ermöglichen. Seit einigen Jahren können sie aber auch von einheimischen Anlegern erworben werden. Aufgrund ihrer bis vor kurzem schlechten Performance haben sich viele ausländische Investoren aus dem Markt für B-Aktien zurückgezogen. Mittelfristig strebt Peking eine Verschmelzung der beiden Aktienmärkte an. Schließlich gibt es die H-Aktien chinesischer Unternehmen, die in Hongkong notiert sind und nicht nur wesentlich günstiger bewertet sind, sondern auch deutlich transparenteren

Bilanzierungs- und Veröffentlichungsstandards folgen. Der Großteil der Unternehmen, die als A-Aktien gehandelt werden, gilt trotz des anhaltenden Wirtschaftsbooms mit einer Eigenkapitalrendite von in der Regel deutlich unter 10 Prozent als ertragsschwach. Unabhängige Analysen über notierte Aktiengesellschaften, die eine objektive Bewertung ermöglichen, sind schwer zu erhalten. Das Gesellschafts- und Börsenrecht ist unzureichend, und Vorschriften gegen Insider-Handel und Anlagebetrug sowie klare Bilanzierungsrichtlinien sind kaum entwickelt. Überhaupt sind die Corporate-Governance-Regeln noch sehr lückenhaft. Eine weitere Besonderheit der Kapitalmärkte in Shanghai und Shenzhen sind die bereits erwähnten nichthandelbaren Aktien, die direkt oder indirekt dem Staat gehören und auf etwa 250 Milliarden US-Dollar beziffert werden. Sie machen etwa zwei Drittel der Marktkapitalisierung der festlandchinesischen Börsen aus und sind weitgehend für die schlechte Performance und Unreife der chinesischen Märkte verantwortlich. Sollten diese Bestände aufgelöst werden, wäre eine Marktüberschwemmung die Folge, die mit einem rapiden Wertverfall einhergehen würde.

Aufgrund der Listing-Beschränkungen und der schlechten Performance der festlandchinesischen Märkte sind chinesische Unternehmen in den letzten Jahren verstärkt in Hongkong, den USA und Singapur an die Börse gegangen und dort auf starkes Interesse der Anleger gestoßen. Vor allem Hongkong hat sich mittlerweile als wichtigster Markt zur Kapitalbeschaffung für festlandchinesische Unternehmen etabliert und konnte so seine Position als wichtigster Finanzknotenpunkt »Greater Chinas« weiter ausbauen.

Es fehlen also noch immer wichtige Grundlagen für einen funktionierenden Aktienmarkt, der notwendiges Kapital nach China bringen könnte. Da ein funktionierender Kapitalmarkt entscheidend für die weitere wirtschaftliche Entwicklung des Landes ist, will die Regierung die bestehenden Staatsbeteiligungen deshalb mittelfristig auflösen und die Kapitalmärkte nach und nach an die internationalen Standards anpassen. Bereits zwei Versuche waren 1999 und 2001 aufgrund einer befürchteten Marktüberschwemmung gescheitert. Im Mai 2005 hat Peking deshalb eine umfassende Reform eingeleitet, in deren Verlauf die nichthandelbaren Aktienbestände aufgelöst und an den Markt gebracht werden sollen. Im Rahmen der Reform hat Peking alle Neuemissionen in Shanghai ausgesetzt und erlaubt neue Listings in Shenzhen nur kleinen und mittleren Unternehmen. Auf diese Weise soll eine Überhitzung der Kapitalmärkte verhindert werden. Etwa 60 Prozent der in China börsengelisteten Unternehmen haben mittlerweile mit der Umwandlung ihrer nichthandelbaren Aktien begonnen. Nachdem die Reformbestrebungen nun erstmals Früchte tragen, konnten die nationalen Märkte seit Januar 2006 mit hohen zweistelligen Wachstumsraten wieder deutlich zulegen. Inzwischen hat die Regierung vorsichtig die Aussetzung des IPO-Verbotes in die Wege geleitet, womit 2006 nach über einjähriger Pause wieder Dutzende chinesische Firmen in Shanghai und Shenzhen neu gelistet werden dürften.

Zugleich ist mittlerweile eine Reform in Kraft, die es Ausländern erlaubt, nichthandelbare Aktienanteile von national gelisteten Unternehmen zu kaufen, solange die Anteile drei Jahre fest beim Käufer verbleiben. Diese Neuregelung eröffnet ausländischen Investoren eine interessante Alternative zur Direktinvestition.

Peking hat erkannt, dass China langfristig einen starken nationalen Kapitalmarkt braucht, einerseits um das Bankensystem zu entlasten, andererseits um das Rentensystem zu finanzieren und den privaten Konsum anzukurbeln. Deshalb wurde neben der Auflösung der nichthandelbaren Aktienbestände inzwischen eine ganze Reihe von Maßnahmen in Gang gesetzt, um das Vertrauen in den Markt zu stärken, die Position der Kleinanleger zu verbessern und eine diversifizierte Anlage des ersparten Kapitals zu ermöglichen.

So hat die CSRC Ende 2005 einen 6,3 Milliarden Yuan schweren Fonds zum Schutz von Privatanlegern gegen Insolvenz von Wertpapiergesellschaften aufgelegt, die Quote für ausländische Fonds auf dem chinesischen Kapitalmarkt erhöht und Geschäftsbanken ermöglicht, ins Fondsgeschäft einzusteigen. Auch der Handel mit Finanzderivativen ist seit 2006 wieder gestattet. Neben Rohstoffderivaten auf ausgewählte Rohstoffklassen dürfen voraussichtlich ab Januar 2007 auch Terminkontrakte auf Aktienindizes an den Markt gebracht werden. Die Regierung will zudem eine neue Börse für Finanzderivative in Shanghai einrichten. Die Einführung von Derivaten wird nicht nur die Entwicklung der chinesischen Kapitalmärkte vorantreiben, sondern chinesischen Unternehmen zudem umfangreichere Instrumente zur Risikoabsicherung in die Hand geben. Mit dem kürzlich eingeführten QDII werden die chinesischen Finanzinstitutionen ebenfalls nachhaltig auf Effizienz getrimmt werden. Insofern kann man für die weitere Entwicklung der chinesischen Kapitalmärkte trotz aller immer noch existierenden Probleme und Beschränkungen langfristig positiv gestimmt sein.

2. Politik

Welche Faktoren sind es, die das bereits 25 Jahre währende »chinesische Wunder« ermöglicht haben? Mit Sicherheit spielen die politische Stabilität und die strategische Kontinuität, die Peking seit dem Beginn der Reform- und Öffnungspolitik verfolgt, eine wichtige Rolle. China hat eine zentralstaatliche Tradition. Die zentralistische und autoritäre Regierung kann ihre Beschlüsse fokussiert und in atemberaubender Geschwindigkeit umsetzen. Die Stärke der Zentralregierung reicht dabei bis in die hintersten Winkel des Landes.

In China ist der pragmatisch und flexibel agierende Staat der Motor der Entwicklung, dem es gelungen ist, eine über Jahrzehnte stabile und berechenbare Wirtschaftspolitik durchzuziehen. China ist seit 1979 in keine militärisch ausgefochtene Streitigkeit involviert gewesen, sieht man von dem obligatorischen Säbelrasseln in Bezug auf die Taiwan-Frage einmal ab.

Die Herrschaft der Kommunistischen Partei (KP) kann nach dem Zusammenbruch der Qing-Dynastie 1911 und den Irrungen des frühen 20. Jahrhunderts durchaus als die Fortsetzung der jahrtausendelangen Reihe der chinesischen Herrschaftsdynastien verstanden werden. Und genauso fest wie einst der Kaiser sitzt die KP Chinas im Sattel. Die Aussage, Demokratie wie in den westlichen Ländern sei für China »eine Sackgasse«, spiegelt die Auffassung des Staatspräsidenten Hu und der gesamten KP wider. Anders als von vielen erwartet, folgt der wirtschaftlichen Liberalisierung in

China keine breite, massenergreifende Protestbewegung für Selbstbestimmung und Demokratie – zumindest bislang nicht.

Innenpolitik

Nach der Machtübernahme Deng Xiaopings im Jahr 1978 hat sich China fundamental gewandelt. Das Primat der Politik wurde weitestgehend vom Primat der Wirtschaft abgelöst. Die Regierung hat die Einmischung ins Privatleben der Bürger, die im maoistischen China gang und gäbe war, kontinuierlich zurückgeschraubt. Sofern die Chinesen sich nicht regimekritisch engagieren, sind sie im privaten Leben im Wesentlichen frei. Überhaupt hat das Regime der KP mit einer kommunistischen Gesellschaftsordnung angesichts des weitverbreiteten Raubtierkapitalismus eigentlich nichts mehr zu tun. Damit ähnelt die Herrschaft der KP eher einer asiatischen Entwicklungsdiktatur als einem totalitären kommunistischen Regime. Seit dem 2003 vollzogenen Führungswechsel ist die »Vierte Generation« der Parteilenker an der Macht und der Vorsitzende Hu Jintao neben Ministerpräsident Wen Jiabao der einflussreichste Politiker im Land. Beide entstammen nicht der so genannten »Shanghai Fraktion« um Jiang Zemin, die über die Stadtregierung in Shanghai an die zentrale Führung gekommen ist. Trotz des vollständigen Rückzuges von Jiang Zemin, der 2004 auch den Vorsitz der zentralen Militärkommission an Hu Jintao abgegeben hat, verfügt diese Fraktion noch immer über große Macht innerhalb der KP.

Innerhalb der Zentralregierung hat der Wechsel in der Führungsspitze zu einem umfassenden Stühlerücken geführt, in dessen Zuge wichtige Posten nunmehr mit Vertrauten von Hu und Wen besetzt worden sind. Der Wechsel bedeutete indes keine Zäsur, sondern bekräftig die Kontinuität der wirtschaftlichen Reformen und der Politik der KP. Die politischen Leitlinien Hu Jintaos stehen unter der Leitlinie der »Großen Harmonie«, die die auseinander driftende Gesellschaft wieder vereinen und die extremen sozialen Unterschiede abmildern soll.

Vor dem Abgang Jiang Zemins war ein struktureller Machtkampf innerhalb der Regierung zu beobachten, in dessen Verlauf sich Jiang als harter Konservativer profilierte, während Hu und Wen eher das weichere Element, ganz im Sinne von Yin und Yang, übernahmen. Die zunächst bestehende Hoffnung der westlichen Länder auf eine umfangreiche Reformbewegung und vorsichtige politische Öffnung Chinas hat sich allerdings nicht erfüllt, vielmehr hat die Regierung die Zügel in letzter Zeit wieder straffer gezogen. Innenpolitisch hat sich Hu bislang eher als pragmatischer Hardliner erwiesen. Zensur von Medien und Verfolgung von Dissidenten haben seit dem Ende der Ära Jiang Zemin wieder deutlich zugenommen. Die Verschärfung der staatlichen Kontrolle fällt mit dem Anschwellen der Zahl öffentlicher Proteste zusammen, die die gesellschaftliche Ordnung in China zunehmend gefährden.

Das erklärte Ziel der neuen Führung ist es, die Partei effizienter zu machen und wieder an die Basis heranzuführen, um sie nachhaltig zu stärken. Der politische Entscheidungsprozess soll unter Hu allerdings transparenter werden. So hatte er beispielsweise 2004 angeordnet, dass die gemeinsame alljährliche Sommerfrische hochrangiger Kader im nordöstlichen Beidaihe, die sich seit den frühen Jahren der Volksrepublik zu einem der wichtigsten Entscheidungsforen der Zukunft Chinas entwickelt hatte, nicht mehr stattfindet.

In den mehr als 25 Jahren seit dem Beginn der Ära Deng Xiaoping hat die Regierung Chinas bewiesen, dass grundsätzliche Änderungen in Politik und System möglich sind und dennoch gleichzeitig die gesellschaftliche Stabilität gewahrt bleiben kann. Die Notwendigkeit, die Geschwindigkeit und der Umfang demokratischer Transformation sind indes nicht einmal bei den Dissidenten, die von der Regierung verfolgt werden, unumstritten. Solange Chinas Wirtschaft wächst und das Land zunehmenden Einfluss in der Welt gewinnt, sind die meisten chinesischen Bürger mit ihrer Regierung einverstanden. Zu berücksichtigen ist auch das Desinteresse der gegenwärtigen chinesischen Jugend an politischen Themen. Umfragen des Bildungsministeriums, aber auch der freien Presse bestätigen, dass viele Jugendliche mit der parteistaatlichen Führung im Wesentlichen zufrieden sind und die Regierung für »volksnah, glaubwürdig und entschlossen« halten. Seit dem Erscheinen des vorangehenden Buches

Das asiatische Jahrhundert hat es im Reich der Mitte eine Rehabilitierung des ehemaligen Parteichefs Hu Yaobang und damit eine Annäherung an eine Neubewertung der Ereignisse auf dem Platz des himmlischen Friedens (Tian-An-Men) gegeben. Der Tod des beliebten Parteiführers 1989, der zwei Jahre zuvor wegen »liberaler und bürgerlicher Tendenzen« gestürzt worden war, hatte den Auftakt zu den Protestdemonstrationen der Demokratiebewegung gegeben, die am 4. Juni in Peking vom Militär blutig niedergeschlagen wurde. Mit der Rehabilitierung Hu Yaobangs hat sich Parteichef Hu Jintao gegen den konservativen Flügel in der Partei durchgesetzt, der eine neuerliche Diskussion über den 4. Juni unbedingt vermeiden wollte. Gleichzeitig hat er mit dem Schritt auch seine Loyalität gegenüber seinem verstorbenen Vorgänger bewiesen, der ihm einst zu seinem ersten wichtigen Posten als Provinzgouverneur von Guizhou verholfen hatte. Auch der letzte prominente Häftling der Tian-An-Men-Bewegung ist 2006 nach 16 Jahren aus der Haft entlassen worden.

Eine umfassende Neubewertung der Demokratiebewegung von 1989 wird es auf kurze Sicht dennoch wohl kaum geben. Angesichts zunehmender Unruhen innerhalb der Gesellschaft will die Regierung Diskussionen, die das Risiko einer politischen Destabilisierung mit sich bringen, auf keinen Fall zulassen.

Das beweist auch die harte Haltung der Parteiführung gegenüber dem damaligen Parteichef Zhao Ziyang. Zhao, der 1989 mit den Studenten sympathisierte, damit seinen politischen Untergang besiegelte und unter Hausarrest gestellt wurde, starb im Januar 2005. Anlässlich seiner Trauerfeier bekräftigte die Regierung ihre Einschätzung, dass Zhao im Zusammenhang mit den »Ereignissen des 4. Juni« schwerwiegende politische Fehler begangen habe. Die nach wie vor bestehende Tabuisierung des Vorfalls ist ein Zeichen dafür, wie ausgeprägt die Furcht vor demokratischen Entwicklungen ist. Obwohl in jüngster Vergangenheit in der chinesischen Politik verschiedene Ereignisse der Mao-Ära durchaus kritisch betrachtet werden, ist der 4. Juni nach wie vor ein hochsensibles Thema. Über die Regierungsmethoden Pekings kann man sicherlich geteilter Meinung sein. Zweifellos regiert die KP mit harter Hand: In keinem Land der Erde werden jedes Jahr so viele Menschen zum Tode verurteilt. Dabei fallen nicht nur Kapitalverbrechen wie Mord oder Vergewaltigung unter die Todesstrafe, sondern auch Drogenbesitz, Steuerhinterziehung und Korruption. Die Regierung unterstreicht so auch ihre Anstrengungen bei der Korruptionsbekämpfung zum Beispiel mit der Verurteilung eines Provinzvizegouverneurs, der über 600 000 US-Dollar an Bestechungsgeldern angenommen hatte, zum Tode mit sofortiger Vollstreckung.

Eine wirkliche Alternative zum straffen Regime gibt es allerdings derzeit kaum. An allen Ecken und Enden des Landes brodelt es, völlig gegensätzliche Interessen prallen aufeinander. Während die Muslim-Separatisten im Nordwesten des Landes am liebsten ihren eigenen Staat ausrufen wollen und die Bauern und Wanderarbeiter auf die korrupten Funktionäre schimpfen, würde China ohne eine starke Regierung wahrscheinlich im Chaos versinken und zerbrechen. Dies wissend, lassen sich die Chinesen nicht entmutigen. Konfuzianischer Fleiß, eine enorme Leidensfähigkeit und ein ungeheurer Pragmatismus zeichnen dieses zähe Volk aus, das in den Wirren des vergangenen Jahrhunderts so viel Blut und Tränen vergossen hat.

Auch wenn die Disparitäten immer größer werden, im Großen und Ganzen muss man feststellen, dass es nahezu allen Bevölkerungsschichten jedes Jahr etwas besser geht. Und das ist die größte Legitimation der KP. Bei politischen Unruhen hätte gerade die neu entstehende Mittelschicht am meisten zu verlieren. Ein für Jahre im politischen Chaos versinkendes China wäre auch für die Weltwirtschaft wenig positiv. Angesichts der Rolle des Zugpferdes, die China mittlerweile als Export- und Wachstumsmarkt in der globalen Ökonomie eingenommen hat, zöge ein massiver Konjunktureinbruch im Reich der Mitte fatale Folgen nach sich.

Die Erfahrungen anderer Volkswirtschaften dürften allerdings nahe legen, dass durch eine umfassende wirtschaftliche Modernisierung und Entwicklung die fortschreitende Pluralisierung der Gesellschaft und damit die wachsende Demokratisierung des politischen Systems kaum zu umgehen ist.

Angesichts der Größe Chinas, der Geschwindigkeit und des Umfangs des Wandels, der auf die Bevölkerung einstürmt, ist es also verfrüht zu behaupten, die Chance, ökonomische Öffnung mit politischen Reformen zu verbinden, sei bereits vertan. Beobachter, die davon ausgehen, dass China in den nächsten Jahren aufgrund der mangelnden demokratischen Elemente implodieren würde, beziehen nicht ausreichend die verhältnismäßig geringe Anzahl der Chinesen mit ein, die ein wirkliches Interesse an politischen Reformen haben. In der chinesischen Bevölkerung herrscht, zumindest laut Umfragen, nur wenig politisches Interesse und nur geringe Sehnsucht nach einer umfassenden Demokratisierung. Die geistesgeschichtliche Tradition Chinas ist an streng hierarchischen Strukturen ausgerichtet, Ordnung und Stabilität spielen eine zentrale Rolle. Das Allgemeinwohl hat einen höheren Stellenwert als die Freiheits- und Persönlichkeitsrechte. Zudem sollte die Anpassungsfähigkeit der KP – trotz aller dogmatischen Starrheit – nicht unterschätzt werden. Problembewusstsein und den Willen, die großen Problemfelder anzupacken, kann man Hu und Wen auf jeden Fall attestieren.

Mit dem Anwachsen einer neuen Mittelschicht und dem höheren Stellenwert, der der individuellen Entfaltung zunehmend beigemessen wird, wird automatisch der Wunsch nach politischen Freiheiten wachsen. China hat bereits große Fortschritte gemacht und sich von einer nahezu totalitären Staatsform zu einer Ordnung gewandelt, in der politische Interventionen in Alltags- und Wirtschaftsleben weniger häufig und willkürlich sind. Langfristig ist es wahrscheinlich, dass sich das Regime in China in eine gelenkte Demokratie, ähnlich wie im Stadtstaat Singapur umwandelt.

Die KP will inzwischen auch nicht mehr nur als die Vertreterin des Proletariats wahrgenommen werden, sondern spricht weitere gesellschaftliche Gruppen an mit dem Ziel, sich als Volkspartei zu etablieren. Seit 2005 tritt sie beispielsweise verstärkt an Unternehmer heran, um sie für eine Mitgliedschaft zu gewinnen, was im totalitären China der fünfziger und sechziger Jahre vollkommen undenkbar gewesen wäre.

Negativ muss man allerdings anmerken, dass die Struktur der Partei im Großen und Ganzen seit 1945 unverändert geblieben ist und dass das ranghöchste Parteiorgan, der sechsköpfige ständige Ausschuss des Politbüros, nach wie vor eine sehr kleine Führungsriege umfasst. Das Politbüro wird von mehreren hundert Mitgliedern des Zentralkomitees gewählt. Damit ist die parteiinterne Demokratie weiterhin stark begrenzt.

Auch die Partei selbst ist von den wirtschaftlichen und sozialen Veränderungen betroffen. Die Mitgliederzahl ist in den letzten Jahren kaum angestiegen, in einigen Regionen ist sie sogar rückläufig. Grundsätzlich ist ein deutlich geringeres Engagement der KP-Mitglieder gegenüber der Partei zu verzeichnen. Die KP hat diese Risiken realisiert und versucht bewusst gegenzusteuern. Die Regierung unter Wen und Hu gibt sich transparenter, moderner und offener als ihre Vorgänger. Gleichzeitig versucht sie, die politisch-moralische Ausrichtung der Mitglieder zu stärken. So sind seit kurzem ideologische Schulungen wieder Pflichtprogramm für Parteikader. Die chinesische Politik ist eng mit der Wirtschaft verzahnt, kaum etwas geht ohne offizielle Genehmigungen. Diese so genannte Guanxi-Ökonomie (sinngemäß »Netzwerk«) weist frappierende Parallelen zu der späten Qing-Zeit auf, deren korrupte Beamte die Schaltstellen der Wirtschaft besetzt hielten. Angesichts des haarsträubenden Manchester-Kapitalismus, der zum Teil im Land herrscht, wird schnell deutlich, dass China schon lange kein kommunistischer Staat mit einer zentral gesteuerten Planwirtschaft mehr ist. Privatbetriebe machen inzwischen fast zwei Drittel der chinesischen Wirtschaftsleistung aus. Unterdessen treibt die Regierung die Transformation der Ökonomie von der Plan- zur Marktwirtschaft weiter rasch voran.

Im März 2004 wurde erstmals die Unverletzlichkeit des Privateigentums in die Verfassung aufgenommen, ein Schritt, der unter Mao noch völlig undenkbar gewesen wäre. Mit dem neu gefassten Artikel 11 soll die Privatwirtschaft künftig »ermuntert und unterstützt« werden. Der 11. Fünfjahresplan der Regierung für die Jahre 2006 bis 2010 unterscheidet sich nicht nur in seiner Bezeichnung – »Richtlinie« statt Plan – deutlich von seinen Vorgängern, auch Produktionsvorgaben fehlen.

Andererseits hat die Regierung in letzter Zeit verstärkt darauf hingewiesen, dass Stabilität und gesunde Entwicklung der Volkswirtschaft oberste Priorität haben. Angesichts blühender Korruption und wachsender Unruhen in der Bevölkerung wird mittlerweile die Kritik an der Marktwirtschaft und der Ungerechtigkeit bei den Reformen immer lauter. Linke Kritiker in der Regierung fordern mehr sozialen Ausgleich und gewinnen an Einfluss. So verabschiedete der Nationale Volkskongress im Juni 2006 beispielsweise ein Gesetz gegen Marktbeherrschung durch Monopole. Vor allem westlichen Unternehmen schlagen aus China verstärkt protektionistische Töne entgegen. So will Peking beispielsweise trotz seiner internationalen WTO-Verpflichtungen verhindern, dass ausländische Investoren die Kontrollmehrheit an einheimischen Banken übernehmen können. 2006 hat das chinesische Wirtschaftsministerium auch den bislang größten Verkauf eines chinesischen Unternehmens an einen Finanzinvestor – eines chinesischen Baumaschinenherstellers an die amerikanische Carlyle Group – mit der Forderung blockiert, dass niemals die Mehrheit eines Unternehmens an einen ausländischen Hersteller weiterverkauft werden dürfe. Angesichts derartiger Entwicklungen werden es sich andere Finanzinvestoren dreimal überlegen, bevor sie ihr Engagement in China ausbauen. Zudem hat Chinas kompromisslose Industriepolitik dafür gesorgt, dass ausländische Unternehmen, die im Land Geschäfte machen wollen, auch vor Ort fertigen und so weit wie möglich technologische Kapazitäten nach China verlagern müssen. Dennoch ist es unwahrscheinlich, dass sich die linken Hardliner in Peking dauerhaft durchsetzen werden. Präsident Hu Jintao bekennt sich eindeutig zum Reformkurs. Die Spitzen der Regierung wollen die Probleme eher durch Pragmatismus als durch Polemik lösen.

Soziale Spannung

Chinas Gesellschaft ist mittlerweile in eine Entwicklungsphase verschärfter Widersprüche eingetreten, in der steigende Kriminalität und Massenproteste zur Tagesordnung gehören.

Die Kluft zwischen Stadt und ländlichen Regionen, zwischen den prosperierenden Provinzen entlang der Ostküste und den armen Gegenden in Zentral- und Westchina ist mittlerweile exorbitant. Die Wirtschaftsregion um Shanghai hat das BIP Portugals erreicht, während sich manche ländliche Provinzen allenfalls mit afrikanischen Entwicklungsländern vergleichen lassen. Und selbst innerhalb der

Städte, in denen die bettelarmen Wanderarbeiter sich unter kaum zumutbaren Bedingungen in Fabriken verdingen, während sich die städtische Mittelschicht zunehmend an einen westlichen Lebensstil gewöhnt, sind die Imparitäten gravierend.

Eine kürzlich veröffentlichte UN-Studie kommt gar zu dem Schluss, dass das Einkommensgefälle in China wahrscheinlich das höchste der Welt ist. Und das in einem Land, das noch vor zwei Jahrzehnten als eine der Gesellschaften mit der größten sozialen Gleichheit galt. Die Bewohner der Großstädte haben einen enormen Sprung im Lebensstandard erlebt, Autos, Auslandsreisen und Eigentumswohnungen sind für viele selbstverständlich. Ein reicher Unternehmer aus Shanghai gibt beim Dinner mit Kollegen an einem Abend leicht das Jahresgehalt eines chinesischen Bauern aus.

Der Trickle-down-Effekt des chinesischen Wirtschaftswachstums hat viele Ecken des Landes noch nicht erreicht. Wen Jiabao will deshalb die Steuern für Agrarprodukte innerhalb von fünf Jahren weitgehend abschaffen, was in den meisten Provinzen mit reduzierten Steuersätzen auch schon verwirklicht wurde. Die Bedeutung der Steuer für den Staat war in den letzten Jahren nur noch marginal, stellte jedoch für die nahezu mittellosen Bauern eine große Bürde dar. In der Folge stiegen die Einkommen der Landbevölkerung im ersten Quartal 2006 entsprechend um 11,5 Prozent an. Um gegen die massive Einkommensschere zwischen Stadt und Land anzusteuern, hat die Regierung für 2006 ein weiteres Maßnahmenpaket beschlossen, in dem 23 Milliarden Euro an Investitionen in den Aufbau einer kostenlosen neunjährigen Schulbildung auf dem Land vorgesehen sind. Steuern und Abgaben auf dem Land sollen komplett abgeschafft werden, zudem sollen über 15 Millionen Euro in die ländliche Infrastruktur fließen und das Gesundheitssystem verbessert werden.

Außerdem hat Peking Mitte 2006 angekündigt, eine 20-prozentige Steuer auf Luxusgüter wie Yachten und hochwertige Limousinen einzuführen. Diese Schritte sollten die weitere Verschärfung der Gegensätze zumindest vorerst abbremsen.

Die Gefahr sozialer Unruhen wächst, je größer die Arbeitslosigkeit und die Ungleichheit innerhalb des Landes wird. Deshalb muss die Regierung in Peking die Ökonomie weiter auf ihrem rasanten

Kurs halten und kann sich eine tiefgreifende Krise um keinen Preis leisten.

Zwar sitzt die Zentralregierung sicher im Sattel, doch durch die sozialen und wirtschaftlichen Entwicklungen baut sich starker innenpolitischer Druck an der Basis auf. Zunehmend eskalieren die Spannungen innerhalb der Bevölkerung. Nach Angaben der Regierung gab es 2005 rund 87000 Fälle von »Störung der öffentlichen Ordnung«, ein Anstieg gegenüber 2003 um beinahe 50 Prozent. Inoffizielle Stellen gehen von einer weitaus größeren Zahl aus.

Wurzel der Proteste sind neben der schwelenden Unzufriedenheit über wachsende Ungleichheiten vor allem staatliche Enteignungen und die massive Umweltzerstörung. Umweltkatastrophen dringen zunehmend an die Öffentlichkeit. So war kurz nach dem Megaunfall 2005 bei Jilin in der nordöstlichen Mandschurei, bei dem 100 Tonnen Giftschlacke drohten, die Trinkwasserversorgung von Millionen Menschen zu zerstören, auch im Süden des Landes ein weiterer Umwelt-GAU bekannt geworden, als eine staatliche Schmelzhütte große Mengen giftige Abwässer in einen Fluss der Provinz Guangdong eingeleitet hatte. Die wütenden Bewohner verlangten Entschädigungen und eine Bestrafung der Verantwortlichen.

Dabei verlaufen die Proteste im ganzen Land immer häufiger gewalttätig, es werden Parteibehörden gestürmt, zerstört und gebrandschatzt. Die katastrophalen Verschmutzungen vor allem des Wassers bedrohen viele Bauern in ihrer Existenz. In der ostchinesischen Provinz Zhejiang überrannten und zerstörten 5000 Bauern die örtlichen Chemie- und Düngemittelfabriken, die ihre Felder und Beete bedrohten. 2005 waren 70 Prozent der Protestierenden Bauern.

Chinas Regierende wissen sehr wohl um die Bedeutung der Bauern, schließlich konnten die Kommunisten 1949 erst die Macht ergreifen, nachdem sie sich von dem sowjetischen Revolutionsmodell gelöst hatten und den Bauern eine wesentliche Rolle übereigneten. Die Reduzierung der Agrarsteuer ist deshalb auch eine Geste der Regierung, die fast 900 Millionen Bauern Chinas wieder für ihre Seite zu gewinnen. Ein ehrgeiziges Programm mit dem Titel »Neues Sozialistisches Land« soll die Situation der Landbevölkerung mittels weiteren Steuersenkungen, Subventionen und Infrastrukturinvestitionen weiter verbessern.

Die Bereitschaft zu Protesten wächst indes auch unter den chinesischen Arbeitern. Vor allem unter den Minenarbeitern, ist die Unzufriedenheit groß. Jedes Jahr sterben über 6 000 Arbeiter durch Minenunglücke, inoffizielle Quellen sprechen dagegen von mehr als 20 000 Toten. Statistisch gesehen lebt ein chinesischer Minenarbeiter damit gefährlicher als ein Raumfahrer. Die katastrophale Arbeitssicherheit ist zu großen Teilen auf korrupte Funktionäre zurückzuführen, die bei fehlenden Sicherheitsvorkehrungen schon mal ein Auge zudrücken. Zum Zwecke der Profitmaximierung werden andere Interessen zurückgestellt. In fast allen Industriebranchen ist es um den Arbeitsschutz schlecht bestellt. Jedes Jahr sterben etwa 140 000 Chinesen bei Unfällen in Fabriken.

Ebenfalls für sozialen Sprengstoff sorgt die Bodenpolitik der chinesischen Regierung. Während der Immobilienmarkt in den Städten boomt, ist es der ländlichen Bevölkerung verboten, Flächen zu kaufen oder zu verkaufen. Alles Land gehört in China dem Staat beziehungsweise landwirtschaftlichen Kommunen, ein Eigentum an Grundstücken ist nicht möglich. Damit hat allein die Regierung das Monopol, über die Landnutzung zu entscheiden, also zum Beispiel Agrarland zu enteignen und für die Stadtentwicklung nutzbar zu machen oder in Gewerbegebiete umzuwandeln. Daraus ergeben sich für die lokalen Regierungen hohe Gewinne, auf die Interessen und Rechte der Bauern wird hingegen kaum Rücksicht genommen. Diese Praxis stört die soziale Stabilität und führt mit der rasch fortschreitenden Urbanisierung zu wachsenden Protesten der Landbevölkerung. Im Dorf Shanwei in der Provinz Guangzhou nahe Hongkong demonstrierten im Frühjahr 2006 die Bewohner gegen die Enteignung ihres Landes für den Bau eines Energiekraftwerks – bis zu 20 Menschen wurden dabei von der Polizei erschossen. Durch die Nähe zu Hongkong kam hierbei an die Öffentlichkeit, was normalerweise als Staatsgeheimnis in den Akten verschwindet. Wie viele Tote es tatsächlich schon bei Ausschreitungen im ganzen Land gegeben hat, darüber kann man nur spekulieren.

Eine Reform der Bodenpolitik, die das staatliche Monopol bricht und eine faire Kompensationspolitik für enteignete Bauern einführt, wäre dringend notwendig. Die Zentralregierung mahnt die lokalen Kader zwar in jüngster Zeit regelmäßig, bei der Landenteignung strikt nach Gesetz vorzugehen, doch die Kontrolle aus Peking reicht oftmals nicht aus, um die lokalen Behörden in ihrem Eigennutz einzuschränken.

Noch richten sich die Proteste nahezu ausschließlich gegen lokale Missstände und lassen sich dadurch relativ leicht eindämmen. Wie schnell ein kleiner Anlass in China aber auch zum Flächenbrand werden kann, zeigte die antijapanische Protestwelle, die sich im April 2005 wie ein Lauffeuer trotz offizieller Nachrichtensperre im ganzen Land ausgebreitet hatte. Die wachsenden Spannungen bereiten der Regierung deshalb zunehmend Sorge und erfordern eine stärkere Fokussierung der Politik auf ländliche Regionen und die unterprivilegierten Schichten der Gesellschaft.

Der allmähliche Ausgleich der gewaltigen gesellschaftlichen Unterschiede und der bessere Umweltschutz sind darum Kernpunkte im aktuellen Fünfjahresplan der Regierung. Präsident Hu Jintao hat, ganz in der Tradition des Konfuzianismus, das Ideal der »Harmonischen Gesellschaft« zu seiner politischen Leitlinie gemacht. Die Orientierung an den »Fünf Balancen«, zu denen unter anderem Chinas eigene Entwicklung und sein Verhältnis zur Außenwelt zählen, soll die chinesische Gesellschaft unter der Führung der KP wieder nachhaltig stabilisieren und eine kontinuierliche Entwicklung im Einklang mit der Weltwirtschaft gewährleisten. Das Leitmotiv der »Harmonischen Gesellschaft« zielt darauf ab, die gravierenden Unterschiede abzumildern und ein fundamentales Sozialsystem aufzubauen.

Das Ziel der Politik für die nächsten 20 Jahre ist der Wandel Chinas zu einer »xiaokang« Gesellschaft, einer Gesellschaft des moderaten Wohlstandes, in der der Großteil der Bevölkerung zur Mittelklasse gehört. Zur Stabilisierung der Machtbasis hat die Regierung seit einiger Zeit auch wieder die konfuzianische Tradition des Landes aus der geistigen Mottenkiste geholt, mit der sie in den frühen Jahren der Volksrepublik gebrochen hatte – bis hin zur Verfolgung ihrer Anhänger. Der Gehorsam gegenüber der Regierung, die im Gegenzug für das Wohl der Menschen sorgt, ist darin ein Schlüsselelement.

In den späten neunziger Jahren hat China begonnen, die Ausbildung an den Universitäten massiv auszubauen. Die Zahl der Studenten hat sich von 1999 bis 2004 mehr als verdoppelt. Das konfuzianische Ideal von der »Bildung für alle« ist indes von staatlicher Seite weitgehend verloren gegangen – vielleicht einer der größten Fehler der Partei. Schon für die Grundschule müssen Eltern hohe Summen aufwenden, wenn sie ihren Kindern eine gute Ausbildung ermöglichen wollen. Für bessere Schulen werden monatliche Beiträge in Höhe eines Arbeitergehaltes verlangt. Nur die besten Noten einer sehr guten Schule ermöglichen das Studium an einer Eliteuniversität. Prüfungsergebnisse werden oftmals durch »Spenden« an die Schulleitung aufgebessert. Anfang der neunziger Jahre begannen die Universitäten in China Studiengebühren einzuführen, die sich seither kontinuierlich erhöht haben. Je prestigeträchtiger die Universität, desto höher die Gebühr. Die jährlichen Kosten für eine Universitätsausbildung inklusive Lebenshaltungskosten belaufen sich inzwischen auf mehr als ein durchschnittliches Jahresgehalt. Weniger wohlhabenden Eltern bleibt so eine gute Bildung für ihren Nachwuchs verwehrt.

Durch diese Fehlentwicklung wird die Spaltung der chinesischen Gesellschaft weiter vorangetrieben. Durch die Bereitstellung einer kostenlosen neunjährigen Schulbildung auf dem Land, die die Regierung für die kommenden Jahre geplant hat, soll dieser Trend wieder umgekehrt werden.

Innenpolitische Schwierigkeiten gibt es auch mit verschiedenen nationalen Minderheiten. Von den 56 Minoritäten, die neben den mehrheitlichen Han in China leben, sind die meisten vollständig in die chinesische Kultur integriert und kaum von den Han zu unterscheiden. In der nordwestlichen Provinz Xinjiang, wo 40 Prozent der nationalen Kohlevorräte und ein Drittel der Erdölbestände lagern, gibt es dagegen schon seit Jahren militante separatistische Bewegungen der muslimischen Uyguren-Minderheit. Zwar besteht die Bevölkerung aufgrund massiver Besiedelungsprogramme auch dort mittlerweile vorwiegend aus Han, einige Teile der Region haben sich aber wegen der anhaltenden Unruhen dauerhaft zu militärischen Sperrzonen entwickelt. Zu permanenten Spannungen führt auch die Situation in Tibet. Auch hier haben sich seit den fünfziger Jahren

Millionen von Han-Chinesen angesiedelt. Die direkte Anbindung Tibets an Peking durch die höchstgelegene Eisenbahn der Welt im Juli 2006 wird die Integration des Gebiets in die Volksrepublik noch weiter vorantreiben und eine noch stärkere Sinisierung der Region einleiten.

Umweltkatastrophen und Rohstoffknappheit

China steht vor gewaltigen ökologischen Herausforderungen. Das explosionsartige Wirtschaftswachstum ging bisher in hohem Maße zu Lasten der Umwelt, wobei sich auch in China zunehmend die Erkenntnis durchsetzt, dass nur Nachhaltigkeit auf Dauer nützlich sein kann. Die jährlichen Kosten des Raubbaus werden auf exorbitante 8 bis 12 Prozent des BIPs geschätzt.

Mehr als 400 000 Todesfälle in China jährlich sind direkt auf die extreme Umweltverschmutzung zurückzuführen. Auch im China Human Development Report des United Nations Development Programs wird China attestiert, seinen Bewohnern die schlimmsten Verschmutzungen zuzumuten. Neben mangelnder Verfügbarkeit und Qualität von Wasser ist insbesondere die Luftverschmutzung gravierend. In einigen Gegenden des Landes ist der Anblick eines blauen Himmels gänzlich unbekannt. An Tagen mit besonders starker Belastung sind selbst in der Hauptstadt Peking die Umrisse zwanzig Meter entfernter Häuser nur undeutlich zu erkennen.

Die Belastung der Luft mit Schwebstaub ist in den chinesischen Städten im Durchschnitt dreimal so hoch wie in London oder Tokio. Schlechte Atemluft und saurer Regen sind die Folge. Nach Schätzungen der Weltgesundheitsorganisation (WHO), fordert die Luftverschmutzung in den Städten jedes Jahr mehr als 250 000 Opfer, die Weltbank geht von noch höheren Zahlen aus. Nach Angaben der Weltbank haben zudem 700 Millionen Menschen in China keinen Zugang zu sauberem Trinkwasser.

Die Ursachen für die massive Verschmutzung sind allgemein bekannt. Ein großer Teil der Belastung kommt aus Kraftwerken, die mit Kohle betrieben werden und nur über unzureichende Filtersysteme verfügen. Dies ist die Hauptquelle für die Verschmutzung der

Luft mit Schwefel und Kohlendioxid. Hinzu kommt, dass die existierenden Kohlekraftwerke einen ausgesprochen geringen Effizienzgrad haben. Bislang deckt China fast 70 Prozent seines Energiebedarfs mit Kohle. Veraltete Industrieanlagen, teilweise ohne jegliche Filtertechnologien, tun ein Übriges.

Ein weiterer Faktor ist die rapide steigende Motorisierung der städtischen Verbraucher, die in den urbanen Zentren zu dichtem Dunst und Verkehrschaos in den Straßen führt. Die existierende Straßeninfrastruktur in den Städten ist dem expandierenden motorisierten Individualverkehr nicht gewachsen, Staus mit entsprechend höheren Schadstoffemissionen prägen das Stadtbild der meisten chinesischen Städte. Das romantische Chinabild der vor allem mit Fahrrädern gefüllten Straßen gehört längst der Vergangenheit an.

Die Probleme, die aus dem rücksichtslosen Raubbau an der Umwelt resultieren, entwickeln sich zusehends zu Engpassfaktoren. Mangelnde Wasserverfügbarkeit und -qualität lähmen vielerorts die Wirtschaft.

Ein Grund dafür, dass China sich in den vergangenen Jahren mit niedrigsten Produktionskosten zur Fabrik der Welt entwickeln konnte, liegt in der Tatsache, dass Umweltauflagen nicht existieren oder kaum Beachtung finden. Als Ergebnis hat sich das Land zur größten Dreckschleuder der Erde entwickelt. Von den zehn am stärksten verschmutzten Städten der Welt liegen sieben in China.

Dabei steht das Land unter hohem Druck von Seiten der Europäischen Union und anderen Ländern, seinen Kohlendioxidausstoß zu verringern. Schon jetzt ist China zweitgrößter Produzent von Kohlendioxid nach den USA, bis 2020 könnte China laut offiziellen Schätzungen die Vereinigten Staaten überrunden. Bei den giftigen Schwefeldioxiden liegt das Land bereits auf Platz eins.

Die Ressourceneffizienz des Landes ist derzeit noch deutlich ungenügend. Pro Einheit BIP verbraucht China mehr als viermal so viel Energie wie Deutschland und mehr als siebenmal soviel wie Japan. Im privaten Bereich ist der Pro-Kopf-Verbrauch von Energie noch gering und beträgt lediglich ein Fünftel des globalen Durchschnitts. Bei 1,3 Milliarden Menschen, deren Lebensstandard rapide wächst, ist der Anstieg des Gesamtverbrauches allerdings furchteinflößend.

In Großstädten wie Shanghai sind vor allem Klimaanlagen die größten Energiefresser und verbrauchen etwa ein Drittel des gesamten Energiebedarfs.

Neben den »modernen« Umweltkatastrophen hat China auch nach wie vor mit seinen »traditionellen« Umweltproblemen zu kämpfen: Dürre, Überschwemmungen und Verwüstung.

Die Ausmaße des Raubbaus an der Umwelt stellen einen enormen Druck auf die Regierung in Peking dar. Vor allem bei der Olympiade 2008 will China die Welt mit anderen Rekorden beeindrucken als mit der schwersten Luftverschmutzung des Planeten.

Wie am Beispiel der Umweltkatastrophe in Jilin deutlich wird, richtet sich das internationale Interesse zusehends auf diese Schattenseite der raschen Entwicklung des Landes. Aber auch nationale Medien widmen sich verstärkt dem Thema, und bei den Menschen erwächst ein Bewusstsein für Umweltschutz und der Wunsch nach einer sauberen Umgebung.

Peking hat das Problem erkannt und versucht seit einigen Jahren, verstärkt gegenzulenken, indem es zunehmend Initiativen zur Eindämmung des Problems startet. Ein interessanter Schritt auf diesem Weg war die Schaffung eines Erneuerbare-Energien-Gesetzes, das im Januar 2006 in Kraft trat, und bei dem sich die Regierung zu großen Teilen an das deutsche Modell angelehnt hat. Dabei ist China weltweit das erste Land, in dem erneuerbare Energien nicht an erster Stelle aus Umweltgründen gefördert werden, sondern vor allem um den dramatisch wachsenden Strombedarf zu decken. Das Gesetz sieht finanzielle Förderung für Projekte vor, die der Entwicklung erneuerbarer Energien dienen. Zudem werden Stromnetzbetreiber verpflichtet, einen bestimmten Anteil regenerativer Energien ins Netz einzuspeisen, wobei die entstandenen Kosten auf alle Verbraucher umgelegt werden. Der Anteil erneuerbarer Energien an der Stromerzeugung soll bis 2010 auf 10 Prozent, bis 2020 auf 15 Prozent hochgeschraubt werden. Heute werden lediglich 7 Prozent des Stromes mit erneuerbaren Energieträgern erzeugt, ein Großteil davon durch große Hydrokraftwerke wie den gigantischen Drei-Schluchten-Staudamm in Zentralchina, der so viel Strom erzeugen wird wie 16 Atomkraftwerke.

Eine weitere Möglichkeit zur Eindämmung von Umweltschäden und Ressourcenverschwendung wäre die Absetzung der Energiesubventionen, um die explodierende Nachfrage über den Preis zu regulieren und Anreize zur Investition in umweltschonende Technologien zu setzen. Von Bedeutung wäre auch, die Wasserpreise und Abwassergebühren, die derzeit stark subventioniert sind beziehungsweise gar nicht erst erhoben werden, deutlich zu steigern. Trotz der allgemeinen Wasserknappheit liegt der Wasserverbrauch pro Haushalt um zwei Drittel höher als in Deutschland. Die Bewässerungsmethoden in der Landwirtschaft sind zu großen Teilen ineffizient und führen zu einer maßlosen Verschleuderung von Wasser. Zunehmend etablieren sich daher chinesische Unternehmen wie Xinjiang Tianye, die wassersparende Bewässerungstechnik anbieten.

Preissignale bieten eine gute Möglichkeit zur Regulierung des Verbrauchs knapper Ressourcen, jedoch würde die Regierung mit einer deutlichen Erhöhung der Preise die Wut der Verbraucher auf sich ziehen, weshalb sie angesichts der brodelnden Stimmung eher vorsichtig agiert.

Für ein Schwellenland ist die Umweltgesetzgebung in China verhältnismäßig fortschrittlich, Realität und Wirklichkeit klaffen aber leider oftmals auseinander. Die Umsetzung vor allem auf regionaler Ebene ist noch immer mangelhaft, hier genießt ein möglichst hohes Wirtschaftswachstum noch immer die oberste Priorität.

Dennoch ist ersichtlich, dass die Regierung die Probleme ernst nimmt. So wurde das Erneuerbare-Energien-Gesetz in Rekordzeit verabschiedet, anstatt, wie bei vielen Neuerungen üblich, erst vorsichtig erprobt zu werden. Mit der Förderung erneuerbarer Energien trägt Peking auch dem immer größer werdenden Hunger der Chinesen nach Strom Rechnung, und angesichts steigender Ölpreise sind alle Alternativen willkommen. Die Zuwachsraten für den Energiebedarf liegen in China vier- bis fünfmal höher als im Rest der Welt.

Eine sichere Energieversorgung ist zentral für Standortattraktivität und Wirtschaftswachstum des Landes. Im ökonomischen Kraftpaket des Perlflussdeltas, in dem ein Drittel des gesamten nationalen Exportvolumens produziert wird, ist Stromknappheit und Energierationalisierung mittlerweile an der Tagesordnung. Während der großen Hitze im Sommer 2004 wurde im ganzen Land der Strom knapp. Allein in Shanghai mussten 2100 Unternehmen auf Geheiß der Behörden durchgehend nachts arbeiten – pragmatisch, aber kaum nachhaltig praktikabel.

Anders als gegenwärtig Deutschland setzt China bei der Energiegewinnung auch verstärkt auf Atomkraft. Noch beträgt der Anteil von Atomstrom am Energieverbrauch magere 2 Prozent, bis 2020 sollen es 4 Prozent werden. Jedes Jahr werden in China zwei bis drei neue Atomkraftwerke gebaut. So sollte auch die Atomfabrik aus dem deutschen Hanau hier demontiert und in China wieder aufgebaut werden, nach anhaltenden Protesten wurde das Projekt aber eingestellt.

Mit der stärkeren Fokussierung auch auf alternative Energien setzt Peking zudem ökonomische Impulse. Bei der schieren Masse und Flexibilität der chinesischen Unternehmer und Industrie kann das Land zu einem führenden Produzenten im Bereich nachhaltige Energiegewinnung werden. So hat Deutschland, Vorreiter bei Umweltschutz und der Förderung alternativer Energien, zahlreiche Unternehmen, die Technologieführer in der »Grünen Branche« sind, so zum Beispiel in der Wind- und Solarenergieerzeugung. China ist bereits jetzt Weltmarktführer in der Herstellung von solarbetriebenen Wassererhitzern. Um die gravierende Umweltverschmutzung einzudämmen, dürften in den kommenden Jahrzehnten mehrere 100 Milliarden US-Dollar in Umwelttechnologien investiert werden.

Die stark gestiegene Nachfrage der schnell wachsenden Schwellenländer hat die Preise fossiler Energieträger weltweit nach oben schnellen lassen. China kommt dabei aufgrund seiner Dimension eine besondere Rolle zu. Die Tatsache, dass die Auswirkungen der gewaltigen Preissteigerungen auf die Weltwirtschaft weit weniger stark waren als während der Ölkrisen 1973 und 1979/80, liegt vor allem darin begründet, das sich die meisten Konsumgüter durch die fortschreitende Integration Chinas in die Weltwirtschaft stark verbilligt haben.

Dennoch stellt auch für China ein weiterer scharfer Anstieg der Energiepreise eine substanzielle Bedrohung dar. Den Großteil seines Energiebedarfs, rund 67 Prozent, deckt China über Kohle ab, den einzigen wichtigen Energieträger, über den das Land in ausreichenden Mengen verfügt. Der Importbedarf des Landes an Energie, vor allem in Form von Öl ist aber immens. Seit 1985 wachsen die Ölimporte jedes Jahr um durchschnittlich 132 Prozent, die heimische Ölproduktion steigt dagegen lediglich um 1,7 Prozent. Auch wenn bisher erst acht von 1 000 potenziellen privaten Autofahrern im Reich der Mitte ein eigenes Fahrzeug besitzen, ist China bereits zum zweitgrößten Erdölverbraucher nach den USA avanciert – allerdings beträgt der chinesische Pro-Kopf-Verbrauch an Öl derzeit nur ein Fünfzehntel des amerikanischen.

Angesichts dieser Relationen, des schnell wachsenden Lebensstandards der Chinesen und der zunehmenden Popularität individueller Motorisierung ist eine Entspannung der Nachfrage auch auf lange Sicht kaum denkbar, ein weiterer steiler Anstieg des Verbrauches ist zu erwarten. Zwischen 2002 und 2004 stieg der Rohölverbrauch Chinas um fast 50 Prozent. Und das, obwohl der Konsum privater Haushalte in manchen Regionen bei nahezu null liegt. Der Nachfrageboom ist vor allem industriegetrieben. Die häufigen Engpässe in der Stromversorgung werden von Fabriken vor allem mit Dieselgeneratoren überbrückt.

2004 mussten fast 55 Prozent des in China verbrauchten Öls importiert werden, ein Ende ist nicht abzusehen. Sollte die Wirtschaft weiter mit diesem Tempo wachsen, wird das Land im Jahr 2020 der größte Ölimporteur der Welt sein. China versucht gegenzusteuern und hat sich mit Japan, Südkorea und den ASEAN-Staaten darauf verständigt, sich in Krisensituationen mit Energie auszuhelfen. In der Zwischenzeit versucht die chinesische Regierung nach Kräften, sich auf der ganzen Welt Vorkommen zu sichern, um eine ungehinderte Expansion der chinesischen Wirtschaft zu gewährleisten.

In den vergangenen Jahren ist die Regierung in Peking weltweit auf Einkaufstour gegangen und hat eine hohen dreistelligen Milliardenbetrag an US-Dollar in Ölfelder auf der ganzen Welt investiert. Wenn es um die Zusammenarbeit bei der Ölgewinnung geht, ist China in der Wahl seiner Partnerländer nicht zimperlich. Anders als der Westen knüpft es sein Engagement nicht an Bedingungen wie gute Regierungsführung oder nachhaltige Entwicklung. Diesem Strategiemodell folgt zunehmend auch Indien, das sich auf der ganzen Welt Ressourcen sichert, um seinen ebenfalls immer größer werdenden Energiehunger zu stillen. Beim Kampf um Energieressourcen interessieren allein die Zahlen.

Angesichts des Proteststurms und der politischen Vereitelung Washingtons bei der versuchten Übernahme des amerikanischen Energiekonzerns Unocal durch die chinesische CNOOC im Sommer 2005 kann man den Strategieschwenk der Chinesen nachvollziehen. Der Zweck heiligt die Mittel, sodass Peking auch mit so genannten »Schurkenstaaten« wie dem Iran, Syrien und Sudan zusammenarbeitet. Der Sudan, der vom Westen wegen Bürgerkriegen und Menschenrechtsverstößen weitgehend gemieden wird, stellt China 60 Prozent seiner Ölexporte zur Verfügung. Das strategische Vorgehen Chinas ist von einer Kombination aus Bargeld, technischer Expertise und dem Einfluss in internationalen Gremien wie dem UN-Sicherheitsrat bestimmt, wodurch die Länder im Fokus des chinesischen Interesses vor drohenden Sanktionen beschützt werden. Als Veto-Mitglied im UN-Sicherheitsrat kann Peking alle Beschlüsse über Strafmaßnahmen gegen andere Staaten blockieren. Den Sudan hat die Regierung bereits vor Sanktionen bewahrt, indem sie ein hartes Vorgehen des UN-Sicherheitsrates gegen das Regime wegen Menschenrechtsverletzungen verhinderte. Auch im Iran haben die Chinesen im großen Stil investiert, 2004 allein flossen 70 Milliarden US-Dollar aus China in iranische Öl- und Gasvorkommen. Sollten sich die USA tatsächlich zu einem Eingreifen entschließen, werden sie nicht ohne weiteres an Chinas Interessen vorbei handeln können.

Im Jahr 2005 hatten chinesische Unternehmen wie Verbraucher erstmals unter massiven Benzinengpässen gelitten. Die Regierung subventioniert die Benzinpreise großzügig und zwingt Energiekonzerne wie das größte Raffinerieunternehmen Sinopec, ihre Produkte mit großen Verlusten im Inland zu verkaufen. Trotz des hohen Bedarfs im Inland exportierten die Hersteller darum so viel wie möglich, weshalb die Regierung die Einführung einer Steuer auf den Export von Ölprodukten geplant hat. Wie auch bei der Wasserversorgung ist die Subventionierung der Energiepreise nicht förderlich für einen besonnenen Umgang mit der Ressource und verhindert die Investition in umweltschonende Technologien. Darüber hinaus lässt die nicht über die Kosten regulierte Nachfrage die Preise auf dem Weltmarkt explodieren, sodass quasi alle für Chinas Energiesubventionen zahlen müssen. Aus Angst vor Protesten bei Verbrauchern wie Bauern und Taxifahrern scheut die Regierung aber vor einer Freigabe der Preise. Die bereits 2003 vom Kabinett genehmigte Benzinsteuer ist deshalb bis heute nicht eingeführt worden.

Mit anderen Emerging Markets wie Indien, aber vor allem auch mit Japan ist ein harter Wettbewerb um die Sicherung von Erdgas- und Erdölvorkommen entbrannt. Japan ist nach den USA und China der drittgrößte Erdölverbraucher der Welt. Da das Land praktisch über keinerlei eigene Vorkommen verfügt, ist es derzeit der welt-größte Importeur. Die russischen Öl- und Gasressourcen entwickeln sich deshalb zunehmend zum Zankapfel zwischen Japan und China. Der diplomatische Kampf mit Japan um eine 10 Milliarden US-Dol-lar teure Ölpipeline, die aus dem russischen Taishet nahe des Baikal-sees ins ostchinesische Daqing führen sollte, wurde 2004 durch ein Machtwort Putins für Japan entschieden, das Russland im Gegenzug Milliardenkredite zugesagt hatte. Bisher erhält China nur geringe Mengen von Russlands reichhaltigen Öl- und Gasvorkommen per Eisenbahn. Moskau hat in der Zwischenzeit zugesagt, auch China über drei neue Pipelines mit sibirischem Öl versorgen zu wollen, teil-weise über Abzweige der Pazifikpipeline nach Japan.

Ein Weiteres ist die Auseinandersetzung um die Erdgasvorkommen im so genannten Chunxiao-Gasfeld, nordwestlich von Okinawa, das genau an beziehungsweise unter der von Japan festgelegten Demar-kationslinie liegt und von beträchtlicher Größe sein soll. Bislang konnten sich China und Japan nicht auf eine gemeinsame Grenze und eine praktikable Auslegung des UN-Seerechtsabkommens eini-gen. Auf Testbohrungen der chinesischen Seite reagierte Japan mit eigenen Bohrungen, was zu scharfen Äußerungen der Außenminister führte. Beide Seiten bezichtigen sich der Provokation und Verletzung nationaler Interessen.

Neben der Nachfrage nach Öl ist auch der Bedarf nach anderen Rohstoffen im Zuge der enormen Expansion der chinesischen Indus-trie förmlich explodiert. 2004 wurden mehr als 40 Prozent des gesamten chinesischen Importvolumens allein hierfür ausgegeben. Das Wirtschaftswachstum in den vergangenen Jahren war stark durch Industriesektoren wie Stahl, Automobil und Infrastruktur geprägt, allesamt äußerst rohstoffintensive Branchen. Mammutprojekte wie der Jangtse-Staudamm und die Errichtung der höchstgelegenen Eisenbahnlinie der Welt von Zentralchina nach Tibet verschlingen Unmengen an Ressourcen. Bereits heute ist China der weltweit größte Verbraucher an Kupfer, Eisenerz, Zinn und Zink. China ist zwar nicht gänzlich ohne eigene Rohstoffe, doch der Wirtschaftsboom hat dazu geführt, dass alle Ressourcen, die im Land selbst gefördert und produziert, dort auch verbraucht werden und trotzdem noch immer Mangel herrscht, der über die internationalen Märkte gedeckt wird.

China hat zudem einen stetig wachsenden Appetit auf Agrarrohstoffe entwickelt und ist zum größten Konsumenten von Reis, Weizen, Soja und Baumwolle geworden. Da die Chinesen zunehmend ihre Liebe zu westlicher Konsumkultur entdecken, schnellen auch die Importe von Kakao und Zucker jedes Jahr im zweistelligen Bereich nach oben.

Der Aufschwung Chinas hat die internationalen Rohstoffmärkte komplett durcheinander gewirbelt und die Preise förmlich explodieren lassen, angesichts des weiterhin zu erwartenden starken Industriewachstums ist mittelfristig keine Entspannung abzusehen. Zwar bauen auch die Rohstoffproduzenten ihre Kapazitäten weiter aus, es ist jedoch unwahrscheinlich, dass sich die Preise durch die langfristige Erhöhung der Nachfrage durch Länder wie China und Indien jemals wieder auf dem alten Niveau einpendeln werden.

Außenpolitik

China war nach dem Zweiten Weltkrieg und in den Anfangsjahren der Volksrepublik diplomatisch und strategisch isoliert, in den sechziger Jahren der bürgerkriegsnahen Zustände während der Kulturrevolution drang kaum etwas aus dem Land nach außen. Die außen- und wirtschaftspolitische Ausrichtung in den frühen Jahren der

Volksrepublik strebte eine wirtschaftliche Autarkie an und wollte sich von keinerlei Importen abhängig machen. Während der siebziger Jahre waren die Beziehungen mit der Außenwelt zum größten Teil sehr angespannt, gleichzeitig war China militärisch wie wirtschaftlich im Vergleich zu seinen Rivalen Sowjetunion und USA schwach und unterlegen.

Ein entscheidender Wendepunkt in der wirtschaftlichen wie auch politischen Entwicklung Chinas war Deng Xiaopings Rückkehr an die Macht 1978, die Chinas Öffnung zur Welt den Weg ebnete. Die historische Leistung Deng Xiaopings kann mit der Friedrichs des Großen in Preußen oder auch Japans nach der Meiji-Öffnung verglichen werden. Deng hatte eine durch den Erfolg legitimierte Politik vorzuweisen, und er hinterließ Machtstrukturen, die stabiler waren als je zuvor in der Volksrepublik. Politische Institutionen und die Rolle des Rechts wurden unter Deng gestärkt. Seine 1978 eingeleitete Reform- und Öffnungspolitik hat China einen beispiellosen Aufschwung beschert und das Land innerhalb von 25 Jahren zurück in den Club der Supermächte katapultiert.

Chinas phönixgleicher Wiederaufstieg zur Weltmacht findet in enger Verflechtung mit der Weltwirtschaft statt, daher kann es sich das Land nicht leisten, durch hegemoniale Tendenzen in die Isolation zu gleiten. Um sich selbst voranzubringen, muss China vielmehr ein Teil des internationalen Staatengefüges werden. China braucht die Welt, um seine Exporte zu verkaufen und durch Investitionen effizientere Strukturen zu schaffen, und die Welt braucht China als einen der entscheidenden Absatzmärkte im 21. Jahrhundert. China hat noch nie mit Großmachtambitionen versucht, die Welt durch Militärgewalt zu erobern. Vielmehr hat das Land seit der Antike den Frieden hoch geschätzt und ein ausgeklügeltes System von Vasallenstaaten unterhalten, mit denen es Handel und diplomatischen Kontakt pflegte. In seiner Geschichte hat China eigentlich nie ein klare Trennungslinie zwischen Innen- und Außenpolitik gezogen, denn nach dem Verständnis des chinesischen Kaiserreiches war die Ordnung der äußeren Staaten nur eine Art Spiegel der inneren Harmonie des Landes.

Gleichzeitig verleiht die immer wichtiger werdende Rolle Chinas in der globalen Ökonomie dem Land zunehmend Einfluss auf der internationalen Bühne. Die neu gewonnene »soft power« sichert China einen Vorteil beispielsweise in den Beziehungen zu Japan zu, dessen wiederbelebte Konjunktur nach der »Verlorenen Dekade« wesentlich vom expandierenden Handel mit China getragen wird.

Die klassische chinesische Politik der Neuzeit besteht darin, alle Hindernisse zu minimieren, die der militärischen Überlegenheit Chinas in Ostasien entgegenstehen. Zu diesem Zweck drängt China die anderen asiatischen Länder mit wirtschaftlichen und diplomatischen Mitteln dazu, die Primärinteressen Chinas aktiv zu unterstützen oder zumindest stillschweigend zu dulden. Zu diesen Primärinteressen zählt in erster Linie die Territorialintegrität Chinas, was die chinesische Kontrolle über Tibet und Xinjiang, aber auch die angestrebte »Wieder«-Angliederung Taiwans beinhaltet. Diese Fragen stehen unter keinen Umständen zur Disposition. Kritik ausländischer Staaten am Vorgehen der Chinesen in diesen Regionen verbittet sich die Regierung unter der Berufung auf das Prinzip der Souveränität.

Mit der Beendigung des Kalten Krieges musste China seine Position innerhalb der internationalen Staatengemeinschaft wieder neu definieren. Nach Jahren der Zurückhaltung auf dem internationalen Parkett nimmt Peking nun zunehmend erneut eine entscheidendere Rolle in der multilateralen Politik ein. China ist sich seines wachsenden Einflusses in der Welt durchaus bewusst und strebt dabei zunehmend nach globaler Präsenz.

Mittlerweile bemüht sich das Land, international mehr Verantwortung zu übernehmen. So engagieren sich die Chinesen verstärkt weltweit, sei es bei UNO-Friedensmissionen in Osttimor, im Kongo, seit kurzem auch knapp 1 000 Kilometer vor der Ostküste der USA auf Haiti oder als konstruktiver Vermittler im Atomstreit mit Nordkorea, hier auch aus eigenem Interesse.

Auch in der internationalen Wirtschaftspolitik hat China ein Interesse, künftig eine wichtigere Rolle zu spielen. Der Vizeminister der Nationalen Entwicklungs- und Reformkommission Chinas hat angekündigt, dass es neben dem im winterlichen Davos tagenden Weltwirtschaftsforum ab 2007 eine zusätzliche Veranstaltung des Forums in China geben soll, die im Sommer abgehalten wird.

Es wäre das erste Mal in der Geschichte, das eine so große Nation friedlich zur Weltmacht aufsteigt. Dabei baut China nicht nur seine »harte« Macht aus, sondern vor allem sein »weiches« Gewicht, eine Strategie, mit der es auch in der Geschichte schon überaus erfolgreich war. So nimmt das Land zunehmend Einfluss auf internationale Organisationen, wozu es als viertgrößte Wirtschaftsmacht der Welt ja auch durchaus eine Berechtigung hat.

Zugleich gibt sich China kompromissbereit bei internationalen Turbulenzen hinsichtlich seines Aufstiegs zur wirtschaftlichen Supermacht. Der immer stärker werdenden Kritik der Ersten Welt an Chinas unzureichenden Schutzmechanismen für geistiges Eigentum bemüht sich die Regierung zumindest nach außen hin geflissentlich gerecht zu werden. Der symbolische Schritt zur Aufwertung des Yuan ist ebenfalls als Einlenken zu werten.

Das Reich der Mitte ist traditionell eine friedliche Großmacht, die in der Vergangenheit immer auf »Kulturalismus« statt auf Imperialismus gesetzt hat. Chinas Regierende werden nicht müde zu versichern, dass der Aufstieg des Landes friedlich verlaufen wird. Zu den Zugeständnissen im Textilstreit im Jahr 2005, als China nicht auf sein Recht auf freie Warenausfuhr als vollwertiges WTO-Mitglied beharrte, sondern zugunsten der USA und der EU einlenkte, bemerkte der chinesische Handelsminister Bo Xilai: »China ist ein Land des Friedens, das auf die Bedürfnisse seiner Freunde Rücksicht nimmt.« Allerdings muss man anmerken, dass der Beitrittsvertrag Chinas den anderen Mitgliedsländern einräumte, ihre Textilindustrie bis 2008 gegen plötzliche Importsteigerungen aus China mit Schutzmaßnahmen abzuschirmen und auf moderate Zuwächse von 7,5 Prozent zu drosseln.

Die Ausrichtung der Olympischen Sommerspiele 2008 in Peking und die Expo 2010, die beide erstmalig in China stattfinden, können auch als Vertrauensbeweis der internationalen Staatengemeinschaft gewertet werden.

Der Beitritt zu Weltbank, IWF und WTO sind indes weniger Indikation Chinas, sich der freien Welt einzugliedern, als vielmehr eine langfristige Strategie, sich neue Märkte und eine stabile Entwicklung zu sichern. Ohne die Unterstützung von außen kann China seine Entwicklungsziele nicht verwirklichen. Der IWF geht davon aus, dass der überwiegende Teil der Effizienzgewinne der chinesischen Wirtschaft in den vergangenen zwei Jahrzehnten auf das Konto ausländischer Investoren geht.

Das chinesische Selbstverständnis, dessen Basis das gemeinsame Bewusstsein »gongshi« ist, hat im Laufe des 20. Jahrhunderts und dem Wiedererstarken Chinas eine neue Bedeutung erlangt. Alle, die Blut und Kultur gemeinsam haben, egal in welchem Land sie leben, werden als Teil der chinesischen Gemeinschaft betrachtet und in gewisser Weise der Autorität der chinesischen Regierung untergeordnet. Groß-China, das schon seit alters eine kulturelle und wirtschaftliche Realität war, beginnt heute, auch politische Realität zu werden. In zahlreichen südostasiatischen Staaten ist die Wirtschaft chinesisch dominiert, die gesamte Wirtschaft Südostasiens und auch Ostasiens ist inzwischen China-zentriert. In den meisten Staaten Asiens hat China Japan als wichtigsten wirtschaftlichen und politischen Partner abgelöst. China ist mittlerweile auch Japans und Südkoreas größter Handelspartner geworden, insofern hat jeder offene Zwist mit dem großen Nachbarn negative Folgen für die heimische Wirtschaft.

Im Fokus des Interesses der chinesischen Außenpolitik steht seit kurzem auch der afrikanische Kontinent. Während China sich zu Zeiten Maos noch als Führer der Dritten Welt zu profilieren strebte, ist es heute vor allem an den Rohstoffen des Kontinents interessiert. Um ihren Energiehunger zu stillen, engagiert sich die Volksrepublik immer intensiver in Afrika – das etwa ein Viertel des chinesischen Ölbedarfs deckt –, investiert in Infrastruktur, Handel und Landwirtschaft. Neben den Energievorkommen hat China auch an Bodenschätzen sowie Agrarprodukten des Kontinentes ein steigendes Interesse und tritt dabei in immer stärkere Konkurrenz zu den USA, die ebenfalls ihr dortiges Engagement ausbauen wollen. Der chinesische Handel mit Afrika hat sich seit 2000 mehr als verdreifacht. Erst kürzlich hatte der staatliche Energiekonzern CNOOC ein Stück eines Ölfeldes in Nigeria gekauft, dessen Wert mehr als doppelt so hoch ist wie alle bisherigen Investitionen der Volksrepublik auf dem Kontinent zusammengenommen, bis 2005 waren das knapp über 1 Milliarde US-Dollar.

Chinas Rüstungsexporte, die auf ein Volumen von über 1 Milliarde US-Dollar jährlich geschätzt werden, gehen ebenfalls vor allem nach Afrika und in einige Länder Asiens, oftmals im Tausch gegen Rohstoffe. Derzeit ist China der einzige große Waffenlieferant, der keine Abkommen über Exportbeschränkungen bei Menschenrechtsverletzungen unterzeichnet hat.

Verteidigung

Den Bestrebungen der achtziger Jahre, militärisch zu den beiden Supermächten USA und Sowjetunion aufzuschließen, waren enge wirtschaftliche Grenzen gesteckt, da China mit dem erst am Anfang stehenden Wirtschaftsaufschwung in erster Linie andere Bedürfnisse befriedigen musste. Über lange Jahre konnte China nur knapp ein Achtel des Militärbudgets dieser Supermächte aufwenden, schaffte es aber gleichwohl, eine gewisse Unabhängigkeit zu erreichen, und war durchaus in der Lage, regionale Rivalen wie Vietnam, Taiwan und Indien zu konfrontieren. Seit 1964 ist China in den Kreis der Atommächte aufgenommen, blieb aber, um seine Potenziale ungestört entwickeln zu können, bislang den Atomwaffensperrverträgen fern. Der Export von Raketen und entsprechender Technologie hat in China eine lange Tradition. In den achtziger Jahren belieferte China Pakistan mit hochangereichertem Uran und den Entwürfen für eine Atomwaffe. Noch bis in die neunziger Jahre hat China nachweislich Nukleartechnologie an Pakistan und Nordkorea weitergegeben. Beim Export von Waffen und Waffensystemen ist die chinesische Regierung nach langem Drängen seitens der USA allerdings nun zu Zugeständnissen bereit. Dies könnte ein Umdenken über die nationalen Interessen Chinas bei der Verbreitung von Massenvernichtungswaffen indizieren. So ist das Land im Mai 2004 der Nuclear Suppliers Group (NSG) beigetreten, in deren Rahmen die Atommächte Bestimmungen für den Export von Nukleartechnologie und -materialien festlegen.

Die Armee war in den siebziger Jahren zwar zahlenmäßig groß, jedoch ihre Ausrüstung völlig veraltet. Der wirtschaftliche Fortschritt seit 1978 erlaubte es, die Volksbefreiungsarmee wieder ihrer ursprünglichen Bedeutung zuzuführen und gleichzeitig die Qualität des Heeres erheblich zu steigern. Dazu gehörte unter anderem die Herabsetzung der Stärke von 4,2 Millionen auf 3 Millionen Mann und die Wiedereinführung von militärischen Rangstufen und Uniformen. Die Verkleinerung des Heeres und die Konzentration auf Kernaufgaben geht indes weiter vonstatten. 2005 erreichte ein zweijähriges Programm sein Ende, in dessen Verlauf die Heeresstärke auf 2,3 Millionen Mann abgeschmolzen wurde. Die Marine verfügte schon 1985 mit 107 U-Booten über die drittgrößte U-Bootflotte der Welt. Ihre Modernisierung genießt in der chinesischen Verteidigungspolitik auch weiterhin Priorität. Panzer und Flugzeuge wurden mit Laser-Suchgeräten und Radarsystemen ausgestattet. Nach dem kurzen Sino-Vietnamesischen Krieg 1979, der für die Chinesen de facto eine Niederlage bedeutete, wurden auch wieder Großmanöver eingeführt.

Der Nationalstolz der Chinesen ist gewaltig, die Affinität zu allem Militärischen groß. Schon in der Schule werden die jungen Chinesen täglich mit der Nationalhymne beschallt, regelmäßig gibt es Appelle und militärische Übungen. Im Militärmuseum können stolze Eltern ihren Nachwuchs in Kampfflugzeugen und Panzern fotografieren. Die Angliederung Taiwans wird von nahezu allen Chinesen, auch den Aufgeklärtesten, als patriotische Pflicht empfunden. Dass der chinesische General Zhu Chenghu vor internationalen Journalisten dem Westen im Falle eines eskalierenden Taiwan-Konfliktes mit einem Atomkrieg drohte, zeugt vom neuen Selbstbewusstsein der Chinesen. Insbesondere die USA beäugen Chinas Aufstieg zur wirtschaftlichen und politischen Supermacht kritisch. Gleichzeitig haben die Vereinigten Staaten in China einen schlechten Ruf. Als im Kosovo-Krieg versehentlich die chinesische Botschaft in Belgrad von US-Streitkräften bombardiert wurde, folgten Massenproteste, die die Behörden mit Nachdruck beruhigen mussten.

2006 hatte Donald Rumsfeld öffentlich scharf kritisiert, das der Verteidigungsetat der Volksrepublik sprunghaft angestiegen ist. Für 2007 soll das Verteidigungsbudget der Volksrepublik um 14,7 Prozent anwachsen, die höchste Steigerungsrate seit vier Jahren. Offiziellen Angaben zufolge wird sich der Verteidigungshaushalt dann auf 280,7 Milliarden Yuan (34,9 Milliarden US-Dollar) belaufen. Der tatsächliche Wert liegt womöglich deutlich höher. Das Pentagon schätzt die chinesischen Verteidigungsausgaben für 2006 auf 90 Milliarden US-Dollar, offiziell gibt China das Budget mit 30,2 Milliarden an.

Den Zahlen von 2004 zufolge hat China schätzungsweise 35,4 Milliarden US-Dollar für Rüstung ausgegeben, lediglich ein Bruchteil der amerikanischen Rüstungsausgaben, die sich im selben Zeitraum auf 455,3 Milliarden US-Dollar belaufen haben und damit fast zehnmal so hoch lagen wie die Großbritanniens, des Landes mit den nächsthöchsten Verteidigungsausgaben. Chinas Rüstungsetat liegt bezeichnenderweise auch niedriger als der Verteidigungshaushalt Japans mit 42,4 Milliarden US-Dollar.

Dennoch sieht das US-Verteidigungsministerium Chinas Streitkräfte mittlerweile als potenziell größte klassische militärische Bedrohung der Zukunft an. In einem kürzlich veröffentlichten Strategiepapier gelten China und der islamistisch motivierte Terrorismus als die mittelfristig größten Bedrohungen. Aktionen wie die gemeinsame Militärübung mit Russland 2005, an der die USA kein Beobachtungsrecht erhielten, verstärken das Misstrauen. Auch der bereits erwähnte heftige politische Widerstand in den USA gegen die Übernahme des Energiekonzerns Unocal durch die chinesische CNOOC zeigt, wie tief das Misstrauen gegenüber Peking sitzt. Chinesische Billigexporte, die Unterbewertung des Yuan, das diktatorische Regime und zunehmende Aufrüstung – die Liste der China-Gegner in den USA ist lang. Einen schärferen Konfrontationskurs mit den Chinesen kann sich allerdings auch Washington nicht leisten. In Pekings massivem Berg von US-Staatsanleihen, mit dem es das gewaltige Defizit der amerikanischen Handelsbilanz finanziert, steckt enormes Erpressungspotenzial.

Währungspolitik

Die meisten asiatischen Länder, die in der Regel seit der Finanzkrise 1997/98 allesamt große Leistungsbilanzüberschüsse erwirtschaften, halten ihre Währungen dem US-Dollar gegenüber niedrig und akkumulieren stattdessen gewaltige Dollarwährungsreserven. Allein zwischen 2000 und 2004 schwollen die Währungsreserven der asiatischen Länder von knapp 1 000 Milliarden auf 2 000 Milliarden US-Dollar an. Die asiatischen Notenbanken haben in diesem Zeitraum ohne Unterlass US-Staatsanleihen aufgekauft und dadurch dafür gesorgt, dass billige Kredite bereitgestellt wurden, damit die Amerikaner auch weiterhin asiatische Produkte konsumieren. China hat durch seine strikte Währungsanbindung an den US-Dollar und die explosionsartige Akkumulation von Fremdwährungen durch die Zentralbank dabei eine herausragende Bedeutung erlangt.

Vor einigen Jahren noch war es dem größten Teil der Welt gleichgültig, ob Chinas Währung an den US-Dollar gebunden ist oder nicht. Heute hat sich dieses Thema zu einem der am heißesten diskutierten Kontroversen internationaler Politik entwickelt. Um die Inflation auch künftig gering zu halten, wird China mit hoher Wahrscheinlichkeit den Yuan weiter aufwerten lassen müssen. Der künstlich niedrig gehaltene Wechselkurs zieht ein stetiges Geldmengenwachstum nach sich, das nötig ist, um die ins Land strömenden Devisen aufzukaufen. Zudem ist die Zinspolitik durch die Währungsanbindung an die Zinsgebung in den USA gekoppelt und nicht unabhängig. In einem Schritt, der weltweit für Wirbel sorgte, hatte China am 21. Juli 2005 erklärt, die seit 1994 bestehende Bindung des Yuan an den US-Dollar zu lockern und die Schwankungsbreite der Anbindung zu vergrößern. Der Yuan ist seither an einen Korb von Währungen gebunden, dessen genaue Zusammensetzung die Zentralbank geheim hält. Man kann davon ausgehen, dass der Währungskorb an das Muster des chinesischen Außenhandels angelehnt ist, wobei der US-Dollar eindeutig nach wie vor die dominierende Leitwährung bei der Zusammensetzung ist.

Das Ausmaß der Aufwertung war mit lediglich 2,1 Prozent gegenüber dem US-Dollar allerdings verschwindend gering und hatte eher symbolische Bedeutung, als dass es wesentlich zu einem ausgeglichenen Außenhandel mit den USA beitragen könnte. Wie das weiter rapide anschwellende Defizit in der Handelsbilanz mit den Amerikanern belegt, hat die Maßnahme nicht die erhoffte Entspannung in der chinesisch-amerikanischen Außenhandelsbilanz gebracht. Damit hält die chinesische Regierung nach wie vor an ihrem »Managed-Float«-Wechselkursregime fest. Trotz vollmundiger Ankündigungen Pekings hat der Wechselkurs seit der Aufwertung im Juli 2005 daher lediglich um 1,5 Prozent zugelegt. Das vorangehende Buch *Das asiatische Jahrhundert* hatte bereits prognostiziert, dass die Lockerung des Wechselkursverhältnisses nicht so schnell vonstatten gehen wird, wie manche in den USA hoffen. Trotz mehrfacher Ankündigung einer langfristigen Flexibilisierung des Wechselkurses durch die chinesische Regierung ist es unwahrscheinlich, dass die Kopplung des Yuan an den US-Dollar vollständig aufgegeben wird, bevor das heimische Finanzsystem und die Kapitalmärkte nicht umstrukturiert und stabilisiert sind.

Da internationale Anleger aber weiterhin davon ausgehen, dass der Yuan über kurz oder lang substanziell aufgewertet wird, strömt weiter unablässig »hot money« in den chinesischen Finanzkreislauf, große Mengen von Devisen, die spekulativ in der Hoffnung auf ein Anziehen des Wechselkurses investiert werden und hochgradig volatil sind. Dadurch gerät die chinesische Zentralbank noch stärker unter Druck, immer größere Devisenmengen aufzukaufen, um den Wechselkurs über der Marke von 8 Yuan pro US-Dollar aufrechtzuerhalten.

Durch den massenhaften Ankauf von Devisen wird die Geldmenge künstlich aufgebläht, was zu spekulativen Blasen führen kann. Im Immobiliensektor ist es bereits zu einer solchen Blasenbildung gekommen, vor allem in der rasant wachsenden Boomstadt Shanghai, wo die Immobilienpreise in den letzten fünf Jahren um nahezu 60 Prozent gestiegen sind. Besorgt über diese Entwicklungen hat die chinesische Zentralbank im März 2005 den Hypothekenzinssatz erhöht und eine Spekulationssteuer auf Immobilienverkäufe erhoben.

China ist die Währungsanbindung allerdings wohl auch als Mittel der Machtausübung willkommen, und die asiatischen Nachbarn, ob freiwillig oder unfreiwillig, werden dabei zu Verbündeten. China gibt den Takt vor: Solange der Yuan gegenüber dem US-Dollar künstlich niedrig gehalten wird, können auch die anderen asiatischen Länder ihre eigenen Währungen gegenüber dem US-Dollar nicht aufwerten lassen, denn dadurch würde gleichzeitig die Konkurrenzfähigkeit gegenüber China sinken. Der Wert aller anderen asiatischen Währungen im Verhältnis zum US-Dollar wird faktisch durch den gekoppelten Kurs des Yuan mitbestimmt.

Damit ist der Yuan bereits jetzt zu einer Art Leitwährung in Asien geworden, den die Zentralbanken der anderen asiatischen Länder in all ihren Währungsentscheidungen im Blick behalten müssen, um ihr Land wettbewerbsfähig zu halten. Der koreanische Won, der thailändische Baht, Singapur- und Taiwan-Dollar pendeln schon seit Jahren innerhalb einer engen Bandbreite zum chinesischen Renminbi. Eine größere Wechselkursflexibilität der asiatischen Nachbarn kann de facto nur durch ein abgestimmtes Vorgehen mit China erreicht werden. So hatte beispielsweise Malaysia unmittelbar nach dem Schritt der chinesischen Zentralbank das feste Wechselkursregime des Ringgit zum US-Dollar gelockert. Bei größerer Wechselkursflexibilität könnte die Zentralbank die Inflation noch besser unter Kontrolle behalten, während zugleich die Quellen des Wachstums neu ausbalanciert werden könnten, weg von den explodierenden Exporten hin zu einer größeren Binnennachfrage. Zudem würde der Druck zur Akkumulation weiterer Devisenreserven nachlassen, der die globalen Währungsbilanzen verzerrt und deren immer weiteres Anschwellen eine Bedrohung für den internationalen Finanzkreislauf darstellen. Höhere Flexibilität würde außerdem dafür sorgen, dass die Wirtschaft besser gegen externe ökonomische Schocks abgefedert werden kann, und schafft die Grundlage für eine unabhängigere Geldpolitik. Durch die enge Anbindung an den US-Dollar muss die chinesische Zentralbank in ihren Zinsentscheidungen die amerikanische Politik berücksichtigen. Erhöht sie ihren Zins unabhängig von der US-Notenbank, führt dies zu steigenden Kapitaleinflüssen, die wiederum auf das Wechselkursverhältnis drücken. So zögerte die Zentralbank 2003/04, als die Investitionstätigkeit neue Rekordstände erreichte, den Zinssatz anzuheben. Mit einem flexiblen Wechselkurs kann die Zentralbank die Geldpolitik gezielt auf die Sicherung der Preisstabilität ausrichten, ohne am Devisenmarkt in großem Stil intervenieren zu müssen. Freilich verfolgen die meisten Zentralbanken, im Unterschied zur Europäischen, auch andere Ziele als die Inflationsbekämpfung, wie zum Beispiel Konjunktur und Wachstum.

Andererseits besteht bei einer raschen Freigabe des Wechselkurses die Gefahr eines Überschießens, was zu einem Einbruch in Exporten und Konjunktur führt und die Arbeitslosigkeit ansteigen lässt. Negatives Musterbeispiel für einen derartigen Effekt war Japan nach dem Inkrafttreten des Plaza-Agreements Ende der achtziger Jahre, in dessen Folge der Yen um rund 100 Prozent aufgewertet wurde und Japan in die Deflation und jahrzehntelange Krise schlitterte. Hinzu kommt, dass eine scharfe Abwertung des US-Dollar auch für die chinesische Zentralbank ein nicht unerhebliches finanzielles Risiko darstellt. Eine 10-prozentige Aufwertung des Yuan würde beim derzeitigen Stand der Reserven einen Wertverlust von 90 Milliarden US-Dollar bedeuten – 4 Prozent des chinesischen BIPs. Hart getroffen würde auch die Landwirtschaft, die gegenüber dem Import von Agrarprodukten an Wettbewerbsfähigkeit verlieren würde. Angesichts zunehmender Unruhen unter der Landbevölkerung liegt der Regierung wenig an einer derartigen Entwicklung. Chinas Bedeutung für die globale Ökonomie ist übermächtig. Noch nie war die Weltwirtschaft so eng verflochten. Aber nicht nur die Chinesen profitieren vom niedrigen Wechselkurs, sondern auch die Importeure in den westlichen Ländern. Zwei Drittel der chinesischen Exporte in die USA werden von amerikanisch-chinesischen Gemeinschaftsunternehmen hergestellt.

In den USA werden die Stimmen, die eine Neubewertung des Wechselkurses fordern, trotz der letzten, allerdings geringen Aufwertung wieder lauter. Die Entscheidung des US-Finanzministeriums darüber, ob China als »Währungsmanipulator« gebrandmarkt wird, was nach amerikanischem Recht den Weg für Sanktionen freimachen würde, steht noch aus. Mittlerweile fordert auch der IWF Peking direkt auf, es nicht bei der einmaligen Anpassung zu belassen und den Yuan weiter zu flexibilisieren. Im Frühjahr 2006 haben auch die führenden Industrienationen (G7) beschlossen, eine Abwertung des US-Dollar zuzulassen, um damit das US-Leistungsbilanzdefizit zu begrenzen, und China in diesem Zusammenhang aufgefordert, den Yuan aufwerten zu lassen.

Trotz des wachsenden internationalen Druckes hält sich die chinesische Regierung jedoch nach wie vor alle Türen offen und kündigte an, keine außergewöhnlichen Auf- oder Abwertungen des Renminbi vorzunehmen. Ministerpräsident Wen Jiabao stellte zwar eine Liberalisierung in Aussicht, legte aber keinen konkreten Zeitplan fest.

Seit der Veröffentlichung des Buches *Das asiatische Jahrhundert* haben die chinesischen Devisenreserven nochmals einen Rekordsprung gemacht. 2004 hatten die Reserven der Zentralbank noch bei 483 Milliarden US-Dollar gelegen, bis zum Juni 2006 waren sie mit 941,1 Milliarden fast auf das Doppelte angewachsen.

Damit verfügt China nun über die weltweit höchsten Währungsreserven und hat Japan abgelöst, dessen Reserven auf circa 847 Milliarden US-Dollar beziffert werden. Die Zentralbank Chinas ist zur Hüterin des weltgrößten Schatzes an ausländischen Währungen aufgestiegen. Drei Viertel der chinesischen Reserven sind in US-Dollar-Papieren investiert, wobei China zuletzt damit begonnen hat, seine Devisenreserven vermehrt auch in Europa anzulegen. 2004 kauften die Chinesen festverzinsliche Wertpapiere in Höhe von 2,2 Milliarden Euro auf dem deutschen Anleihemarkt, mehr als das Zwanzigfache des Vorjahreswertes. Die gewaltige Menge verleiht China eine große internationale Bedeutung hinsichtlich der US-Dollar-Stabilität. China unterliegt mittlerweile dem Risiko des Großgläubigers – eine wirkliche Diversifizierung oder Auflösung der Reserven kann sich das Land nicht leisten, da der US-Dollar sofort gewaltig abrutschen würde. Dadurch würden einerseits die chinesischen (wie auch die anderen asiatischen) Währungsreserven drastisch reduziert, andererseits würden chinesische Waren auf dem Weltmarkt viel von ihrer preislichen Konkurrenzfähigkeit einbüßen.

Den USA als Chinas bestem Kunden gibt man immer Kredit. Deshalb hält China schon seit Jahren die Kapitalzufuhr zu dem Handelspartner aufrecht, um das sich auftürmende Defizit der Vereinigten Staaten in der Leistungsbilanz auszugleichen. Nur dank dem massenhaften Aufkauf von US-Staatsanleihen und Unternehmensschuldverschreibungen durch China können die Amerikaner so permanent über ihre Verhältnisse leben, bleiben die Anleihezinsen niedrig und der US-Dollar stabil. Dadurch entsteht kein wirklicher Zwang, das Defizit zu reduzieren. Beide Länder sind mittlerweile eine Art symbiotische Beziehung eingegangen, deren Auflösung die gesamten Weltmärkte in Aufruhr versetzen würde. Makroökonomisch bewahrt das

Modell die USA bisher vorzüglich davor, in die Rezession zurückzu-
fallen und es ermöglicht den USA, weiter als Lokomotive der Weltwirtschaft Dampf zu machen. Allerdings kann das System auf Dauer
nicht stabil sein, nur die Interessenlage aller Beteiligten sorgt dafür,
das in nächster Zukunft keiner aus dem Kreislauf ausbricht. Die beiden Länder sind inzwischen derart miteinander verflochten, dass
sie sich durch einen abrupten Abzug von Finanz- und Warenverkehr
gegenseitig in den Ruin treiben könnten.

Aufgrund des hohen Wirtschaftswachstums und der rudimentären
Sozialsysteme weist der Staatshaushalt in China nur ein vergleichsweise geringes Defizit auf, 2004 waren es lediglich 1,7 Prozent,
0,4 Prozent weniger als noch im Jahr zuvor. Die Staatskassen sind
daneben mit ausländischen Währungsreserven prall gefüllt. Die
Auslandsschulden des Landes lagen Ende 2004 auf dem Niveau von
etwa 233 Milliarden US-Dollar, wobei der Anteil der kurzfristigen
Verbindlichkeiten sich auf 40 Prozent erhöht hat. Gemessen am BIP
machen die Auslandsverbindlichkeiten weniger als 15 Prozent aus und
gefährden damit kaum die Bonität des Landes. Die Gesamtverschul-
dung Chinas lag 2005 bei geschätzten 28 Prozent des BIPs. Damit
präsentiert sich die Volksrepublik wesentlich solider als der Nachbar
Japan, der mit fast 170 Prozent des BIPs in der Kreide steht.

Groß-China

»Greater China«, oftmals im Finanzmarktkontext gebraucht, umfasst die Gebiete der Volksrepublik China, Taiwans und der Sonder-
verwaltungszonen Hongkong und Macao, also die Regionen, die
fast ausschließlich von Chinesen bewohnt werden und die mehr oder
weniger unmittelbar zum historischen Mutterland zählen. Zwischen
den einzelnen Gebieten besteht ein hoher Grad von ökonomischer
Integration und substanzieller Cross-Investments. Hongkong und
Taiwan sind mit Abstand die größten Investoren in China und haben
in bedeutendem Maße zur Entwicklung des Landes beigetragen.

Macao war das erste Territorium in Asien, dass im 16. Jahrhundert
dauerhaft von den Europäern besetzt wurde. Die Portugiesen waren
1557 eingedrungen und errichteten hier einen strategischen Außen-

posten, vor allem für den Handel mit Japan. Erst am 20. Dezember 1999 wurde die Stadt zurück an China übergeben. 1987 wurde die Rückgabe vertraglich vereinbart, und ähnlich wie im Falle Hongkongs eine 50-jährige Übergangsfrist vereinbart. Ebenfalls ähnlich wie Hongkong ist das Territorium auch nach der Rückgabe als Freihafen eine der offensten Ökonomien weltweit geblieben. 88 Prozent der Wirtschaftsleistung werden vom Servicesektor erbracht, wobei der Glücksspieltourismus traditionell das wesentliche Fundament des Wirtschaftslebens von Macao bildet. Macao ist eine Hochburg des Glücksspiels, ein fernöstliches Las Vegas. Circa 40 Prozent der Wirtschaftsleistung werden durch das Glücksspiel erwirtschaftet. Die wachsenden Einkommen der Chinesen in Kombination mit ihrer weitverbreiteten Spielleidenschaft haben der Sonderverwaltungszone in den letzten Jahren einen gewaltigen Geldstrom beschert. Nach der De-facto-Liberalisierung von Macaos Casino-Monopol 2004 haben hohe Investitionen verschiedener Glücksspielkonzerne zu einem rekordverdächtigen BIP-Anstieg um 28,6 Prozent geführt, der sich auch im vergangenen Jahr abgeschwächt mit 8 Prozent fortgesetzt hat.

Hongkong hingegen fiel erst nach dem ersten Opiumkrieg an Großbritannien. Es war einer der fünf freien Häfen, die nach dem Friedensvertrag 1840 errichtet wurden. Am 1. Juli 1997 wurde die Stadt an die Volksrepublik zurückgegeben. Kurz darauf überrollte die Asienkrise Hongkong, und einbrechende Aktien- und Immobilienpreise vernichteten innerhalb weniger Monate das Vermögen hunderttausender Bewohner der Stadt, es herrschte Endzeitatmosphäre. Heute hingegen boomen die »Territories« wie schon lange nicht mehr. Das Modell »ein Land, zwei Systeme« funktioniert zumindest in der Wirtschaft hervorragend. Die Stadt konnte ihre Stellung als freiester Wirtschaftsstandort der Welt auch 2005 erneut behaupten.

Hongkong verfügt über ein hoch entwickeltes Rechtssystem, ein anderes Gesellschafts- und Wirtschaftssystem als die Volksrepublik und eine eigene Zoll- und Immigrationspolitik. Damit ist die Stadt anderen Metropolen Chinas deutlich überlegen. Unternehmer wie der so genannte »Superman«, der Milliardär Li Ka-Shing, produzieren fast zu 100 Prozent im benachbarten Perlflussdelta in der Volksrepublik, dem industriellen Hinterland Hongkongs, und exportieren über die Stadt in die ganze Welt. Industrie gibt es in der Metropole mittlerweile fast nicht mehr, die Wirtschaft zählt neben Singapur zu den dienstleistungsorientiertesten der Welt.

Die massiven Investitionen Hongkongs sowie die zunehmende infrastrukturelle und ökonomische Integration der ehemaligen Kolonie inklusive ihres Hinterlandes in Festlandchina, namentlich der Provinz Guangdong und insbesondere des Perlflussdeltas, haben die Region zu einem internationalen Zentrum der Leichtindustrie gemacht und der Provinz Guangdong das rascheste Wirtschaftswachstum und das höchste Pro-Kopf-Einkommen der Volksrepublik beschert. Hongkong profitiert von seiner Sonderrolle als Insel der Rechtssicherheit, von seinem internationalen Serviceniveau, Niedrigsteuern und einem hervorragend ausgebildeten multilingualen Arbeitskräftepool. Als eine der offensten und leistungsfähigsten Ökonomien weltweit ist Hongkong das perfekte Dienstleistungszentrum für den chinesischen Markt. Zahlreiche multinationale Konzerne steuern mit zunehmender Tendenz ihre China- und Asienoperationen vom Hongkonger Drehkreuz aus. Solange Chinas Kapitalmarkt nur unzureichend entwickelt ist, hat die Stadt mit ihrem ausgezeichneten Finanzsektor eine solide Existenzgrundlage. Mittlerweile hat sich die Metropole als der wichtigste Börsenplatz für Listings inländischer Unternehmen etabliert. Auch wird die Stadt mit hoher Wahrscheinlichkeit von den QDII-Reformen der Regierung profitieren.

Tourismus spielt in der ehemaligen Kolonie eine wichtige Rolle, die Stadt hat es mittlerweile unter die zehn beliebtesten Reiseziele der Welt gebracht. Mehr als die Hälfte der Besucher sind Festlandchinesen, die vor allem für ausschweifende Einkaufstrips in die Stadt kommen. Aber auch das im September 2005 eröffnete erste chinesische Disneyland erweist sich als Publikumsmagnet für die gestressten Chinesen. Die einst belächelten Verwandten aus der Volksrepublik, die heute Unmengen von Geld für Luxusartikel, Kosmetik und Konsumgüter in der Stadt lassen, sind zu einem der wichtigsten Wirtschaftsfaktoren geworden.

Die mittlerweile erfolgte Rückgabe von Macao und Hongkong an China lenkt die Aufmerksamkeit verstärkt auf Taiwan, das einzige Gebiet, das noch nicht an die Volksrepublik zurückgefallen ist. Viele

Jahrhunderte lang war »die größte Insel Chinas«, die geografisch und ethnisch dem malaiisch-polynesischen Inselarchipel zuzurechnen ist, ein dünn besiedeltes Eiland. Als die Portugiesen im 16. Jahrhundert in diese Gegend vordrangen, landeten sie 1590 auch auf Taiwan und nannten es Ilha Formosa – die schöne Insel. Ihnen folgte 1633 die holländische Ostindien-Kompanie.

Als die Ming-Dynastie 1644 gestürzt und China durch die Mandschus erobert wurde, flohen Hunderttausende von Han-Chinesen auf die Insel. Zwar konnten die noch ansässigen Holländer 1662 vertrieben werden, doch um 1682 besetzten die Mandschus Taiwan und integrierten es in das Reich der Qing-Dynastie. Nach dem verlorenen Krieg gegen Japan 1895 musste China die Insel an Japan abtreten, wo sie bis 1945 verblieb. Die Japaner verhielten sich entgegen ihrem Gebaren in anderen japanischen Kolonien in Taiwan als verantwortungsbewusste Kolonialherren und prägten die Insel wirtschaftlich und kulturell nachhaltig, was ihnen bis heute hohe Sympathien unter den Taiwanern einbringt. Die Errichtung einer funktionierenden Infrastruktur und eine breit angelegte Bildungspolitik schufen die Grundlagen für die spätere ökonomische Expansion der Insel.

Nach der Niederlage der Japaner im Zweiten Weltkrieg wurde Taiwan den Kuomintang-Truppen von Chiang Kai-Chek zugeschlagen. Als sich 1949 auf dem Festland eine endgültige Niederlage nach dem blutigen Bürgerkrieg der Kommunisten gegen die Nationalisten abzeichnete, floh Chiang Kai-Chek mit seinem Hofstaat und der Mehrzahl seiner Truppen auf die Insel. Er führte riesige Goldmengen und unersetzliche Kunstgegenstände mit sich, darunter den Großteil der Sammlung des Palastmuseums der Verbotenen Stadt, die bis zum heutigen Tage im Nationalmuseum in Taipeh zu sehen sind.

Während des Kalten Krieges wurde Taiwan zu einem vorübergehenden Hoffnungsträger der USA, den Kommunismus in Fernost einzudämmen. Doch die Prioritäten der USA verschoben sich, und 1971 erkannten die Vereinten Nationen die Volksrepublik China als einzig legitimen Vertreter Chinas, einschließlich Taiwan, an.

Unter Chiang Kai-Cheks Sohn Ching-Kuo und dessen erstmals demokratisch gewähltem Nachfolger Lee Teng-Hui verwandelte sich Taiwan in einen wirtschaftlichen Tigerstaat. Die ehemals agrarisch geprägte Insel ist inzwischen zu einem High-Tech-Land geworden, in dem über 50 Prozent der weltweiten Laptop-Produktion sowie die weltgrößten Halbleiterhersteller zu Hause sind. Spätestens seit der Übernahme der Handysparte von Siemens durch die taiwanische Benq ist die Insel auch hierzulande ein Begriff. Dabei ist die Wirtschaft Taiwans im Gegensatz zum Aufschwung Südkoreas und Japans nicht geprägt von Großunternehmen, die eng mit dem Staat verbundenen sind, sondern besteht vor allem aus kleinen beziehungsweise mittelgroßen, patriarchalisch geführten und hoch effizienten Familienunternehmen. Der unglaubliche Aufschwung der Insel bietet den lebenden Beweis dafür, dass die Chinesen zu den besten Unternehmern der Welt gehören.

Sowohl die Regierung der Volksrepublik als auch die Kuomintang waren sich vor allem in dem Punkt einig, dass es nur ein China geben könne. Strittig war lediglich die Frage, wer die rechtmäßige Regierung sei. Mit der Demokratisierung der Insel zeichnete sich aber zusehends ab, dass die meisten Taiwaner nur wenig Lust auf eine Vereinigung mit dem kommunistischen, wirtschaftlich rückständigen Festland haben. Vor allem jüngere Taiwaner stehen der Wiedervereinigung skeptisch gegenüber. Die Wahl von Präsident Chen Shui-Bian, der seit 2000 im Amt ist und der Demokratic Progressive Party angehört, unterbrach erstmalig in der Geschichte der Insel die mehr als 50 Jahre währende Herrschaft der Kuomintang.

Die offene Neigung Chens zur politischen Unabhängigkeit der Insel hat dazu geführt, dass die chinesische Seite wieder stärker eine militärische Lösung erwägt. Der beständig schwelende Konflikt über die Heimholung Taiwans bestimmte in den vergangenen Jahren Chinas Politik mal stärker, mal schwächer. Die chinesische Regierung hat es sich zum Ziel gesetzt, die Rückkehr der Insel in den Schoß des Mutterlandes bis spätestens 2020 zu bewerkstelligen, wobei sie vor allem auf den kontinuierlichen Zuwachs an eigenem Wohlstand und an politischem Einfluss vertraut. Unterdessen geht die wirtschaftliche Verschmelzung von Taiwan und dem Festland mit raschen Schritten voran. Als die taiwanische Regierung Ende 1987 das Reiseverbot nach China aufhob, setzte eine Springflut taiwanischer Investitionen in der Volksrepublik ein, die sich vor allem über die der Insel gegenüberliegende Provinz Fujian ergoss. Seit 2005 gibt es auch erstmals seit 1949 wieder direkte Flüge zwischen den beiden Seiten der Taiwan-Straße.

Taiwanische Investoren machten China zuerst zum weltgrößten Exporteur von Schuhen, später errichteten taiwanische Computer- und Elektronikfirmen zahlreichste Produktionslinien für IT-Produkte auf dem Festland und trugen dazu bei, dass China 2004 die USA als größten Exporteur von High-Tech-Produkten überholte. Der Handel zwischen beiden Seiten der Taiwan-Straße ist förmlich explodiert, China ist mittlerweile Taiwans größter Handelspartner, während Taiwan trotz seiner geringen Größe mit knapp 23 Millionen Menschen der fünftgrößte Handelspartner der Volksrepublik ist. Dieser hohe Grad der Integration lässt eine radikale Zuspitzung der politischen Konfrontation bis hin zu einem militärischen Zusammenprall eher unwahrscheinlich wirken.

Die Verabschiedung des so genannten Anti-Abspaltungsgesetzes im März 2005, das im Falle weiterer formaler Unabhängigkeitsbestrebungen der »abtrünnigen Provinz« den Einsatz militärischer Mittel vorsieht, hat die harte Haltung der Volksrepublik bezüglich der »Ein-China-Politik« indes unterstrichen.

Ein friedlicher Zusammenschluss zwischen Taiwan und China in den nächsten 20 Jahren, der ähnlich ablaufen könnte wie die erfolgreiche Wiederangliederung Hongkongs, wäre sicherlich im Sinne aller Beteiligten.

Nach dem klassischen Geschichtsverständnis Chinas gehört jeder Chinese, egal in welchem Land er lebt, durch Abstammung und durch die Orientierung an der chinesischen Zivilisation zum chinesischen Kulturkreis. Aus diesem Grund werden auch die Auslandschinesen, die in anderen südostasiatischen Ländern leben, als zur chinesischen Zivilisation zugehörig betrachtet.

Schon seit der Tang-Dynastie gab es zahlreiche Auswanderungsbewegungen von Chinesen, die infolge von Dynastiewechseln, Bürgerkriegen und Katastrophen in der Regel nach Südostasien flüchteten. Oftmals wanderten ganze Dörfer oder Klans aus, zumeist aus Südchina stammend, sodass man in Südvietnam vor allem auf Kantonesen, auf den Philippinen, Singapur und Thailand in erster Linie auf Fujianer und in Thailand, Kambodscha und Sumatra auf Chinesen aus Chaozhou stößt. In Frankreich hingegen findet man besonders viele Chinesen aus dem südostchinesischen Ort Wenzhou.

Die Diaspora-Chinesen, die auch »Huaren« oder »Huaqiao«, Menschen chinesischer Herkunft, genannt werden, zeichnen sich in der Regel dadurch aus, dass sie trotz der starken gesellschaftlichen und wirtschaftlichen Einbindung in ihre Gastländer ihre kulturelle Eigenständigkeit und die enge Verbundenheit zu ihren chinesischen Wurzeln beibehalten. Etwa 35 Millionen Huaqiao gibt es, gut 80 Prozent von ihnen leben in Südostasien. Die meisten Auslandschinesen wollten eigentlich nur möglichst viel Geld verdienen, um irgendwann nach China zurückzukehren. Ihr effizienter Unternehmergeist und ausgesprochener Fleiß, ihre hohe Organisationsdichte und Spareigung führten allerdings dazu, dass sie in ihren Gastländern oft großen wirtschaftlichen Erfolg hatten. Gerade weil in diesen Ländern oft andere Werte herrschten, fiel es den Chinesen leicht, wirtschaftliche Führungspositionen einzunehmen. So stellen ethnische Chinesen etwa auf den Philippinen lediglich 2 Prozent der Bevölkerung, kontrollieren aber fast 60 Prozent des Marktkapitals. In Indonesien machen die Huaren nur 3,5 Prozent der Bevölkerung aus, kontrollieren aber drei Viertel des Marktkapitals und fast zwei Drittel der 300 führenden Unternehmen.

Die wirtschaftliche Dominanz der Chinesen in ihren Gastländern hat allerdings häufig zu Pogromen und Angriffen geführt, die insbesondere in Indonesien nach wie vor oftmals blutig ablaufen. Seit neuestem realisieren die Gastländer allerdings, dass sie sich selbst großen wirtschaftlichen Schaden zufügen, wenn sie die chinesischen Bevölkerungsteile unterdrücken oder sogar vertreiben.

Die Überseechinesen haben durch ihren unbändigen Fleiß und ungeheuren Geschäftssinn ein Vermögen von mehreren hundert Milliarden US-Dollar angehäuft. Anders als ausgewanderte Inder, die in die profitabelsten Anlagemöglichkeiten weltweit investieren, legen Chinesen ihr Geld vor allem im »Mutterland« an. So ermöglichten sie die entscheidende Anschubfinanzierung für den chinesischen Wirtschaftsboom.

3. Gesellschaft

Die verschiedenen Entwicklungsgeschwindigkeiten im Land stellen die gravierendste Zerreißprobe für die chinesische Gesellschaft dar. Zwar wächst die neue chinesische Mittelschicht beständig, dennoch klafft die Schere zwischen Arm und Reich immer weiter auseinander. Geografische und soziologische Dimensionen begünstigen das Entstehen von Extremen. Der Unmut der Bevölkerung darüber wächst und bildet immer mehr sozialen Sprengstoff. Die Entschärfung dieses Problems hat die Regierung als eine der dringlichsten Fragen identifiziert und eine Reihe von Maßnahmen zur Abmilderung der Unterschiede eingeleitet. Dazu stellt die fortschreitende Urbanisierung enorme Herausforderungen an die Infrastruktur der Städte.

Bevölkerungsstruktur

China steht vor einem demografischen Problem, dessen dramatische Dimension erst in den kommenden Jahren ersichtlich werden wird. Ein Grund für das schon seit Jahren anhaltende rasante Wachstum ist die derzeit noch immer positive Bevölkerungsdynamik der Volksrepublik. In den sechziger und siebziger Jahren war es der Medizin in China gelungen, die Kindersterblichkeit erheblich einzudämmen, was zu einer Art Babyboom bis zum Ende der siebziger Jahre geführt hatte. Diese Generation wurde in den letzten Jahren nach und nach vom Arbeitsmarkt absorbiert.

Um das starke Bevölkerungswachstum einzudämmen, führte die chinesische Regierung Ende der siebziger Jahre die Ein-Kind-Politik ein, die vor allem in den Städten rigoros durchgesetzt wurde. Dieses in der Weltgeschichte einmalige Experiment hat gravierende Folgen für die Entwicklung des Landes. Die Bevölkerungspyramide Chinas zeigt momentan nur wenige alte Menschen, aber genauso wenige Kinder. Schon ab 2015 wird die Zahl der Chinesen im Erwerbsalter kontinuierlich absinken. Derzeit liegt das Durchschnittsalter der Chinesen bei 33 Jahren, nach einer Prognose der UNO werden es 2050 45 Jahre sein. Die zweitgrößte Bevölkerungsgruppe der Welt nach den Indern werden dann die chinesischen Rentner sein.

Die ungesunde Bevölkerungsstruktur fällt mit dem Fehlen effizienter Sozialsysteme zur Alterssicherung zusammen. Traditionell ist in China die Familie verantwortlich für die Ältesten, mehr als zwei Drittel der Chinesen über 65 Jahre leben bei ihren Kindern. Die durch die Ein-Kind-Politik entstandene 4–2–1–Bevölkerungsstruktur (4 Großeltern, 2 Eltern, 1 Kind) ist nicht mit diesem Brauch kompatibel. China steht eine außergewöhnliche demografische Schieflage bevor. Das Land könnte zu alt sein, bevor es wohlhabend ist. Die Ein-Kind-Politik hat zwar eine Bevölkerungsexplosion verhindert, führt aber direkt in die Vergreisung. Die Überalterung der Gesellschaft, die sich in den Ländern Europas über beinahe 100 Jahre entwickelt hat, geschieht in China im Zeitraffer. Zudem geraten mit der anhaltenden wirtschaftlichen Dynamik viele althergebrachte Werte in den Hintergrund, zunehmender Individualismus spielt auch in China eine Rolle. Die Regierung hat das Problem erkannt und begonnen, die strikten Bestimmungen langsam zu lockern, ohne aber von der grundlegenden Linie der »niedrigen Reproduktionsrate« abzuweichen. Geschiedene dürfen mit dem neuen Partner noch ein Kind bekommen, auf dem Land ist ebenfalls ein zweites Kind erlaubt, sofern das erste ein Mädchen ist.

Die Ein-Kind-Politik hat eine Generation von Einzelkindern hervorgebracht, die so genannten »kleinen Kaiser«, die nur wenig Sozialkompetenz entwickeln können. Andererseits konzentrieren die Eltern alle ihre Hoffnungen in ihr einziges Kind und lassen ihm die bestmögliche Ausbildung angedeihen, was die konfuzianische Betonung der Bildung der Kinder noch verstärkt.

Ein weiteres Problem im Zusammenhang mit der Ein-Kind-Politik ist das Ungleichgewicht zwischen den Geschlechtern. Vor allem auf dem Land werden Jungen als Namensträger noch immer bevorzugt, sodass selektive Abtreibungen in der Vergangenheit keine Seltenheit waren. Das Verhältnis von Jungen zu Mädchen liegt national bei 120 zu 100, auf dem Land herrscht bereits ein massiver Frauenmangel, der noch dadurch verstärkt wird, dass vor allem Frauen als Fabrikarbeiterinnen in die Städte abwandern. Inzwischen sind Fälle junger

Frauen aus Nordkorea und Vietnam, die mit Geld nach China gelockt oder gar verschleppt werden, keine Seltenheit mehr. Die Regierung hat deshalb 2004 Ultraschalluntersuchungen verboten. Das Gleichgewicht der Geschlechter bestimmt die Werte in einer Gesellschaft mit, insofern werden die chinesischen Männer in Zukunft in einer schwachen Verhandlungsposition sein.

Konfuzius, Kommunismus und Globalisierung

Die Weltwirtschaft verändert sich dramatisch. Neue Schwergewichte betreten die Bühne. In seinem Bericht *Mapping the global future* konstatiert der amerikanische Geheimdienst CIA, dass das robuste Wachstum von Indien und China dem Globalisierungsprozess ein neues, nicht-westliches Gesicht verleihen und die politische Landschaft nachhaltig verändern wird. Vor allem China hält die Welt in Atem: Seit knapp 25 Jahren bestaunt der Westen die atemlose Aufholjagd des Reichs der Mitte und das unerhörte Wachstum seiner Volkswirtschaft. Anfängliche Skepsis verwandelte sich in Respekt und Bewunderung und schlägt zunehmend in Furcht um. Am Anfang des 21. Jahrhunderts ist die kommende Supermacht China zum Symbol für Stärke geworden, zum potenziellen Herausforderer des Gewinners des Kalten Krieges, den USA. Ist China damit ein Gewinner der Globalisierung? Oder droht durch den unkontrollierbaren Zustrom von Geld und Geist aus dem Ausland der Verlust seiner Einmaligkeit oder gar ein Auseinanderbrechen des Riesenreiches?

Diese Fragen sind exemplarisch für die westliche Denkweise, die China nur für eine etwas defizitäre Form der eigenen Entwicklung hält. Der Westen bemerkt nicht, dass sich hier womöglich etwas völlig Eigenes Bahn bricht. Nicht nur, wie die Globalisierung China verändert hat und transformieren wird, sondern inwieweit China aufgrund seiner wirtschaftlichen, geografischen und kulturellen Dimensionen den Globalisierungsprozess mitbeeinflusst, ist also die Frage.

Schon jetzt ist China die viertgrößte Wirtschaftsnation der Welt hinter den USA, Japan und Deutschland. Wofür Europa 400 Jahre brauchte, erreichte China in 30 Jahren – dies zeigt sich nicht nur nach außen durch sichtbares Wachstum und beeindruckende Statistiken. Auch das Tempo der inneren Veränderung und die vielen nebeneinander existierenden kulturellen Milieus sind ohne Beispiel. Durch die Fixiertheit auf wirtschaftliche Erfolgsstatistiken, billige Arbeitslöhne und demografische Zahlen, wird die kulturell prägende Kraft dieser seit 5 000 Jahren existierenden Hochkultur außer Acht gelassen.

Sicher, auch Japan holte zwischen 1870 und 1900, also in 30 Jahren, so stark mit dem Westen auf, dass es von einer gefährdeten Halbkolonie innerhalb weniger Jahre zu einer gleichwertig anerkannten Macht wurde. Auch in Osteuropa und nicht zuletzt in Ostdeutschland mussten umgreifende und tiefgehende soziologische wie kulturhistorische Konsequenzen durch den Fall des Eisernen Vorhanges verkraftet werden. Doch all dies verblasst angesichts der Dimension der Schnelligkeit und des Tiefgangs der Umwälzungen, die gerade in China stattfinden, präzise gesagt: schon seit Anfang des 19. Jahrhunderts stattfinden. Denn schon die Kolonialisierung erschütterte umfassend die 3 000 Jahre währenden Traditionen der chinesischen Wirtschaft, Kultur und Lebensgewohnheiten. Die Chinesen wissen daher schon seit fast 200 Jahren, dass es sich bei der Adaption an die Moderne um einen äußerst stürmischen und schmerzhaften Prozess handelt, bei dem Hell und Dunkel eng beieinander liegen. Die Transformation Chinas von einer traditionellen zu einer modernen Gesellschaft erfuhr jedoch in den letzten 25 Jahren durch den Siegeszug der Marktwirtschaft, des technologischen Fortschrittes und der Explosion an Wissen eine nochmalige Beschleunigung.

Die Marx'sche These vom Sein, das das Bewusstsein bestimmt, beweist ihre Gültigkeit in China. In dem Maße, in dem immer mehr Chinesen ihre materielle Existenz sichern können, rücken Fragen nach Sinn und Ziel des Lebens in den Mittelpunkt. Die einstmals verpönte Lehre des Konfuzianismus wird von der KP wieder geduldet und vereinzelt gefördert.

Konfuzius (551 bis 479 vor Christus) war nicht der Erste in China, der darüber nachdachte, wie der Mensch als Einzelner und die Gesellschaft insgesamt sich auf den rechten Weg machen können, um höchsten moralischen Ansprüchen gerecht zu werden. Seit der Zhou-Dynastie (1100 vor Christus) war das Mandat des Himmels die Legitimation der Herrscher. Wenn ein Herrscher Recht durch Unrecht ersetzte und den moralischen Ansprüchen nicht mehr genügte, entzog ihm der Himmel seine Gunst und eine neue Dynastie durfte sich auf den Wechsel des Mandats berufen. So konnte sich das Volk darauf verlassen, dass im Auf und Ab der Geschichte der Himmel für Ordnung, Recht und Moral sorgte. »Himmel« ist nicht im westlichen Sinne als Schöpfer zu verstehen. Vielmehr bilden alles Sichtbare, die Erde, der Himmel, der Mensch und die »zehntausend Dinge« eine Einheit. Den Kosmos treibt ein immanentes Prinzip der Selbstorganisation, das keines Anstoßes von außen bedarf, das so genannte Dao, der »Weg« – einer der wichtigsten Bestandteile der chinesischen Denk- und Erfahrungswelt.

Konfuzius ist kein abstrakter Denker, der die Welt scharfsinnig mit Analysen seziert. Im Zentrum seiner Lebensanschauung steht der Mensch und die Frage, wie er durch konkretes Handeln im Alltag dem näher kommt und im Idealfall das perfektioniert, was sein innerstes Wesen darstellt. Er stellte als Erster die goldene Regel auf: Was man sich selbst nicht wünscht, das tue man anderen nicht an. Keiner ist allein auf der Welt. Was beim Einzelnen beginnt, führt automatisch zur Gemeinschaft. Jeder trägt Verantwortung für das Ganze. Dieses Setzen auf den Menschen und die Menschlichkeit ist ein revolutionäres Konzept. Konfuzius leugnete zwar nicht, dass die Menschen religiöse und metaphysische Bedürfnisse haben, er wagte jedoch, die Religion aus dem Zentrum zu verdrängen und den Menschen an ihren Platz zu stellen. Ähnliches geschah im Westen nach der Antike erst wieder mit der Aufklärung.

»Der Weg ist das Ziel« wird gerne in Europa als philosophischer Leitsatz zitiert. Den Weg nach Konfuzius soll jeder für sich erkennen und verfolgen. Eine letzte Wahrheit ist nicht möglich, ja nicht einmal wünschenswert, deswegen werden Widersprüche und Gegensätze nicht eliminiert, sondern als Ergänzungen und Teile des Ganzen interpretiert und integriert. Es geht also um ein »sowohl als auch« und nicht um ein »entweder oder«.

Der Konfuzianismus ist im chinesischen Denken tief verwurzelt.

Mitunter werden Ängste geäußert, dass die Globalisierung das endgültige Aus für die jahrtausendealte Gedankenwelt bedeuten könnte.
Doch das Ende des Konfuzianismus in China wird schon seit Anfang
des 20. Jahrhunderts immer wieder zu Unrecht beschworen. Mehrfach
stand der Konfuzianismus unter dem Verdacht, fortschrittshemmend
zu wirken. Auch Max Weber machte ihn als einen der wichtigsten
Gründe für das Zurückbleiben Chinas in der internationalen Wettbewerbsfähigkeit aus. Unter den Kommunisten wurde Konfuzius mal
so, mal so interpretiert, gerade wie es zu der jeweilig anstehenden
politischen Aufgabenlage passte. Spätestens der Aufstieg der Tigerstaaten in den neunziger Jahren, deren wachsendes Selbstbewusstsein in der Formulierung der »New Asian Values« gipfelte, führte zu
einem Umdenken in der Beurteilung. Die Primärtugenden des Konfuzianismus wie die starke Betonung der Gruppe und lebenslanges
Lernen wurden nun als verantwortliche Faktoren für den ansonsten
kaum zu erklärenden Erfolg der asiatischen Staaten erkannt.

Die westlichen Industriestaaten suchten ebenfalls nach einer
Erklärung für den kometenhaften Aufstieg der Rivalen aus dem
Fernen Osten. Oft musste und muss das im Wesentlichen durch die
Jesuiten im 17. Jahrhundert geprägte Bild des Konfuzianismus als
obrigkeitshörige und leistungskonzentrierte Denkungsart herhalten,
um diese ansonsten unerklärliche und Angst einflößende Erfolgsstory
Asiens begreifbar zu machen. Der ökonomische Erfolg der konfuzianistisch geprägten Länder lässt sich aber nicht allein mit Arbeitsethik
begründen.

Die Bedeutung von Loyalitäten, Beziehungen (guanxi), die Stärke
der Familie, die Betonung der Gruppe, die Leistungsbereitschaft, der
hohe Wert von Wissen und Bildung – all diese Faktoren kann man
flächendeckend in der chinesischen Gesellschaft ausmachen. Diese
Werte spielen noch immer eine große Rolle, vor allem auf dem Land,
dennoch ist damit noch nicht gesagt, dass China noch ein konfuzia-
nistisches Land ist. Durch das Wegfallen des staatlichen Kultes des
Konfuzianismus, die Abschaffung des Prüfungswesens und auch die
volkstümliche Verehrung des Meisters Kong ist die physische Struktur des Konfuzianismus inzwischen verschwunden. Auch trifft man
die konfuzianische Reserviertheit, ja Verachtung des Geldes und

alles Militärischen in China nur noch selten an. Zudem stellt sich die Frage, ob die oben genannten Werte nicht in den meisten Gesellschaften existierten und existieren, die die Phase der Industrialisierung und postmodernen Aufräumarbeiten noch vor sich haben.

Auch was die gern gegenübergestellten Begriffe des Kollektivismus und des Individualismus betrifft, kann man sicherlich sagen, dass im vorrevolutionären China des 20. Jahrhunderts – gerade im Gegensatz zu dem konformistischen und homogenen Japan – eine im Ansatz individualisierte Gesellschaft bestand, die sich durch eine fruchtbare und reiche intellektuelle Auseinandersetzung zwischen Alt und Neu, dem Einzelnen und der Gesellschaft auszeichnete. Die intellektuelle Schicht stellte damals allerdings nur einen Bruchteil der Bevölkerung dar, insofern war dieser Kulturpluralismus in seiner Verbreitung stark beschränkt. Das Schlagwort der chinesischen Identitätskrise und die These, dass die Chinesen ihr chinesisches Wesen verlieren, erhitzten schon damals die Gemüter. Manche Beobachter meinen, dass das politische und ideologische Vakuum, das im 20. Jahrhundert durch das Ende der Kaiserzeit und die Nanking-Republik entstanden ist und nun im 21. Jahrhundert durch das potenziell nahende Ende der KP und das Vorherrschen des Kapitalismus wieder aufbricht, werde durch einen Nationalismus gefüllt.

Doch der chinesische Nationalismus im 19. Jahrhundert entstand unter dem politischen Druck der ausländischen Mächte. Er diente vor allem der nationalen Befreiung und nicht einer räumlichen Expansion. Der Nationalismus Sun Yat-Sens war also ein Ventil, um dem kolonialen Druck zu entgehen. Der Nationalismus seines Nachfolgers Chiang Kai-Chek und auch Maos in den vierziger Jahren sollte die existenzielle Bedrohung durch die blutige Besetzung Japans abwenden. In China herrscht seit Jahrhunderten eine Art Universalismus oder auch Kulturalismus, in dem nicht das Äußere oder die Hautfarbe anderer Völker als wichtig erachtet wurde, sondern deren Politik und Zivilisation. »Wenn man sich den Riten der Barbaren anpasst, dann gehört man zu den Barbaren, wenn man sich denen der Chinesen anpasst, dann gehört man zu den Chinesen«, erklärte Han Yu, einflussreicher Poet und Denker der späten Tang-Dynastie und Mitbegründer des Neo-Konfuzianismus. Dieser Ausspruch beschreibt die einmalige Assimilationskraft der chinesischen Kultur, die im Laufe der Jahrhunderte Millionen von Fremden in ihren Schoß aufnahm und zu »Chinesen« machte.

Wachstumswahn, glitzernder Gigantismus sowie die rasende Geschwindigkeit und Gleichzeitigkeit des Wandels machen eine Bestandsaufnahme des »inneren Chinas« sehr schwer. Nicht einmal vermeintlich grundlegende Statistiken haben Bestand und geben Substanz für eine Einschätzung der Lebenswirklichkeit. Heute scheinen in den chinesischen Metropolen, in denen westliches Konsumverhalten allgegenwärtig ist, die Zunahme von Jugendarbeitslosigkeit, Kriminalität und Prostitution verbunden mit einer rücksichtslosen, egozentrischen Lebensauffassung den endgültigen Bruch mit alten Traditionen darzustellen. Der derzeit herrschende Manchester-Kapitalismus hat die sozialen Netze zerrissen, die seinerzeit von Familie und Dorfgemeinschaft, später von der sozialistischen Planwirtschaft gewährleistet wurden.

Die ungeheure Lern-, Leidens- und Leistungsfähigkeit der chinesischen Kultur, verbunden mit ihrem Jahrtausende währenden Bestehen und ihrer Erfahrung im Umgang mit existenziellen Krisen und Umbrüchen dürfte dazu führen, dass weder die Gefahr einer totalen Verwestlichung noch des Verfallens in einen provinziellen, abgeschotteten Chauvinismus besteht. Hinter den Phänomenen des Manchester-Kapitalismus, des erstarkenden Individualismus und der Jugend der so genannten »Fly Generation« vereint alle Chinesen vor allem ein gemeinsames Band, nämlich die Überzeugung, dass China über kurz oder lang wieder da stehen wird, wo es für so viele Jahrhunderte stand: an der Spitze.

Bisher wird in China die Herrschaft der KP nicht als Gefahr für den Vormarsch des Landes in der globalisierten Welt betrachtet, sondern im Gegenteil als Garant für dessen Erfolg. Der KP als Makler und Moderator der Globalisierung kommt insofern eine Funktion zu wie ehemals den kaiserlichen Dynastien. Den chinesischen Zentralstaat galt es aus Angst vor »innerer Unruhe und äußerem Chaos« und angesichts der seit jeher geltenden traditionellen Werte Kontinuität, Stabilität und Harmonie unter allen Umständen zu bewahren.

Die Vorherrschaft der KP erfüllt insofern ein Grundbedürfnis der Chinesen nach innerer und äußerer Stabilität. Diese Werte haben durch das Jahrtausende währende Kaisertum mit seinem starken Zentralstaat eine tief verankerte Tradition im chinesischen Denken.

Angesichts der enormen Probleme, die sich durch den raschen wirtschaftlichen Aufschwung ergeben, ist ein stabiles Umfeld in den nächsten Jahrzehnten für China von entscheidender Bedeutung. Das Land strebt danach, sich wirtschaftlich, kulturell und politisch in die Völkergemeinschaft zu integrieren. Inwieweit China die Zerreiß- probe durch die ungeheuren sozialen Fliehkräfte und das stärker werdende Einströmen äußerer Einflüsse bestehen wird, gilt abzu- warten. Da die selbstverliebte Jugend in den Metropolen Chinas im Wesentlichen apolitisch ist – den jungen Generationen in den postmodernen westlichen Industriegesellschaften nicht unähn- lich –, kann trotz Menschenrechtsverletzungen, Überwachung und Zensur nicht automatisch von einem baldigen Zerfall der KP aus- gegangen werden.

Ein Auseinanderbrechen des Zentralstaates und ein Rückfall in das Zeitalter der Warlords im China der zwanziger Jahre wünscht sich niemand. China hat ein außergewöhnlich blutiges 20. Jahrhundert mit so vielen existenziellen Krisen durchlebt, dass es erst seit Beginn der Wirtschaftsreformen Gelegenheit hat, sich mit sich selbst zu beschäftigen. Gleichzeitig hat der rasche wirtschaftliche Aufschwung ein ethisches Vakuum hinterlassen. Vielleicht führt die heutige Abwe- senheit der klassischen konfuzianistischen Werte in den offiziellen Strukturen dazu, dass die Regierung zunehmend eine stärkere Rück- besinnung auf die traditionellen chinesischen Tugenden fordert. Eine Modernisierung der chinesischen Kultur und Wirtschaft muss einer- seits die Tradition als ihre Grundlage, andererseits aber die Globali- sierung zum Ziel haben.

Der Wirtschaftsboom in China hat bewirkt, dass es seit 1980 vie- len Millionen Menschen besser geht, nach Schätzungen der Weltbank wurden 400 Millionen Menschen aus der absoluten Armut empor- gehoben. Der Preis dafür ist ein gewaltiges soziales Gefälle in einer vormals faktischen und noch immer auf dem Papier existierenden klassenlosen Gesellschaft. Das Ziel der Klassenlosigkeit rückt damit in weite Ferne. Peking weiß um den Sprengstoff, der in dieser Entwicklung liegt. Seit Regierungsübernahme der so genannten »vierten Generation« durch Wen Jiabao und Hu Jintao wurden deshalb die Prioritäten neu geordnet. In verschiedenen Regierungsprogrammen wird eine harmonische Gesellschaft, die in Einklang mit der Natur lebt und in sich selbst ruht, als oberste Priorität bezeichnet. Während sich die KP offiziell noch auf Marx und Mao beruft, lassen sich immer mehr Begriffe in der Rhetorik und offiziellen Regierungsprogrammen entdecken, die dem Konfuzianismus und dessen Wertehierarchie entsprechen. Es geht allerdings noch nicht so weit, dass das im Konfuzianismus enthaltene Recht auf Rebellion und Einforderung von Rechten akzeptiert wäre.

Im Kern des Konfuzianismus steht die Harmonie des Menschen mit sich selbst und seiner Umwelt, der Gemeinschaftssinn ist von zentraler Bedeutung. Der alltagstaugliche und flexible Konfuzianismus eignet sich gut, das Wertevakuum zu füllen, das durch den Niedergang des dogmatischen Kommunismus und durch das Wirtschaftswunder entstanden ist.

Bezeichnenderweise gibt es Ähnlichkeiten zwischen dem Kommunismus und dem Konfuzianismus. Ein starker Staat, der sich um die Familie, die Gemeinschaft bildet, und durch Disziplin und Harmonie geprägt ist, ist in beiden Systemen der Idealzustand. Der Weg, den China augenscheinlich wählt, also den zwischen freier Markt- und kommunistischer Planwirtschaft, bezeichnet der amerikanische Futurist Lorenz Taub als hybride »sozialistische Demokratie«. Die Chancen stehen gut, dass sich in China der dritte Weg, den auch Japan und Südkorea beschritten haben, etabliert. Konfuzianistisch geprägte Demokratien finden sich bis heute in Taiwan und Singapur.

Manche sehen sogar die Möglichkeit einer »konfuzianistischen Union«, die in einigen Jahren Japan, ein wiedervereinigtes Korea und China umfassen könnte. Die zunehmende wirtschaftliche Integration der Volkswirtschaften Chinas, Japans und Koreas sowie der gemeinsame kulturelle Hintergrund lassen einen solchen Zusammenschluss als möglich erscheinen. Die eher unwahrscheinliche Voraussetzung wäre, dass Japan seiner unbewältigten Vergangenheit umfassend gegenübertritt.

Im Gegensatz zum Nationalismus ist die Renaissance des Konfuzianismus eine für alle Beteiligten bessere Lösung. Diese Weltanschauung mit ihren Prinzipien der Toleranz, des Pragmatismus und der Konsensbetonung ist nicht nur innenpolitisch, sondern auch außenpolitisch eine angenehmere Leitidee als der Marxismus oder ein chauvinistischer Nationalismus. Die Art, wie Peking seit einigen Jahren seine äußeren Beziehungen zu den umliegenden Nachbarn ordnet, zeigt, dass auch in der Außenpolitik die konfuzianistischen Leitideen große Relevanz besitzen.

Ein dogmatisch entschlackter, pragmatisch und tolerant gehandhabter Konfuzianismus wäre nicht nur ein Segen für China und Asien. Die Werteskala des Konfuzianismus könnte im Zuge der kulturellen Vermischung auch westliche Strukturen befruchten.

Die Verschiebung des globalen Epizentrums nach Asien ist eine Tatsache. Es gilt, sich mit diesem Faktum nüchtern, analytisch und vor allem differenziert auseinander zu setzen. Auch müssen diese Veränderungen im richtigen Kontext gesehen werden. So ist die wirtschaftliche Dynamik Chinas und Indiens auch auf das kulturelle Erbe zurückzuführen. Beide Länder zeigen, dass alte Wertesysteme sich mit der modernen Welt verbinden lassen. Kapitalismus und Konfuzianismus haben sich als durchaus kompatibel erwiesen.

Der Wertewandel in China wird durch die Globalisierung vorangetrieben. Dies führt zu einer kosmopolitisch geprägten Fusionskultur, die allerdings noch den alten ganzheitlichen Ansatz trägt. China wird im Laufe der nächsten Jahre Entwicklungen der Globalisierung mit einer ihm eigenen Mischung aus Selbstbewusstsein und Pragmatismus aufnehmen und mit dem vorhandenen, unermesslich reichen Schatz an Kultur zu einem etwas Eigenständigen weiterentwickeln. Letztendlich braucht sich China nicht vor der Globalisierung zu fürchten, im Gegenteil, das Gesicht der Globalisierung kann durch die chinesische Teilhabe verwandelt werden. Die gegenseitige Befruchtung verschiedener Kulturkreise und Elemente dürfte nirgendwo so anschaulich beobachtet werden können wie in China.

Nach vielen Jahrhunderten der Vorherrschaft befindet sich der Westen im Abendglanz der untergehenden Sonne. Der aufgehende

Morgen im Osten wird im 21. Jahrhundert dazu führen, dass das eurozentrische Welt- und Geschichtsbild seine Vorherrschaft verliert. Darin liegt die Chance des Wiedererwachens des chinesischen Drachens: eine wechselseitige Synthese von Ost und West, geprägt von kulturellem und wirtschaftlichem Reichtum.

China morgen

I. Auswirkungen nach innen

Die chinesische Entwicklung stellt das Land angesichts ihrer räumlichen und zeitlichen Dimension vor Probleme, die noch von keinem anderen Land der Welt gelöst werden mussten. Insofern ist es nicht erstaunlich, dass einige Beobachter der weiteren Entwicklung des Landes skeptisch gegenüberstehen. Das Ende des Chinabooms wurde allerdings schon oft ausgerufen – trotzdem ist es der chinesischen Führung bis jetzt noch immer gelungen, identifizierte Probleme pragmatisch und flexibel zu lösen. Daher ist es durchaus berechtigt, der hohen Problemlösungskompetenz, die die Regierung während der vergangenen 25 Jahre unter Beweis gestellt hat, weiterhin zu vertrauen. Noch zu Beginn der achtziger Jahre war unklar, ob China langfristig seine Bevölkerung ernähren kann – heute gehört das Land zu den vielversprechendsten Volkswirtschaften weltweit.

Nach der Machtübernahme der vierten Führungsgeneration hat China eine kompetente und junge politische Spitze. Unter Ausschöpfung der Ausbildungsmöglichkeiten im Westen sowie der modernen Technologie und ihrer rasanten Fortschritte wächst eine Generation heran, die getrieben von dem dominanten Wunsch, eine gesicherte Existenz aufzubauen, ihrem Äquivalent im Westen nicht nur gleichwertig, sondern sogar überlegen sein könnte.

Hinzu kommt die gewaltige Kraft chinesischen Unternehmertums, das wesentlich flexibler und pragmatischer als in Europa oder Amerika agiert. Obwohl im klassisch konfuzianischen China Händler auf der untersten Stufe des gesellschaftlichen Ansehens standen, zählen chinesische Unternehmer inzwischen weltweit zu den erfolgreichsten. Sie zu unterschätzen wäre ein verhängnisvoller Fehler.

Die weitere wirtschaftliche Entwicklung des Standorts China hängt in hohem Maße von seinen Menschen ab. Die Qualität und Verfügbarkeit des Humankapitals wird entscheiden, ob es dem Land gelingen wird, seine immer noch hohe Wettbewerbsfähigkeit zu erhalten und auszubauen. Durch den anhaltenden Wirtschaftsboom haben sich gravierende Engpässe vor allem beim qualifizierten Arbeitskräfteangebot entwickelt, die die Kosten der verarbeitenden Industrie rapide steigen lassen. Die Löhne in den Boomzentren steigen seit Jahren mit zweistelligen Zuwachsraten an. Hinzu kommt die mittelfristige Aufwertung des Yuan, die dem chinesischen Kostenvorteil international Wind aus den Segeln nimmt. China ist schon jetzt nicht mehr das kostengünstigste Land der Region. Aufgrund der gestiegenen Preise verlagern internationale Handelsunternehmen ihre Produktion zunehmend an billigere Standorte in Süd- und Südostasien. Ein weiteres Problem ist der ungenügend gefestigte Rechtsrahmen im Hinblick auf geistiges Eigentum und Patentschutz. Diese Faktoren könnten ausländische Investoren nachhaltig abschrecken und China in seiner Entwicklung zurückwerfen. Andererseits hat die geschickte Industriepolitik der Regierung dazu geführt, dass Forschung und Entwicklung sowie das Hochtechnologiesegment im Land in immer stärkerem Maße angesiedelt und ausgebaut werden, was eine nachhaltige Wachstumsdynamik substanziell begünstigt.

Entscheidend für die weitere Entwicklung wird sein, wie schnell und umfassend China die Reform der Wirtschaft vorantreiben wird. Im Hinblick auf die soziale Stabilität, aber auch auf den Erhalt der Wettbewerbsfähigkeit ist die Entwicklung des Hinterlandes abseits der Boomtowns von entscheidender Bedeutung. Ebenso wichtig ist die Reform des Finanzsektors, die sich nicht nur nachhaltig positiv auf die Produktivität des chinesischen Wachstums auswirken, sondern auch den Verbrauchern mehr finanzielle Planungssicherheit gewähren und somit die Binnennachfrage nachhaltig steigern könnte.

Auch der Umwelt wird Peking in Zukunft einen höheren Stellenwert einräumen müssen. Schon jetzt werden die jährlichen Schäden auf bis zu 10 Prozent des BIPs geschätzt. Es ist daher für China essenziell, eine saubere Energiepolitik durchzusetzen und Maßnahmen zum Schutz der Umwelt zu implementieren, was die explosiven Wachstumsraten der letzten Jahrzehnte naturgemäß absenken wird.

Wenn es China gelingt, die Überhitzung der Wirtschaft unter Kontrolle zu halten, sollte ein solides Wachstum von rund 7 Prozent pro Jahr noch für mindestens zehn Jahre zu erreichen sein. Das Ziel der Regierung, eine Gesellschaft mit bescheidenem Wohlstand auf höherem Niveau aufzubauen, scheint so erreichbar zu sein.

Die Risiken und Unwägbarkeiten dürfen zwar nicht unterschätzt werden, dennoch gebieten die Jahrtausende alte Tradition und die enormen Erfolge in den letzten 25 Jahren, sich dieser neu aufstrebenden Supermacht mit Respekt und Toleranz zu nähern.

Zu oft werden westliche Maßstäbe, zum Beispiel in Fragen der Menschenrechte und Demokratie, angelegt, ohne sich die Verhältnisse und Geschichte Chinas bewusst zu machen. Die Stabilität im Inneren zu wahren, ist die oberste Priorität der chinesischen Regierung, eine Priorität, die das Volk nach dem unermesslichen Leiden der letzten 150 Jahre mitträgt und zu schätzen weiß.

2. Auswirkungen nach außen

Seine steigende wirtschaftliche Bedeutung ermöglicht es China aber auch in immer stärkerem Maße, die Spielregeln selbst zu bestimmen. Die logische Folge des wirtschaftlichen Aufstiegs des Landes ist der wachsende politische Einfluss in der Welt. Chinas konsequente Position im Konflikt der Staatengemeinschaft mit dem Iran zeugt bereits von seiner neuen Qualität als tonangebende Instanz im internationalen Mächteverhältnis. Die neue Rolle Chinas als gleichberechtigte Supermacht neben den USA wird immer offensichtlicher. Durch seine wirtschaftliche Stärke nimmt es zunehmend wieder die natürliche Führungsrolle in Asien ein, die es traditionell über mehrere Jahrtausende innegehabt hat.

Andererseits entsteht im Zuge des wirtschaftlichen Aufholprozesses ein demokratischer Reformdruck im Land, den die Regierung durch einen neuen »Autoritismus« in Schach halten könnte, dessen äußeres Gesicht eine aggressive Außenpolitik ist, die sich auf Nationalismus und Selbstbehauptung stützt. Spannungen mit den USA und Japan bis hin zur Eskalation wären in diesem Falle vorprogrammiert. Dennoch hat China ein großes Interesse an einer stabilen Position innerhalb der Völkergemeinschaft und an guten nachbarschaftlichen Beziehungen. China braucht die Welt, um seiner offenen Volkswirtschaft ein kontinuierliches Wachstum zu ermöglichen.

Setzt man die bisherige Dimension des Wachstums in einen historischen und globalen Bezug, so kann man ob der weiteren Entwicklung Chinas und ihrer Wirkung auf die Außenwelt optimistisch sein. Der friedliche Aufstieg des Landes wird, wenn er gelingt, durch die Vereinigung der besten chinesischen Traditionen mit neuem Denken und Wissen zu einer zivilisatorischen Blüte führen, die weltweit einzigartig ist. Es handelt sich um eine Wiedergeburt dessen, was China über Jahrtausende hinweg gewesen ist – eine der herausragendsten und wichtigsten Hochkulturen der Erde.

Der Aufbruch Chinindias in einer multipolaren Welt

Der 1. Oktober 2010 ist ein sonniger Tag.

Im obersten Stockwerk des 888 Meter hohen »Planet Shanghai«-Turms haben sich die wichtigsten Vertreter der Zentralregierung aus Peking, der Volksbefreiungsarmee, der Oberbürgermeister von Shanghai sowie die Vertreter verschiedener Provinzen versammelt. Thema des außerordentlichen Treffens ist die eskalierende außenpolitische Situation. Durch die Explosion einer »dirty bomb« im Zentrum Neu Neu-Delhis, aller Wahrscheinlichkeit nach von pakistanischen Terroristen gezündet, und das Abschießen mehrerer Taepodong-III-Raketen auf den atomgetriebenen US-Flugzeugträger George Washington in der US-Militärbasis von Yokata in Japan – im Rahmen des Putschversuchs eines nordkoreanischen Generals – ist die Lage aufs Äußerste angespannt. Japan ruft den Verteidigungsfall aus. Es beschuldigt China, die pakistanischen und nordkoreanischen Terroristen logistisch unterstützt zu haben. In einem Ultimatum fordert Japan die öffentliche Erklärung Chinas vor den Vereinten Nationen, dass jegliche Unterstützung für Terroristen und die Regierungen von Pakistan, den Iran und Nordkorea unterbleibt. Im Hinblick auf die in den letzten Jahren besonders enge Zusammenarbeit im Rahmen des Sicherheitsbündnisses mit den USA fordert Japan von China eine Garantieerklärung bezüglich der Unantastbarkeit Taiwans. Gleichzeitig erklärt Japan den USA gegenüber den Bündnisfall und fordert öffentlich die Unterstützung der USA auch für den Fall eines militärischen Präventivschlages durch japanische Truppen. Japan, die USA und China machen mobil.

Alle Augen richten sich nun auf Neu Neu-Delhi:

Aus Angst vor der chinesischen »Perlenkettenstrategie« der Einkreisung hat Indien in den letzten Jahren die militärische und wirtschaftliche Kooperation mit Japan, Vietnam und anderen ASEAN-Staaten ausgebaut. Intensiv wurde am Aufbau einer schlagkräftigen Marine gearbeitet. Die Ausrüstung der indischen Armee wurde durch von Russland entwickelte Militärjets, U-Boote sowie Flugzeugträger umfangreich modernisiert. Indische Öl- und Gasfirmen liefern sich seit einigen Jahren einen erbitterten Wettlauf mit chinesischen Energiekonzernen. Der 2006 vorübergehend geöffnete Nathu-La-Pass war aufgrund erneut aufflackernder Konflikte über die chinesisch-indische Grenzziehung schon zwei Jahre später wieder geschlossen worden.

Angesichts der Gefahr eines Krieges sperren die USA vorläufig sämtliche Öltransporte durch die Straße von Malakka. Mehr als 80 Prozent der Ölimporte Chinas werden auf diesem Wege transportiert. Indische U-Boote patrouillieren die Straße von Malakka und stellen unter Nutzung des weltweit funktionierenden indischen Satellitennetzes IRNSS sicher, dass keine Tanker durchkommen. China stellt Indien und den USA ein Ultimatum – ohne Erfolg. Chinesische Schiffe verminen zusammen mit iranischen Schnellbooten die Straße von Hormus im persischen Golf, durch den die meisten Öltransporte für die westliche Welt, also auch für Japan und Indien laufen. In dem riesigen Containerhafen von Gwadar, wo an der Straße von Hormus die Chinesen zusammen mit Pakistan Flüssiggas-Abfüllanlagen, einen Containerhafen und einen vor den Augen der Weltöffentlichkeit abgeschirmten Kriegs- und U-Boothafen gebaut haben, werden einige der Anlagen durch unbekannte Kommandos gesprengt. Im Sudan explodieren an der Greater-Nile-Pipeline, die China und Indien gehört, Bomben und zerstören die Anlage. Noch versuchen die indische und die chinesische Regierung die direkte Konfrontation zu vermeiden. Im indischen Ölhafen Chabar fasst man vermeintliche chinesische Terroristen. Von seinem geheimen Horchposten in Myanmar registriert Peking Bewegungen großer indischer Flottenverbände im Golf von Bengalen. Als schließlich die USA mit einem lokal begrenzten Atomschlag zeitgleich iranische Atomreaktoren und Abschussvorrichtungen für die baugleichen Rodong-Raketen im Iran und Taepodong-III-Raketen in Nordkorea zerstören und beginnen, von Afghanistan und dem Irak her in den Iran einzumarschieren, ist es zu spät. China, von den USA und Japan in der Straße von Taiwan bedrängt, erklärt seine Unterstützung für den Iran. Pakistan tut dasselbe und feuert aus Solidarität mit dem angegriffenen muslimischen Bruderstaat mehrere Mittelstreckenraketen auf Nordindien ab. An der Demarkationslinie in Kaschmir beginnen starke Einheiten mit dem Vormarsch auf indisches Gebiet. In Bangladesch, wo auch China militärische Stützpunkte unterhält, wird ebenfalls mobil gemacht. In einem Zangenangriff marschieren pakistanische Truppen vom Westen und bangladesische Truppen vom Osten her in Indien ein. Innerhalb weniger Tage stehen China, Pakistan, der Iran und Nordkorea in einem Weltenbrand den USA, Indien und Japan gegenüber.

Ein Alptraum, bloß Phantasie, dramatische Überzeichnung oder doch ein denkbares Szenario?

Sowohl China als auch Indien sehen sich momentan gewaltigen Veränderungen unterworfen. Der rasante Aufstieg an die Weltspitze – wirtschaftlich und politisch – darf nicht darüber hinwegtäuschen, dass er nicht in einem Vakuum stattfindet, sondern in einer Region der Erde, die ohnehin durch mannigfaltige politische und wirtschaftliche Rivalitäten gekennzeichnet ist. Zu den Herausforderungen, Problemen und Gefahren für jedes der beiden Länder kommen also noch die Risiken und Gefahren durch die Beziehung der beiden Länder untereinander und zu ihren jeweiligen Nachbarstaaten. Gerade die Geschichte im Europa des 18. und 19. Jahrhunderts hat gezeigt, dass der Aufstieg zu einer Großmacht friedlich und ohne Reibungen mit den anderen Staaten stattfinden kann, aber nicht muss ...

Geschichte und Kultur

In gewisser Weise könnte man Indien und China als »natürliche Konkurrenten« bezeichnen. Beide Länder haben sich vorgenommen, nicht nur entscheidende Regionalmächte zu sein, sondern ihre regionale Vormachtstellung auch als Startrampe für ihre ohne Zweifel bestehenden Global-Player-Ambitionen zu nutzen. Vor diesem Hintergrund ist es nicht einfach, eine konfliktfreie Koexistenz zu führen, zumal das Verhältnis der beiden Mächte während der letzten 50 Jahre politisch belastet war. Doch trotz der jahrhundertelangen Rivalität führte dies in ihrer langen gemeinsamen Geschichte nur selten zu militärischen Konflikten zwischen China und Indien.

Gleichzeitig stellen die Beziehungen der beiden einwohnerstärksten Staaten der Erde eine enorme Chance dar, die, wenn sie richtig genutzt wird, das Gesicht der Welt für immer verändern könnte.

Um die Frage, ob Konkurrenz oder Kooperation das Verhältnis der beiden Riesen dominieren werden, zu beantworten, empfiehlt sich ein Blick in die Geschichte der jahrtausendealten Nachbarschaft.

Die Beziehungen zwischen den beiden Ländern sind schon sehr alt. Schon zu Zeiten der Han-Dynastie im 2. Jahrhundert v. Chr. herrschte ein reger Handel. Indische Kaufleute importierten im großen Stil chinesische Produkte wie Seide und später Porzellan, um sie in Zentralasien weiterzuverkaufen. Indische Karawanen brachten chinesische Waren aus der Provinz Yunnan, vor allem Baumwoll- und Bambusprodukte, auf dem Landweg durch Afghanistan nach Westasien. Ab dem 11. Jahrhundert hatte Porzellan die weithin gerühmte chinesische Seide als Hauptimportprodukt abgelöst. Der beständige Strom an chinesischen Luxusgütern begann auch die Lebensgewohnheiten in Indien zu ändern.

Während China also die materielle Welt Indiens bereicherte, tat sich Indien vor allem durch den Export des Buddhismus nach China hervor. Der erste verbürgte Besuch von indischen Mönchen in China fand im 1. Jahrhundert nach Christus statt, als Dharmaraksa und Matanga auf Einladung des Han-Kaisers Mingdi nach Loyang, der damaligen Hauptstadt, reisten. Der Kaiser hatte angeblich von Gautama Buddha geträumt und daraufhin nach indischen Experten suchen lassen. Nach diesem Auftakt strömten zahlreiche Mönche und Gelehrte von Indien nach China. Erst als im 11. Jahrhundert die Bedeutung des Buddhismus in China abnahm, erlosch dieser rege Austausch.

Auch in umgekehrte Richtung, von China nach Indien, hatte es – wenn auch nicht so viele – Besucher und Reisende gegeben. Faxian, ein buddhistischer Gelehrter aus Westchina, kam im Jahre 401 in Indien an und blieb über zehn Jahre lang. Er kehrte über Sri Lanka und Java per Schiff nach China zurück und hinterließ das berühmte Werk *Aufzeichnungen aus den buddhistischen Königreichen*. Der bekannteste Besucher aus China war wohl Xuanzang, der im 7. Jahrhundert in der späten Tang-Dynastie kreuz und quer durch Indien reiste. Er sammelte in diesen 17 Jahren zahllose Sanskrit-Texte, die er nach seiner Rückkehr in China übersetzte. Die Studien der Medizin, Philosophie, Logik, Astronomie, Grammatik und vor allem des Buddhismus und der Mathematik waren ausführlich und erfolgreich. Ein Austausch auf diesen Gebieten sollte sich langfristig bewahren. Insbesondere im Bereich der Mathematik und Astronomie war der Einfluss indischer Gelehrter auf chinesische Wissenschaftler immens.

Indien und China sind nicht nur politisch und wirtschaftlich, sondern auch kulturell ein Kontinent. Die hinduistisch geprägte Kultur Indiens erstreckte sich mit ihrer Strahlkraft über das gesamte südostasiatische Kernland. Kulturen wie die der Khmer in Kambodscha bis hin zu den Hindu-Tempeln auf Java und Bali belegen dies. Der Buddhismus hat den indischen Nucleus, den er nach wie vor enthält, bis in die Weiten Ostasiens getragen. Zwar bekennt sich heutzutage nur noch 1 Prozent der indischen Bevölkerung zum Buddhismus, aber bei seinem Entstehen vor 2 000 Jahren gab es genauso viele Buddhisten wie Hindus. Nicht zuletzt durch die Verbreitung nach China gefolgt von der Weiterverbreitung nach Japan, Korea und anderen Regionen Ostasiens, hat der Buddhismus große Bedeutung erlangt.

China und Indien sind in vielerlei Hinsicht vergleichbar, weisen aber nicht unbeträchtliche Unterschiede auf. Es wird von entscheidender Bedeutung sein, wie diese beiden Kulturkontinente ihren jeweils eigenen Weg beschreiten werden können und ob es gegebenenfalls einen gemeinsamen Weg geben könnte. Nachdem in der Euphorie der neunziger Jahre der Begriff der New Asian Values, also der Neue asiatische Weg, große Bedeutung erlangt hatte, war nach der Währungskrise 1997 Ruhe eingekehrt. Spätestens mit dem scheinbar unaufhaltsamen wirtschaftlichen Aufstieg Chinas und Indiens stellt sich von neuem die Frage, ob und inwieweit die beiden bedeutendsten asiatischen Kulturräume – der indische und der chinesische – Gemeinsamkeiten aufweisen können und welche kulturelle Energie und Prägekraft noch immer in ihnen steckt.

Beide haben mit fundamentalen kulturellen und sozialen Krisen zu kämpfen und sind auf dem Weg zu einem neuen Selbstverständnis. Insbesondere die Konfrontation mit der Verwestlichung und der Globalisierung, die für beide Länder spätestens seit der Mitte des 20. Jahrhunderts beginnt, also seit der Ausrufung der Volksrepublik China und der Unabhängigkeitserklärung der indischen Union, ist existenziell. In der Tat ist »die Welt flach«, wie Thomas Friedman in seiner Analyse der globalisierten Welt im 21. Jahrhundert schildert. Mit dem wachsenden wirtschaftlichen Selbstbewusstsein fragt man sich in Asien immer häufiger, warum die westlichen Industrieländer seit 200 Jahren durch einen Zyklus wirtschaftlicher, politischer und militärischer Blüte gehen konnten, die sogar so weit ging, dass dadurch die 5 000 Jahre alten Kulturen Indiens und Chinas unterdrückt und besiegt werden konnten. Entscheidend für die Beantwortung der Frage ist, ob die Globalisierung im 21. Jahrhundert ein ganz neues, asiatisches, Gesicht bekommen wird und ob es nicht an der Zeit ist, sich von einem eurozentrischen Fortschritts- und Globalisierungsbegriff zu verabschieden. Von entscheidender Bedeutung ist, wie Indien und China ihren eigenen Weg gehen. Ohne Zweifel besteht das Potenzial für einen gemeinsamen Weg.

Schon einmal bestand durch den Buddhismus eine wichtige Brücke zwischen den beiden Ländern. Wenn diese wieder aufgenommen und weiterentwickelt wird, könnten sich völlig neue Dynamiken ergeben – zunächst für die unmittelbar angrenzende Region Indochinas, aber auch für Europa und die globalisierte Welt.

Gemeinsam ist Indien und China, dass sich sowohl die neue Indische Union wie auch die Volksrepublik China intensiv für eine Emanzipation der Frau auch im Berufsleben einsetzen. Dennoch ist in der gesellschaftlichen Realität die Frau noch nicht frei. Die meisten Ehen werden in Indien nach wie vor von den Eltern arrangiert. Auch in China ist dies noch oft der Fall. Die Tötung weiblicher Föten und die Ermordung von weiblichen Kleinkindern ist in der Volksrepublik aufgrund der Ein-Kind-Politik besonders grausam ausgeprägt, doch auch in Indien ist diese Art der Familienplanung noch weit verbreitet.

Eine gemeinsame Linie verfolgen Indien und China auch, was die Stellung des Einzelnen zur Gemeinschaft betrifft und stehen dabei einander näher als der westlichen Welt. Das Verhältnis zwischen Individuum und Gruppe ist in der Kastengesellschaft Indiens und im konfuzianistisch geprägten China von den Interessen der Gemeinschaft dominiert.

Die Gemeinschaft wird in Indien vor allem durch die Kaste definiert, in China hingegen durch die Sippe. Seit alters haben Kaste wie Sippe eine besondere Bedeutung, da sie stellvertretend für die jeweils regierenden Fürsten wesentliche soziale Aufgaben wahrnehmen. Da beide als kleinste gesellschaftliche Einheit von staatstragender Bedeutung waren und sind, ist es undenkbar, einen individuellen Einzelwillen gegenüber der Gemeinschaft geltend zu machen. Ein solcher Individualismus würde als Egoismus und gemeinschaftsbedrohend betrachtet werden.

Von dieser Prägung her erscheint die Demokratie nach westlichem Zuschnitt eigentlich weder für Indien noch für China besonders geeignet. Dennoch hatte Indien für die Einführung einer pluralistischen Demokratie bessere Voraussetzungen. Seit Jahrhunderten war Indien in zahllose Fürstentümer, verschiedene Religionen und verschiedene Sprachen zersplittert. Das Ausbalancieren verschiedener

Interessengruppen ist also dem indischen Wesen vertraut. Die indische Demokratie basiert auf der Vielfalt von verschiedenen gesellschaftlichen Gruppierungen, aber nicht von Individuen.

Im Gegensatz dazu hat China von alters her eine zentralstaatliche Tradition, in der der autoritär regierende Staat die Harmonie von Himmel und Erde, also die Erfüllung göttlichen Willens, darstellte. Die KP Chinas, die ungefähr so alt ist wie diejenige Indiens, hat mit ihrer endgültigen Machtergreifung 1949 also eigentlich nur eine neue kaiserliche Dynastie geschaffen.

Ein weiterer Garant für die stabile politische Struktur in China ist, dass Kommunismus und Konfuzianismus viele Gemeinsamkeiten haben. Beide haben eine kritische Distanz zu metaphysischer Weltsicht, den Religionen. Das vorherrschende Prinzip ist das der Vernunft, die aber nicht nur Selbstzweck bleiben darf. Vielmehr ist die aktive Gestaltung der Welt essenziell. Konfuzius forderte, dass das Denken dem Handeln zu dienen habe, und Mao Zedong sagte, der Marxismus sei kein Dogma, sondern ein Wegweiser zum Handeln. Mit der gleichrangigen Beziehung zu Wissen und Erziehung zum Wissen, das auf dem Fundament des Gemeinwohls basiert, das immer dem Eigennutz vorgeht, hat sich der Marxismus als moderne Ausprägung des althergebrachten Konfuzianismus ins Spiel gebracht.

Die agnostische Haltung von Konfuzius ist der von Buddha, welcher ebenso wie Konfuzius davor warnte, sich auf spekulative Fragen nach den Göttern und dem Jenseits einzulassen, vergleichbar. Noch stärker ist jedoch die Parallele zu den griechischen Philosophen, insbesondere Sokrates, die sich mit der gleichen rationalen Skepsis von metaphysischen Illusionen und Spekulationen abgrenzten. So wie Sokrates sagte: »Ich weiß, dass ich nichts weiß«, ließ Konfuzius verlauten: »sagen, dass man eine Sache nicht kennt, wenn man sie tatsächlich nicht kennt, das ist Kenntnis«.

Konfuzius fordert die Menschen auf, sich permanent selbst zu prüfen und an seinem eigenen Wesen zu arbeiten. Ähnlich der griechischen Schicksalsfügung, der Moira, ist im chinesischen Konfuzianismus der Tian eine anonyme Schicksalsmacht des Himmels, das über allem stehende, lenkende Prinzip. Konfuzius sagt: »Der Himmel redet nicht und doch gehen die vier Zeiten ihren Gang und alle Dinge werden erzeugt.« Statt der Götterverehrung wurde eine seit alters übliche Ahnenverehrung propagiert.

Da dem Konfuzianismus sowohl die metaphysischen Götter als auch die Verkündigungen eines personalisierten Gottes fehlen, stellt sich die Frage, wie man den richtigen Weg beschreiten kann, wenn man ihn schon nicht von einer Gottheit in Form von Geboten empfangen hat. Die Antwort macht den Konfuzianismus so modern und mit vielen westlichen Strömungen wie der Aufklärung vergleichbar: Man muss rational und nüchtern alle Chroniken der Vergangenheit studieren, um aus den wechselvollen Abläufen die grundlegenden menschlichen Verhaltensweisen zu erkennen. Aus dieser Staatslehre, die viele pragmatische Anweisungen zum Handeln und einen katego-risch-moralischen Imperativ enthalten, hat sich in China schon viel früher als in Indien geschichtsbezogenes Denken entwickelt.

Doch keine übereilten Schlüsse: Trotz dieses nüchternen, rationa-len Denkansatzes ist der Konfuzianismus nicht modern. Denn die große Rolle, die die Mythologie spielte, führt letztendlich wieder ins Religiöse: Nur im Einklang mit kosmischen Kräften kann man sozial und politisch richtig handeln. Der Konfuzianismus ist also nicht atheistisch im strengen Wortsinne, ja er verachtet nicht einmal die Religionen, sondern er ist eher agnostisch und darauf beschränkt, das für den Menschen Erkennbare und Machbare im Diesseits in Angriff zu nehmen. Die als real existierend angenommenen »Gesetze des Himmels« kann man in ihren Auswirkungen beobachten und hat ihnen durch Rituale auch Verehrung zu erweisen. Im westlichen Sinne zwar unreligiös, ist der Konfuzianimus nicht wirklich fort-schrittlich gewesen; im Gegenteil, ab dem 13. Jahrhundert kam es zu einer Stagnation der chinesischen Hochkultur. Der Konfuzianismus betrachtete jeden Fortschritt als Bedrohung der bereits erreichten höchsten zivilisatorischen Stufe.

In Indien hat es nur wenige politisch geeinte Großreiche gegeben und sie waren meist von kurzer Dauer. Wie im historischen Abriss gezeigt, sind es vor allem die Dynastien der Maurya und der Gupta und dann der Moguln, die für wenige Jahrhunderte eine Art Verei-nigung der indischen natürlichen Grenzen mit sich brachten. Dementsprechend gab es eigentlich nie große Hauptstädte, die sich über viele Jahrhunderte als politisches und kulturelles Zentrum hätten ausbilden können.

Das Bewusstsein von sich rasch und immer wieder abwechselnden lokalen, regionalen und nationalen Herrschaftsgruppierungen, also der Mangel an Kontinuität und Bestand hat sich ins indische Bewusstsein eingeprägt. Über viele Jahrhunderte hinweg hat sich keine Bildungsschicht entwickeln können, die in der Staatlichkeit eine eigentliche Ordnungskraft hätte wahrnehmen können. Ganz anders in China: Hier wurde durch das kaiserliche Prüfungswesen, das unter der Song-Dynastie im 12. Jahrhundert vereinheitlicht wurde, über fast 1 000 Jahre hinweg eine staatstragende Bildungsschicht genährt und ausgebildet.

Wirtschaft

Aufgrund der Größe, geografischen Nähe und nun auch dem gleichzeitigen politischen und wirtschaftlichen Aufstieg besteht traditionell auch in ökonomischer Hinsicht eine gewisse Rivalität zwischen den beiden Ländern, die in Indien nach wie vor stärker im Bewusstsein verankert ist als China. Das Reich der Mitte wird zunehmend zum Maßstab, an dem Indien seinen politischen Status und seine eigene wirtschaftliche Entwicklung im globalen Kontext misst.

1. Incredible India vs. China Inc.

Indien hat die Liberalisierung der Wirtschaft mehr als zehn Jahre nach China begonnen. Dennoch ist den beiden bevölkerungsreichsten Ländern der Erde gemeinsam, dass sie auch 2006 den von den Vereinten Nationen vorausgesagten Zuwachs von 3 Prozent im BIP der Weltwirtschaft bei weitem übertreffen werden.

In beiden Ländern ist für das große Heer an billigen Arbeitskräften nicht genügend Arbeit vorhanden, weswegen vor allem im Falle Chinas ein exportgetriebener Wachstumskurs und die Abhängigkeit von ausländischen Investitionen charakteristisch sind.

Sowohl in China als auch in Indien ist im Zuge des Wachstums eine zahlenmäßig große Mittelschicht entstanden, die über eine stetig wachsende Kaufkraft verfügt und sich viele Produkte der Industrieländer wie Autos, elektronische Geräte und andere Markenprodukte inzwischen leisten kann. Gleichzeitig sind sowohl Indien als auch in immer stärkerem Maße China von der sich verschärfenden gesellschaftlichen Polarisierung betroffen. Angesichts der glitzernden chinesischen Metropolen neben der offensichtlichen Armut und Arbeitslosigkeit bemerkte auch der indische Verteidigungsminister George Fernandes, der China 1998 noch als den größten Feind Indiens bezeichnet hatte, bei seinem Staatsbesuch 2003: »Wir sitzen in einem Boot.«

Ähnlich ist in beiden Ländern auch das Problem der Wanderarbeiter. Doch während in Indien demokratische Strukturen wie ein Blitzableiter die Unzufriedenheiten innerhalb der Gesellschaft auffangen, könnten sie in China wegen des starren politischen Systems die gesamte gesellschaftliche Stabilität aus dem Ruder laufen lassen.

Wirtschaftlich war Indien dem chinesischen Riesenreich lange überlegen. Noch im Jahre 1950 betrug das indische BIP pro Kopf in Kaufkraftparitäten 140 Prozent des chinesischen. 1973 lagen beide Länder etwa gleichauf. Doch das Bild wandelte sich im Zuge der chinesischen Reformpolitik zusehends. Schon 1998, 20 Jahre nach den radikalen wirtschaftlichen Reformen in China, entsprach die indische Wirtschaftsleistung pro Kopf nur noch etwa 55 Prozent des chinesischen Wertes. Dieses Verhältnis hat sich trotz des Aufholprozesses der indischen Wirtschaft weiter zugespitzt: Im Jahr 2005 lag das kaufkraftbereinigte indische BIP pro Kopf bei nur noch etwa 49 Prozent des chinesischen. Damit erwirtschaften die Chinesen inzwischen ein mehr als doppelt so großes BIP pro Kopf als die Inder.

Bei den Direktinvestitionen ergibt sich ein noch gravierenderes Bild. Schon in den achtziger Jahren betrug der Nettozufluss der Direktinvestitionen nach Indien nur ungefähr 17 Prozent des entsprechenden Zuflusses nach China. Seither hat China seinen Vorsprung bei den ADI kontinuierlich ausgebaut. Insgesamt zog das Reich der Mitte von 1989 bis 2005 mehr als 620 Milliarden US-Dollar an ADI an, nach Indien hingegen floss im selben Zeitraum lediglich ein Sechzehntel dieser Summe. Auch 2005 hat China erneut mit knapp über 60 Milliarden US-Dollar die höchsten Direktinvestitionen weltweit angezogen, wohingegen Indien im Fiskaljahr 2005/06 ADI lediglich in Höhe von gut 5,5 Milliarden US-Dollar verbuchen konnte.

Auch bei den Devisenreserven führt China vor Indien. Noch

Ende der siebziger Jahre betrugen die indischen Devisenreserven mit 8,3 Milliarden US-Dollar 187 Prozent der chinesischen. Schon 1995 war das Verhältnis der Währungsreserven Indiens zu Chinas auf nur noch etwas über 25 Prozent geschrumpft. Infolge des gigantischen Anwachsens der US-Dollarreserven Chinas, das Anfang 2006 mit mehr als 941 Milliarden US-Dollar über die weltweit größten Devisenreserven verfügte, ist der Anteil der indischen Währungsreserven inzwischen auf lediglich 18 Prozent (155 Milliarden US-Dollar) der chinesischen Bestände gerutscht.

Bei der Armutsbekämpfung hat Indien ebenfalls noch einiges mehr aufzuholen als China: Mehr als ein Viertel aller Inder muss mit weniger als 1 US-Dollar pro Tag auskommen, in China sind es lediglich 17 Prozent der Bevölkerung.

Auch die Spar- und Investitionsquoten liegen im Reich der Mitte um mehr als ein Drittel höher als in Indien. Ein ähnliches Bild zeigt sich bei Urbanisierung, Lebenserwartung und Alphabetisierung – überall liegt China weit vorn. Während Indien überhaupt kein Sozialsystem hat, hat China wenigstens ein rudimentäres.

2005 erzeugte China fast 8 Prozent der weltweiten Exporte von Gütern und Dienstleistungen – Indien dagegen lediglich 0,9 Prozent. Offensichtlich ist die chinesische Volkswirtschaft wesentlich stärker in den globalen Wirtschaftskreislauf eingebunden als die indische. Seit 2000 beträgt das Volumen des chinesischen Außenhandels im Verhältnis zum BIP über 50 Prozent, in Indien lediglich 25 Prozent. Nur in der Gleichheit der Einkommensverteilung führt der Subkontinent vor China. Der Gini-Koeffizient lag 2005 in Indien bei etwa 0,38, in China dagegen mit 0,45 deutlich höher.

Die wirtschaftliche Bestandsaufnahme fällt derzeit also eindeutig zugunsten Chinas aus. Bedingt dadurch, dass China lange vor Indien seine ersten Wirtschaftsreformen einleitete, ist das chinesische Pro-Kopf-Einkommen in den letzten 25 Jahren fast doppelt so schnell gestiegen wie das indische. Auch bei jährlichen Wachstumsraten von 8 Prozent brauchte Indien damit noch mindestens zehn Jahre, um zum wirtschaftlichen Leistungsniveau des heutigen Chinas aufzuschließen.

Seit 2003 hat sich Indiens Wachstum allerdings dramatisch

beschleunigt. Auch die internationale Wahrnehmung des Landes hat sich in den letzten Jahren deutlich gewandelt. Mit seinen Bemühungen, sich international ins rechte Licht zu rücken, hat Indien inzwischen großen Erfolg. Auf dem Weltwirtschaftsforum in Davos im Januar 2006 war Indien allgegenwärtig und das beherrschende Thema des Gipfels. Auch auf der Hannover-Messe 2006 war der Subkontinent als Partnerland in aller Munde. Auf der Internationalen Tourismus-Börse (ITB) traten die Inder 2006 erstmals mit einer eigenen Halle auf und stehen schließlich auch auf der Frankfurter Buchmesse 2006 als Themenland im Fokus des Interesses. Das Medienforschungsinstitut Media Tenor stellte für 2005 fest, dass sich in die Nachrichten aus China deutlich Ernüchterung mischt, wogegen freundliche Berichte über Indien stark zugenommen haben. Der radikale Stimmungsumschwung birgt allerdings die Gefahr, dass Indien genauso unkritisch in den Himmel gehoben wird wie zuvor China. Inmitten des anschwellenden Hypes über die Aufstiege Chinas und Indiens zu den Supermächten des 21. Jahrhunderts wird oft vergessen, wie arm beide Länder tatsächlich noch sind und wie lang der Weg hin zu einem moderaten Wohlstand sein wird. Nach Angaben der Weltbank leben von den insgesamt 2,4 Milliarden Menschen in Indien und China noch immer 1,5 Milliarden von weniger als 2 US-Dollar am Tag. Dennoch ist die historische Leistung insbesondere Chinas, seit dem Beginn der achtziger Jahre Hunderttausende Menschen aus der Armut gerettet zu haben, beeindruckend. Ein beträchtlicher Teil davon ist der Globalisierung zuzuschreiben. Fest steht, dass China und Indien auf Jahrzehnte die wichtigsten Wachstumszentren der Welt bleiben werden. Mit Arbeitslöhnen in der Produktion von 0,6 US-Dollar pro Stunde in Indien und 0,8 US-Dollar pro Stunde in China werden die beiden Länder auch in Zukunft hochattraktive Fertigungszentren für die globale Wirtschaft sein. Kein Wunder also, dass mehr als 75 Prozent der Menschen in China und Indien davon überzeugt sind, dass sich ihre persönliche Situation verbessern wird. Bei einer gleichlautenden Umfrage in 17 ausgewählten Ländern kam kein großes Industrieland auf mehr als 48 Prozent (USA). Chinesen wie Inder glauben zunehmend an die Marktwirtschaft, vergessen ist die einstige Wahrnehmung des Kapitalismus als kolonialistisches

Ausbeutersystem. Dieser Glaube setzt Kräfte frei, die die Entwicklung nachhaltig stützen. Ebenso Ansporn ist die Konkurrenz der beiden Riesen untereinander, die vor allem in Indien sehr stark empfunden wird.

2. Ungleiche Entwicklungsmuster

Warum ist Indien, dass in seinen Dimensionen China doch so ähnlich ist, bislang so weit abgeschlagen? Um die wirtschaftlichen Strukturen der beiden Länder, insbesondere in Bezug auf Außenhandel und ADI zur Beantwortung dieser Frage zu vergleichen, sollte man sich zunächst einige Fakten vor Augen führen. Indien hat nur ungefähr ein Drittel der Größe Chinas. Beide Länder verfügen über große Landmassen mit landwirtschaftlich ausgerichteten Wirtschaftsstrukturen, deren Wurzeln in den frühen Flusszivilisationen liegen. Bei beiden handelt es sich um Volkswirtschaften und Regierungen in einem Übergangsstadium, die sich von einer eher dirigistischen und im Falle Chinas zentralistischen Vorgehensweise immer stärker den Marktkräften öffnen.

Eine entscheidende Rolle bei den Unterschieden in der wirtschaftlichen Entwicklung spielen die unterschiedlichen Quellen der ADI in die beiden Länder. Die ADI, die nach China fließen, kommen vornehmlich aus ostasiatischen Quellen, insbesondere aus Hongkong, Taiwan und den großen Gemeinschaften der Übersee-Chinesen in Südostasien. Im Vergleich dazu ist das Investitionsvolumen durch Auslandsinder (Non-Resident-Indians, NRI) beschämend gering.

Die Standardbetrachtungsweise von ADI hilft daher wenig, die Ursachen für das Missverhältnis in der gegenwärtigen Investitionslage zu erforschen. Vor dem Hintergrund eines rapiden globalen Wirtschaftswachstums in den sechziger und siebziger Jahren wurden arbeitsintensive Industrien aus dem Westen vor allem in die ostasiatischen Tigerländer wie Südkorea, Hongkong, Taiwan, Malaysia und Thailand verlagert. Die westlichen Unternehmen konzentrierten sich in ihren Heimatstandorten auf Dienstleistungen sowie forschungs- und wertschöpfungsintensive Bereiche, während die kostengünstige Massenproduktion in Ostasien stattfand. Dadurch haben die dortigen Unternehmer, die abgesehen von Korea fast ausnahmslos ethnische Chinesen waren, früh den Umgang und das Management von arbeitsintensiven, kostengünstigen Produktionstechniken gelernt. Dies erklärt die Tatsache, dass Tausende und Abertausende von kleinen und mittelgroßen chinesischen Auslandsunternehmen Produktionskapazitäten vor allem in das Perlflussdelta verlagerten, als sich China Anfang der achtziger Jahre dort für ADI öffnete. China profitierte also durch die heimkehrenden Auslandschinesen von mehr als zwei Jahrzehnten Erfahrungen und Lernergebnissen.

Ein weiterer Vorteil bestand darin, dass es sich bei den Netzwerken der Auslandschinesen um informelle, flexible Systeme handelte, die sich seit Jahrzehnten, ja Jahrhunderten bewährt hatten. In einer kritischen, aber feindseligen Gastnation war die Fähigkeit, Informationen zu sammeln und weiterzuleiten sowie eine pragmatische flexible Anpassung an die jeweiligen wirtschaftlichen und gesellschaftlichen Strukturen ein Überlebenserfordernis. Diese beeindruckenden Soft Skills wurden zusammen mit technischem Wissen und umfangreicher Management-Expertise mit nach China zurückgenommen.

Die indische Erfahrung sieht dagegen anders aus. Zwar gibt es Inder, die nach Afrika, Arabien und in andere Länder ausgewandert sind. Es handelt sich dabei jedoch zumeist um Angestellte oder Freiberufler, die sich oft, noch geprägt durch die englische Kolonialherrschaft, in mechanischen Ingenieursberufen betätigten. Der indische »Unternehmer«, der in Indien schon nach dem Verkauf von zwei Kokosnüssen ausgerufen wird, hat sich nicht in dem Maße ausgebreitet wie die chinesischen Kaufleute. Zwar gibt es erfolgreiche Unternehmer außerhalb von Indien, wie beispielsweise Mittal, der erfolgreich ausgezogen ist, um der größte Stahlproduzent der Welt zu werden, und weitere Familien, die sich etwa in Ostafrika oder Südostasien Reichtum und Einfluss erarbeitet haben. Nichtsdestotrotz haben diese im Gegensatz zu den so zahlreichen überseechinesischen Unternehmergestalten weniger Erfahrung mit der Exportproduktion von Niedriglohnprodukten ansammeln können.

Taiwan, Hongkong und die südostasiatischen Chinesen durchliefen diesbezüglich in den sechziger und siebziger Jahren eine deutlich steilere Lernkurve.

Die Direktinvestitionen durch multinationale Firmen hingegen sind in beiden Ländern vor allem durch niedrige Lohn- und Herstellungskosten bedingt. Demzufolge hängen die massiven ausländischen Direktinvestitionen in China vor allem mit dem Outsourcen von einfachen mechanischen Tätigkeiten zusammen. Dieser Trend wurde durch die niedrigen Löhne und den dramatischen Anstieg an Produktivität unterstützt.

Die mehr als zehn Jahre eher begonnene wirtschaftliche Liberalisierung der Volksrepublik und die deutlich überlegene physische Infrastruktur geben dem Land einen entscheidenden Vorteil gegenüber Indien, sowohl was das verfügbare Pro-Kopf-Einkommen als auch was die Attraktivität als Investitionsstandort anbelangt. Allerdings ist Indien China bei der institutionellen Infrastruktur mit seinem gefestigten Rechtsrahmen, der demokratischen Legitimierung der Regierungsorgane sowie bei der Effizienz der Unternehmensführung wiederum nicht unerheblich voraus. Dieses Verhältnis zeigt sich unter anderem darin, dass das absolute Volumen ADI in Indien wesentlich niedriger ist, die Kapitalrenditen hingegen deutlich höher als in China sind. Damit hat Indien eine wichtige Voraussetzung, zukünftig in puncto Auslandsinvestitionen zu China aufzuschließen, wenn die dringend notwendigen Reformen durchgeführt werden und eine investorenfreundliche Umgebung vor allem auch im Bereich der Infrastruktur geschaffen wird.

Noch aber gibt es Unterschiede in der Politik gegenüber ausländischen Investoren, die die Kluft zwischen Indien und China bezüglich ADI noch vertiefen. Die chinesische Politik ist hinsichtlich ADI dezentralisierter als in Indien. Der kleinere ausländische Direktinvestor, in der Regel der Auslandschinese als Unternehmer selbst, konnte und kann relativ ungehindert von bürokratischen Vorschriften direkt vor Ort in China investieren. Dadurch spart er Zeit, Energie und nicht zuletzt Bestechungsgelder, findet also insgesamt eine Investment-freundliche Umgebung vor. Zudem kann er durch seine kulturellen und sprachlichen Wurzeln die wirschaftlichen Vorteile der

Volksrepublik reibungsfrei nutzen. Die flexible und pragmatische Haltung gegenüber kleineren und mittleren Auslandsinvestoren hat in China auch damit zu tun, dass lokale Projekte seit der Kulturrevolution – trotz aller politischen Macht des Zentralkomitees der KP – auch relativ lokal gehandhabt wurden. Für die großen Auslandsinvestitionen der Multinationals hingegen bestehen nach wie vor die politischen Prämissen der Zentralregierung, mit allen dazugehörigen Facetten wie etwa erzwungenen Joint-Ventures, der Pflicht zum Technologie-Transfer et cetera.

Im Vergleich dazu gibt es in Indien keinen besonderen Vorzug für einen Investor. Er muss im Gegenteil sämtliche Ansprechpartner der Zentral-, Staats- und lokalen Regierungen kontaktieren, bearbeiten und notfalls auch bestechen. Vor kurzem wurde allerdings ein automatisches Genehmigungsverfahren eingeführt, das eine kürzere Bearbeitungsdauer für die Beantragung der meisten Projekte zumindest in der Theorie in Aussicht stellt.

Dennoch ist anzunehmen, dass sich Indien in ähnlichen Phasen – rund zehn Jahre zeitversetzt – vergleichbar entwickelt wie China. Dies wird durch die Zahlen unterstrichen. Der Betrag von 3,4 Milliarden US-Dollar Direktinvestition nach Indien aus dem Jahre 2001 ähnelt dem Betrag von 3,4 Milliarden US-Dollar, die China im Jahr 1988, dem 10. Jahr nach der Öffnung, erhalten hat.

Trotz der Gemeinsamkeiten ist der indische Aufstieg, der sich seit der wirtschaftlichen Liberalisierung zu Beginn der neunziger Jahre dramatisch beschleunigt hat, keine Wiederholung des China-Booms: Während das Wachstum im Reich der Mitte überwiegend von ADI und der Exportindustrie gespeist wird, ist das indische Wirtschaftswunder eher hausgemacht. In den letzten Jahren beliefen sich die jährlichen ADI-Zuflüsse in China auf runde 4 Prozent des BIPs, in Indien hingegen waren es lediglich 0,5 Prozent. Noch immer wird China als weltweit attraktivstes Zielland für ADI bewertet, auch wenn das Interesse an Indien zusehends wächst.

In China geht die Entwicklung von Privatunternehmen nur schleppend voran, in Indien hingegen gibt es viele mächtige Familienunternehmen mit langer Tradition, deren starke Marken sich zunehmend auf dem Weltmarkt etablieren. Etwa ein Dutzend dieser Dynastien haben den staatlichen Protektionismus der Regierung genutzt, um in die Breite zu wachsen, und erwirtschaften mittlerweile ein Viertel des indischen BIPs. Dabei haben sie die Weichen gestellt, um international in der ersten Liga zu spielen und sind hochgradig wettbewerbsfähig und innovativ. Diese großen, alt eingesessenen Unternehmerdynastien sowie junge, dynamische Firmen aus modernen Wirtschaftsbranchen dominieren den indischen Markt. Die Struktur der indischen Wirtschaft ist maßgeblich durch derart leistungsfähige Privatunternehmen geprägt, wohingegen in China die größten Unternehmen noch immer staatlich sind, auch wenn mittlerweile auch dort mehr als 60 Prozent der Wirtschaftsleistung von Privatunternehmen erstellt werden.

Die Tatsache, dass private Unternehmen in China in der Regel deutlich kleiner sind als ihre indischen Pendants, liegt zu einem nicht geringen Teil daran, dass die politische Klasse nicht an einer selbstbewussten Mittelschicht von Entrepreneuren interessiert ist. Das führte zu einer Begünstigung ausländischer Konzerne, wohingegen in Indien Ausländer protektionistisch auf Abstand gehalten wurden. Unternehmer in China haben Schwierigkeiten, Kredite zu erhalten; wird ein Unternehmen zu mächtig oder unbequem, können die Behörden die weitere Entwicklung behindern. Im privaten Sektor gibt es in China deshalb im Vergleich zu Indien wenige Firmen, die Weltklasseniveau aufweisen.

Durch den WTO-Beitritt 2001 wurde der allgemeine Reformprozess quer durch alle Industrien zwar beschleunigt, dennoch führen Schwächen des maroden Finanzsektors, die mangelnde Rechtssicherheit und Produktivität noch zu Defiziten. Zudem hat die andauernde massive Investitionsquote in China zum Aufbau von Überkapazitäten in zahlreichen Industrien geführt, was die Margen der Unternehmen kaputt macht.

Verschiedene Untersuchungen belegen, dass indische Unternehmen besser und betriebswirtschaftlich effizienter geführt sind als chinesische und generell deutlich bessere Corporate Governance Standards haben. Die Buchhaltung ist in der Regel transparenter und die Manager internationaler. Das erklärt auch, warum die Gesamtkapitalrendite in Indien trotz des langsameren Wachstums im Vergleich zu China noch immer deutlich höher liegt. Sie spielt ebenso eine Rolle bei der wesentlich stärkeren Performance der indischen Aktienmärkte. Viele indische Unternehmen verfügen über eine starke Vision und erkennen globale Entwicklungen frühzeitig.

Vorweisen kann Indien außerdem ein solides und verankertes Rechtssystem, in dem Privateigentum geschützt wird, eine demokratische Grundordnung, Meinungsfreiheit sowie einen gut entwickelten Privatsektor. Trotzdem bescheinigt die Weltbank China, dass die staatliche Effektivität und die Qualität der Regulierung höher ist als in Indien. Damit schafft man es im Reich der Mitte scheinbar noch immer besser, Ressourcen zu mobilisieren. Die entwickelte Infrastruktur bestätigt diesen Eindruck. In Indien sind Bürokratie und Korruption offenbar so stark ausgeprägt, dass sie den Vorteil des Landes mit seinen fortschrittlichen Institutionen erodieren. Die Machtkompetenz der Länder- und Stadtregierungen in Indien reicht so weit, dass Anweisungen des Bundes oft bewusst ignoriert werden. Wenn laut Bundesgesetz etwas erlaubt ist, bedeutet das noch lange nicht, dass es auch vor Ort möglich ist. Damit ist die Bürokratie in Indien hochgradig kompliziert und unkalkulierbar. Auch das überbordende Haushaltsdefizit Indiens steht für ein massives Versagen der Politik, dass es in China so nicht gibt.

Dies zeigt auch einer der Gründe, warum die Investitionsquote in Indien mit 30 Prozent deutlich unter der chinesischen liegt. Die Industrie in Indien ist von 1990 bis 2003 um lediglich 6,5 Prozent im Jahr gewachsen, in China dagegen um beinahe 12 Prozent. Nicht nur Infrastrukturengpässe behindern die wirtschaftliche Entwicklung und den Fluss von Waren wie Dienstleistungen, hinzu kommt, dass die Integration des indischen Binnenmarktes noch nicht vollständig abgeschlossen ist. Je nach Bundesstaat sind Zoll- und Steuersätze und auch die Gesetzgebung unterschiedlich. Einen derartigen Föderalismus gibt es in China nicht.

Indiens Wachstumsmodell basiert im Wesentlichen auf Dienstleistungen Mit seiner Konzentration auf den Servicesektor hat Indien die schwierigen Klippen seiner Ökonomie, die rudimentäre Infrastruktur, die niedrigen Direktinvestitionen und die relativ geringe Sparquote erfolgreich umschifft, die seine Industrialisierung über lange Zeit behindert haben. Dennoch braucht Indien einen starken industriellen Sektor, um seiner wachsenden Bevölkerung Arbeit zu verschaffen.

China hingegen glänzt vor allem in der verarbeitenden Industrie und dominiert mit Produkten im Konsumentenbereich mittlerweile den Weltmarkt. Die Regierung hat schon früh in Infrastruktur investiert und zusammen mit den riesigen Summen an ADI sowie der Hilfe vieler Übersee-Chinesen den Auf- und Umbau von kapitalintensiven Industrien betrieben. Insbesondere im Leichtindustriesektor führte dies zu einem rasanten Wachstum von kleinen, gut geführten Privatunternehmen. Aufgrund der andauernden Konsolidierung verursacht durch den hohen Konkurrenzdruck sind aber auch in China in anderen Bereichen zahlreiche effiziente Unternehmen entstanden, die international mithalten können. Bei den Schwerindustrien ist die wirtschaftliche Reform und die Umstrukturierung schwieriger. Dies ist auch ein Grund, warum der Süden des Landes, der vor allem von leichtindustriellen Unternehmen dominiert wird, deutlich prosperierender ist als der von der Schwerindustrie dominierte so genannte »Rostgürtel« im Nordosten.

Beide Länder haben in den letzten Jahren starke Anstrengungen im Bereich der Bildung unternommen. Während China schon sehr früh auf eine umfassende Alphabetisierung der Bevölkerung setzte, stärkte Indien vor allem die akademische Bildung. Nach Angaben der Unternehmensberatung McKinsey verlassen jedes Jahr 1,5-mal mehr Absolventen die Hochschulen in Indien als in China. Die Verzahnung des Bildungssystems mit den Bedürfnissen der Wirtschaft ist in Indien sehr viel stärker fortgeschritten als in China. Große Unternehmen finanzieren hier ganze Universitäten, die Ausbildung wird somit genau auf den Markt zugeschnitten. Auch wenn manchem eine derartige Entwicklung zu weit gehen mag, das geballte Knowhow ist für die Entwicklung der Ökonomie von großer Bedeutung. Die unterschiedlichen Bildungssysteme haben zu einer grundlegend unterschiedlichen Struktur des Humankapitals der beiden Länder geführt, die sich wiederum entscheidend auf die wirtschaftliche Entwicklung der beiden Länder auswirkt. Nach einer Untersuchung der IMD Business School von 30 Staaten im Hinblick auf die Verfügbarkeit qualifizierter Facharbeiter rangiert Indien unter den Top 3,

China hingegen landet auf dem vorletzten Platz. Hinsichtlich qualifizierter Ingenieure steht Indien in der Untersuchung sogar an erster Stelle. Ein ähnliches Bild ergibt sich bei den Führungskräften:
Indien erreicht auf einer Skala von 0 (keine Kandidaten verfügbar)
bis 10 (Kandidaten können sofort eingestellt werden) einen Wert
von 6,3, China hingegen nur 2,9 (Deutschland 6,7). Diese Situation
stellt China bei der Transformation von der »Fabrik der Welt« zur
wissens- und hightechbasierten Volkswirtschaft vor ernstzunehmende Herausforderungen. Die Elitenförderung in Indien hat enorm
zum wirtschaftlichen Aufschwung des Landes beigetragen und ist
wesentlich dafür verantwortlich, dass sich trotz Kapitalknappheit
und miserabler Infrastruktur so moderne Industrien wie IT-Dienstleistungen, Biotechnologie und pharmazeutische Industrien auf
Weltmarktniveau entwickeln konnten. Während China das Land der
Massenproduzenten ist, ist Indien das Land der Tüftler.

Damit kann die indische Wirtschaft mit hohen Wachstumszahlen
vor allem in Wirtschaftszweigen glänzen, in denen man mit wenig
Kapitaleinsatz, aber mehr Personal eine hohe Wertschöpfung erzielen
kann. Tatsächlich gibt die starke Verbreitung der englischen Sprache
und die international geschätzte Fähigkeit der Inder, abstrakt zu denken und komplexe Aufgaben kreativ zu lösen, dem Subkontinent in
der IT-Branche einen für China schwer aufzuholenden Vorteil.

Mehr als 50 indische Softwareschmieden sind mit dem Spitzen-
zertifikat »CMM Level 5« (Capability Maturity Model, ein Prozess-
modell zur Beurteilung der Qualität) ausgezeichnet, in China sind es
lediglich zwei. Ebenfalls waren 2004 65 indische Pharmaunternehmen von der amerikanischen Pharmabehörde zertifiziert, mehr als
dreimal soviel wie die 20 chinesischen Unternehmen. Indiens Exporte
an IT-Gütern sind 2004 erneut um 35 Prozent auf 17,3 Milliarden
US-Dollar gestiegen, Chinas IT-Exporte lagen hingegen bei weniger
als einem Fünftel dieses Wertes. Beim Outsourcing von Geschäftsprozessen steht der Subkontinent für etwa 70 Prozent des globalen
Umsatzes, während China lediglich auf etwa 10 Prozent kommt.
Indiens Stärke in der Softwareentwicklung und der Outsourcing-
Branche weckt auch in China Begehrlichkeiten. Unlängst haben die
Chinesen ein spezielles Verbindungsbüro zur Anwerbung indischer

Softwareunternehmen in Peking gegründet, in der Hoffnung, dass etwas von der Dynamik der Inder in diesem Bereich in China hängen bleibt. Indische Medien warnen bereits, die Volksrepublik könne Indien so seinen bislang einzigen handfesten wirtschaftlichen Vorteil auf der Weltbühne streitig machen.

Aufgrund des viel schlechteren Rechtssystems und der mangelnden Verbreitung des Englischen bleibt China in seinen Entwicklungsmöglichkeiten hinsichtlich des Dienstleistungssektors beschränkt. Hier lassen sich aber oft höhere Gewinnspannen erzielen als in der Fertigung. Die Software- und Outsourcing-Branche Chinas ist stark fragmentiert und verfügt kaum über die notwendige Größe und Expertise, um internationale Großprojekte anlocken zu können. Nach Angaben der Unternehmensberatung McKinsey besitzen die führenden zehn Unternehmen der Informationstechnologie in China bislang gerade einmal 20 Prozent Marktanteil, während die zehn Branchenriesen in Indien auf 45 Prozent kommen. Der Mangel an kritischer Größe macht es den chinesischen Neulingen am Weltmarkt schwer, hinzu kommt die Sprachbarriere, die in China ungleich stärker ausgeprägt ist und bei der IT-Entwicklung wie auch im Outsourcing eine wichtige Rolle spielt. McKinsey schätzt, dass es noch Jahre dauern wird, bis China Indien im Bereich der Softwareentwicklung das Wasser reichen kann.

Die unterschiedlichen Entwicklungsmuster der beiden Länder haben also zu einer grundlegend unterschiedlichen Struktur der Wirtschaft geführt. Neuerdings drängt auch in Indien die verarbeitende Industrie stärker auf den Weltmarkt, während China vor allem die Entwicklung des Dienstleistungssektors vorantreiben will. Analysten erwarten, dass die Entwicklungsmodelle der beiden Länder schon in wenigen Jahren konvergieren werden. Wenn sie ihr hohes Wachstum auf Dauer halten wollen, müssen China und Indien jeweils in den Bereichen verstärkt wachsen, wo bislang der andere die Nase vorn hat. Aufgrund der starken Verbreitung der englischen Sprache hat Indiens Servicesektor allerdings einen substanziellen Vorteil auf dem Weltmarkt. Indiens Nachteil in der Industrie hingegen liegt vor allem in der unzureichenden Infrastruktur und der stärker ausgeprägten Bürokratie. Mit den angekündigten Milliardenpaketen zum Ausbau der Infrastruktur und der schrittweisen Privatisierung wird das Land hier mit hoher Wahrscheinlichkeit schnell aufholen können. Letztlich wird die höhere Produktivität entscheiden, welches der beiden Länder in welchen Industrien die Führung übernimmt. In der Tendenz entwickeln sich chinesische Firmen immer stärker zu Konkurrenten für westliche Unternehmen, wobei es in Indien viele Firmen gibt, die sich zu ergänzenden Partnern entwickeln.

Der Weg von einer geschlossenen zu einer offenen Volkswirtschaft und von einer landwirtschaftlich geprägten zu einer Industrie- und Dienstleistungsgesellschaft ist lang und beschwerlich. Zahlreiche Reformen sind sowohl in Indien als auch in China noch nötig. China muss im Interesse seiner wirtschaftlichen Stabilität und im außenpolitischen Kontext sein Wachstum stärker auf den Binnenkonsum und weniger auf Investitionen und Exporte stützen. Die wahrscheinlich größte Herausforderung der Regierung liegt darin, die Lücke zwischen wirtschaftlichen Reformen und politischer Modernisierung zu schließen, ohne dass es aufgrund der Anpassungskosten zu großen sozialen Unruhen kommt.

Indien hingegen muss sein zukünftiges Wachstum stärker auf Investitionen und Exportwachstum stützen, um sein klaffendes Leistungsbilanzdefizit zu schließen und eine stabile Entwicklung zu gewährleisten. Eine Schlüsselrolle spielen dabei die Verbesserung der Infrastruktur und die Verbesserung des Umfeldes für unternehmerische Aktivität, dabei vor allem der Abbau der bürokratischen Hürden.

3. Konkurrenz oder Kooperation?

Zieht man die makroökonomischen Fakten in Betracht, ist man durchaus versucht, die wirtschaftliche Kooperation der beiden Länder als eine der größtmöglichen Synergien unserer Zeit zu sehen. Tatsächlich hat sich die Zusammenarbeit der beiden Länder in den letzten fünf Jahren deutlich belebt, obwohl ihr Niveau nach wie vor weit unterhalb des Möglichen liegt.

Der Grenzkrieg 1962 hatte den bilateralen Handel zunächst weitestgehend zum Erliegen gebracht, und erst 1984 mit der gegenseitigen Gewährung des »Most-favoured-Nation«-Status (MFN) kam
wieder frischer Schwung in die wirtschaftliche Zusammenarbeit. In
den frühen neunziger Jahren folgte ein lange erwartetes Abkommen
über die Vermeidung doppelter Besteuerung von Gütern und Dienstleistungen, das einen ersten Boom in der chinesisch-indischen Wirt-
schaftsbeziehung auslöste. Entsprechend explosiv stieg das Handelsvolumen von 265 Millionen US-Dollar 1991 auf 3,6 Milliarden
US-Dollar im Jahr 2001. Aufgrund der preislich und qualitativ hohen
Wettbewerbsfähigkeit chinesischer Güter befürchteten indische Wirt-
schaftskreise allerdings eine Überschwemmung des Marktes mit chinesischer Ware. Deshalb kam es in der Vergangenheit zu mehreren
Antidumping-Maßnahmen seitens der indischen Regierung. Diese
Befürchtungen haben sich inzwischen gelegt, und indische Unterneh-
mer haben damit begonnen, China eher als Chance und weniger als
Bedrohung wahrzunehmen.

Beim ersten Besuch eines indischen Ministerpräsidenten in China
nach über zehn Jahren hatten sich die Regierungschefs Vajpayee und
Wen Jiabao 2003 zum Ziel gesetzt, bis zum Jahr 2005 den Handel auf
10 Milliarden US-Dollar zu verdoppeln. Ende 2004 veranstaltete die
Vereinigung der indischen Industrie in Peking eine »Made in India«-
Promotionsmesse, zudem wurden verschiedene Marketingevents für
indische Produkte wie Tee und Mangos veranstaltet. Die Chinesen
hingegen waren mit über 80 Unternehmen das Partnerland auf der
India International Trade Fair im November 2004.

Durch die vermehrten Bemühungen um einen Ausbau der wirtschaftlichen Beziehungen ist China innerhalb kürzester Zeit zum
zweitwichtigsten Handelspartner Indiens nach den USA aufgestiegen.
Bis 2005 stieg das bilaterale Handelsvolumen auf 18,7 Milliarden
US-Dollar an – mit einem Überschuss zugunsten Indiens. Während
China Waren im Wert von 7,67 Milliarden US-Dollar nach Indien
exportierte, lieferte Indien Ausfuhren für 9,78 Milliarden US-Dollar
nach China.

Noch spielt der Handel mit Indien für China eine wesentlich
kleinere Rolle. Obwohl sich Chinas wirtschaftliche Präsenz auch in

Südasien zunehmend verstärkt, hat Ostasien noch immer eine weitaus größere Bedeutung für Chinas Wirtschaft. 2005 betrug das Handelsvolumen zwischen China und den südasiatischen Staaten knapp 27 Milliarden US-Dollar, verschwindend wenig verglichen allein mit dem chinesisch-japanischen Warenaustausch, der im gleichen Zeitraum mit 185 Milliarden US-Dollar mehr als das sechsfache dieses Volumens und fast das zehnfache des chinesisch-indischen Handelsvolumens erreichte.

Das dramatische Moment im Handel zwischen den beiden aufstrebenden Supermächten ist allerdings die enorme Beschleunigung des Wachstums. Zwischen 1992 und 2005 hat sich der chinesisch-indische Handel beinahe um den Faktor 55 erhöht. Berechnungen zeigen, dass China die USA schon innerhalb der nächsten fünf Jahre als wichtigsten Handelspartner Indiens ablösen könnte. Beide Länder haben sich zum Ziel gesetzt, das Handelsvolumen bis 2010 nochmals auf über 30 Milliarden US-Dollar nahezu zu verdoppeln, ein durchaus realistisches Ziel, wenn man sich die Entwicklung der vergangenen Jahre anschaut.

Noch besteht der Großteil der indischen Exporte nach China aus Rohstoffen, halbfertigen Produkten und Stahl. Skeptiker in Indien befürchten daher ein jähes Ende des Exporthochs, wenn der Bauboom in China zu Ende gehen sollte. So ist der Handelsüberschuss zugunsten Indiens von beeindruckenden 1,74 Milliarden US-Dollar 2004 im Jahr darauf denn auch auf lediglich 0,84 US-Milliarden Dollar eingebrochen. Außer mit Neu-Delhi erwirtschaftet China bereits mit allen anderen Ländern der Region Handelsüberschüsse, die sich stetig vergrößern.

In der Vergangenheit war die Beziehung Chinas und Indiens über Jahrzehnte hinweg gespannt, bis heute herrschen Rivalität und Misstrauen. Der positive Außenhandelsüberschuss mit China, den Indien seit 2003 hält, ist daher psychologisch für das indische Selbstverständnis von großer Bedeutung. Schon die Atomtests 1998 waren der Paukenschlag einer gekränkten Nation. Indien wollte nicht nur China und Pakistan warnen, sondern auch internationale Geltung erlangen. Es sah sich weltweit vernachlässigt, da vor allem China ständig im Rampenlicht der öffentlichen Aufmerksamkeit stand.

Indien fühlte sich durch den beständigen Vergleich mit den Erfolgen Chinas als Verlierer eines wirtschaftlichen Wettlaufes diskriminiert. Durch die rasanten chinesischen Erfolge schien Indien fast einen nationalen Minderwertigkeitskomplex zu entwickeln, der sich in übertrieben starken Reaktionen gegen ausländische Kritik an Bürokratie, Zollschranken und Korruption Luft machte. Gleichzeitig wurde – etwas zu betont – der indische Weg propagiert. Der nationale Stolz rechtfertigte die langsamere Entwicklung als die bessere, weil sie nachhaltiger sei, gleichzeitig wurde eine schnelle Öffnung des Landes verhindert. Es ging also nicht so sehr um die politischen, gesellschaftlichen und sozialen Konsequenzen von ADI, die dazu führten, dass sich die korrupte Politik und staatlich protektionierte indische Unternehmen und Industriellenclans gegen eine zu starke Liberalisierung wandten, sondern es stand der Verlust der eigenen Machtbasis und auch die Angst vor zu großem Innovationsdruck durch die internationale Konkurrenz im Mittelpunkt.

Inzwischen hat Indien seine gleichgelagerten strategischen Wirtschaftsinteressen mit China entdeckt. Tatsächlich ist das bilaterale Wirtschafts- und Handelspotenzial die entscheidende Antriebskraft hinter der Erwärmung der Beziehungen. Fortan soll die ökonomische Logik dem politischen Prozess die Hand führen. Während indische Firmen den Erfolg der Industrieproduktion in China im Auge haben, wollen chinesische IT-Unternehmen von der Erfolgsstory Indiens im Servicesektor lernen. Indien und China haben erkannt, dass beide durch wirtschaftliche Kooperation viel gewinnen können. Beide Länder haben den westlichen Industrienationen im WTO-Prozess die Widersprüche der Handelsschranken und die Grenzen etwa der Patentrechte aufgezeigt. Beide Länder treiben die Entwicklung eines asiatischen Bond-Marktes und Währungsfonds voran, um die Abhängigkeit von den Finanzinstitutionen Weltbank und IWF, die vor allem von den USA gesteuert werden, zu reduzieren. Beide Länder bemühen sich um eine gesamtasiatische Freihandelszone, die ein Gegengewicht zur EU und NAFTA bilden soll. China und Indien arbeiten an einer neuen Interpretation der Globalisierung, an einer Umwertung der traditionellen westlichen Werte: Mit den besten Technologien und mit ihren riesigen Binnenmärkten wollen sie künftig die Entwicklung technischer Standards bestimmen und ganze Branchen beherrschen. Die Know-how-Synergien zwischen chinesischer Hardware und indischer Software könnten da ein leuchtendes Beispiel bilden. Der chinesische Ministerpräsident Wen schwärmt gar von beiden Ländern als den beiden »Pagoden der IT-Industrie, eine für Programme und die andere für Hardware«. Gemeinsam, so postuliert Wen, könne man das »Jahrhundert Asiens in der IT-Branche« einläuten.

Die bilateralen Investitionsströme sind derzeit noch gering, sie steigen jedoch. Indische Software und Dienstleistungsunternehmen wie TCS und Infosys lassen sich in China nieder, nicht nur um internationale Unternehmen, sondern auch chinesische Firmen als Kunden zu gewinnen. Gleichzeitig lassen chinesische Telekommunikationskonzerne wie Huawei große Entwicklungslabors in Indien errichten. Die rapide steigende indische Mittelschicht ist für die chinesischen Hersteller von Konsumgütern besonders attraktiv. Auch die großen indischen Technologiekonzerne bemühen sich aktiv um Joint-Ventures mit chinesischen Unternehmen.

Derzeit macht der Handel zwischen China und Indien nur etwas über 1 Prozent des chinesischen und knapp 10 Prozent des indischen Außenhandelsvolumens aus, was für die bevölkerungsreichsten Staaten der Welt sehr wenig ist. Hohe Zölle belasten noch immer den Warenverkehr. Beide Länder haben aber Interesse an einer gemeinsamen Freihandelszone bekundet, bisher sind allerdings noch keine konkreten Schritte zu deren Verwirklichung unternommen worden. Ein derartiges Projekt würde die größte Freihandelszone der Welt schaffen und den bilateralen Handel entscheidend nach vorn katapultieren. Bei Wens Besuch 2005 in Neu-Delhi wurd ein Fünfjahresplan zur Intensivierung der wirtschaftlichen Beziehungen verabschiedet, der unter anderem die Ausweitung der Flugverbindungen zwischen den beiden Ländern und verschiedene Kooperationen im IT-Bereich regelt.

In den kommenden Jahrzehnten steht ein allmähliches Zusammenwachsen der beiden Giganten zu erwarten. Im Zuge der wirtschaftlichen und politischen Annäherung werden auch immer stärker potenzielle Bereiche der Kooperation sichtbar. Tatsächlich sind die Wirtschaftssysteme Indiens und Chinas teilweise auffällig komplementär. Indiens leistungsfähiger Servicesektor und Chinas hochgradig wettbewerbsfähige Industrie sind in ihrer Kombination kaum zu schlagen. Ihre gemeinsame Stärke wird nicht nur den IT-Sektor in seinen Grundfesten erschüttern. Ohnehin ist damit zu rechnen, dass in den nächsten Jahren die beiden Länder sich der jeweiligen Schwächen annehmen werden, sodass auch hier eine Nivellierung stattfinden wird.

4. Chinindia und die Globalisierung

China und Indien sind auf dem besten Weg »zurück in die Zukunft«. Im Jahr 2050 werden sie realistischen Berechnungen nach für 40 Prozent des weltweiten Bruttosozialproduktes aufkommen. Schon heute sind die beiden Staaten für beinahe die Häfte des globalen Wirtschaftswachstums verantwortlich. Insbesondere China, mit einer für ein Entwicklungsland als Mitglied der WTO ausgesprochen offenen Ökonomie, bringt durch seine Dimensionen die Weltwirtschaft aus dem Gleichgewicht. Das Land hat seit 2000 mehr als doppelt so viel zu Weltwirtschaftswachstum beigetragen wie die drei nächstgrößten Emerging Markets – Indien, Brasilien und Russland – zusammengenommen!

Diese Zahlen unterstreichen die Signifikanz der Entwicklung für die restliche Welt. In einer globalisierten Gesellschaft ohne Grenzen für Produktion und Investition wirbeln China und Indien mit ihren gewaltigen Bevölkerungsmassen, die auf den internationalen Arbeitsmarkt strömen, das bisherige Gefüge durcheinander. De facto findet ein massiver Sprung im globalen Arbeitskräfteangebot statt, der die relativen Preise von Arbeit und Kapital dauerhaft verändert. Dieser Sprung kann als makroökonomischer Angebotsschock des Faktors Arbeit interpretiert werden. Da China und Indien mit wenig Kapital ausgestattet sind, verändert sich das globale Verhältnis von Arbeit zu Kapital so grundlegend, wie wahrscheinlich noch nie zuvor in der Geschichte der Weltwirtschaft. Die Änderung dieses Verhältnisses führt zu einer Verschiebung in den Faktorerträgen von Arbeit und

Kapital. Ein Indiz hierfür sind die seit Jahren stark ansteigenden Unternehmensgewinne, während die Reallöhne in den Industrieländern sich schon seit Jahren nur sehr moderat entwickeln, in einigen Ländern sogar sinken. Es entbehrt nicht einer gewissen Ironie, dass das größte, offiziell kommunistische Land der Erde bei den Kapitalisten weltweit für Erträge in Rekordhöhe sorgt. Angesichts der Alternative der Unternehmer, Produktion in großem Stil nach Asien auszulagern, ist die Verhandlungsmacht der Arbeitnehmer deutlich eingeschränkt.

Die Preise für Güter, die China importiert, sind in den letzten Jahren stark angestiegen. China hat sich zum größten Konsumenten von Aluminium, Kupfer, Stahl und Kohle entwickelt und die Preise für diese Rohstoffe entsprechend in die Höhe schnellen lassen. Chinesische Exportgüter stehen dagegen dem Weltmarkt immer günstiger zur Verfügung:

In den USA sind die Preise für Kleidung und Schuhe von 1995 bis 2005 um etwa 10 Prozent zurückgegangen, eine preisbereinigte Verminderung um 35 Prozent. Dieser Preisrückgang hat auch dazu geführt, dass das Wachstum der boomenden Weltwirtschaft von dem seit einigen Jahren dramatisch gestiegenen Ölpreis kaum abgebremst wird. Die Integration der großen Schwellenländer in die Weltwirtschaft hält den Preisauftrieb in den Industriestaaten gering. Deshalb können die Zentralbanken die Zinsen niedrig und die Konjunktur hoch halten. Eine Studie der Bank Dresdner Kleinwort Wasserstein geht davon aus, dass die Inflationsrate in den USA ohne die billigen Importe aus China in den vergangenen Jahren schätzungsweise um jährlich ein Prozent höher gelegen hätte.

Damit sind Inflationsraten, Unternehmensprofite und Rohstoffpreise in den Industriestaaten in immer größerem Maße nicht mehr hausgemacht, sondern wie der Großteil der leichtindustriellen Güter »made in China«.

Während China durch seine Exporterfolge die Spielregeln in der verarbeitenden Industrie ändert, tut Indien durch seine Outsourcing-Industrie dasselbe in der Dienstleistungsbranche. Hochqualifizierte indische Arbeitskräfte, die es in jeder Hinsicht mit ihren Pendants in Europa und Nordamerika aufnehmen können, treten in direkte

Konkurrenz zu ihren Kollegen in den entwickelten Ländern in den USA und Europa.

Alle Fächer eingerechnet erhielten 2005 insgesamt 5,7 Millionen Absolventen in China und Indien einen Universitätsabschluss. Damit wird die Grundlage dafür gelegt, dass immer größere Teile der Wertschöpfungskette in Richtung Osten abwandern können. Gerade Forschung und Entwicklung, die im Westen als wichtigste Chance wahrgenommen werden, um im Kampf der Globalisierung den Spitzenplatz zu behalten, können durch diesen riesigen Pool an Forschern und Akademikern zunehmend in Indien und China durchgeführt werden.

Indiens Stärke im Bereich der Dienstleistungen gefährdet auch die so genannten white collar jobs in den USA und Europa. Durch eine Verschränkung ihrer Standortvorteile werden weite Teile der Wirtschaft des Westens mit einem zunehmenden Lohn- und Kostendruck konfrontiert werden, weitere Produktionsverlagerungen werden die Folge sein.

5. And the winner is ...

Welche der beiden vielversprechendsten Volkswirtschaften der Welt wird langfristig das Rennen machen? Die allgemeine Auffassung, dass Indien zwar langsamer wächst als China, dafür aber solider, ist so nicht ganz richtig. Bedenkt man das deutlich höhere Bevölkerungswachstum, müsste Indien China um Längen hinter sich lassen. Andererseits hat das rasante Wachstum »um jeden Preis« über Jahrzehnte in China zu massiven Umweltschäden geführt, die auf 8 bis 12 Prozent des BIPs geschätzt werden. Der Manchester-Kapitalismus hat zudem zu einer Verschärfung der Unterschiede in der Gesellschaft geführt, die die Stabilität des Landes nachhaltig beeinträchtigen könnten. Das beweist, dass nicht nur die Quantität, sondern auch die Qualität des Wachstums für die weitere Entwicklung der beiden Länder entscheidend ist.

Trotz des deutlichen chinesischen Vorsprungs hat das indische Entwicklungsmodell seine Stärken: Während die chinesische Wirtschaft in erster Linie von ausländischen Investitionen und Exporten vorangetrieben wurde, scheint auf dem Subkontinent vor allem das hausgemachte vitale Unternehmertum hinter den dynamischen Wachstumsraten zu stecken. Software, Biotechnologie, pharmazeutische Industrie und die mittlerweile weltweit erfolgreiche Filmindustrie sind ihren chinesischen Pendants haushoch überlegen. Indiens erstklassige Firmen im High-Tech-Sektor und sein reifer Kapitalmarkt sind entscheidende Wachstumsmotoren für die weitere Entwicklung. China muss derzeit noch bei beidem passen. Auch die Arbeitskräfteentwicklung in Indien wird sich zukünftig positiv gestalten.

Nach einer Studie der Deutschen Bank wird Indien in den nächsten 15 Jahren schneller wachsen als China. Man erwartet für Indien eine jährliche Wachstumsrate von über 5,5 Prozent. Demnach würde sich das BIP Indiens innerhalb der nächsten 13 Jahre verdoppeln. 540 Millionen Menschen, etwa die Hälfte der indischen Bevölkerung, sind derzeit jünger als 25 Jahre und haben damit die produktivste und auch konsumhungrigste Lebensphase noch vor sich. Indien ist das einzige große Land weltweit, in dem das Arbeitskräftepotenzial in den nächsten 50 Jahren weiter wachsen wird. Einen klaren Vorteil für die weitere Entwicklung hat Indien durch sein entwickeltes Finanzsystem, während in China die Kreditvergabe noch immer staatlich gelenkt ist. Die Gesamtsumme der Kredite im Drachenstaat beläuft sich mittlerweile auf 140 Prozent des BIPs, in Indien beträgt sie gerade einmal ein Drittel. Die Summe der chinesischen Darlehen ist zehnmal so groß wie in Indien, obwohl die Größe der Ökonomie lediglich das Zwei- bis Dreifache beträgt.

Indiens Achillesferse bleibt seine unzureichende Infrastruktur, die den Aufbau einer effizienten Industrie entscheidend erschwert. Schon 1991, als die Regierung in Indien unter dem Druck einer massiven Finanzkrise wirtschaftliche Reformen einleitete, mangelte es gravierend an Kapital – eine Situation, die sich bis heute nicht geändert hat. Obwohl Indien über eines der größten Verkehrsnetze der Welt verfügt und das Straßennetz insgesamt doppelt so umfangreich ist wie das chinesische, verhindert der marode Zustand die Entstehung eines effizienten Transportwesens. In China dagegen gibt die Regierung achtmal mehr für die Infrastruktur aus. So hat China in den letzten fünf Jahren sein Autobahnnetz um 50 000 Kilometer, das Fünffache des Ausgangswertes, erweitert. Entsprechend größer ist das Transportvolumen im Reich der Mitte.

Indien bezeichnet sich voller Stolz, unter Anspielung auf sein demokratisches System, als die am schnellsten wachsende Marktwirtschaft der Welt. Ministerpräsident Singh, der im Parlament keine absolute Mehrheit hat und seit dem Amtsantritt 2004 eine linksgerichtete Koalition auf 15 Parteien führt, räumt ein, dass Demokratie Zeit kostet. Die Entwicklungsdiktatur in China steht hingegen wie ein Katalysator hinter den Veränderungen. China ist schon seit Jahrtausenden ein Zentralstaat, der bis ins 20. Jahrhundert hinein von einem Kaiser und einer straff organisierten Bürokratie regiert wurde. Indien hingegen war immer ein lockerer Zusammenschluss verschiedener Regionen. Noch nie ist es jemandem dauerhaft gelungen, eine zentralistische Kontrolle über diese bunte Region auszuüben. Allerdings kann man auch davon ausgehen, dass Demokratien zwar kurz- und mittelfristig langsamer arbeiten, langfristig aber stabiler sind, während in China die schwierigsten Aufgaben, nämlich eine allmähliche Öffnung des politischen Apparates, erst noch vor der Regierung liegen.

Angesichts der niedrigen Einkommensbasis Indiens ist der Erhalt der demokratischen Strukturen bemerkenswert und verleiht dem Land eine hohe politische Stabilität. Dadurch können sich die Menschen stark mit dem Staat identifizieren. Obwohl die Armut in China wesentlich stärker zurückgegangen ist als in Indien, sehen viele Inder die Chinesen als moderne Lohnsklaven und prophezeien dem Nachbarn im Osten politische Unruhen. Andererseits haben die chinesischen Erfahrungen eine wichtige Rolle bei der indischen Entwicklung gespielt. Ohne das chinesische Modell wären die Umsetzung der indischen Wirtschaftsreform und die graduelle Öffnung ab 1991 zweifelsohne mit noch sehr viel mehr Schwierigkeiten konfrontiert gewesen.

China könnte tatsächlich bald große politische Probleme bekommen. Soziale Extreme und damit auch die Unzufriedenheit steigen jährlich, ebenso werden die ethnischen Unruheherde im Westen des

Landes aktiver. Indien setzt große Hoffnungen darauf, als größte Demokratie der Welt neben den USA – trotz aller inhärenten Nachteile einer Demokratie – die Überlegenheit dieser Staatsform über eine monolithische Diktatur langfristig der Welt zu beweisen.

Insofern stehen beide Länder vor unterschiedlichen politischen Herausforderungen bei einer ähnlich gearteten Zielsetzung. Die demografische Entwicklung und die rasante wirtschaftliche Entwicklung führen zu sozialen Spannungen, die es auszutarieren gilt. Beide Länder sind insofern vereint im Hinblick auf die notwendigen Lösungen für die ähnlich gelagerten Probleme.

Pointiert kann man sagen, dass das Risiko Chinas in der Politik und deren weiterer Entwicklung liegt, während das Risiko Indiens in der Wirtschaft zu lokalisieren ist.

Korruption, Mangel der Infrastruktur und überbordende Bürokratie, dies sind die drei Hauptprobleme Indiens. Wenn man sie einigermaßen in den Griff bekommt, dann hat Indien das Zeug dazu, die Supermacht des 21. Jahrhunderts zu werden.

China zu überholen würde dennoch mehrere Jahrzehnte dauern. In den vergangenen Jahrzehnten ist es China immer wieder gelungen, den expansiven Wachstumskurs beizubehalten. Insofern sollte man das Land nicht unterschätzen. Trotz der nach wie vor drohenden Gefahr der Überhitzung wird auch China seinen Wachstumspfad mit hoher Wahrscheinlichkeit weiter beibehalten können, wenn auch – in seinem eigenen Interesse – mit verringerter Geschwindigkeit.

Für Investoren qualifiziert sich Indien ebenso wie der bisherige Publikumsliebling China mit seinen hohen Wachstumsraten und der jungen Bevölkerungsstruktur eindeutig als Zukunftsmarkt. Anders als das Reich der Mitte zeichnet sich Indien jedoch durch demokratischen Pluralismus und Rechtsstaatlichkeit aus, was es für westliche Partner potenziell attraktiver macht.

Ist Indien für ausländische Unternehmer also das »bessere China«? Tatsächlich operieren viele Investoren, die den indischen Markt bedienen, profitabel. Im Gegensatz zu China, wo in vielen Bereichen bereits Überkapazitäten bestehen, ist der Konkurrenzdruck deutlich niedriger. Als Produktions- und Exportstandort hingegen schneidet Indien weniger gut ab. Durch die Strom- und Wasserknappheit sowie

das rudimentäre Transportnetz in Indien konnte sich eine nennenswerte Großindustrie bislang nicht wirklich entwickeln. Eine Untersuchung von Morgan Stanley hat ergeben, dass die meisten an Infrastruktur gebundenen Dienstleistungen in Indien 50 bis 100 Prozent
teurer sind als in China. Elektrizität kostet indische Produzenten
doppelt so viel wie ihre chinesischen Kollegen, der Eisenbahntrans-
port ist gar dreimal so teuer. Damit schmilzt Indiens Vorsprung der
im Vergleich zu China günstigeren Arbeitskosten dramatisch zusammen. Große Unternehmen können sich eigene Generatoren und indi-
viduelle Lösungen leisten, kleine und mittlere Firmen jedoch, die in
der Regel die wichtigsten Jobmotoren in einer Volkswirtschaft sind,
leiden unter dem Mangel an einer vernünftigen öffentlichen Infrastruktur am meisten.

Eines der entscheidenden Hindernisse für Investoren ist die
massive Bürokratie. China ist in den letzten Jahren ungleich erfolgreicher darin gewesen, ein investorenfreundliches Umfeld zu schaffen. Nach Angaben der Weltbank dauert es in Indien 71 Tage, um
ein eigenes Unternehmen zu starten, in China dagegen sind nur
48 Tage erforderlich. (Zum Vergleich: In Singapur, einer der frei-
esten Volkswirtschaften weltweit, dauert die Ingangsetzung lediglich sechs Tage.) Um eine Zahlungsverpflichtung einzulösen sind
in Indien 425 Tage erforderlich, in China dagegen mit 241 Tagen
nur wenig mehr als die Hälfte. Laut Weltbank verbrachte das mittlere Management in Indien 2004 ganze 14 Prozent seiner Zeit mit
bürokratischen Angelegenheiten, in China waren es hingegen nur
8 Prozent. Zudem belasten hohe Einfuhrzölle von durchschnittlich
28 Prozent des Warenwerts Investoren und Konsumenten, in China
sind es mit lediglich 9,9 Prozent des Wertes der importierten Ware
wesentlich weniger.

Hinzu kommt, dass Korruption den Wettbewerb inländischer und
westlicher Unternehmen in Indien behindert. Andererseits werden
Kooperationen oder Übernahmen aber kaum durch die Regierung
gehemmt, was häufig in China der Fall ist.

Deutliche Unterschiede gibt es auch in der Arbeitsproduktivität
der beiden Länder. In acht Stunden kommt eine chinesische Näherin
auf 35 Hemden, eine indische Kraft dagegen nur auf 20. Die semi-

sozialistische Arbeitsethik hat in Indien ihre Spuren hinterlassen, selbstständiges und zügiges Arbeiten ist auf dem Subkontinent keine Selbstverständlichkeit. Große internationale Handelskonzerne beziehen daher nach wie vor einen Großteil ihrer Waren aus China. Ein weiterer Grund dafür ist, dass die Lieferungen der Inder nicht zu 100 Prozent zuverlässig sind. Gerade im Saisongeschäft wie Ostern oder Weihnachten ist das aber eine unabdingbare Voraussetzung. Hohe Verlässlichkeit zu günstigen Preisen kann bislang nur China bieten.

Dennoch ist ein ADI-Boom in Indien in den kommenden Jahren wahrscheinlich. Der teilweise bereits überhitzte und künstliche Investment-Hype in China, der zum Aufbau von Überkapazitäten geführt hat, wird sich zumindest vorübergehend abschwächen. Eine wesentliche Rolle spielt dabei auch der ungenügende Schutz geistigen Eigentums, der in China trotz zahlreicher Lippenbekenntnisse noch nicht einmal im Ansatz gewährleistet ist. Die International Intellectual Property Alliance schätzte für 2004 die weltweiten Umsatzausfälle allein für US-Unternehmen aufgrund von Raubkopien auf 465 Milliarden US-Dollar. Der Schutz geistigen Eigentums ist in Indien in der Tat besser gewährleistet als in China, das als Hauptquartier der internationalen Produktpiraterie gilt.

Zwar bestehen auch auf dem Subkontinent noch Defizite. Insbesondere die Fälschung von Pharmazeutika und Autoteilen steht in der Kritik. Konzerne wie General Electric verlegen Teile der Forschung und Entwicklung dennoch lieber nach Indien, da sie hier weniger als in China befürchten müssen, dass ihre Innovationen rasch abgekupfert werden. Zudem ist das indische Rechtssystem mit seinen Wurzeln im britischen Kolonialreich für westliche Investoren leichter nachzuvollziehen, und es ist stärker gefestigt als das chinesische, das sich nach wie vor an politischen Kriterien orientiert.

Die Lohnkosten werden in beiden Ländern auch in den kommenden Jahren deutlich unter dem weltweiten Durchschnitt liegen. Indien hat jedoch einen entscheidenden Vorteil: Große Teile der Bevölkerung sind des Englischen mächtig. Dies ist vor allem im Dienstleistungsbereich ein unschätzbares Asset. Hinzu kommt, dass der Dienstleistungssektor weniger streng reglementiert ist. Mit hoher Wahrscheinlichkeit wird es Indien daher gelingen, seinen Vorsprung gegenüber China in diesem Sektor noch stärker auszubauen.

Im Allgemeinen ist der Einstieg in China relativ leicht, während man später mitunter auf erhebliche Schwierigkeiten stößt; in Indien dagegen ist der Einstieg durch bürokratische Prozesse und andere Hindernisse erschwert, aber meist funktioniert alles recht reibungslos, wenn die Anfangsschwierigkeiten erst einmal überwunden sind.

Für Deutschlands Mittelständler ist der Subkontinent deshalb unter Umständen die bessere Wahl. Gerade für typische Mittelstandsprodukte, die nicht in großen Massen produziert werden, ist Indien gut geeignet: Die Arbeitsflexibilität ist hoch, daneben bietet das Land eine größere Rechtssicherheit, die Regularien für Geschäftsanbahnungen sind transparenter.

Auch die Geschäftspartnersuche gestaltet sich in Indien meist leichter. Das Erlernen neuer Tätigkeiten und Präzisionsarbeiten beherrschen die Inder sehr gut, übersteigertes Selbstbewusstsein, wie man es bisweilen in China findet, liegt ihnen fern. Für die Herstellung spezialisierter Güter mit Dienstleistungskomponente, die beispielsweise individuell angepasst werden müssen, ist Indien deshalb vermutlich besser geeignet als das Reich der Mitte. Bei der Produktion größerer Stückzahlen hingegen liefert China gleichbleibend hohe Qualität, wogegen in Indien größere Qualitätsschwankungen üblich sind. Derzeit kosten die gleichen Prozesse in Indien zudem deutlich mehr.

Für Investoren, die von den Standortvorteilen der beiden Kolosse Asiens profitieren wollen, gilt: Bis sich die Rahmenbedingungen in China und Indien so weit angeglichen haben, dass Investoren die Qual der Wahl haben, wo sie ihr nächstes Werk hinverlegen oder ihre Buchhaltung outsourcen, werden sicher noch viele Jahre vergehen. Bis dahin ergänzen sich die beiden aufstrebenden Supermächte: China bleibt die Fabrik und Indien das Büro der Welt.

In ihrer Eigenschaft als Absatzmarkt hingegen wird die Bedeutung beider Länder in der globalisierten Wirtschaft auch weiterhin exponenziell ansteigen. Für ausländische Unternehmen kann die

Frage jedoch nicht lauten: Indien oder China, vielmehr gilt eher, sich nicht in regionalen Schauplätzen zu verzetteln, sondern in beiden Ländern in den großen urbanen Wachstumszentren präsent zu sein.

Außen- und Sicherheitspolitik

I. Stupa und Pagode

Die jahrtausendealten Beziehungen zwischen dem indischen Subkontinent und China waren fast immer von friedlichem Nebeneinander geprägt. Trotz der unmittelbaren Nachbarschaft und der jahrhundertelangen Rivalität kam es zwischen Indien und China in ihrer langen gemeinsamen Geschichte nur selten zu militärischen Konflikten. Beide Länder betrachten sich von alters her als natürliche Groß- und Führungsmächte in Asien. Seit der Unabhängigkeit Indiens war die Beziehung zu China ein wichtiger Orientierungspunkt und Gradmesser in der indischen Außenpolitik.

Seit ihrer Gründung 1947 versteht sich die Indische Union aufgrund ihrer Größe, ihrer langen Geschichte und ihrer zivilisatorischen Errungenschaften als eine mit China gleichberechtigte Großmacht. Nehru suchte schon früh die Zusammenarbeit mit China, um den Einfluss Asiens in der Weltpolitik zu erhöhen. In seinen Augen gab es keine Gründe für eine direkte Konfrontation des sozialistischen Indien und des kommunistischen China. Ungeklärte Grenzfragen und andere bilaterale Probleme wurden dabei zunächst zurückgestellt. Indien begrüßte die Geburt des kommunistischen Chinas und unterstützte von Anfang an einen Beitritt Chinas zu den Vereinten Nationen.

Auch aufgrund der jahrtausendealten fast immer friedlichen Beziehungen hatte Nehru als erster Ministerpräsident der Indischen Union versucht, China aus der internationalen Isolation zu befreien, indem Indien die Voksrepublik als eines der ersten nicht-kommunistischen Länder 1950 diplomatisch anerkannte.

Nehru und sein chinesischer Amtskollege Zhou Enlai priesen in den fünfziger Jahren die indisch-chinesische Brüderschaft (Hindi-Chini-Bhai-Bhai). Die chinesische Invasion in Tibet 1951, die Verträge Indiens mit Bhutan, Nepal und Sikkim sowie der indisch-chinesische Vertrag von 1954 dienten dazu, die Einflusssphären in Südasien abzustecken. Gemeinsam formulierten Indien und China »die fünf Prinzipien der friedlichen Koexistenz«, die die Grundlage einer späteren Zusammenarbeit bilden sollten. Zu diesen Prinzipien zählen die gegenseitige Achtung der territorialen Integrität und Souveränität, ein gegenseitiger Nichtangriff und die Nichteinmischung in die inneren Angelegenheiten, Gleichheit und gegenseitige Unterstützung sowie friedliche Koexistenz waren seither zumindest theoretisch die Grundlage der Beziehungen der beiden Mächte. Die Bandung-Konferenz im April 1955 gab den freundschaftlichen Beziehungen der beiden Länder weiter Auftrieb.

International genoss Indien bis in die siebziger Jahre aufgrund der Politik der Blockfreiheit und seiner eigenständigen unabhängigen Regierung unter Jawaharlal Nehru auch wegen der selbst gewählten Isolation Chinas ein größeres Prestige. Trotz zahlreicher Gesten des guten Willens durch Indien und der wirtschaftlichen und außenpolitischen Schwächung Chinas, wollte die Volksrepublik jedoch nicht von ihrem Führungsanspruch ablassen und akzeptierte Indien von Anfang an nicht als gleichwertigen Partner. Ende der fünfziger Jahre kam es zu wachsenden Spannungen an der so genannten McMahon-Grenzlinie im östlichen Bereich der 3 840 Kilometer langen Grenze, die die Briten 1914 auf der Konferenz von Simla als Trennung zwischen Indien und China erklärt hatten, eine Erklärung die von China nie ratifiziert worden war. Es kam es zu Streitigkeiten über ein Gebiet von rund 130 000 Quadratkilometern. China erklärte sich bereit, die McMahon-Grenzlinie zu akzeptieren, wenn Indien im Gegenzug die chinesische Hoheit über das Gebiet Aksai Chin im Nordwesten Kaschmirs anerkennen würde. Indien ging auf diese Forderung nicht ein. Als China den Volksaufstand in Tibet 1959 blutig niederschlug und der Dalai Lama nach Indien floh, kühlten sich die bilateralen Beziehungen nochmals deutlich ab.

Ab März 1959 kam es häufig zu kleineren Feuergefechten an der chinesisch-indischen Grenze. Gleichzeitig verschlechterte sich das Verhältnis zwischen China und der Sowjetunion, einem engen Verbündeten Indiens, rapide. Im beginnenden chinesisch-sowjetischen Grenzkonflikt ergriff Indien die Partei Moskaus.

Die Streitigkeiten kulminierten im Herbst 1962 in einem kurzen Grenzkrieg, bei dem Indien unterlag und eine demütigende Niederlage hinnehmen musste. Der einmonatige Konflikt kostete rund 1 000 indische und chinesische Soldaten das Leben.

Dieses militärische Debakel bedeutete das Ende der »blühenden Beziehungen« zwischen den beiden Staaten. Der Traum Nehrus von einer indisch-chinesischen Allianz, zerbrach endgültig, und in Indien wuchs das Gefühl einer Bedrohung durch China. 1963 verbündete sich China mit Pakistan, das China im Gegenzug ein 4 500 Quadratkilometer großes Gebiet in Kaschmir überließ, was wiederum in Indien – das Kaschmir für sich allein beansprucht – als scharfe Provokation aufgefasst wurde. 1965 kam es zu einem weiteren kurzen Konflikt an der Grenze des indischen Protektorates Sikkim.

China ist strategisch in der Lage, die Ganges-Ebene von den Grenzgebieten und insbesondere von dem besetzten Tibet aus mit Mittelstreckenraketen zu bedrohen, während die zentralen Regionen Chinas nicht in der militärischen Reichweite Indiens liegen. Der erfolgreiche chinesische Atombombenversuch von 1964 verstärkte in Indien das Gefühl der Bedrohung und stachelte das Land zum Aufbau eines eigenen Nuklearprogramms an.

Die bis heute ungeklärten Grenzstreitigkeiten stellen eine der größten Belastungen für das indisch-chinesische Verhältnis dar. Seit 1989 arbeitet eine gemeinsame Arbeitsgruppe daran, den strittigen Grenzverlauf festzulegen. Nach wie vor bezichtigt Indien China Aksai Chin, ein 38 000 Quadratkilometer großes Gebiet indischen Territoriums im Nordwesten Kaschmirs besetzt zu halten, während China Indien vorhält, dass der 90 000 Quadratkilometer große indische Bundesstaat Arunachal Pradesh zu China gehöre. Aksai Chin bietet einen strategischen Zugang zu der von häufigen ethnischen Unruhen geprägten chinesischen Provinz Xinjiang im äußersten Westen des Landes, weshalb China mit Nachdruck an der Region festhält. 1993 wurde von Indien und China der Status quo an der Waffenstillstandslinie mit einem Abkommen befestigt, 1996 folgte eine weitere Übereinkunft. Seither herrscht Ruhe entlang der Grenzen.

Auch der »Tibet-Faktor« belastet bis heute die chinesisch-indischen Beziehungen. Zwar hatte 1954 Indien per Vertrag auf weitergehende Ansprüche verzichtet und sich auch mit China auf die fünf Prinzipien der friedlichen Koexistenz geeinigt. Obwohl Indien aber die Zugehörigkeit des autonomen Tibets zur Volksrepublik China anerkannt hat, bleibt bis zum heutigen Tag in China die Besorgnis, dass Indien zum Ausgangspunkt von erneuten separatistischen Aktivitäten der Exiltibeter werden könnte. Insbesondere die Anwesenheit des Dalai Lama in Nordindien wird in China als potenzielles Sicherheitsrisiko wahrgenommen. Nachdem Nehru 1950 noch vom eigenen Lager scharf für seine zögerliche und nachgebende Haltung beim Einmarsch der Chinesen in Tibet kritisiert wurde, zog er sich 1959 den Unwillen der Chinesen zu, als er dem flüchtenden Dalai Lama in Indien Asyl gewährte. Sehr zum Leidwesen Chinas hat der Dalai Lama, das religiöse Oberhaupt der tibetischen Buddhisten, seit mehr als vier Jahrzehnten das Tibet-Problem in aller Welt publik gemacht und das Image der Volksrepublik nachhaltig beschädigt. Aus diesem Grund reagiert Peking äußerst sensibel auf jegliche Konflikte in dieser Angelegenheit, insbesondere auf indische Tibet-Sympathisanten.

Auf der internationalen Bühne war Indien in den fünfziger Jahren deutlich einflussreicher als China. Dies änderte sich jedoch ab den späten sechziger und siebziger Jahren. Die Volksrepublik China trat 1968 dem Nichtverbreitungsvertrag (NVV) der Atommächte bei und erhielt 1971 einen ständigen Sitz im Sicherheitsrat der Vereinten Nationen, ein Status, um den sich Indien bis heute bemüht. Damit erhielt das indische Streben um internationale Gleichstellung mit China einen herben Rückschlag.

Als Ende der siebziger Jahre auch noch die wirtschaftliche Öffnung in China hinzukam, wurde das Reich der Mitte ein immer wichtigerer Partner des Westens. Indien hingegen hielt an seiner sozialistisch geprägten »mixed economy« fest und war nicht an einer Integration in den Weltmarkt interessiert. Als der Kalte Krieg zwischen den USA und der Sowjetunion zu einer Allianz des Westens mit dem kommunistischen China führte, hielt das demokratische Indien, trotz einer

Annäherung an die Sowjetunion, auch nach 1971 an seiner Politik der Blockfreiheit und Eigenständigkeit fest. Infolge des Grenzkrieges zwischen den beiden Staaten kam es zu einer totalen politischen Eiszeit. Erst mit Nehrus Tochter Indira Gandhi, die eine pragmatische Normalisierung der Beziehungen mit China anstrebte, kam wieder etwas Leben in die bilateralen Beziehungen, was 1976 schließlich in der Wiederherstellung der diplomatischen Beziehungen nach 14-jähriger Unterbrechung mündete. Aufgrund der diametralen Positionen bei der Festlegung der gemeinsamen Grenze blieben die Beziehungen zwischen beiden Ländern aber weiterhin angespannt. Ein weiterer Rückschlag im bilateralen Verhältnis war der Vorstoß chinesischer Truppen 1987 ins Somdurang-Chu-Tal, nachdem Indien dem umstrittenen Territorium Arunachal Pradesh den vollen Status eines Bundesstaates gewährt hatte.

Die Lockerung des Ost-West-Konfliktes ermöglichte ab dem Ende der achtziger Jahre eine Annäherung der beiden Konkurrenten. Mit dem Besuch von Ministerpräsident Rajiv Gandhi in Peking im Dezember 1988 – dem ersten eines indischen Ministerpräsidenten in China seit 36 Jahren – traten die bilateralen Beziehungen in eine neue Phase ein. Beide Seiten stimmten darin überein, Frieden und Stabilität entlang der »Line of Actual Control (LAC)« zu bewahren und eine gemeinsame Arbeitsgruppe zur Lösung des Konfliktes einzurichten. Gleichzeitig wollte man sich auch auf andere Bereiche der Zusammenarbeit abseits der Grenzstreitigkeiten konzentrieren. Während der neunziger Jahre beschleunigte sich dieser Prozess, und es kam zu mehreren gegenseitigen Besuchen von führenden Politikern beider Länder.

Die langsame Erwärmung der Beziehungen wurde dadurch erleichtert, dass China in der Kaschmirfrage nun flexibler agierte. China unterstützte Indien jetzt in seiner Haltung zu Kaschmir gegenüber seinem wichtigsten regionalen Partner Pakistan. Dies ist bemerkenswert, weil China – das Pakistan lange Zeit mit Nuklearwaffen versorgt hatte – von Indien immer als Verbündeter Pakistans wahrgenommen wurde. Der permanente Zankapfel zwischen Pakistan und Indien wurde von China endlich zu einem bilateralen Problem erklärt, das im aktiven Dialog zwischen Pakistan und Indien gelöst werden müsse. Dieses Entgegenkommen ändert jedoch nichts an der nach wie vor grundsätzlich pro-pakistanischen Haltung Chinas. Indien hingegen schwächte die Position des in seinen Grenzen lebenden Dalai Lama, indem es das Tibet-Problem offiziell als innere Angelegenheit Chinas bezeichnete.

Mit dem Besuch Jiang Zemins in Neu-Delhi 1996 erreichten die chinesisch-indischen Beziehungen einen vorläufigen Höhepunkt, der jäh von den neuerlichen Entwicklungen 1998 untergraben wurde. Als Indien im Mai 1998 fünf nukleare Sprengsätze zündete und Pakistan wenige Wochen später seinerseits die offene Nuklearisierung vollzog, wurde die Sicherheitslage in Südasien, insbesondere im Verhältnis zu China, schwer belastet.

China war jedoch weniger von der eigentlichen Aktion Indiens brüskiert, als vielmehr davon, dass Ministerpräsident Vajpayee in einem offenen Brief an US-Präsident Clinton erklärte, der Hauptgrund für die Nuklearisierung Indiens läge in der Bedrohung durch China. Die Volksrepublik reagierte darauf erwartungsgemäß scharf, sagte die geplante gemeinsame Arbeitsgruppe zur Beilegung der Grenzstreitigkeiten ab und spielte eine entscheidende Rolle bei der Verabschiedung der UN-Resolution 1172 zur Aussetzung der Nukleartests in Indien und Pakistan und dem Beitritt zum NVV.

Zwar war und ist China Indien sowohl nuklear als auch konventionell militärisch weit überlegen. Die offene Nuklearisierung Indiens 1998 zwang China jedoch dazu, den Fokus seiner traditionell nach Südostasien und Ostasien ausgerichteten Außenpolitik wieder stärker nach Südasien zu richten, wo mit Indien ein sowohl weltanschaulicher als auch strategischer Konkurrent mit eigenen Interessen heranwuchs. Die Sicherheitsrisiken des Konfliktdreiecks China, Pakistan und Indien wurden auch in der Volksrepublik immer stärker realisiert. Deswegen war die unmittelbar nach dem Nukleartest im Pokhran einsetzende erneute Eiszeit in den Beziehungen der beiden Länder nicht von langer Dauer.

Indiens Rhetorik in Bezug auf China wurde moderater, es folgten Staatsbesuche und die Teilnahme an einem erstmalig abgehaltenen Sicherheitsdialog in Peking. Als der pakistanische Ministerpräsident Sharif unmittelbar nach der erneuten Eskalation des Kaschmirkonfliktes im Mai 1999 nach Peking flog, um sich Chinas Unterstützung zu sichern, empfahl die chinesische Führung stattdessen eine friedliche Einigung mit Indien. Die offizielle Wiederannäherung wurde kaum ein Jahr später in die Wege geleitet, als im Mai 2000 der 50. Jahrestag der Aufnahme diplomatischer Beziehungen zwischen Indien und China mit großem Pomp gefeiert wurde.

Allmählich begann ein Umdenken bei beiden Regierungen. Mit der deutlich aktiveren und wohlmeinenden Außenpolitik der indischen Regierung unter der nationalkonservativen BJP mit ihrem Außenminister Jaswant Singh wurde ein Wechsel von einer bloßen moralischen zu einer realistischen Außenpolitik vollzogen. Neu-Delhi interessiert sich inzwischen verstärkt für die Bedenken Chinas gegenüber der tibetischen Exilregierung, was inzwischen soweit führt, dass die Tibeter sogar einen Umzug in die USA erwägen.

Zunehmend konzentrieren sich Indien und China auf gemeinsame politische Interessen, auch im Bereich der Terrorbekämpfung. Die terroristische Organisation »East Turkistan« beispielsweise zieht ihre Fäden sowohl bei separatistischen Unruhen im Nordosten Chinas als auch bei Terroranschlägen in Südasien. 2002 haben beide Länder deshalb das gemeinsame Vorgehen gegen derartige Organisationen und Individuen beschlossen.

Inzwischen bezeichnen die politischen Führer in Indien China weit eher als einen Partner denn eine Bedrohung. Ein Höhepunkt der neuen Beziehungsqualität war der einwöchige Besuch des indischen Verteidigungsministers Fernandes in Peking im April 2003. Wie sehr sich das politische Klima gewandelt hatte, wird deutlich, wenn man sich vor Augen führt, dass derselbe Mann nur fünf Jahre zuvor China als Indiens größten Feind bezeichnet hatte, nicht zuletzt weil es Pakistan mit Raketen und Nukleartechnologie belieferte. Zudem kam der Besuch mitten im Tumult der SARS-Krise, was von China sehr dankbar aufgenommen wurde. Mit dem damaligen Chef der chinesischen Armee Jiang Zemin beschloss Fernandes unter anderem die Wiederaufnahme der militärischen Zusammenarbeit. Es folgte der Staatsbesuch von Ministerpräsident Vajpayee im Juni 2003 in China – seit dem Besuch von Rajiv Gandhi 1988 der erste dieser Art auf der Ebene der Ministerpräsidenten. Während dieses Treffens erinnerte

der chinesische Ministerpräsident Wen Jiabao den indischen Ministerpräsidenten an die bedeutungsvollen Worte, die seinerzeit Deng
Xiaoping an Gandhi gerichtet hatte: »Das 21. Jahrhundert kann nur
dann zum asiatischen werden, wenn sich Indien und China zusam-
mentun, um es zu ermöglichen.« Während des Besuches Vajpayees
wurde auch der ernste Wille erstmalig postuliert, die Streitigkeiten
über den Grenzverlauf im Himalaja zu beenden.

Die positive Dynamik, die Vajpayees Besuch in der Entwicklung der bilateralen Beziehungen angestoßen hatte, setzte sich fort.
In Indien stellen viele Beobachter inzwischen befriedigt fest, dass
China allmählich die zunehmende Rolle des Subkontinents auf der
politischen Weltbühne anerkennt. Neben Treffen von hochrangigen
Vertretern haben Indien und China 2005 auch zum ersten Mal in
ihrer Geschichte gemeinsame Militärmanöver zur Friedenssicherung
und Terrorbekämpfung abgehalten. Zwei Jahre zuvor hatte es erstmals gemeinsame Marineübungen vor Shanghai gegeben, auch für
die Zukunft sind hier weitere Kooperationen geplant.

Der vorläufig letzte Höhepunkt war der Besuch Wen Jiabaos im
April 2005 in Neu-Delhi. Die von Wen Jiabao und Manmohan Singh
auf das neue Niveau »einer strategischen Partnerschaft« gehobenen
bilateralen Beziehungen konnten sich dabei noch einmal deutlich verbessern. Als Geste des guten Willens hatte der chinesische Ministerpräsident Wen das ehemalige Königreich Sikkim, das Indien 1975
beigetreten war, als indisches Gebiet anerkannt. Bereits 2003 hatten
die Nachbarn in diesem Punkt einen Durchbruch erzielt, bei seinem
Besuch 2005 brachte Wen Jiabao Landkarten nach Neu-Delhi mit,
die das Gebiet als indisches Territorium ausweisen. Im Gegenzug
hatte Indien das von der Volksbefreiungsarmee besetzte Tibet als Teil
Chinas akzeptiert. Solche Kompromisse werden die alten Streitigkeiten beilegen.

Eine wichtige politische Motivation hinter den verstärkten Bemühungen Pekings ist, eine militärische und strategische Allianz zwischen Neu-Delhi und Washington zu verhindern, was Chinas lang-
fristiges Ziel der Wiedervereinigung mit Taiwan untergraben könnte.
Mit dem Wissen um Indiens historisch begründete Besorgnis um
seine territoriale Integrität zielt Peking dabei treffsicher auf Indiens

nationale Instinkte und seine Abneigung gegen jegliche Dominierung durch ausländische Mächte. Gerade der linksliberalen Regierungskoalition in Indien sind die Avancen der Westmächte verdächtiger als die Vorstöße Pekings.

Indien und China bemühen sich auf internationaler Ebene zunehmend um eine politische Stellung, die ihrer wirtschaftlichen Position angemessen ist. Gemeinsam setzen sie sich für mehr Einfluss der Schwellen- und Entwicklungsländer im Konzert der Staatengemeinschaft ein. China unterstützt seit 2005 Indiens Ambitionen für einen ständigen Sitz im Sicherheitsrat der Vereinten Nationen, um das Vertrauen zwischen den aufstrebenden Staaten weiter zu festigen. Japans und Deutschlands Ansinnen hatte die Volksrepublik hingegen entschieden abgelehnt.

Wie China ist auch Indien an einer multipolaren Weltordnung im 21. Jahrhundert interessiert und realisiert, dass der Anspruch auf den Status einer internationalen Großmacht sich nicht mehr ausschließlich aus der Größe und dem wirtschaftlichen Potenzial ergibt, sondern auch aus den militärischen und technologischen Fähigkeiten. Vor diesem Hintergrund kann man das indische Nuklearprogramm als außenpolitische Strategie interpretieren, um einen größeren Einfluss in internationalen Systemen zu erlangen. Indiens Atomprogramm und die implizite Anerkennung des Landes als Atommacht durch die USA hat dem Land auch bei den Chinesen bereits einen größeren Respekt eingebracht. Das letzte Ziel Indiens ist die auch international anerkannte Gleichrangigkeit mit China, sei es durch einen ständigen Sitz im UN-Sicherheitsrat oder als anerkannte Atommacht im NVV. Dennoch kommt das plötzliche Zusammenrücken der beiden Giganten für viele internationale Beobachter überraschend.

Insbesondere die ins Auge gefasste Intensivierung der wirtschaftlichen Zusammenarbeit und der stetige Ausbau der Handelsbeziehungen zwischen der asiatischen »Software Stupa« (Indien) und der »Hardware Pagode« (China) dürften bei der Intensivierung der außen- und sicherheitspolitischen Kooperation eine Rolle spielen.

Eine gewisse »Ent-Territorialisierung« der Beziehungen ermöglichte die Diskussion weiterer wichtiger Berührungspunkte der bei-

den Staaten. So konnteim Juli 2006 erstmals seit 1962 ein Grenz-
übergang zwischen den beiden Staaten in Betrieb genommen werden.
Die Wiedereröffnung des Nathu-La-Passes, einer Sektion der historischen Seidenstraße zwischen dem indischen Gebiet Sikkim und Tibet
wird der ganzen Region zugute kommen, die wirtschaftlich kaum
entwickelt ist. Die Öffnung der Eisenbahnstrecke von Peking nach
Tibet wird ebenfalls dazu beitragen, das Wirtschafts- und Handels-
netz in der Gegend auszubauen. Eine endgültige Einigung über den
Grenzverlauf würde zahlreiche logistische Vorteile für beide Länder
mit sich bringen. So könnten Chinas rückständige Westprovinzen
durch eine verbesserte Verkehrsanbindung bis hin zum Indischen
Ozean rascher zu den prosperierenden Ostprovinzen aufschließen.
Gleichzeitig könnte der bilaterale Handel entlang der 3 000 Kilometer langen Grenze die gesamte Region nachhaltig beleben. Und
schließlich könnte der Ausbau von Wasserkraftprojekten im Himalaja beide Länder mit dringend benötigter und noch dazu sauberer
Energie versorgen.

Auch innenpolitisch könnte Indien für China von Interesse sein.
Schließlich ist Indien die größte Demokratie der Welt und wurde
dennoch seit 1947 für mehr als 50 Jahre von nur einer Partei geführt,
der Kongresspartei.

Zudem sehen sich beide Staaten mit einer potenziellen Aids-Epidemie konfrontiert, die das öffentliche Gesundheitssystem überstrapa-
zieren und die Wachstumsstory auf Jahrzehnte zum Erliegen bringen
könnte. Ein Erfahrungsaustausch und eine intensive Zusammenarbeit bei der Eindämmung der Seuche könnte sich für beide Länder
als sehr nützlich erweisen.

Die historische Wiederannäherung der beiden Giganten darf
bei aller Bedeutung allerdings nicht überschätzt werden. Während
Indien und China jeweils intensive Beziehungen zu Europa, den USA
und Japan unterhalten, ist die gleichwohl stark verbesserte bilaterale
Bindung der beiden Ländern noch nicht übermäßig eng. Noch sind
Gemeinsamkeiten mehr Absicht als Realität. Es bestehen nur fünf bis
sechs wöchentliche Flugverbindungen zwischen China und Indien.
Lediglich 10 000 Chinesen leben in Indien, umgekehrt ist die indische Gemeinschaft in China ähnlich klein. Die Beziehungen Indiens

und Chinas werden mittelfristig, also über die nächsten fünf bis zehn
Jahre auch weiterhin durch große Herausforderungen belastet werden.

2. »Perlenkettenstrategie«

China hat seine Beziehungen zu den kleineren südasiatischen Staaten
simultan ausgebaut, in besonderem Maße mit Indiens direkten Nachbarn. Außer den traditionell guten Beziehungen zu Pakistan war Chinas Verhältnis zu den anderen südasiatischen Staaten lange durch den
Grenzkrieg mit Indien 1962 und seinen Sonderstatus als »anderer
kommunistischer Staat« bis in die frühen siebziger Jahre getrübt. Mit
der marktwirtschaftlichen Transformation seit Beginn der achtziger
Jahre und dem einsetzenden wirtschaftlichen Aufschwung erhielten
die Beziehungen neuen Schwung. Die Koffer gefüllt mit Handels- und
Investitionsdollars, zog die Volksrepublik mit geschickt verteilten
Anreizen neben Pakistan auch Bangladesch, Nepal und Sri Lanka in
ihren strategischen Orbit.

Durch die verstärkte Investition in die kleineren Volkswirtschaften Südasiens ist es China gelungen, nachhaltig strategisch in der
Region Fuß zu fassen und sein diplomatisches Profil zu schärfen. Die
Bemühungen des Landes waren so erfolgreich, dass Indiens Anrainer
inzwischen zu Chinas eigenem Hinterhof geworden sind und Indiens
wirtschaftliches und militärisches Gewicht in der Region durch Chinas wachsenden Einfluss substanziell eingedämmt wird. Ihre neue
Stärke in Südasien hat auch die Verhandlungsposition der Volksrepublik mit Indien nachhaltig verbessert und dazu geführt, dass lange
bestehende Konflikte mit Neu-Delhi trotz der strategischen Partnerschaft mit den USA beigelegt werden konnten. Die Verbesserungen
der Beziehungen Chinas in Südasien und Südostasien stehen damit
in scharfem Kontrast zu den sich vertiefenden Konflikten zwischen
China und Japan.

Inzwischen erwirtschaftet China mit sämtlichen indischen Anrainerstaaten Handelsüberschüsse. Ihre boomenden Exporte macht die

Volksrepublik mit der Bereitstellung von Projekten für den Ausbau der Infrastruktur, soziale Investitionen und vor allem mit Projekten zur Energiegewinnung wieder gut. Dem Angebot der Amerikaner, in Indien Atomkraftwerke zu errichten, folgten rasch Angebote Pekings an Pakistan und Bangladesch zum Bau eigener Atomkraftwerke. Zudem unterstützt China die Nachbarn Indiens auch durch niedrig verzinste Kredite. Die größten Nutznießer chinesischer Wirtschaftshilfe sind – in dieser Reihenfolge – Pakistan, Bangladesch, Sri Lanka und Nepal – Sinnbild für den wachsenden Einfluss Chinas in der Region.

Lange Zeit war Pakistans strategische Signifikanz von übergeordneter Bedeutung für China. Während Pakistan Indien den geografischen Zugang zu den zentralasiatischen Staaten verwehrt, hat es gleichzeitig im wörtlichen Sinne durch den Bau der Schnellstraße von Karakorum nach Peking den direkten Zugang Chinas nach Eurasien geebnet. Darüber hinaus ermuntert Pakistan die kleineren Länder der Region, nicht mit Indien zu kooperieren und sich stattdessen dem Schutz Chinas anzuvertrauen.

Eine Entschärfung des Kaschmirkonfliktes hat dabei auch für China besondere Dringlichkeit. Seit mittlerweile 57 Jahren liegen sich indische und pakistanische Soldaten an der Demarkationsgrenze gegenüber. Dreimal wurde um dieses abgelegene Grenzgebiet schon Krieg geführt: 1947/48, 1965 und 1971. Die Infiltration Indiens durch Heilige Gotteskrieger aus Pakistan, die dort für zahlreiche terroristische Anschläge verantwortlich sind, macht die Sache genauso explosiv wie die offene Nuklearisierung von Pakistan und Indien. Seit Anfang 2004 haben sich die beiden Parteien jedoch offenbar angenähert. Der neue indische Ministerpräsident Singh intensivierte den Dialog mit dem pakistanischen Präsidenten Musharraf. Brisant ist in diesem Zusammenhang, dass weder Pakistan noch Indien Mitglieder des Atomwaffensperrvertrages sind und insofern im Vergleich zu China, das eine anerkannte Atommacht und überdies ständiges Mitglied im Sicherheitsrat der Vereinten Nationen ist, ein deutliches Defizit an Prestige und internationalem Standing haben.

Bangladesch ist für China das Eingangstor zu Indiens turbulentem Nordosten, der auch die umstrittene Provinz Arunachal Pradesh umfasst. Bis heute hat China seine Ansprüche auf Arunachal Pradesh nicht aufgegeben. Ebenfalls von Interesse für Peking sind Bangladeschs reichhaltige Erdgas- sowie Kohlevorkommen erstklassiger Qualität. Im Gegenzug unterstützt China Bangladesch unter anderem bei der Nutzung nuklearer Energie.

Ganz reibungsfrei sind die Beziehungen zwischen China und Bangladesch allerdings auch nicht, hier belasten vor allem gegenläufige wirtschaftliche Interessen das Verhältnis. Die Ursachen dafür liegen in der Textilindustrie, die 77 Prozent von Bangladeschs Exporten ausmacht und mehr als 1,8 Millionen Menschen beschäftigt. Mit Chinas WTO-Beitritt und insbesondere dem Auslaufen des Multifibre Agreements am 1. Januar 2005 steht Bangladeschs Textilindustrie in zunehmend scharfer Konkurrenz zu China, das seine Textilexporte in den letzten Jahren massiv ausgebaut hat. Die vorläufige Wiedereinführung der Importquoten, die China beim Export in die USA und die EU nach der explosiven Zunahme der Textilausfuhren 2005 akzeptiert hatte, haben die Situation vorerst etwas entspannt. Aufgrund dieser neuerlichen Beschränkungen und der gestiegenen Produktionskosten in China lagern die Chinesen inzwischen zunehmend Jobs in der Textilindustrie nach Bangladesch aus. Die Arbeitskosten liegen hier nur auf der Hälfte des Niveaus der Volksrepublik. China ist seit 2005 auch der größte Exportpartner Bangladeschs, wobei der Handelsüberschuss zugunsten Chinas stetig wächst. Um die klaffende Lücke etwas zu verringern, hat China angeboten, die Zollsätze auf Importe aus Bangladesch teilweise bis auf null abzusenken.

Die gemeinsamen strategischen Interessen überdecken jedoch bei weitem die Spannungsfelder. Im Dezember 2002 unterzeichneten beide Staaten ein Abkommen zur Zusammenarbeit in Verteidigungsfragen, das beim Besuch Wens in Dhaka 2005 weiter verfestigt wurde.

China bemüht sich außerdem um den Ausbau freundschaftlicher Beziehungen mit Sri Lanka, das in geografischer Hinsicht – im Indischen Ozean vor Südasien – bezüglich des Nahen Ostens ebenfalls eine strategisch wichtige Lage hat. Nach dem 11. September 2001 hat Sri Lanka den USA im Rahmen des Acquisition and Servicing Agree-

ments (ACSA) Zugang zu Seehäfen, Luftraum und Flughäfen eingeräumt. Ein derartiges Abkommen ist das erste seiner Art, dass Sri
Lanka formal nach seiner Unabhängigkeit 1948 mit einer westlichen
Macht eingegangen ist. Sowohl Indien als auch China, die sich beide
um eine vorteilhafte Position in Colombo bemühen, würden ungern
eine Mitgliedschaft Sri Lankas in einer westlichen Allianz sehen.

Die Beziehungen zwischen Colombo und Neu-Delhi sind durch den
schwelenden innenpolitischen Konflikt zwischen der sinhalesischen
Mehrheit und der tamilischen Minderheit auf der Insel belastet. In
Indien selbst lebt eine große Anzahl Tamilen, in einem Bundesstaat
stellen sie sogar die Bevölkerungsmehrheit, zudem sind die Tamilen
nicht nur ethnisch, sondern als Hindus auch religiös eng mit Indien
verbandelt. Diese Gegebenheiten beeinflussen Indiens Politik hinsichtlich des anhaltenden ethnischen Konfliktes auf Sri Lanka stark
und sorgen für eine vorsichtige Haltung Neu-Delhis, die Sri Lanka
wiederum suspekt ist. Als im Mai 1991 ein tamilischer Selbstmordat-
tentäter den früheren Ministerpräsidenten Rajiv Gandhi ermordete,
nachdem dieser 20 000 indische Soldaten zur Friedenssicherung auf
die Insel geschickt hatte, führte das zwar zu großer Empörung in
Indien, die offizielle Politik, Gerechtigkeit für die Tamilen zu erlangen, wurde aber trotzdem beibehalten. China hingegen zeigt wenig
Verständnis für die separatistischen Ambitionen der Tamilen und
unterstreicht die territoriale Integrität Sri Lankas.

Ebenfalls von strategischer Bedeutung für beide Länder ist Nepal,
das zwischen Chinas Provinz Tibet und mehreren häufig von Unruhen heimgesuchten Provinzen in Indiens Norden liegt. Seit Mitte der
neunziger Jahre bekämpfen die Maoisten in Nepal mit Guerillame-
thoden die Monarchie im Land. Einen neuen Höhepunkt erreichte die
Krise des Landes, als die demokratische Regierung im Februar 2005
vorrübergehend durch die Machtergreifung von König Gyanendra in
eine absolutistische Monarchie umgewandelt wurde. Nach anhaltenden Protesten hat der König zwar das Parlament inzwischen wieder
eingesetzt, Nepals Maoistenführer Prachanda – »der Grimmige« – hat
zudem kürzlich Verhandlungen mit der Regierung über eine Beteiligung der Guerilleros aufgenommen, damit stehen die Chancen auf
Frieden im Land so gut wie seit Jahren nicht mehr, dennoch bleibt

die politische Lage in Nepal instabil. Während Indien Gyanendra die kalte Schulter zeigt, betrachtet China den Staatsstreich als innere Angelegenheit Nepals. Trotz ihrer ideologischen Orientierung erhalten die Maoisten keinerlei Unterstützung von China, das spätestens seit der Kulturrevolution Abstand vom Maoismus genommen hat. Im Gegenteil, China beliefert nach Angaben von Amnesty International Nepals Sicherheitskräfte in nicht unerheblichem Ausmaß mit Waffen. Entscheidend für China ist, dass, wer immer in Nepal am Ruder sitzt, keine ausländischen Einflüsse, namentlich US-amerikanische oder indische, auf Tibet zulässt, die die Region destabilisieren könnten. Um den politischen Status quo in Tibet zu stärken, ist die chinesische Regierung darüber hinaus bemüht, Tibet und Nepal stärker ökonomisch zu integrieren, so zum Beispiel durch den Bau einer Schnellstraße, die beide verbindet.

Die Beziehungen zwischen Indien und Myanmar, das sowohl an China als auch an Indien grenzt, haben sich über die letzten Jahre stetig verbessert, wobei Myanmars Position nichtsdestotrotz vor allem innerhalb der chinesischen Interessensphäre verbleibt. Indien ist in den letzten Jahren von seiner Position abgerückt, offen gegen die antidemokratische Haltung der Militärjunta und den Arrest der Demokratieaktivistin Aung San Suu Kyi zu protestieren und hat inzwischen diesbezüglich eine eher pragmatische Haltung der Nicht-Intervention eingenommen. Ein vorläufiger Höhepunkt war der ausgedehnte Staatsbesuch des Staatsoberhauptes Myanmars Than Shwe in Indien im Oktober 2004, ein deutliches Zeichen dafür, dass die Isolationspolitik Indiens endgültig der Vergangenheit angehört. Vornehmliches Ziel der veränderten Haltung Indiens ist dabei, den Zugang zu den Energievorkommen der Region zu erlangen, sich einen verbesserten Marktzugang für die riesigen Märkte Südostasiens zu verschaffen und ein Gegengewicht zur stärker werdenden Position Chinas in Südostasien aufzubauen. Dennoch profitiert derzeit vor allem China von den guten Beziehungen zu dem Land. So hatte die chinesische PetroChina erst im Dezember 2005 ein Abkommen mit Myanmar unterzeichnet, dass China für die nächsten 30 Jahre 40 Milliarden Kubikmeter Gas zusichert. Gerade Myanmar hat dabei das Potenzial, sich zur Arena der wachsenden Konkurrenz Indiens und Chinas zu entwickeln.

Obwohl Indien das wichtigste wirtschaftliche Zugpferd Südasiens ist, reicht sein ökonomischer Einfluss auf die Nachbarländer kaum an die Bedeutung Chinas heran. Auch die Tatsache, dass Indien mit fast allen Anrainerstaaten Unstimmigkeiten wegen der Grenzziehungen hat, macht die Nachbarn eher empfänglich für eine wirtschaftliche und strategische Partnerschaft mit Peking statt mit Neu-Delhi.

Neben dem strategischen Nutzen, den China aus seinem wachsenden Einfluss in Bangladesch, Nepal, Pakistan und Sri Lanka zieht, profitiert es außerdem diplomatisch von den guten Beziehungen. Alle oben genannten Länder bestätigen die Gültigkeit der »Politik des einen China« und teilen Chinas Ansicht, dass Taiwan ein untrennbarer Teil der Volksrepublik ist. Auch Indien hat dieser Politik insgesamt zugestimmt, behält sich aber einen Unterschied vor: Tibets Status als fester Bestandteil Chinas hat es zwar anerkannt, gewährt aber nach wie vor dem Dalai Lama Asyl. Indiens Nachbarstaaten hingegen meiden den Dalai Lama.

Darüber hinaus zeigt China großes Interesse an einer Mitgliedschaft in der SAARC. Sehr zum Missfallen Neu-Delhis begrüßen die anderen sechs Staaten ausdrücklich eine Aufnahme Chinas in die SAARC. Während China also seinen Einfluss in der ASEAN und im Südchinesischen Meer systematisch ausweitet, erweitert es gleichzeitig mit großen Schritten seine wirtschaftliche und strategische Einflusssphäre in Südasien und dem Indischen Ozean. Indien, das durch seine geografische Position eine natürliche Vormachtstellung in Südasien besitzt, begreift die Region als seinen Hinterhof und steht einem politischen und wirtschaftlichen Eindringen seitens Chinas negativ gegenüber.

3. Showdown im Indischen Ozean

Vor allem Chinas Vordringen im Indischen Ozean ist Indien ein Dorn im Auge. Seit 2002 errichtet China im pakistanischen Gwandar, strategisch in der Nähe des Persischen Golfs gelegen, einen gigantischen mit hochmodernem Überwachungsgerät ausgestatteten Tiefseehafen.

Die militärische Unterstützung, die Peking dem Militärregime in Myanmar im Gegenzug für Horchposten und Häfen im Indischen Ozean und Zugang zu Myanmars reichhaltigen Gasvorräten angedeihen lässt, wird in Indien ebenfalls mit Unmut registriert. Obwohl Indien Chinas Avancen gerne einschränken würde, reicht doch sein regionaler und internationaler Einfluss weder diplomatisch noch militärisch oder ökonomisch dafür aus, Peking zurückzudrängen.

Allerdings zeugt der viertägige Besuch Wen Jiabaos im April 2005 in Indien davon, dass China an einer Beruhigung Indiens und an einer nachhaltigen Verbesserung der Beziehungen mindestens ebenso gelegen ist, wie an der Verbesserung der Beziehungen mit allen anderen südasiatischen Staaten. China befürchtet vor allem, dass die Amerikaner den Subkontinent zu einem politischen Gegengewicht zu Peking ausbauen wollen, was Chinas Aufstieg zur unbestrittenen Großmacht in der Region ausbremsen könnte.

Mit Argwohn betrachtet China auch die ostwärts gerichtete Strategie Neu-Delhis, vor allem den Ausbau der Beziehungen mit Japan, Vietnam und einigen ASEAN-Staaten, deren Verhältnis zu China nicht ganz unbelastet ist. Indiens zuletzt verstärktes Engagement innerhalb der ASEAN ist Teil von Versuchen, seinen Einflussbereich in weiter östlich gelegene Regionen auszudehnen, die traditionell von China und Japan dominiert wurden.

So könnte zum Beispiel eine Kooperation Indiens und der ASEAN-Staaten bei der Seeverteidigung eine endgültige Lösung der Territorialfragen im Südchinesischen Meer noch schwieriger machen. Die indisch-vietnamesische Zusammenarbeit in militärischen Belangen, die 2000 nach einem Besuch des Verteidigungsministers Fernandes in Vietnam intensiviert wurde, ist China besonders verdächtig, schließlich hat es mit beiden Ländern Krieg geführt, und mit beiden bestehen nach wie vor territoriale Streitigkeiten. Hingegen beobachtet Indien besorgt das phänomenale Wachstum Chinas im militärischen Sektor. Seit mehr als zehn Jahren hat das chinesische Verteidigungsbudget jedes Jahr mit zweistelligen Zuwachsraten zugelegt, Marine und Luftwaffe sind dank fortschrittlicher Technologie aus Russland in ausgezeichneter Verfassung. Darüber hinaus modernisiert China seine strategischen Nuklearwaffen. Doch auch China vermerkt misstrauisch die Modernisierung des indischen Militärs. Indien hat von Russland hoch entwickelte Militärjets, U-Boote und Flugzeugträger gekauft. Außerdem hat Indien ein Phalcon Frühwarnsystem von Israel erworben, dessen Kauf von Peking durch die USA 2000 blockiert wurde.

Dass beide Länder trotz aller Lippenbekenntnisse immer noch Konkurrenten sind, sieht man auch an den ambitionierten Plänen zum Aufbau der Marine. Indien hat seiner Seemacht in der Vergangenheit nur einen geringen Stellenwert eingeräumt, was darin begründet lag, dass der stets dominierende Konflikt mit Pakistan vor allem zu Land ausgetragen wurde. Die zunehmende chinesische Präsenz im Golf von Bengalen und dem Indischen Ozean, die China aktiv durch Verhandlungen mit Myanmar, Pakistan und den Malediven ausbaut, hat nun auch Indien veranlasst, den Aufbau einer modernen Marine voranzutreiben. Die Pläne Chinas zum Bau von U-Booten machen nur unter der Annahme Sinn, dass sie im Indischen Ozean zum Einsatz kommen sollen. Diese Situation stellt Indien, das den Indischen Ozean ebenfalls zunehmend als Schlüsselelement seiner Sicherheitspolitik wahrnimmt, vor eine direkte Herausforderung.

Der Aufbau einer schlagkräftigen Marine kann vor allem eine vitale Funktion erfüllen: die für die weitere Entwicklung so entscheidende Energiesicherheit gewährleisten. Beide Länder werden in den kommenden 20 Jahren die weltweit am stärksten ansteigende Nachfrage nach Öl und Gas zu verzeichnen haben. Ein Großteil der Ressourcen zur Deckung dieser Nachfrage wird in großen Öl- und LNG-Tankern aus dem Nahen Osten geliefert. Heute kommen mehr als 50 Prozent der chinesischen Ölimporte über den Indischen Ozean, mehr als 80 Prozent der gesamten Ölimporte über die Straße von Malakka vorbei an der indischen Küste im Süden des Landes. Eine Sicherung dieser Transporte kann im Falle von politischen Krisen mit Pakistan oder anderen regionalen Mächten nur mithilfe einer modernen Marine gewährleistet werden.

Um durch Piraten hochgradig gefährdete Transporte über die Straße von Malakka zu umgehen, lotet China zudem die Möglichkeit aus, die Versorgung über Pipelines quer durch Pakistan und Bangladesch sicherzustellen.

Diese »Perlenkettentaktik« der Volksrepublik ist Teil einer
größeren Strategie, die darauf abzielt, Chinas militärische und
energiepolitische Sicherheit unter allen Umständen zu gewährleisten. Vitaler Bestandteil der Taktik ist es, Indien gewissermaßen
einzukreisen, eine Wahrnehmung, die besonders beim indischen
Militär verbreitet ist. Die Präsenz Chinas im Arabischen Meer und
die Zusammenarbeit mit Pakistan im Hafen von Gwadar lässt in
Indien die Alarmglocken klingen, da das Gefühl der Einkreisung
durch China noch verstärkt wird, vor allem beim Militär. Der
Hafen von Gwadar liegt an der strategisch bedeutsamen Straße
von Hormuz, über die 40 Prozent des weltweiten Ölumsatzes transportiert werden. Auch in Chittagong im benachbarten Bangladesch baut China seine Flotteninfrastruktur aus. Einige Analysten
interpretieren die Aktivitäten Chinas als Taktik, Indien abzukap-
seln und dem Bestreben des Landes nach regionalen Ressourcen
entgegenzuwirken. Wieder andere Beobachter meinen, dass die
negativen Implikationen der Perlenkettenstrategie für Indien lediglich eine Erfindung des paranoiden indischen Militärs sind. Die
ursächliche Motivation dahinter dürfte Pekings Gefühl der Unsicherheit sein, die vor allen Dingen durch die überwältigende US-
amerikanische Präsenz im Persischen Golf und die zunehmende
Ausübung von Kontrollen in der Straße von Malakka ausgelöst
wird. Da wie erwähnt 80 Prozent der chinesischen Öllieferungen
über diesen Weg kommen, fürchtet China, dass im Falle eines
Krieges beispielsweise mit Taiwan Washington einfach den Ölhahn
zudrehen könnte.

4. Rohstoffe und Rivalitäten

An der Schnittstelle zwischen Wirtschafts- und Außenpolitik befinden sich die Rohstoffe. In diesem Punkt hat sich Indien anderen
asiatischen Staaten wie Südkorea, Japan und China vor kurzem im
globalen Kampf ums Öl angeschlossen. Indien und China sind in
immer dramatischerem Ausmaß auf Ölimporte angewiesen. Nur ge-

meinsam können sie diese Herausforderung angesichts des zu erwartenden Anstiegs des weltweiten Ölpreises bewältigen.

Noch aber sind die neuen Partner im Kampf um die so dringend benötigten Rohstoffe nach wie vor erbitterte Konkurrenten. Indien ist im Zuge seiner wirtschaftlichen Entwicklung zum sechstgrößten Verbraucher von Energie geworden, China belegt beim Erdölkonsum bereits Platz zwei hinter den USA und muss trotz seiner eigenen Vorkommen von nachgewiesenen 18 Milliarden Barrel ein Drittel seines Ölbedarfs importieren. Bislang steht China für 7 Prozent der weltweiten Ölnachfrage.

Indien ist in einer noch verzwickteren Situation. Das Land hat lediglich 5 Milliarden Barrel an verifizierten Reserven und muss schon jetzt zwei Drittel seines rapide steigenden Ölbedarfs importieren. Die Deckung des Bedarfs mit eigenen Reserven soll nach Einschätzung der Internationalen Energieagentur IEA bis 2020 auf nur 10 Prozent absinken. Damit ist Indien noch anfälliger gegenüber Ölschocks als China. Die Ölabhängigkeit des Landes nimmt bei rapide steigendem Bedarf weiter zu, obwohl viele der Wachstumsindustrien der Dienstleistungsbranche relativ unabhängig vom Öl sind. Ehemals wuchs die Nachfrage um lediglich 1,7 Prozent pro Jahr, die Wachstumsraten der letzten Jahre von 6 bis 7 Prozent führen jedoch zu einem Anstieg der Ölnachfrage um jährlich 4 bis 6 Prozent, was vor allem aus einer Steigerung des Benzin- und Dieselverbrauches herrührt. Der zunehmende Ölbedarf wird auch durch die mit dem steigenden Wohlstand einhergehende zunehmende Verbreitung individueller Motorisierung und die Beliebtheit von imposanten Fahrzeugen mit großen Maschinen gespeist. Indien konsumiert derzeit etwas über 2 Millionen Barrel Rohöl pro Tag, bis 2025 soll sich diese Zahl auf 7,4 Millionen Barrel nahezu vervierfachen. 70 Prozent seines Ölbedarfs bezieht Indien aus dem Nahen Osten, wobei die Abhängigkeit von ausländischen Lieferungen parallel zur wirtschaftlichen Expansion weiter ansteigen wird. Chinas Verbrauch lag 2003 bei 5,46 Millionen Barrel pro Tag und wird sich Berechnungen zufolge bis 2025 verdoppeln. Führt man sich diese Zahlen vor Augen, denen ein begrenztes Angebot gegenübersteht, das vermutlich 2015 bereits seinen Scheitelpunkt überschritten haben wird, lässt sich erahnen, dass der Ölpreis über kurz oder lang ins Unermessliche steigen wird oder eine Revolution bei der Energieversorgung einsetzen muss, die bisher allerdings noch nicht abzusehen ist.

Schon heute leidet Indien noch stärker als China unter häufigen Stromausfällen und Stromrationalisierungen. Hauptgrund für die Engpässe ist die geringe technische und wirtschaftliche Effizienz der lokalen Distribution im staatlich kontrollierten Energiesektor. Schätzungsweise 40 Prozent des Stroms gehen durch Diebstahl und schlechte Leitungen verloren, viele staatliche Stromversorger stehen deshalb am Rande des Bankrotts. Die explosiven Wachstumsraten tun ein Übriges. Ebenso wie in China stellt auch in Indien bislang Kohle die wichtigste Energiequelle dar, die mehr als 65 Prozent des Stroms liefert. Wie auch China versucht Indien durch die Diversifizierung von Energiequellen eine weniger starke Abhängigkeit vom Öl zu erreichen. So soll verstärkt in Atomkraft, Kohle und erneuerbare Energien investiert werden. Einige Pläne zur Stromgewinnung durch Wasserkraft, die mittels Stauung und Umleitung verschiedener Flusssysteme realisiert werden sollten, wurden jedoch wegen Wechseln in der Zentral- und den Provinzregierungen zunächst auf unbestimmte Zeit verschoben, um andere Projekte gibt es Streit mit Nachbarn oberhalb und unterhalb der Flüsse, wie Nepal, Bangladesch und Pakistan, die negative Folgen durch die Eingriffe befürchten.

Trotz dieser Anstrengungen wird Indien seine wirtschaftliche Entwicklung zumindest mittelfristig vor allem auf importiertes Öl stützen müssen. Aus diesem Grund hat Indien mit den südasiatischen Nachbarländern, aber auch mit ferneren Rohstofflieferanten in den letzten Jahren verstärkt Energiediplomatie-Initiativen gestartet. Die staatliche Oil and Natural Gas Corporation (ONGC) beispielsweise hat in den letzten Jahren in Projekte in Algerien, Kasachstan, Indonesien, Venezuela, Syrien und Libyen investiert, während die Indian Oil Corporation sich bei Tiefseebohrungen in Sri Lanka engagiert. Reliance Industries, Indiens größtes privates Energieunternehmen, unterhält darüber hinaus Projekte im Iran, in Nigeria, im Tschad und anderen Ländern Afrikas sowie in Südamerika und im Nahen Osten. Im Gegensatz zu China, das sämtliche ehemaligen Grenzstreitigkeiten weitgehend beigelegt hat, hat Indien noch an fast allen seiner

Grenzen aktive Konflikte. Deshalb wird es angesichts der Bedeut-samkeit der Energieimporte immer wichtiger, territoriale Konflikte zu lösen und die Beziehungen mit traditionell als feindlich angese-henen Staaten zu verbessern. So bekommt zum Beispiel Indiens Ver-hältnis zu Pakistan angesichts einer Pipeline von Turkmenistan oder Iran durch das Land nach Indien eine neue Dimension.

Indiens schlechte Beziehungen zu den ressourcenreichen Nachbarn Bangladesch und Myanmar haben in der Vergangenheit verhindert, dass Indien von den Energievorkommen dieser Länder profitieren konnte. Die frostigen Beziehungen zu Bangladesch erschweren auch den Bau einer geplanten Gaspipeline von Myanmar nach Indien, die aus Kostengründen durch Bangladesch verlaufen soll. Grundsätzlich sind sich Indien, Myanmar und Bangladesch über die Errichtung einer Pipeline einig, angesichts der vielfältigen Forderungen der Ban-gladescher Regierung ist man allerdings noch zu keiner Einigung gelangt.

Während China schon in den neunziger Jahren begann, weltweit intensiv in Ressourcen zu investieren, ist Indien ein relativ neuer Spieler im Rennen um die internationalen Energievorkommen. In den letzten Jahren hat die indische Regierung allerdings zahlreiche Anstrengungen unternommen, um beim Sichern der für die Entwick-lung der Wirtschaft so wichtigen Ressourcen aufzuholen. In den kommenden Jahren wird sich auch Indien zu einem der wichtigsten internationalen Player beim Kampf um Rohstoffe profilieren. In vielen Fällen investiert Indien – wie auch China – in die politisch instabilsten Gebiete der Welt.

2005 hat Indien einen 20-prozentigen Anteil bei der Erschließung von Irans größtem Onshore-Ölfeld, dem Yadaravan-Ölfeld, erworben und ist bestrebt, sich auch im Sudan und in Russland und den zen-tralasiatischen Republiken Vorräte zu sichern. Bislang führt China dort das Rennen an und ist sowohl im Iran als auch im Sudan der beste Ölkunde. Gleichzeitig versuchen beide Länder auch auf dem amerikanischen Kontinent neue Vorkommen zu erschließen, was langfristig zu Spannungen mit den USA führen könnte. Die immer stärker werdenden Interessen Chinas und Indiens im Iran könnten sich auch für die USA als hinderlich erweisen, wenn sie sich tatsächlich entschließen sollten, die Machtordnung in der Region durch den Einsatz militärischer Mittel umzugestalten.

In jüngster Vergangenheit sind sich China und Indien bei der Sicherung neuer Energiequellen immer häufiger in die Quere gekommen. So war es zwischen der staatlichen chinesischen PetroChina und der indischen ONGC im Oktober 2005 zum Showdown beim Kauf eines kasachischen Ölfeldes von der in Kanada börsennotierten PetroKazakhstan gekommen, den das chinesische Unternehmen trotz des höheren Gebots der indischen Konkurrenz für sich hatte entscheiden können. Auch bei der späteren Akquisition des nigerianischen Akbo-Ölfeldes durch China wäre Indien als Konkurrent aufgetreten, wenn die Regierung der ONGC nicht die Beteiligung wegen des politischen Risikos in der Region untersagt hätte.

Der Kampf um Rohstoffe kann aber nicht nur ein Katalysator für Konflikte sein, sondern auch für Kooperation. Entsprechend gibt es auch in der Energiepolitik Ansätze zur Zusammenarbeit zwischen den beiden Ländern. Wenn Indien und China lediglich als Rivalen beim Wettlauf um die globalen Ressourcen antreten, treibt dies die Preise in schwindelerregende Höhen, und das kann nicht im Interesse der beiden Staaten sein. Beim Besuch Wens in Neu-Delhi 2005 verständigten sich beide Länder deshalb über mögliche Kooperationen. Dies ist weniger in Südasien der Fall, wo eher Konkurrenz zwischen den beiden aufstrebenden Supermächten dominiert, als in weiter entfernten Gefilden.

Bei ihrem Bestreben, sich weltweit mit Öl und Gas einzudecken, gehen Inder und Chinesen pragmatisch vor. Im Sudan baut eine indische Firma eine Erdölpipeline, während Peking die dazugehörige Raffinerie errichtet. Am ebenfalls sudanesischen »Greater Nile Pil Project« hält China 40 Prozent und Indien 25 Prozent. Im Iran verfügen die Inder über 20 Prozent des Yadavaran-Ölfeldes, das zur Hälfte den Chinesen gehört. Die indische Logik dabei folgt dem Motto »if you can't beat them, join them«. Allerdings muss Indien akzeptieren, die meiste Zeit der Juniorpartner bei dieser Kooperation zu sein, da China in der Vergangenheit in aller Regel seinen Nachbarn überboten hat.

Die stärker werdende bilaterale Integration durch zunehmenden

Handel und Cross-Investments senkt die Wahrscheinlichkeit von Konflikten über Rohstoffvorräte ebenfalls ab. Allerdings ist dies allein keine hinreichende Bedingung für eine ausschließlich freundliche Kooperation, wie sich aus den angespannten Beziehungen zwischen Japan und China, deren wirtschaftliche Vernetzung noch sehr viel intensiver ist, unschwer erkennen lässt.

Um die Preisspirale an den Rohstoffmärkten und ihre wachsende Rivalität unter Kontrolle zu halten, ist ein koordiniertes Vorgehen der beiden Staaten erforderlich. Im Januar 2006 vereinbarten die Regierungen deshalb, dass ihre staatlichen Ölgesellschaften künftig Informationen über Investitionspläne austauschen werden. Ob die großen Ölkonzerne der Länder in Zukunft tatsächlich bereit sind, ihre Geschäftspläne offen zu legen, bleibt abzuwarten.

5. Pakistan und die Atombombe

Die Feindschaft zwischen Indien und Pakistan hat ihre Wurzeln in dem Konflikt um Kaschmir, auf das beide Länder Anspruch erheben. Das einstige Königreich ist seit den drei Kriegen zwischen Indien und Pakistan in einen indischen und einen pakistanisch kontrollierten Bereich geteilt. Es widerspricht dem Selbstverständnis indischer Außenpolitik, Kaschmir als internationale Angelegenheit zu betrachten; genau diese Position bezieht allerdings Pakistan.

Obwohl Kaschmir eigentlich als indisch-pakistanischer Konflikt gilt, hat auch China Interessen in der Region. Mit der Besetzung des Aksai Chin Gebietes 1962 richtete sich Peking dauerhaft in Kaschmir ein, hinzu kamen 1963 Teile Kaschmirs, die Pakistan in einem Grenzabkommen an China abtrat.

Die sino-pakistanische strategische Allianz ist seit dem historischen Grenzabkommen, bei dem Pakistan China ein großes Stück des pakistanisch besetzten Teils Kaschmirs zusprach, ein zentraler Stein des Anstoßes in den chinesisch-indischen Beziehungen. Nach den indisch-chinesischen Feindseligkeiten in Folge des Grenzkrieges 1962 und angesichts der geopolitischen Bedeutung Pakistans sowie seiner Rolle als Erzfeind Indiens maß die Regierung in Peking der Pflege und Kultivierung der Beziehungen zu Pakistan eine wesentliche Bedeutung bei. Ein essenzieller Teil dieser Pflege war die massive wirtschaftliche und militärische Unterstützung des Landes. Diese Hilfen und die enge Beziehung Chinas zu Pakistan sind ein wesentlicher Faktor in der indischen Wahrnehmung der Volksrepublik. Vor allem die implizite chinesische Unterstützung Islamabads im Indisch-Pakistanischen Krieg 1971 verärgerte Indien zutiefst und führte zu einer militärischen Allianz Indiens mit der Sowjetunion. Chinas Rolle bei der Entwicklung der pakistanischen Atombombe ist in diesem Zusammenhang wohl einer der wichtigsten Gründe für Indiens Misstrauen gegenüber dem Nachbarland. Indien stören weniger die ungelösten Grenzprobleme mit dem Nachbarn als die umfassende militärische Hilfe, die China dem Erzfeind Pakistan gewährt hat.

Südasien ist weltweit die einzige Region, in der mit China, Indien und Pakistan drei Atommächte aufeinander prallen. Zwei davon, nämlich Indien und Pakistan, haben bislang keinerlei internationale Kontrollvereinbarungen wie den NVV unterzeichnet. Indien hatte den NVV als diskriminierendes Vertragswerk abgelehnt.

So wie die Niederlage gegen China 1962 und der chinesische Nuklearversuch 1964 zur Ausgangsbasis für das indische Nuklearprogramm wurden, so waren zehn Jahre später die Niederlage gegen Indien und der indische Nuklearversuch der Auslöser für den Aufbau eines Atomprogramms auf pakistanischer Seite. Inzwischen verfügen Pakistan und Indien über ein umfangreiches nukleares Arsenal und einen größeren Bestand an Trägerwaffen. Die Zusammenarbeit zwischen Pakistan und China im Bereich der Raketen- und Nukleartechnologie intensivierte sich Mitte der achtziger Jahre und führte zur Entwicklung von verschiedenen Kurzstreckenraketen, die auch nukleare Sprengköpfe tragen können. China soll daneben zusätzlich verschiedene andere Waffensysteme an Pakistan geliefert haben.

Um die Brisanz der Nuklearsituation zu verstehen, ist es unerlässlich, den Hintergrund der Nuklearisierung der Region zu beleuchten.

Nachdem die Chinesen am 16. Oktober 1964 ihren ersten Atomtest gemacht hatten, wurden in Indien sofort Stimmen laut, die befürworteten, dass auch Indien seine eigene Atombombe entwickeln solle. Doch es dauerte bis 1972, dass Indira Gandhi intern grünes Licht für einen unterirdischen Atomtest gab. Der indischen Regierung war damals nicht bewusst, dass bereits im Januar 1972 der damalige Präsident Pakistans Zulfikar Ali Bhutto die Entscheidung getroffen hatte, eine pakistanische Atombombe, basierend auf Verhandlungen zwischen Peking und Islamabad, zu entwickeln. Zu diesem Zeitpunkt verfolgte China die maoistische Linie, dass alle friedliebenden Völker das Recht hätten, Atomwaffen zu besitzen. 1974 kam es so zu einem Nukleartest durch Pakistan.

Schon im Jahr 1961 hatte der US-Secretary of State Dean Rusk ohne Erfolg seiner Regierung vorgeschlagen, Indien zu helfen, eine Atombombe zu entwickeln, damit das Land nicht den Anschluss an China verpasst. Die USA verhielten sich Indien gegenüber jedoch reserviert, was sich auch daran zeigt, dass der damalige US-Außenminister Kissinger während seines Peking-Besuchs im November 1974 Deng Xiaoping scherzhaft vorgeschlagen hatte, Pakistan mit einer Atomwaffe auszustatten, um den indischen Hegemonialismus einzudämmen.

Insofern war es keine Überraschung, dass die chinesische Regierung im Juni 1976 ein offizielles Abkommen mit Pakistan schloss, um die Weiterverbreitung der Atombombe zu verfolgen. Zu diesem Zeitpunkt war China noch nicht dem Atomwaffensperrvertrag beigetreten. Vor diesem Hintergrund erließen die USA 1978 das Gesetz gegen die Verbreitung von Atomwaffen und verwarnten gleichzeitig Pakistan, das heimlich Uran in Europa erworben hatte. Im April 1979 erließ US-Präsident Carter Sanktionen gegen Pakistan. Doch schon 1982 beschlossen die USA, sich um die Weiterverbreitung von Atomwaffen durch Pakistan und China nicht mehr zu kümmern. Die Gegenleistung war die pakistanische Hilfe und Bereitstellung von Infrastruktur für die afghanischen Mudschahidin, die gegen die Sowjetinvasion kämpften. 1987 schließlich erwarb Pakistan Atomwaffen mit aktiver chinesischer Unterstützung und unter Duldung der USA.

Indien beschloss angesichts dieser Situation zu handeln. Der neue Ministerpräsident Rajiv Gandhi entschied 1989, dass Indien eine

Atombombe bauen solle. In den frühen neunziger Jahren übten die USA sehr viel Druck auf Indien aus, um die Produktion, Weiterverbreitung und Verstärkung der indischen Nuklearwaffen zu verhindern, obwohl die USA gleichzeitig die Verletzung dieser Grundsätze durch China und Pakistan sowohl in Bezug auf Nuklearwaffen als auch auf Raketen nicht beachteten.

Neueste Enthüllungen des früheren holländischen Ministerpräsidenten Ruud Lubbers belegen, dass die CIA enge Kontakte mit dem berüchtigten Doktor Abdul Kadir Khan unterhielten, der als Vater der pakistanischen Atombombe gilt. Es gibt Grund zu der Annahme, dass die USA auch duldeten, dass Pakistan Atomwaffentechnologie an den Iran und Nordkorea weitergab.

Obwohl China 1992 dem NVV beitrat, setzte es seine Unterstützung Pakistans fort. Die USA deckten zwar die Lieferung von 5 000 Ringmagneten von China an Pakistan auf, akzeptierten jedoch die chinesische Erklärung, dass es sich um eine Transaktion ohne Genehmigung der Zentralregion handelte.

Ebenso war den USA bekannt, dass es eine chinesische Lieferung von Trägerraketen an Pakistan gab, nur wenige Wochen bevor US-Präsident Clinton sein Amt antrat. Als Indien 1998 seine Nukleartests durchführte, beeilte sich Bill Clinton, gemeinsam mit China diese Tests zu verurteilen; gleichzeitig wies der US-amerikanische Präsident jedoch auf die legitimen chinesischen Interessen in Südasien hin.

Die negative Haltung Chinas gegenüber Indien zeigte sich nicht nur in der Unterstützung Pakistans bei der Entwicklung von Atomwaffen, sondern auch in der Position, die es bei der Formulierung der US-Sicherheitsrat-Direktive nach den indischen Nukleartests bezog. Obwohl die Volksrepublik selbst fundamental und permanent gegen die Weiterverbreitungsverträge verstieß, verdammte sie Indien diesbezüglich. Seit sich die USA und China im Jahre 1971 annäherten, übten die USA Druck auf Indien aus, seine nuklearen Programme zu stoppen und rückgängig zu machen. Von 1967 an, als die USA keine Nukleargarantie an Indien aushändigen wollten, blieb dies so, bis Präsident Bush 2001 das Amt übernahm.

Präsident Bush realisierte bald, dass ein nuklearisiertes China, das gleichzeitig der zweitgrößte Markt in Asien beziehungsweise bald der zweitgrößte Markt der Welt ist, die asiatische Machtbalance unwiderruflich stören würde, wenn nicht die indische Nuklearstrategie akzeptiert und anerkannt werden würde. Er erkannte auch, dass Indien mit 1,1 Milliarden Einwohnern und einem jährlichen Wachstum von 7 Prozent ähnlich wie China einen riesigen, stetig wachsenden Bedarf an fossilen Brennstoffen entwickeln und in dessen Folge enorme Emissionsschäden anrichten würden. Um die globale Umwelt zu entlasten, Indiens Nachfrage nach Öl und Erdgas einzuschränken und gleichzeitig zu sichern, dass Indien die Wachstumslokomotive der industrialisierten Welt und Asien bliebe beziehungsweise werde – deswegen sollte Indien eine Ausnahmegenehmigung nach dem NVV erhalten, damit es Zugang zur Zivilnutzung von Nuklearenergie hätte. Die Anerkennung der indischen Nuklearmacht schlägt also viele Fliegen mit einer Klappe.

Zunächst wurde am 18. Juli 2005 grundsätzliches Einverständnis über den Deal erzielt. Die USA erkannten den Besitz Indiens von Nuklearwaffen an und boten volle Kooperation bezüglich der Zivilnutzung von Atomenergie. Indien versprach im Gegenzug, zivile und militärische Nutzung zu trennen, und die zivile Nutzung unter gewisse Bedingungen zu stellen. Schließlich kam es am 2. März 2006 zu einer Vereinbarung über die Trennung von ziviler und militärischer Nutzung. Indien stimmte zu, bis zum Jahr 2014 14 seiner 22 Atomreaktoren auf eine Liste von zivilen Reaktoren zu setzen. Die verbleibenden acht Reaktoren werden genug Plutonium produzieren, um das indische Atomwaffenarsenal der nächsten Dekade zu bestücken. Indien behielt sich das Recht vor, alleinig zu bestimmen, welche Reaktoren zivil genutzt würden. Die indischen Testreaktoren vom Typ eines Schnellen Brüters sowie deren Prototypen unterfallen nicht der zivilen Nutzungsliste. Als Gegenleistung bieten die USA nationale und internationale Garantien für die dauerhafte Versorgung der Reaktoren mit Rohstoffen und Energie. Indien behielt sich außerdem das Recht vor, künftig weitere militärische Reaktoren zu bauen.

Sollte der in Neu-Delhi geschlossene Vertrag vom US-Kongress verabschiedet werden, tritt das Abkommen in Kraft und bedeutet nach mehr als 30 Jahren die offizielle Anerkennung Indiens als Atommacht. Trotz intensivster Lobbyarbeit der indischen Community in den USA stößt das Abkommen noch auf starken Widerstand. Angesichts der jahrelangen Duldung der pakistanischen Aufrüstung wäre eine Ratifizierung allerdings mehr als gerechtfertigt. Der pakistanische Präsident Musharraf, den Bush übrigens direkt nach seinem Besuch in Neu-Delhi aufsuchte und der am 14. März dieses Jahres eine ebensolche zivile Vereinbarung wie Indien haben wollte, wurde von Präsident Bush zurückgewiesen. Bush erklärte, dass es zwischen Indien und Pakistan unterschiedliche Interessenlagen gäbe und dass Musharraf lieber Wahlen abhalten solle, um seine Regierung zu legitimieren.

Präsident Musharraf hatte Indien 2003 angeboten, nach der Lösung der Kaschmirfrage in Südasien eine atomwaffenfreie Zone zu schaffen. In einem solchen Fall, so Indien, müsse sich aber auch China an der Abrüstung beteiligen, denn das pakistanische Atomwaffenprogramm sei nur eine Ergänzung des chinesischen. Das große Arsenal von Nuklearraketen in Tibet stelle die eigentliche Bedrohung für Indien dar. George Fernandes unterstrich im Frühjahr 2003, dass die indische Nuklearpolitik »nicht spezifisch auf Pakistan ausgerichtet« sei. Er verwies auf nukleare Kapazitäten auf dem amerikanischen Stützpunkt Diego Garcia im Indischen Ozean sowie auf das in Tibet stationierte chinesische Arsenal. An eine atomwaffenfreie Zone in Südasien sei unter diesen Bedingungen nicht zu denken.

Die innere Wandlung Indiens wird sicherlich durch die Veränderung des militärischen Status beeinflusst werden. Der Anstieg des Verteidigungsbudgets um jährlich 13 bis 20 Prozent seit 1998 diente nicht nur der Abschreckung gegenüber Pakistan, sondern auch einer verbesserten Machtdemonstration, die der gesteigerten wirtschaftlichen Bedeutung Indiens Rechnung trägt. Im Jahre 2004 besaß Indien schätzungsweise 50 bis 120 nukleare Sprengköpfe, Pakistan im Vergleich dazu 30 bis 70. Ferner verfügen die beiden Staaten über Trägerraketen mit bis zu 2 500 Kilometern Reichweite. Auch im konventionellen Waffenbereich ist Indien seinem Nachbarland überlegen. Offiziell hat es die Doktrin ausgegeben, einen Erstschlag abzulehnen; Pakistan hingegen hat dieses Zugeständnis 2004 abgelehnt.

Pakistan war lange Chinas engster Verbündeter in Südasien und wichtige Karte in der Indien-Politik der Volksrepublik. Seit dem Ende der neunziger Jahre sind allerdings einige Wolken auch am Horizont der chinesisch-pakistanischen Beziehungen aufgezogen, vor allem als nach dem 11. September 2001 offensichtlich wurde, dass Kräfte in Pakistan nicht nur die Taliban in Afghanistan aktiv unterstützten, sondern auch die Fäden zur Destabilisierung in Kaschmir und in der chinesischen autonomen und teilweise von Muslimen bewohnten Provinz Xinjiang zogen. China erkannte, dass es für die Stabilität seiner Grenzen im Westen noch weitere Verbündete brauchte. Damit war der Weg frei für eine Annäherung an Indien. Dass China 1999 während der Kargilkrise, die die Welt an den Rand des Atomkrieges brachte, eine neutrale Position bezog, zeugte bereits von einer ausbalancierteren Südasienpolitik.

Die destabilisierenden Kräfte in Pakistan werden sowohl von Indien als auch von China als latente Bedrohung ihrer vitalen Interessen betrachtet und tragen insofern zu einer strategischen Annäherung der beiden Riesenstaaten bei.

Auf der anderen Seite will China die Freundschaft mit Pakistan keinesfalls aufs Spiel setzen, einerseits ob der stabilen Beziehungen mit einem wichtigen islamischen Staat – vor allem in Hinblick auf Chinas eigene Probleme mit religiös motivierten Unruhen im Nordwesten des Landes –, andererseits um Indien in Schach zu halten. Trotz der Erwärmung der Beziehungen zu Indien will China deshalb sein Verhältnis zu Pakistan auf dem jetzigen Stand belassen. Hu Jintao setzt sich für eine friedliche Lösung des Kaschmirkonfliktes ein und bezieht mittlerweile nicht mehr einseitig Stellung für Pakistan. Auch wenn die diplomatische Unterstützung damit wegfällt, versuchen Peking und Islamabad die ökonomische Zusammenarbeit auszubauen. So hat China seine Unterstützung für den Neu- und Ausbau der Karakoram-Schnellstraße zwischen beiden Staaten zugesichert und zudem versprochen, eine bilaterale Freihandelszone einzurichten.

Durch die neu entdeckte Freundschaft mit Indien ist China nun mit der Herausforderung konfrontiert, die Beziehungen zu Pakistan weiterhin auf hohem Niveau zu halten. Pakistan verbindet seit langem eine Allianz mit den USA. Insbesondere nach dem 11. September 2001 hat es die Position des wichtigsten nicht der Nato angehörenden Verbündeten der USA gegen extremistisch motivierten Terrorismus in der Region erlangt. Nichtsdestotrotz erreichte der chinesische Premier Wen den Abschluss eines bilateralen »Vertrages der Freundschaft, Zusammenarbeit und guten nachbarlichen Beziehungen«, der beide Unterzeichner von der Mitgliedschaft in jeglicher Allianz abhält, die die Souveränität, Sicherheit und territoriale Integrität der anderen Seite untergraben könnte. General Musharraf versuchte den Inhalt des Abkommens geheim zu halten, obwohl Chinas größte Tageszeitung *People's Daily* ihn veröffentlicht hatte. Welcher der beiden Unterzeichner von der Mitgliedschaft in einer Allianz abgehalten werden soll, und wessen territoriale Integrität und Sicherheit gewahrt bleiben soll, ist nur zu deutlich.

Ein stabiles und fruchtbares Verhältnis zwischen Indien und Pakistan erfordert deshalb das geschickte Management der heiklen Dreiecksbeziehung zwischen den drei Nachbarstaaten. Trotz aller Schwierigkeiten könnte man sogar einen optimistischen Ausblick auf das Machtdreieck wagen, bei dem China als Brücke zwischen Pakistan und Indien fungiert. Angesichts der Neuordnung der Machtverhältnisse nach dem Kalten Krieg hätte China durchaus das Potenzial für eine derartige strategische und diplomatische Funktion.

Ausblick

Die Rivalität der beiden Länder wird außen- und sicherheitspolitisch noch auf absehbare Zeit fortbestehen. Zukünftig wird die politische Realität mit hoher Wahrscheinlichkeit auf eine pragmatische Kooperation abzielen, wobei eine differenzierte Abstimmung in der Außenpolitik nicht zu erwarten ist. Das bedeutet aber nicht, dass die politische und wirtschaftliche Gewichtsverschiebung nach Asien nicht stattfindet. Sie ist vielmehr in vollem Gange. Das lässt sich unter anderem daran ablesen, dass China immer selbstbewusster darin wird, den USA die Stirn zu bieten, und auch Indien zunehmend den Willen zum Aufstieg zur Weltmacht erkennen lässt.

Sowohl Indien als auch China teilen aber das Bestreben nach einer multipolaren Weltordnung, in der beide eine wichtige Rolle spielen. Beide Länder unterhalten zivile Raumfahrtprogramme und setzen sich für eine Nichtmilitarisierung des Weltalls ein.

Die chinesische Politik hat vorgemacht, wie man erfolgreich Außenhandel und Direktinvestitionen fördern, sich in hohem Maße international integrieren und trotzdem eine eigenständige Außenpolitik beibehalten kann. Indien scheint in seiner Außen- und Energiepolitik nun erstmalig seit dem Ende des Kalten Krieges ebenso diesen Weg einschlagen zu wollen. Das selbstbewusste Auftreten Indiens im Umgang mit Staaten wie Iran und Venezuela, das den Interessen der USA diametral entgegensteht, zeugt bereits von einer neuen Qualität.

Man kann absehen, dass China und Indien früher oder später die größten Wirtschaftsmächte der Erde sein werden. Die logische Folge ist, dass beide ihren politischen Einfluss in immer stärkerem Maße ausbauen werden.

Das wirtschaftliche und politische Zusammenrücken der beiden Nuklearmächte, in denen zusammengenommen fast 40 Prozent der Menschheit leben und die beide rasant wachsen, könnte, in den Worten des indischen Ministerpräsidenten Singh gesprochen, »die Welt neu ordnen«, oder sie gar in ihren Grundfesten erschüttern, wie der Staatsgründer Singapurs Lee Kuan Yew prophezeit. Selbst das International Intelligence Council, die Denkschmiede des US-Geheimdienstes CIA, sagt voraus, dass der Aufstieg der beiden Kolosse Indien und China wirtschaftlich und politisch so dramatische Folgen haben könnte wie der Aufstieg Deutschlands im 19. und der der USA im 20. Jahrhundert.

Nachbarn, Partner
und Konkurrenten

Südostasien

Südostasien wird im Wesentlichen durch die seit 1968 bestehende Staatengemeinschaft der ASEAN mit ihren zehn Mitgliedsländern geprägt. Das wachsende politische Gewicht Chinas in der Region, das seit über zehn Jahren versucht, sich eng mit Südostasien zu verbinden, sowie die steigende wirtschaftliche Bedeutung Südkoreas und die nach wie vor überragende Bedeutung Japans als zweitgrößte Volkswirtschaft der Welt führten Ende der neunziger Jahre dazu, dass die ASEAN-Staaten gemeinsam mit China, Japan und Südkorea die jährlichen ASEAN-plus-drei-Treffen abhalten. Insbesondere China verlor zunehmend die Lust, als bloßes Anhängsel betrachtet zu werden, und bemühte sich, als vollwertiges Mitglied am Tisch der Organisation zu sitzen. Als das Drängen Chinas immer stärker wurde, versuchten andere Länder wie Japan, aber auch Indonesien und Malaysia, zumindest optisch ein Übergewicht Chinas zu verhindern, weswegen auch Staaten eingeladen wurden, die geografisch eigentlich nicht zu Ostasien zählen. Dazu gehörten Indien und die westlich geprägten Pazifikstaaten Neuseeland und Australien.

Im Dezember 2005 kam es zu einem historischen Gipfeltreffen in Kuala Lumpur, das die zehn Mitgliedstaaten des ASEAN gemeinsam mit China, Südkorea und Japan sowie Indien, Australien und Neuseeland abhielten. Auf dieser Konferenz wurde der Grundstein für eine asiatische Wirtschaftsgemeinschaft gelegt, die größer als die EU, ein Gegengewicht zu den USA bilden soll.

Auf diesem ersten »Ostasiengipfel« wurde beschlossen, dass fortan jedes Jahr dieses »Dialogforum für strategische, politische und wirtschaftliche Angelegenheiten mit dem Ziel, Frieden, Stabilität und wirtschaftlichen Wohlstand in Ostasien zu fördern«, zusammentreten werde. Es wurden Beitrittsbedingungen zum EAS (Ostasien-gipfel) definiert, zu denen unter anderem eine enge wirtschaftliche Zusammenarbeit mit der Region sowie der Beitritt zum Freund-schafts- und Nicht-Angriffspakt der ASEAN gehören. Letzteres ist von großer Signifikanz, denn Asien ist religiös, ethnisch und vor allem auch wirtschaftlich keineswegs ein einheitlicher Raum.

Die Gemeinschaft der südostasiatischen Staaten ASEAN arbeitet schon seit 40 Jahren zusammen, hat allerdings bislang noch keine großen Erfolge auf dem Weg zu einer engeren Staatengemeinschaft erreicht. Deswegen betrachtet die ASEAN die Gründung einer »ost-siatischen Gemeinschaft«, die mit China und Indien sowie Japan und Südkorea wirtschaftliche Supermächte umfasst, mit Misstrauen und gewissen Vorbehalten. Zu groß erscheint die Gefahr, dass die Gewichte in Asien zugunsten der neuen Großmächte verschoben werden könnten. Nicht zuletzt deswegen setzten die südostasia-tischen Staaten daher durch, dass die künftig jährlich stattfindenden Ostasiengipfel jeweils nur im Anschluss an die ASEAN-Treffen abge-halten werden. Dies hat zur Folge, dass die Ostasiengipfel jeweils von einem Mitglied der ASEAN geleitet werden.

Der Plan, die Staaten Ostasiens zusammenzuführen, ist hingegen nicht neu. Schon vor über 20 Jahren hatte der durch die Schaffung der »New Asian Values« bekannte Ministerpräsident Malaysias, Mahathir Bin Mohammed, dafür geworben, einen ostasiatischen Gipfel (»New Asian Caucus«) ins Leben zu rufen. Damals war die Realisierung dieser Idee von Japan verhindert worden, nachdem die USA entsprechenden Druck ausgeübt hatten. Die USA, die sich bis zum heutigen Tag als Führungsmacht in Asien betrachten, sind nicht an einem Staatenverbund interessiert, in dem sie kein Mitsprache-recht haben. Deswegen wurde 1989 das asiatisch-pazifische Wirt-schaftsforum (APEC) geschaffen. In den nun etablierten Ostasien-gipfeln haben die USA keinerlei Rechte.

Die Bedeutung Chinas für Südostasien und umgekehrt ist ungleich größer als die von Indien und Südostasien füreinander. Historisch gesehen war China über viele Jahrhunderte hinweg noch bis zum Beginn des 19. Jahrhunderts die einzige politische Großmacht, die in der Region und gleichzeitig weltweit von dominierender Bedeutung war. Im Wesentlichen war China, von einigen wenigen Ausnahmen wie etwa Vietnam abgesehen, seinen südostasiatischen Vasallenstaaten gegenüber wohlwollend und wenig aggressiv. China hatte ein überragendes Interesse an Frieden und Stabilität in seinem Hinterhof und ging mit Respekt gegenüber den Nachbarn vor.

Mit den 200 Jahren der Demütigung und Kolonialisierung durch die europäischen Mächte nahm auch die Bedeutung Chinas in der Region ab. Die ersten 30 Jahre nach Gründung der Volksrepublik China 1949 waren durch holprige und wenig intensive Beziehungen zu den ostasiatischen Ländern geprägt. China wurde trotz der Aufnahme diplomatischer Beziehungen mit Ländern wie Indonesien und Kambodscha als destabilisierende Kraft gesehen, die kommunistische Aufstandsbewegungen in verschiedensten südostasiatischen Ländern unterstützte und damit den umwälzenden Prozess der Nationalstaatenbildung nach dem Ende des Zweiten Weltkrieges störte.

Erst in den siebziger Jahren, als sich auch die Beziehungen zu den USA normalisiert hatten, wurden diplomatische Beziehungen zu Thailand, den Philippinen und Malaysia aufgenommen, schließlich 1990 auch zu Singapur, Jakarta und Brunei. Endgültig erst mit dem Zusammenbruch des sowjetischen Reiches, dem Rückzug der vietnamesischen Truppen aus Kambodscha und der Integration Vietnams in die ASEAN 1995 war der Rahmen für eine grundlegende Änderung der chinesischen Außenpolitik geschaffen. Doch noch immer führten die aggressiv vorgetragenen Territorialansprüche in der südchinesischen See und die rapide Aufrüstung Chinas zu Misstrauen bei den Nachbarstaaten.

Nach dem Tode von Deng Xiaoping im Februar 1997 kam es schließlich zu einer umfassenden Änderung der Außenpolitik gegenüber den südostasiatischen Ländern. Im Rahmen einer neuen Politik unterzeichnete die Volksrepublik zwischen 1999 und 2000 mit jedem einzelnen ASEAN-Mitglied eine gemeinsame Erklärung, in der die Details einer intensivierten bilateralen Zusammenarbeit festgelegt wurden, die sich zum Teil stark voneinander unterschieden. Gleichzeitig mit den von China favorisierten bilateralen Beziehungen wurde Südostasien auch immer mehr als einheitliche Region wahrgenommen und anerkannt.

Das Umdenken Chinas führte zu ersten Erfolgen, als im Frühjahr 1997 auf einer Konferenz des ASEAN-Forums erste Änderungen eines neuen Sicherheitskonzeptes vorgestellt wurden, das nicht nur eine Vertiefung der bilateralen Beziehungen mit China, sondern auch eine Errichtung neuer Sicherheitsstrukturen vorsah. Als sich während der asiatischen Währungskrise viele südostasiatische Länder von den USA und Japan im Stich gelassen fühlten, war es die chinesische Regierung, die »wie ein Fels in der Brandung stand« – so der US-Finanzminister – und den Yuan nicht abwertete. Damit verhinderte China eine weitere Verschärfung der wirtschaftlichen Abwärtsentwicklung in den südostasiatischen Ländern.

Die größere Dialogbereitschaft Chinas führte 1997 dazu, dass unter Jiang Zemin China erstmals ein Gipfeltreffen mit den ASEAN-Staaten durchführte, das fortan jährlich wiederholt wurde. Kurz darauf wurde auf Initiative der ASEAN-Staaten die ASEAN-plus-drei-Kooperation ins Leben gerufen. Der von China propagierte Begriff seines »friedlichen Aufstieges« kulminierte schließlich in den chinesischen Vorschlag, eine Freihandelszone mit den südostasiatischen Staaten zu bilden, der bereits im November 2002 auf allgemeine Zustimmung der ASEAN-Staaten traf.

Im gleichen Monat wurde auch durch die »Gemeinsame Erklärung über das Verhalten der Parteien in der südchinesischen See« ein großer Fortschritt bei der Entschärfung der verschiedenen Territorialansprüche in der südchinesischen See erreicht. Während dies eine bloße Absichtserklärung war, stellt der 1976 ausgearbeitete ASEAN-Vertrag über Freundschaft und Zusammenarbeit eine völkerrechtlich bindende Verpflichtung dar, im südchinesischen Meer auf militärische Gewalt zu verzichten. Im Oktober 2003 trat China diesem Abkommen bei, wodurch ein Vertrauensbildungsprozess von mehreren Jahren einen erfolgreichen Abschluss fand.

China betrachtet die wirtschaftliche Zusammenarbeit mit den südostasiatischen Staaten als Grundlage der politischen und sicherheitspolitischen Kooperation. Diese hat daher absoluten Vorrang, zumal die Volksrepublik bereits ein großes Potenzial entwickelt hat. Wirtschaftlich besteht eine Wechselwirkung zwischen China und Südostasien insofern, als der von China ausgehende außenwirtschaftliche

Wettbewerbsdruck zu einem starken Anpassungszwang der ASEAN-Staaten führt und gleichzeitig durch die Export- und Absatzmöglichkeiten für Chinas exportorientierte Industrie eine starke Dynamik im Wachstum bedeutet. Durch die zunehmende Spezialisierung der einzelnen südostasiatischen Staaten, die zum Teil als Anpassung an den chinesischen Importmarkt zu verstehen ist, entsteht immer mehr eine Art regionaler Arbeitsteilung. Dies hat zur Folge, dass die wirtschaftliche Entwicklung Südostasiens und Chinas nicht auf einen Verdrängungswettbewerb, sondern eher auf eine regionale Integration abzielt.

Zwar sind beide Regionen Konkurrenten um internationales Investitionskapital, wobei China nach wie vor weltweit die größten Summen anzieht. Dennoch ist durch die Dynamik in China in den letzten Jahren den südostasiatischen Ländern nichts verloren gegangen. Denn die Direktinvestitionsströme wurden zum Teil nur umgeleitet und durch Produktionsverlagerungen ausgeglichen. Dies wird durch die Tatsache unterstrichen, dass die Direktinvestitionen in China und Südostasien seit Beginn der neunziger Jahre bis heute ungefähr dem gleichen Trendverlauf folgen.

Kurz gesagt: Es bestehen in der außenwirtschaftlich zunehmenden Verflechtung zwischen China und Südostasien große Chancen auf wachsenden Wohlstand für beide Seiten. Gleichzeitig ergeben sich jedoch auch erhebliche außenwirtschaftliche Abhängigkeiten. Der kulturelle Führungsanspruch Chinas in der Region wird durch die immer stärker werdende Präsenz chinesischer Filme, chinesischer Literatur und auch der chinesischen Sprache verdeutlicht.

In der Zusammenfassung ergibt sich, dass China in den letzten 15 Jahren eine kluge, aktive, aber nicht konfrontative Politik in Südostasien betrieben hat. Durch das selbstbewusste Auftreten, verbunden mit einer gleichzeitigen Zurückhaltung bei der Durchsetzung seiner Interessen, will China innere und äußere Stärke zum Ausdruck bringen und demonstriert damit gegenüber Südostasien Führungsfähigkeit und Führungswillen. Dies steht im günstigen Gegensatz zu Japan, das augenscheinlich nicht in der Lage ist, seinen inneren Zwiespalt zwischen den pazifischen Verpflichtungen, insbesondere den USA gegenüber, und seinen asiatischen Interessen aufzulösen.

Es fehlt an wegweisenden Strategien und Visionen, und die Mauern aufgrund der unbewältigten Vergangenheit, die aus dem Grauen der Besetzung südostasiatischer Staaten, herrühren, wirken sich zusätzlich als Hindernis aus.

Südostasien und China hingegen scheinen sich auch nach außen immer mehr als eine Schicksalsgemeinschaft zu verstehen, für die der politische und wirtschaftliche Aufstieg Chinas von großem Interesse ist. Die partnerschaftliche Diplomatie Chinas betont immer wieder, dass regionaler Frieden, politische Stabilität und wirtschaftliche Entwicklung in der Region absolute Priorität genießen.

Trotz der nach wie vor vorhandenen Angst vor dem Wirtschaftsgiganten China, die sich allerdings eher in der Bevölkerung und nicht in den Regierungen und Eliten der südostasiatischen Länder finden lässt, geben die zunehmende Profilierung Chinas auch im asiatisch-europäischen Dialog (ASEM) sowie die herausragende Rolle des Landes im ostasiatischen Gipfel Hoffnung, dass in der neuen multipolaren Struktur mit ihrer wirtschaftlichen Wechselwirkung der Beteiligten China in Südostasien eine starke Rolle spielen werden. Zwar gibt es nach wie vor Stolpersteine wie die grundsätzlich fortbestehenden Interessenkonflikte sowie gewisse Ungleichgewichte, zum Beispiel dass höher entwickelte südostasiatische Länder wie Malaysia, Thailand und Singapur von einer Arbeitsteilung mit China profitieren, unterentwickelte Länder wie Indonesien, Burma oder die Philippinen hingegen als Lieferant von Rohstoffen in der Rückständigkeit verharren müssen.

Dies ist jedoch im Falle Japans noch viel extremer. Japan kooperiert sicherheitspolitisch immer enger mit den USA, und beide betrachten China als globalen, aber gerade auch als asiatischen Rivalen. Japan ist aufgrund seiner starken wirtschaftlichen Aktivitäten in Südostasien der strategische Hauptrivale Chinas um Einfluss in der Region. Da sich die chinesische Regierung derzeit nicht in der Lage sieht, einen offenen Konflikt mit den USA zu gewinnen, kann man davon ausgehen, dass das Konzept des »weichen Wettbewerbs und weichen Widerstands« die nächsten Jahre das vorherrschende Prinzip der chinesischen Politik sein wird. Das vielleicht größte Risiko besteht in einem Rückschlag der atemberaubenden binnenwirtschaftlichen Dynamik in China, die die Frage aufwirft, ob der rasant stattfindende wirtschaftliche Wachstums- und Transformationsprozess wirklich nachhaltig ist. Da zu erwarten ist, dass dieser Trend trotz etwaiger Rücksetzer die nächsten zehn bis fünfzehn Jahre stabil bleiben wird, kann man von einem weiteren wirtschaftlichen und politischen Zusammenwachsen Chinas und Südostasiens ausgehen.

Es ist nicht wahrscheinlich, dass Indien in den nächsten 20 Jahren eine ähnlich große Bedeutung für Südostasien wie China, die USA oder Japan spielen wird. Dennoch ist derzeit eine historische Wiederannäherungsphase zwischen Indien und Südostasien zu verzeichnen. Nach dem Ende des Kalten Krieges war Indien durch seine antiwestliche Außenpolitik in eine gewisse Isolation innerhalb Asiens hineingeschlittert. Erst die umfassenden Reformen durch die wirtschaftliche Liberalisierung 1991, die verbunden waren mit einer Refokussierung auf den Osten (»Look East«), führten den grundlegenden Wandel im Verhältnis Indiens zu den anderen asiatischen Staaten herbei. Die wirtschaftliche Entwicklung führte durch die anhaltend hohen Wachstumsraten, die Stabilität und auch die Erfolge einzelner Branchen dazu, dass in den neunziger Jahren ein stärkeres politisches und außenwirtschaftliches Engagement Indiens ebenso in Südostasien zu verzeichnen war.

Im Dezember 1995 wurde Indien zum offiziellen Dialogpartner der ASEAN-Gemeinschaft, um im Oktober 2003 schließlich dem ASEAN-Vertrag über Freundschaft und Zusammenarbeit beizutreten. Zum gleichen Zeitpunkt wurde zwischen Indien und den ASEAN-Mitgliedern ein Rahmenabkommen über umfassende wirtschaftliche Zusammenarbeit geschlossen. Im November 2004 brachte dies durch eine Vereinbarung in der ASEAN-Indien-Partnerschaft für Frieden, Fortschritt und Wohlstand eine noch breitere Zusammenarbeit mit sich. Mit dem verstärkten Ausbau der Beziehungen zu Südostasien, erkennt Indien auch implizit an, dass es von seinen Nachbarn im Südosten lernen kann. Die Bemühungen haben dazu geführt, dass das Verhältnis zu allen ASEAN-Staaten mittlerweile auf soliden Füßen steht. Intensiv bemüht sich Indien vor allem um eine Kooperation mit den Staaten Südostasiens, mit denen es umfassendere politische, ökonomische und militärische Verbindungen hat. Dazu gehören in erster

Linie Singapur, Vietnam und Thailand. Insbesondere mit Vietnam hat Indien im Hinblick auf China eine große strategische Interessenschnittmenge, weshalb die Zusammenarbeit in den letzten Jahren deutlich intensiviert wurde.

Die gegenseitige Handels- und Investitionstätigkeit ist dabei verstärkt ausgebaut worden, wobei es hier noch viel unausgeschöpftes Potenzial gibt. Das Volumen des Außenhandels der ASEAN-Staaten mit Indien ist im Vergleich mit anderen Dialogpartnern relativ gering. Von größerer Bedeutung dürfte die sicherheitspolitische Ebene sein. Indien hat genauso wie die ASEAN-Staaten ein Interesse daran, dass China nicht uneingeschränkt zur wichtigsten Macht in der Region wird. Insbesondere Singapur bemüht sich darum, dass Indien eine größere Rolle in Südostasien spielt und beispielsweise eine aktivere Position bei Sicherheitsfragen im Indischen Ozean einnimmt. So führte die indische Marine seit geraumer Zeit gemeinsame Manöver mit ASEAN-Mitgliedstaaten wie Malaysia und Vietnam durch. Im Vordergrund steht dabei der Schutz der Seewege in der Straße von Malakka, ein bevorzugtes Operationsgebiet für Piraten und eine wahre Lebensader für den weltweiten Öl- und Energietransport. Schließlich hat der Golf von Bengalen eine wichtige strategische Bedeutung. Seit Jahren gibt es Gerüchte, dass China an der Südspitze der Halbinsel Rangoon und an anderen Orten in Myanmar – zu dessen Militärregime China freundlichere Beziehungen unterhält als andere asiatische Staaten – chinesische Abhörposten und U-Boot-Stützpunkte stationiert hat. Aus diesem Grund könnte es sein, dass mittelfristig Peking gegen die verstärkte Aktivität der indischen Marine im Golf von Bengalen vorgeht. Bis jetzt hat China die wachsende militärische Präsenz in Südostasien zwar wahrgenommen, aber noch nicht offen kritisiert. Die Verbesserung der indisch-chinesischen Beziehungen scheinen derzeit, und dies dürfte wohl auch die nächsten Jahre so bleiben, im Vordergrund zu stehen.

Japan

Die frostigen Beziehungen zwischen China und Japan haben sich in den vergangenen Jahren deutlich verschlechtert. Tokios Sichtweise auf Taiwan, die Wahrnehmung Chinas als Bedrohung der japanischen Sicherheit und die aggressivere Neudefinition des japanisch-amerikanischen Verhältnisses entzweien Peking und Tokio nachhaltig. Vor diesem Hintergrund gewinnt eine strategische und kooperative Partnerschaft Japans mit Indien eine neue und entscheidende Bedeutung.

Traditionell pflegt Japan gute Beziehungen mit Indien, die frei von jeglichen Konflikten sind, ob nun ideologischer, kultureller oder territorialer Art. Der Subkontinent bringt Japan großen Respekt dafür entgegen, dass es Netaji Subhash Chandra Bose, den Führer der indischen Unabhängigkeitsbewegung, und die Indische Nationale Armee in ihrem Unabhängigkeitskampf gegen die Engländer unterstützt hatte. Die von Japan verübten Gräueltaten während der Besetzung der Andaman- und Nicobar-Inseln im Zweiten Weltkrieg sind in Indien wenig bekannt, die Beziehungen daher historisch kaum belastet. Zudem hatte Japan vor allem im Bereich der Automobilindustrie intensiven Technologietransfer nach Indien geleistet, während der Westen kein Interesse an einer Modernisierung der indischer Industrie zeigte. Die Automobilrevolution in Indien hätte ohne japanische Unterstützung wohl nicht in diesem Maße stattgefunden. Der Maruti, der auf Suzuki-Technik basiert, war über drei Jahrzehnte das beliebteste Automobil in Indien.

Die wirtschaftliche Beziehung der beiden Länder begann 1949 mit einem Geschenk von Nehru, der dem Zoo von Tokio einen Elefanten mit dem Namen seiner Tochter, Indira, übergab. In den nächsten

zwölf Jahren besuchten zwei japanische Ministerpräsidenten sowie
der Kronprinz und seine Gemahlin Indien. Ganze Schiffsladungen
an indischem Eisenerz und Baumwolle wurden nach Japan geliefert.
Als sich Indien schließlich in Richtung Sozialismus und Blockfreiheit
verabschiedete, geriet es in Japan in Vergessenheit. Für die folgenden
Jahrzehnte hat Japan Indien als Land betrachtet, das eher Entwicklungshilfe als Handelsbeziehungen bedarf.

Eine Kehrtwende trat 1984 ein, als Ministerpräsident Nakasone
nach Indien reiste, um Rajiv Gandhi zu treffen, mit dem er eine gute
Beziehung etablierte. Die ersten japanischen Direktinvestitionen
folgten: Suzuki begann Autos zu bauen, Honda ging ein Joint-Venture für Motorola ein, das Gleiche gilt für Yamaha und Suzuki. Als
die indische Wirtschaft sich 1991 öffnete, begann das Investitionsvolumen erst richtig zu wachsen. Die japanischen Direktinvestitionen
steigerten sich von knappen 2 Millionen US-Dollar im Jahre 1991
auf 532 Millionen US-Dollar im Jahre 1997.

Das Jahr 1998 bedeutete ein abruptes Ende der aufblühenden
Zusammenarbeit, als sich Japan den Sanktionen der USA gegen die
indischen Nukleartests anschloss. Da die Beziehungen historisch
konfliktfrei waren, hatte Indien die harte Reaktion auf seine Nukleartests überrascht. Japan verhängte nicht nur Sanktionen, sondern
nutzte auch verschiedene internationale Foren zur Verurteilung
Indiens. Der Einbruch der Beziehungen fiel in eine Phase, in der sich
Indiens und Japans wirtschaftliche wie politische Verbindungen auf
einem neuen Höhepunkt nach dem Ende des Kalten Krieges befun-
den hatten. Japanische Direktinvestitionen in Indien hatten einen
Rekordwert erreicht, und die großen japanischen Unternehmen wie
Toyota, Sony und Matsushita begannen bereits, sich erfolgreich in
Indien zu etablieren. Regelmäßig gab es Direktflüge zwischen den
beiden Ländern. Dementsprechend verlangsamten sich die japanischen Direktinvestitionen und fielen auf 160 Millionen US-Dollar
im Jahre 1999 ab. Sogar die offizielle japanische Entwicklungshilfe
(ODA), die traditionsgemäß den Hauptanteil der japanischen Aktivitäten im indischen Markt ausmachte, war betroffen. Die Zusagen
für die Entwicklungshilfen in den Jahren 1998/99 brachen um über
90 Prozent ein im Vergleich zum Vorjahr, in dem es noch ein Volu-

men von 1 Milliarde US-Dollar gegeben hatte. Die Wiederentdeckung Indiens durch Japan begann im Jahre 2000, als US-Präsident Clinton das Land besuchte und anerkannte, dass Indien eine wachsende Rolle in der asiatischen und der Weltwirtschaft spielen würde. Als der berühmte Goldman-Sachs-Report über die BRIC-Staaten (Brasilien, Russland, Indien und China) herauskam, der prognostizierte, dass China und Indien zu den drei größten Volkswirtschaften im Jahre 2050 gehören würden, begannen die Japaner plötzlich zu fürchten, dass sie etwas verpassen könnten. Das neue Image Indiens, das von aller Welt als neue aufstrebende Supermacht umworben wurde, stieß auch in Japan auf verstärktes Interesse. Dann geschah wieder etwas Unvorhergesehenes: Der Terrorangriff auf das indische Parlament im Dezember 2001 sowie die folgende Eskalation zwischen Indien und Pakistan verschreckte die Japaner. Die Direktinvestitionen fielen auf 74 Millionen US-Dollar im Jahre 2003.

Dank des Börsenbooms begannen die Dinge sich ab 2004 wieder besser zu entwickeln. Als die Japaner feststellten, dass immer mehr westliche Volkswirtschaften in die indische Börse investierten, beschlossen sie, dem nicht weiter nachzustehen. Seit September 2004, als der erste reine Indien-Investmentfond in Japan verkauft wurde, hat Japan über 5 Milliarden US-Dollar in den indischen Aktienmarkt gepumpt. Die Hoffnungen der japanischen Unternehmen wurden im Jahre 2005 durch eine Analyse der Japan External Trade Organization (Jetro) unterstützt, die herausfand, dass japanische Unternehmen in Indien erfolgreicher sind als in allen anderen asiatischen Nationen.

Es verhält sich jedoch nicht ganz so einfach. Das Freihandelsabkommen Indiens mit Thailand beispielsweise ist keine Einbahnstraße und kompliziert wie das Verhältnis zu Japan. Es macht Sinn, für bereits in Thailand vertretene japanische Unternehmen, wie etwa Sony, den indischen Markt von dort aus zu bedienen. Andere Unternehmen planen zwar auch, in Indien zu investieren, wollen sich jedoch zunächst auf Thailand fokussieren. Ein anderer Grund für zögernde Investitionen in Indien sind die Bedingungen, die japanische Unternehmen gestellt haben: Sie fordern geringere Körperschaftssteuern, eine flexiblere Bürokratie und beweglichere Arbeitsgesetze. Die Unternehmenssteuern sind mit knapp 42 Prozent für ausländische

Unternehmen in Indien in der Tat sehr viel höher als in Westasien, wo sie im Durchschnitt um 30 Prozent liegen. Die heiklen Arbeitsbedingungen und der permanente Ärger mit Gewerkschaften sind ein anderer Dorn im Fleisch der japanischen Unternehmen. Doch auch die Inder werden ungeduldig. Zunehmend wird japanischen Delegationen bedeutet, dass sie sich ähnlich wie die Europäer und Amerikaner auf die allgemeinen Wachstumschancen und das große Bild konzentrieren sollen, um heikle Sonderthemen wie Gewerkschaftsbeziehungen später zu diskutieren. Dennoch steigen die ADI langsam an. Gleichzeitig wird ganz im Sinne der neuen Bewertung der strategischen Beziehungen von Japan zu Indien die Entwicklungshilfe immer zielgerichteter eingesetzt. In der Tat hat Indien China als den größten Empfänger japanischer Entwicklungshilfe seit 2003 abgelöst. Im Jahre 2005 haben die Japaner ungefähr 1 Milliarde US-Dollar an Entwicklungshilfegeldern an Indien gezahlt.

Grundsätzlich ist die Präsenz Indiens in der japanischen Öffentlichkeit noch relativ unterentwickelt. Bis zum 16. April 2005 war für einen durchschnittlichen japanischen Geschäftsmann Indien ein wachsender, aber weit entfernter Markt. Jener Samstag jedoch, an dem 20 000 junge Chinesen auf die Straße gingen, um japanische Kriegsverbrechen anzuprangern, löste eine Welle antijapanischer Demonstrationen in China aus – dem seit einigen Jahren wichtigsten Produktionsstandort und bedeutenden Exportmarkt der japanischen Wirtschaftsmaschine. Zufällig war am 29. April 2005 der japanische Premier Koizumi in Neu-Delhi auf einem schon vorher geplanten Besuch und nutzte die Gelegenheit, um eine gemeinsame Erklärung mit Ministerpräsident Singh zu unterzeichnen, die eine umfassende wirtschaftliche Zusammenarbeit vorsah.

Dies löste verschiedene Initiativen aus. Zwischen August 2005 und Januar 2006 reisten zehn hochkarätige Delegationen aus Japan mit höchsten Regierungsmitarbeitern und Handelsorganisationen wie die Jetro nach Indien. Der Tenor war einheitlich: Japanische Firmen haben das Risiko einer Destabilisierung in China realisiert, und Indien erscheint als natürliches Gegengewicht. Worten folgten Taten. In den folgenden Monaten haben japanische Firmen über 2 Milliarden US-

Dollar für mehr als 30 Projekte vorgesehen, unter anderem im Automobilbereich. Das entspricht ungefähr dem Gesamtvolumen der japanischen Direktinvestitionen in Indien zwischen 1991 und 2005.

Noch sind die wirtschaftlichen Verflechtungen relativ gering. Japan ist zurzeit mit einem Handelsvolumen von circa 5 Milliarden US-Dollar Indiens fünftgrößter Handelspartner; der Anteil Indiens am Außenhandel Japans belief sich im Jahre 2005 auf knapp 3 Prozent. Durch seine Öffnung, die Kapitalmarktreformen und den wachsenden Wohlstand der Mittelschicht wird Indien für die japanischen Unternehmen aber ein immer interessanterer Markt. Von Vorteil ist dabei, dass durch die langjährige wirtschaftliche Kooperation der beiden Länder japanische Marken wie Toyota oder Sony im Land überaus bekannt sind und einen ausgezeichneten Ruf genießen.

Durch den Besuch von Ministerpräsident Koizumi in Indien im April 2005 erhielten also die japanisch-indischen Beziehungen erstmals wieder nach dem Besuch von Ministerpräsident Mori, der im August 2000 zum ersten Mal seit über zehn Jahren ein südasiatisches Land besucht hatte und die Entspannung einleitete, eine neue Dynamik. Beide Länder bekräftigten ihre gegenseitige Unterstützung bei der Kandidatur für einen ständigen Sitz im UN-Sicherheitsrat. Dies geschah zu einem Zeitpunkt, als sich die Beziehung zwischen Japan und China in der Krise befand, während derer sich Indien und China annäherten. Künftig wollen Tokio und Neu-Delhi ihre Partnerschaft ausbauen und strategisch zusammenarbeiten. Zu den offiziellen gemeinsamen Interessen zählen die Bekämpfung der Piraterie und des Terrorismus in der Straße von Malakka und die Verbesserung der bilateralen Handelsbeziehungen. Gelegentlich kam es bereits zu gemeinsamen militärischen Manövern, wobei jedoch Indien Vorsicht obwalten lässt, um seine aufblühenden Beziehungen mit China nicht zu belasten. Dennoch zielt die Kooperation der beiden Staaten implizit auch darauf ab, das Gegengewicht zu China in Asien zu verstärken.

Noch 2004 hatte der japanische Botschafter in Indien eine trilaterale Achse zwischen China, Indien und Japan vorgeschlagen, was von den chinesischen Medien wohlwollend begrüßt worden war.

Die Mitgliedschaft Indiens in einer derartigen Achse könnte eine entspannende Wirkung auf die Konfliktfelder des chinesisch-japanischen Verhältnisses ausüben. Mittlerweile ist die Wahrscheinlichkeit eines derartigen Bündnisses allerdings mehr als gering. Chinas jüngste Zugeständnisse an Indien hinsichtlich des Grenzkonfliktes, die nur noch moderate Unterstützung Pakistans im Kaschmirkonflikt und das Engagement für einen ständigen Sitz Indiens im Sicherheitsrat der Vereinten Nationen zeugen davon, wie viel auch Peking inzwischen an einer Kooperation mit Neu-Delhi liegt. Im Gegensatz dazu lehnt China einen Sitz für Japan strikt ab.

Die Annäherung zwischen Indien und China und der daraus abgeleitete Optimismus wird in Japan hingegen gelassen betrachtet. Japanische Politiker erwarten durch die chinesisch-indische Annäherung sogar günstige Konstellationen für die japanische Wirtschaft. Sie gehen davon aus, dass auch auf einem neuen Niveau, das Indien und China gemeinsam erreichen können, beide Länder japanische Technologie brauchen.

Japan hält sich den beiden aufsteigenden Nationen gegenüber nach wie vor für deutlich überlegen. Mögen Indien und China auch noch so rasante Wachstumsraten aufweisen, die zweitgrößte Volkswirtschaft der Welt definiert sich vornehmlich über die absoluten Zahlen. 2005 erwirtschafteten 128 Millionen Japaner 4,3 Billionen US-Dollar, während 1,3 Milliarden Chinesen nur 2,1 Billionen US-Dollar erreichten. Indiens 1,1 Milliarden liegen mit ihrem 0,75 Billionen US-Dollar BIP noch weiter abgeschlagen. Das Handelsvolumen Japans mit China, das sich im Jahre 2004 auf mehr als 200 Milliarden US-Dollar summierte, beläuft sich auf mehr als das zwölffache des noch spärlichen Handelsvolumens zwischen China und Indien. Japanische Thinktanks und Ökonomen gehen davon aus, dass der wirtschaftliche Vorsprung Japans noch über Jahrzehnte anhalten wird. Diese Meinung wird von ausländischen Experten geteilt. Besonders im Bereich der Hochtechnologie wie auch bei Komponenten für Flugzeugbau und Raketentechnologie sei der technologische Vorsprung Japans in den vergangenen Jahren enorm gewachsen und so schnell nicht einzuholen.

Abgesehen von den beeindruckenden wirtschaftlichen Zahlen

sind die politischen Ansprüche Japans angeblich bescheiden. Noboru Hatakeyama, Chairman und CEO der Japan Economic Foundation, erklärte: »Wir waren lange Zeit der größte Geber internationaler Entwicklungshilfe und liegen auch bei Beitragszahlungen für die UN an zweiter Stelle.« Aus diesem Grund fordert Japan einen ständigen Sitz im UN-Sicherheitsrat und setzt auf den Druck der USA, denn der chinesische Widerstand wird wohl nicht so bald enden. Indien ist in diesem Spiel ein neutralisierender Faktor. Japan erkennt deswegen in der Zusammenarbeit Indiens und Chinas für sich selbst mehr Chancen als Risiken. Japan rechnet mit einer Einschränkung der Dominanzbestrebungen Chinas in Asien, wenn die Volksrepublik mit Indien einen gleichwertigen Partner bekommt. Das einzige Risiko, was für Japan bestände, wäre ein erhöhter Deflationsdruck, wenn nach China auch Indien zu einer globalen Werkstätte werden würde.

USA

Die USA sind nicht nur eine atlantische, sondern seit über 150 Jahren auch eine pazifische Macht. Als im Jahre 1853 durch den US-Kommodore Matthew C. Perry und seine schwarzen Schiffe Japan geöffnet wurde, begann eine Entwicklung, die sich konsequent in den nächsten Jahrzehnten fortsetzte. Ende des 19. Jahrhunderts erreichten die US-Amerikaner Hawaii, Guam und die Philippinen und versuchten, auch in China Fuß zu fassen. Zwar gelang es den Vereinigten Staaten nicht, Japans Vordringen nach China und Südostasien zu verhindern, sie wurden 1942 durch den Angriff auf Pearl Harbor sogar selbst zum Angriffsziel. Doch die Niederlage Japans im Zweiten Weltkrieg, das Zerfallen des britischen Empire und der Rückzug der anderen europäischen Kolonialmächte aus Asien schafften ein Vakuum, in das die USA vorstoßen zu können glaubten.

Getrieben durch das Bestreben, den Vormarsch des Kommunismus zu verhindern, versuchte Washington, das schon die Übernahme der Kommunisten in China und die Ausrufung der Volksrepublik 1949 nicht vereiteln konnte, zumindest im verbleibenden Teil Asiens die Dominanz des Kapitalismus aufrechtzuerhalten. In den beiden blutigen Kriegen in Korea und Vietnam 1950 und 1973 wurden die USA jedoch beide Male zum Rückzug gedrängt. Als Vermächtnis aus diesen beiden Konflikten unterhalten die Vereinigten Staaten bis zum heutigen Tage über 100 000 Soldaten in Asien, wovon sich 47 000 Soldaten in Japan und 36 000 an der Demarkationsgrenze in Südkorea befinden. Zwar soll die Zahl der Basen reduziert werden, doch die militärische Kooperation insbesondere mit Japan scheint sich eher zu intensivieren. Der Kampf gegen den Terror, der so genannte »Graue Krieg«, nach den Anschlägen vom

11. September 2001 hat der Präsenz in Asien für die USA wieder
eine höhere Priorität verliehen.

Da neben der außen- und sicherheitspolitischen Interessenlage auch
immer wirtschaftliche Faktoren eine große Rolle spielen, gewinnt die
Position der USA auf dem Kontinent angesichts des wachsenden Einflusses Asiens immer größere Bedeutung. Es darf auch nicht vergessen
werden, dass sich einige asiatische Länder wie Japan und Korea unter
den amerikanischen Sicherheitsgarantien wirtschaftlich günstig entwickeln konnten. Umso schwerer wiegt die Tatsache, dass es mit dem
erstmalig stattgefundenen Ostasiengipfel augenscheinlich erfolgreich
gelungen ist, ein Forum für ein potenzielles Zusammenwachsen der
asiatischen Staaten ohne die USA durchzusetzen.

Das Kernstück der Ostasienpolitik der USA ist die Sicherheitsalli-
anz mit Japan, die nicht zuletzt aufgrund der wachsenden Rivalität
Japans mit China auch für Washington immer mehr an Bedeutung
gewinnt. Im Jahre 2005 kam es zu zahlreichen Abkommen, die eine
verstärkte militärische Zusammenarbeit bewirkten. Die offizielle
Begründung lautet, dass mit der nordkoreanischen Nuklearisierung
sowie der Taiwan-Straße zwei potenziell gefährliche Konfliktherde in
unmittelbarer Nähe Japans liegen. Hier wird das Aufeinandertreffen
der amerikanischen Hegemonialmacht mit dem wirtschaftlichen und
politisch friedlich, aber rasant aufsteigenden China besonders viru-
lent. Die verschiedenen Versuche der japanischen Regierung unter
Koizumi, Japan stärker zu militarisieren und auch verfassungsrecht-
lich eine offene Aufrüstung zu ermöglichen, entspricht insofern also
amerikanischen Interessen. Schon seit Jahren haben die USA den in
ihren Augen wichtigsten Verbündeten in Asien zu mehr »burden-sha-
ring« veranlassen wollen. Ausgelöst wurde dies nicht zuletzt durch
das selbstbewusste Streben Chinas nach einer regionalpolitischen,
aber auch weltpolitischen Führungsrolle, wobei die Taiwan-Frage
eine ständige potenzielle Bedrohung des Friedens in der Region darstellt.

Durch die offene Nuklearisierung von Nordkorea, verbunden mit
dem jederzeit drohenden wirtschaftlichen Kollaps, stehen die USA
zusammen mit Japan vor einer besonderen Herausforderung. Ein
wiedervereinigtes Korea, in den nächsten zehn Jahren nicht undenk-

bar, dürfte durch Geschichte und natürliche Interessenlage mehr dem Einflussbereich des neuen Rivalen Chinas zuzurechnen sein. Die unbewältigte Vergangenheit Japans mit China, aber auch mit Korea, das zwischen 1910 und 1945 von Japan besetzt war, ist insofern problematisch. Fast ein Drittel der Gesamtbevölkerung, circa sieben Millionen Koreaner, wurde als Zwangsarbeiter nach Japan verschleppt.

Spätestens seit den Terroranschlägen in Bali im Oktober 2002 haben die USA wieder ein verstärktes strategisches Interesse in Südostasien, wo in Gestalt von fundamentalistischen Terroristen, die in den Philippinen, in Indonesien, aber auch im Süden Thailands aktiv sind, starke Sicherheitsbedrohungen erwachsen.

Südasien ist dagegen einer der Hauptschauplätze des »Grauen Krieges«, vor allem Afghanistan und Pakistan. In diesem Grenzgebiet soll sich der fieberhaft gesuchte Osama bin Laden aufhalten. Aber das Hauptziel der USA ist die Verhinderung einer erneuten indisch-pakistanischen Auseinandersetzung um Kaschmir, wobei diesmal der Einsatz von Nuklearwaffen wahrscheinlich wäre. Pakistan, einer der wichtigsten Verbündeten der USA in der islamischen Welt, spielt für die Vereinigten Staaten eine Schlüsselrolle nicht nur im Kampf gegen den Terror, sondern auch als stabilisierender Faktor in Südasien, weswegen die Unterstützung von Präsident Musharraf und das Verhindern seines Sturzes durch islamistische oder terroristische Kreise eine große Priorität besitzt.

Pakistan kombiniert zwei essenzielle Sicherheitsrisiken für die USA. Es besitzt, abgesehen von Nuklearwaffen, wahrscheinlich auch biologisch-chemische Waffen im Übermaß und ist als Ausgangsbasis wie Brutstätte von Terroristen sehr gefährlich. Doch vor allem in den letzten Jahren sind auch die Beziehungen Indiens zu den USA von wachsender Bedeutung, was einen schwierigen Balanceakt angesichts der Notwendigkeit eines guten Verhältnisses zu einem stabilen Pakistan bedeutet. Insofern haben die USA ähnliche Schwierigkeiten wie China, da sie im Verhältnis zu Indien jeweils die Pakistan-Frage mit berücksichtigen müssen.

Bis in die achtziger Jahre hinein hatten Indien und die USA ein schwieriges Verhältnis, nicht zuletzt deswegen, weil Indien bis zum

Zusammenbruch der Sowjetunion ein wichtiger Verbündeter der Sowjetunion in Asien war. In den frühen neunziger Jahren waren die Beziehungen zwischen den beiden Staaten stark vom Kollaps der Sowjetunion beeinflusst, Indiens vormals wichtigstem Handelspartner und verlässlichster Quelle wirtschaftlicher und militärischer Unterstützung. Indien musste sich angesichts der veränderten Situation nach neuen internationalen Partnern umsehen. Es kam zu einer langsamen Annäherung zwischen Indien und den USA, wobei die USA Indien als Ordnungsmacht in Südasien akzeptierten. Insbesondere nach dem Beginn der Wirtschaftsreformen 1991 gewann auch die ökonomische Komponente an Bedeutung. Dennoch gab es auf anderen wesentlichen Gebieten wie dem Nuklearbereich keine Annäherung der Positionen.

Indien weigerte sich standhaft, dem Atomwaffensperrvertrag beizutreten und legte im Herbst 1996 sogar ein Veto gegen das allgemeine Teststoppabkommen ein. Nach 24 Jahren Moratorium wurden am 11. und 13. Mai 1998 die indischen Nukleartests durchgeführt, was die USA als Affront auffassten. Sogleich wurden gegen Indien ökonomische Sanktionen durch die USA verhängt. Doch schon weniger als zwei Jahre später wurden die Beziehungen zwischen Indien und USA wieder aufgenommen und verbesserten sich seitdem stetig. Mit einem Besuch in Indien im März 2000 öffnete Präsident Clinton die Tür für eine vertiefte Kooperation.

Nach dem Angriff auf das World Trade Center im September 2001 sagte Indien den USA sofort seine Kooperation beim Kampf gegen den Terrorismus zu und bot die Nutzung indischer Militärbasen für antiterroristische Operationen an. Dieses prompte Entgegenkommen zeugte von einer neuen Qualität der indisch-amerikanischen Beziehungen, die während des Kalten Krieges wegen der engen Freundschaft Indiens zur Sowjetunion stets eher unterkühlt gewesen waren. Auch militärisch wurde eine intensivere Kooperation vereinbart, die zu verschiedenen gemeinsamen Militärmanövern, einer verstärkten Sicherheitskooperation und Waffenlieferungen seitens der USA geführt hat. Seit Dezember 2001 hat auch die regelmäßig tagende Arbeitsgruppe zur gemeinsamen Verteidigungspolitik ihre Tätigkeit wieder aufgenommen, die in regelmäßigen Abständen den Rahmen für die Verteidigungspartnerschaft zwischen den beiden Ländern festlegt. Die Treffen waren nach den Nukleartests Indiens 1998 zunächst ausgesetzt worden.

Im Zuge der vorläufigen Wiederannäherung von Indien und Pakistan hat sich die Beziehung zu den USA noch stärker entspannt. Mit der Erwärmung der politischen Beziehungen verbessern sich auch die Rahmenbedingungen. Im Januar 2005 unterzeichneten Indien und die USA ein »Open Skies Agreement«, das die Ausweitung von Nonstop-Flügen und damit den Handel und die wirtschaftliche Zusammenarbeit beider Länder erleichtert. Auch sicherheitspolitisch haben die USA und Indien ihre gemeinsamen Interessen entdeckt. Seit 2003 wurden umfangreiche Schritte unternommen, um den Handel mit Rüstungsgütern und die militärische Zusammenarbeit zwischen den beiden Länder auszubauen. Im Jahre 2005 wurde eine Vereinbarung namens »Next Steps in Strategic Partnership (NSSP)« abgeschlossen, deren gesetzliches und administratives Rahmenwerk die Kontrolle und den Export von zahlreichen rüstungssensiblen Produkten gestattet.

Der bisherige Höhepunkt in den bilateralen Beziehungen wurde im Juli 2005 erreicht, als Präsident Bush und Premier Singh eine gemeinsame Erklärung veröffentlichten, die den Aufbau einer »Globalen Partnerschaft« zwischen Indien und den USA ankündigte. Dieser Versuch Washingtons, die Entwicklung Indiens als zweite Supermacht in Asien zu unterstützen, stieß auf großes internationales Interesse.

Drei wesentliche Interessenschnittmengen in der Beziehung zu den USA begünstigen die neue strategische Partnerschaft: Der gemeinsame ideologische Hintergrund, schließlich ist Indien die größte Demokratie der Welt, die beträchtliche indisch-amerikanische Minderheit, eine immer wohlhabendere und einflussreiche Bevölkerungsgruppe und die wachsende gegenseitige Anziehungskraft der Wirtschaft.

Die USA haben sich inzwischen zu Indiens größtem einzelnen Handels- und Investitionspartner entwickelt und standen den wirtschaftlichen Reformen Indiens von Anfang an enthusiastisch gegenüber. Gleichzeitig zählen die USA auch zu den größten Kritikern der immer noch hohen indischen Handelshemmnisse. Vor allem die großen IT-Unternehmen wie Microsoft, Dell und Oracle sind in Indien aktiv und haben auch für die kommenden Jahre Investitionen in Höhe von mehreren Milliarden US-Dollar angekündigt. Zwar verblasst der indisch-amerikanische Handel im Vergleich zu dem zwischen China und den USA, dennoch wächst er rasant an. Zurzeit wachsen die Softwareexporte Indiens, von denen rund 60 Prozent in die USA gehen, um 50 Prozent pro Jahr. Von lediglich 5,6 Milliarden US-Dollar im Jahre 1990 ist das gesamte bilaterale Handelsvolumen im Jahre 2005 auf rund 26,7 Milliarden US-Dollar angestiegen – ein Zuwachs von mehr als 450 Prozent. Insgesamt exportierten die USA im Jahre 2005 Waren im Wert von 7,9 Milliarden US-Dollar nach Indien, 30 Prozent mehr als noch ein Jahr zuvor. Die Importe aus Indien wuchsen um 21 Prozent auf 18,8 Milliarden US-Dollar.

Als Bestandteil der »Globalen Partnerschaft« wurde auch ein indisch-amerikanisches Abkommen zur zivilen Nutzung von Atomenergie in Aussicht gestellt. Angesichts der Tatsache, dass Indien nicht dem Atomwaffensperrvertrag beigetreten ist und auf eigene Faust Nuklearwaffen entwickelt hat, ist ein derartiges Zugeständnis ironisch. Auch in Indien wird die neue Partnerschaft nicht nur positiv wahrgenommen. Der Besuch des US-amerikanischen Präsidenten Bush im März 2006 wurde von antiamerikanischen Protesten begleitet, die zum Teil terroristische Ausmaße annahmen. Im Namen Allahs und der Kommunistischen Internationale gingen in Neu-Delhi Zehntausende auf die Straße, in Hyderabad schlossen die muslimischen Geschäfte und in Karachi explodierte gar eine Bombe vor dem amerikanischen Konsulat. Die Gründe für die Demonstrationen liegen zumeist in der als muslimisch-feindlich eingestuften Politik der Amerikaner. Die Kriege in Afghanistan und im Irak, die Misshandlung von Häftlingen in Guantánamo, Abu Ghuraib oder Bagram sowie die Hilfe für Israel sind die Schlagworte und zugleich die Argumente, die für den Vorwurf angeführt werden, Bush habe dem Islam den Kampf angesagt und wolle die muslimische Welt unterwerfen. Daneben werden die Marktwirtschaft, der Freihandel und die Globalisierung nicht nur von muslimischen, sondern auch von kommunistischen Demonstranten kritisiert.

Diesem lautstarken Protest steht allerdings die stille Zustimmung zu der neuen indisch-amerikanischen Freundschaft entgegen. Die Mehrheit der Inder hegt Sympathien gegenüber Amerika. Die Vereinigten Staaten werden bewundert, und vor allem die Jugend zeigt ohne Scheu ihre Faszination für die USA, indem sie ihren Lebensstil durch entsprechende Konsumprodukte amerikanisiert. Noch immer gilt eine Ausbildung in den USA als eines der höchsten Statussymbole der asiatischen Mittelschichten.

Abgesehen davon verfolgen die Regierungen in Neu-Delhi und ebenfalls in Islamabad auch gegen innerpolitischen Widerstand eine offene Dialog- und Handlungsbereitschaft mit Washington. Man weiß den Ausbau der Beziehungen und finanzielle Hilfen zu schätzen, schließlich sind die USA noch immer eine unschlagbare Supermacht und die Anerkennung Indiens als »globale Führungsmacht« und unerlässlicher, langfristig womöglich wichtigster Partner für die Gestaltung der weltpolitischen Ordnung seitens der Amerikaner zählt nach den Jahrzehnten der Teilisolation sehr viel. Doch Indien bleibt selbstbewusst: Es diktierte den Kompromiss des Nuklearabkommens mit, in dem fast alle Forderungen der indischen Regierung berücksichtigt wurden, zudem lässt es sich auch nicht gegen China instrumentalisieren und baut trotz noch nicht beigelegter Grenzstreitigkeiten weiter die Handelsbeziehungen zu dem großen Nachbarn auf. Die Möglichkeiten, die in einer Annäherung gesehen werden, dass zum Beispiel eine indisch-chinesische Allianz, eine Allianz der beiden bevölkerungsreichsten Länder der Erde, dem amerikanisch-europäischen Übergewicht in der Welt die Stirn würde bieten können, beflügelt längst nicht nur linke Kräfte.

Derzeit aber steht für Indien vor allem die neue Partnerschaft mit den USA auf der Tagesordnung. Vorteile für Indien sind neben einer Intensivierung der wirtschaftlichen Beziehungen die Kooperation im Bereich der zivilen Nuklearnutzung, der zivilen Raumfahrt, die Aufhebung von Exportrestriktionen für High-Tech-Güter aus den USA und ein erweiterter Dialog zur Raketenabwehr. Zudem verspricht sich Indien von einer intensiven Verständigung mit den USA eine eventuelle Bewahrung vor einer erneuten militärischen Konfrontation auf dem Subkontinent. Zukünftiges Spannungspotenzial in den bilateralen Beziehungen bietet hingegen die selbstbewusste Annäherung Indiens an Staaten wie Iran, Sudan und Venezuela, die auf der Negativliste der USA stehen.

Aufgrund der labilen Lage in Afghanistan und der Notwendigkeit der Bekämpfung des islamistischen Terrorismus in Pakistan, Kaschmir und Südasien ist Indien für die USA mittlerweile von großer Bedeutung. Nach Indonesien leben in dem Land die meisten Muslime, darunter jedoch nicht ein bekanntes Al-Qaida-Mitglied. Vorausgesetzt, die Annäherung an Pakistan führt zu einem dauerhaften Frieden im Kaschmirkonflikt, könnte Indien zu einem stabilisierenden Faktor zwischen den »terroristischen Brutstätten« im Westen und Südosten Asiens werden. Vor allem aber stellt ein starkes Indien ein Gegengewicht zu China dar, was im Interesse der USA liegt, die eine einzige, Asien dominierende Macht bei einer gleichzeitigen möglichen Beschränkung ihrer eigenen Beziehungen in Asien fürchten.

Während Chinas Beziehungen mit beiden Ländern eher von zufälligen Interessen pragmatisch bestimmt werden, scheint der Versuch der USA, Indien als neue Supermacht aufzubauen, vor allem dadurch motiviert, dass Washington die neuen Machtstrukturen in Fernost ausbalancieren möchte. Indien hingegen teilt mit den USA auch normative Werte. Das Land hat aber eine Reihe nationaler Belange, die Washington nicht allein bedienen kann. Aus diesem Grund legt Indien Wert darauf, es sich durch die wachsende Annäherung an die USA nicht mit China zu verderben. Mehrere gemeinsame Interessensbereiche Indiens und Chinas könnten die Strategie der USA untergraben, ein neues Gegengewicht zu Peking zu errichten. Dazu zählt die wachsende wirtschaftliche Kooperation der beiden Länder, aber auch geopolitische Ziele und innenpolitische Erwägungen, die Indien und China teilen. Das Potenzial wirtschaftlicher Zusammenarbeit ist riesig, schon jetzt ist China Indiens zweitgrößter Handelspartner nach den USA. Eine Interessenkonvergenz besteht auch hinsichtlich der WTO, in der beide Länder einen verbesserten Zugang der Dritte-Welt-Länder zum Weltmarkt anstreben, der auch die USA einschließt. Dies ergibt sich unter anderem aus einem historischen Kontext, da beide Länder eine Vergangenheit als ehemalige Kolonie beziehungsweise Halbkolonie teilen und sich in gewissem Sinne als Vorkämpfer für die Dritte Welt verstehen. Auch wenn der Kalte Krieg vorbei ist, sind die Probleme der Entwicklungsländer noch genauso akut wie vor 20 Jahren. Innenpolitisch gehört die politische Linke zur Regierungskoalition Indiens und ist einer Koalition mit den USA gegenüber nicht unbedingt freundlich eingestellt. Indiens bunte Demokratie bleibt für Washington insofern immer ein wenig unberechenbar. Ein weiterer entscheidender Faktor gemeinsamer sino-indischer Interessen ist der Status der USA als derzeit einzige Supermacht und ihr zunehmender Hang zu Unilaterismus. Beide Länder beobachten diesen Trend mit wachsender Besorgnis und verweigerten den USA beispielsweise während des Irak-Krieges ihre Unterstützung.

Eines der größten Probleme des trilateralen Dreiecks Indien, China, USA besteht darin, dass ein jeder Sorge hat, dass sich die beiden anderen gegen ihn verbünden könnten, was insbesondere für die beiden schwächeren Staaten Indien und China gilt. Man muss allerdings auch eingestehen, dass das wechselseitige Interesse an den amerikanisch-chinesischen Beziehungen größer und deutlich älter ist als das zwischen Indien und den USA. Die USA engagieren sich seit über 100 Jahren wirtschaftlich, militärisch und politisch in Ostasien. Die Staffeln der »Flying Tigers«, die noch in den vierziger Jahren versuchten, der Kuomintang gegen Maos kommunistische Rote Garde zum Sieg zu verhelfen, sind in der Region unvergessen. Die politische und wirtschaftliche Neuentdeckung Indiens durch die USA begann hingegen erst Ende der neunziger Jahre.

Die Verhältnisse zwischen den drei Staaten sind noch nicht endgültig austariert. Noch sind die dominierenden Punkte der Beziehungen untereinander in erster Linie bilateraler Natur. In den Beziehungen zwischen Indien und China ist das vor allem die ungeklärte Grenzfrage und die chinesische Militärkooperation mit Pakistan, aber auch die zunehmende Bedeutung der wirtschaftlichen Kooperation. Gleichzeitig haben wichtige Probleme in den chinesisch-amerikanischen Beziehungen, wie Handel, Menschenrechte und Taiwanfrage, nur wenig mit Indien zu tun. Auch wichtige Themen der Beziehungen zwischen Indien und USA, so der Kampf gegen den Terrorismus und die wirtschaftliche Kooperation, interessieren China nicht unmittelbar.

Der Annäherung zwischen den USA und Indien in Sicherheitsfragen allerdings, wie der Ausrüstung Indiens mit Waffen, gemeinsame Militärübungen und regelmäßige Konsultationen zu Verteidigungsfragen, steht China naturgemäß misstrauisch gegenüber. Nach der Neufokussierung der USA auf den Antiterrorkampf ab 2001 und dem verstärkten Engagement in Pakistan reduzierten sich Pekings Bedenken etwas. Die Haltung Indiens, das sich genau wie China gegen ein Hegemoniestreben der USA stellt, vor allem, wenn es sich auf Asien erstreckt, wirkt dabei unterstützend.

China hat traditionell ein größeres Interesse an Ostasien, wo die USA als Verbündeter Japans und Südkoreas eine wichtige Rolle spielen, als an Südasien. Dennoch kann China Südasien nicht vernachlässigen. Gerade ein Zusammenrücken der USA und Japans vor dem Hintergrund der aufkeimenden Rivalität zwischen den ostasiatischen Nachbarn und der unbewältigten Vergangenheit zwischen beiden Ländern sowie das Aufholen Indiens, das in der Presse mitunter schon als »das bessere China« gehandelt wird, müssen China zu erhöhter Flexibilität und Vorsicht veranlassen. Insofern ist in den komplexen Verhältnissen der unmittelbaren Nachbarschaft eine große Herausforderung zu sehen. Allerdings hat China eine jahrhundertealte Tradition im erfolgreichen Umgang mit multipolaren Strukturen. Wenn die wirtschaftliche Dynamik in China und Indien weiter anhält, werden im Jahre 2050 drei der vier wirtschaftlichen Supermächte der Welt in Asien liegen. China, Japan und Indien sind durch Geschichte und Rivalitäten, aber ebenso durch Kooperationen aufs Engste miteinander verknüpft. Den USA als derzeit dominierende und einzig im westlichen Kulturkreis angesiedelte Supermacht kommt im Verhältnis der vier Supermächte zueinander eine entscheidende Bedeutung zu. Nach dem Fall der Berliner Mauer und dem Kollaps der Sowjetunion wurden die Karten neu gemischt. In Asien waren China und Indien im Aufstieg begriffen, Erstere keine Demokratie, aber marktwirtschaftlich erfahren, und Letztere zwar demokratisch, aber marktwirtschaftlich unerfahren. Obwohl die USA sich inzwischen zu Indien hingezogen fühlen, ist entscheidend, wie der Umgang mit China sein wird – als Rivale, als bloße Marktchance oder als Partner in einer neuen Weltwirtschaftsordnung. Die allgemeine Verteidigungsdoktrin der USA von 1992, die noch immer Bestand hat, sieht eine wirtschaftliche und politische Unterwerfung der Sowjetunion, Zentralasiens und des mittleren Ostens vor.

1997 definierte Zbigniew Brzeziński, der Sicherheitsberater von US-Präsident Carter, die drei Hauptprioritäten der globalen imperialen US-Strategie wie folgt: Verhinderung der Zusammenarbeit anderer Staaten, Erhaltung der Sicherheitsabhängigkeiten der Vasallenstaaten und schließlich das Fernhalten der »Barbarenstaaten«. Der »Krieg gegen den Terror«, der nach dem 11. September 2001 die erste Amtszeit von Präsident Bush geprägt hatte, war dabei nicht vorgesehen. Ein kostspieliger, wenngleich im Einsatz beschränkter Krieg gegen einen unsichtbaren und nicht fassbaren Feind gab den USA Gelegenheit, nach Zentral- und Westasien, Pakistan und Afghanistan vorzustoßen.

Diese kleinen Erfolge lösen aber noch nicht das Dilemma der USA, mit dem als geopolitischen Rivalen Nummer eins identifizierten China fertig zu werden. Im Februar 2005 hatten die USA und Japan eine offizielle Verlautbarung für engere Sicherheitsbeziehungen unterschrieben. Nicht zuletzt die darin enthaltene Bezugnahme auf Taiwan und die angesprochene Möglichkeit, dass die USA und Japan eine friedliche Lösung erzwingen würden, provozierte China. Im Juni desselben Jahres beschwerten sich die USA über die expansive Kapabilität der Marschkörper Chinas, die viele Gegenden der Welt erreichen könnten, obwohl sich China keiner Bedrohung durch irgendeine andere Nation gegenübersah. In einer Einschätzung der chinesischen Streitkräfte kam das Pentagon zu dem Ergebnis, dass die chinesischen Militärs die Kapazität entwickelt hatten, auch jenseits des südchinesischen Meeres zu agieren, und dass dies eine Herausforderung für die globale Ordnung darstelle.

Im Juli 2005 kam es zu einer ersten Absprache zwischen den USA und Indien über die zivile Nutzung von Atomenergie. Obwohl ein endgültiges Abkommen noch nicht zustande gekommen ist, erhöhten die Vorgänge in China den Verdacht, dass Indien nun Teil der amerikanischen Einkreisungsstrategie sei und führte dazu, dass die Chinesen zivile Nuklearreaktoren an Pakistan lieferten. Dies wurde durch ein Angebot von Präsident Musharraf erwidert, der sich bereit erklärte, einen Transportkorridor zwischen der westchinesischen Provinz Xinjiang und dem arabischen Golf von Gwadar zu schaffen. Dadurch ist es China gelungen, Indien auf die natürlichen Grenzen des Subkontinentes zu beschränken.

Das Verhältnis Chinas zu den USA ist ausgesprochen komplex. Vordergründig sind die bilateralen Beziehungen zwischen beiden Ländern wechselseitig von Vorteil: Die USA verkaufen Automobile, Flugzeuge und komplexe Konsumgüter an China und importieren dafür billige Low-Tech-Produkte, außerdem ermutigen sie China weiterhin, das US-Defizit durch den Kauf von US-Staatsanleihen zu finanzieren. Dennoch könnte alles auf einen Konflikt in den nächsten 20 Jahren hinauslaufen. Ein fortwährend stark wachsendes China wird nicht nur militärisch besser ausgerüstet sein, sondern auch immer größere Mengen an fossilen Brennstoffen benötigen. 2020 wird China 9 Millionen Barrel Öl importieren müssen. Bereits jetzt zeichnet sich ab, dass die Chinesen in ihrer Abhängigkeit von fossilen Brennstoffen wenig Rücksicht auf den Lieferanten nehmen und ohne politische Skrupel von problematischen Ländern wie dem Iran, dem Sudan und Venezuela beziehen. Ein Konflikt zwischen den USA und China in diesem Punkt scheint unvermeidlich.

Das Verhältnis der USA zu Indien gewinnt an Bedeutung, die durch den erneuten Besuch des US-Präsidenten Bush in Indien im März 2006 unterstrichen wurde. Die USA versuchen die Regeln des weltweiten Nuklearspiels zu bestimmen, und Indien kommt dabei eine wichtige Rolle zu. Der Abschluss des atomaren Nichtverbreitungsvertrages zwischen Indien und den USA ist ein wahrhaft historischer Wendepunkt in der Beziehung der beiden Nationen. Präsident Bush bietet Indien außerdem ein gemeinsames Vorgehen in der weltweiten Verbreitung der Demokratie an. Aufgrund der kostspieligen und zum Teil mit Gewalt verbundenen Dimensionen dieses Vorhabens ist dies für Indien möglicherweise ein riskantes Unterfangen. Nichtsdestotrotz ist eine engere wirtschaftliche Verflechtung der beiden Nationen möglich und wünschenswert.

Gefahr könnte dadurch entstehen, dass zum Beispiel China und die USA wechselseitig fieberhaft investieren und Güter austauschen, ihre geostrategischen Interessen jedoch separat verfolgen. Mit Indien und den USA verhält es sich genau umgekehrt. Zunächst scheint eine enge Verknüpfung der geopolitischen Interessen zu erfolgen, der dann ein engeres Zusammenwachsen der beiden Volkswirtschaften folgen soll. Es mehreren sich die Stimmen in Indien, die sagen, dass es nicht wichtig ist, ob und wann Indien zu China aufschließen wird, sondern dass es schwerer wiegt, ob das demokratische Indien seinen Bürgern eine bessere Lebensqualität wird bieten können. Um flächendeckend zum Lebensstandard der westlichen Nationen aufzuholen, sind so oder so noch viele Jahrzehnte nötig.

Es wäre sicherlich verkürzt, die wachsende Anerkennung Indiens durch die USA nur auf den Versuch der USA zurückzuführen, gegen ein übermächtig werdendes China gewappnet zu sein. Vielmehr ist insgesamt ein Richtungswechsel der amerikanischen Außenpolitik zu spüren, die sich vom alten Europa abwenden und versuchen, die kommenden Supermächte des 21. Jahrhunderts gleichermaßen in ihre politische Weltlage einzubeziehen. Die USA nehmen insofern einen Paradigemenwechsel vorweg, den die Europäer erst noch einleiten müssen.

Europäische Union

Die künftige Rolle Indiens als ernstzunehmende Wirtschaftsmacht, kann man an der Liste der Staaten ablesen, die sich in den letzten Jahren um eine wirtschaftliche und politische Vertiefung der Beziehungen beziehungsweise überhaupt um den Aufbau eingehender Wirtschaftsbeziehungen zu dem Land gekümmert haben. Die USA waren der Vorreiter, und nun wagt sich auch die EU im großen Maßstab an den Aufbau einer strategischen Partnerschaft mit Indien, denn seine enorme Größe und sein ökonomischer wie militärischer Einfluss haben dazu beigetragen, dass das Land zur wichtigsten Macht Südasiens geworden ist.

Allerdings war Indien auch bislang für die EU keine uninteressante Region. Lediglich im Vergleich zu China fällt die große Differenz des jährlichen Handelsvolumens auf: 200 Milliarden Euro stehen 35 Milliarden Euro gegenüber. Insofern ist Chinas Bedeutung für Europa wohl noch für Jahre ungleich größer. So stattete Gerhard Schröder Indien während seiner Amtszeit zwei Besuche ab – in China hingegen machte er sechsmal seine Aufwartung. Als er 2005 die Aufhebung des Waffenembargos gegen China forderte, riskierte er sogar Widerspruch in Deutschland und Europa, was in Indien sehr genau registriert wurde. Die EU möchte die Lücke dennoch schließen und die wirtschaftlichen und politischen Beziehungen zu Indien auf das Niveau von China heben. Auf dem EU-Indien-Gipfel im Dezember 2005 wurde deshalb eine engere Zusammenarbeit in den Bereichen Handel, Technologie und Sicherheit vereinbart. Konkret bestellte Indian Airlines, die zweitgrößte Fluglinie des Landes, 43 Airbus-Maschinen mit einem Auftragswert von 2,2 Milliarden US-Dollar (1,77 Milliarden Euro) bei den Europäern; ferner wurde Indien als vierter nichteuropäischer Partner für das europäische Satellitennavigationssystem Galileo angeworben. Zudem ist das Land ein interessanter Absatzmarkt für europäische Rüstungsgüter.

Auch von indischer Seite aus ist Europa in wirtschafts- und geopolitischer Hinsicht von großer Bedeutung. Zum einen handelt es sich um einen wichtigen Handels- und Investitionspartner und insofern um einen Garanten für den angestrebten wirtschaftlichen Wachstumserfolg. Die EU hatte mit 33 Milliarden Euro 2004 insgesamt einen Anteil von 24 Prozent an Indiens Gesamtexporten. Zum anderen ist Europa eine wichtige Vermittlermacht, die die wachsende Rolle Indiens in der Weltpolitik moderieren und unterstützen kann.

Auch wenn China zurzeit der wichtigste strategische Partner der EU in der Region ist, was vor allem daran liegt, dass Investionen der EU-Staaten größtenteils ins Reich der Mitte geflossen sind, wächst Indiens Bedeutung doch zusehends. Mit 16 der 25 EU-Mitgliedstaaten hat Indien bilaterale Investitionsschutzabkommen (BIPAS) abgeschlossen. Viele Unternehmen aus den EU-Staaten entdecken Indien mittlerweile als Produktionsstandort, insofern wird die Investitionswelle nach Indien mit hoher Wahrscheinlichkeit an Fahrt gewinnen.

Russland und Zentralasien

Über vier Jahrzehnte hinweg war Russland der verlässlichste und wichtigste diplomatische und wirtschaftliche Verbündete Indiens. Interessanterweise förderte und protegierte während der fünfziger Jahre die damalige Sowjetunion sowohl Indien als auch China gleichermaßen und belieferte beide umfassend mit Energie und Technologie. Die Abwendung Chinas von Russland brachte dann ab dem Ende der fünfziger Jahre eine Intensivierung des Verhältnisses zwischen Indien und Russland. Die Bedeutung als Handelspartner ist mittlerweile stark gesunken. Allerdings bleibt Russland weiterhin der wichtigste Lieferant von Rüstungsgütern für Indien. 2005 stammten 60 bis 75 Prozent der Ausrüstung der indischen Armee aus russischer Produktion. Als diplomatische Stütze hat Russland viel an Bedeutung für Indien eingebüßt, auch wenn es Indiens Interesse an einer multipolaren Welt teilt. Eine neue politisch-ökonomische Bedeutung bekommt das Land für Indien dadurch, dass es den wachsenden Energiebedarf des Subkontinentes bedienen könnte. Derzeit erhält Indien noch kaum größere Lieferungen aus Russland, obwohl es in den vergangenen Jahren wieder stärker mit Indien kooperiert hat, beispielsweise mit der Beteiligung der indischen ONGC an Erdölvorkommen in der fernöstlichen Region Sakhalin und am Kaspischen Meer. Chinas Beziehungen zum nördlichen Nachbarn Russland waren stets wechselvoll und spannungsreich. Dennoch ist China, im Vergleich zu Indien inzwischen deutlich stärker in die russischen Gas- und Erdöllieferungen eingebunden.

Eine interessante Perspektive im Machtpoker der künftigen Supermächte stellt die Formierung eine Triple Alliance aus China, Indien und Russland dar. 2005 sorgte ein Treffen der russischen, chinesischen und indischen Außenminister in Wladiwostok weltweit für Aufregung, dass eine Verständigung auf eine »synchronisierte Politik der Sicherheit und Wirtschaft mit dem impliziten Ziel, ein Gegengewicht zum Einfluss der USA in Asien« zum Inhalt hatte. Angesichts der Gegenläufigkeit der Interessen und der geballten Macht durch die hohe Komplementarität der drei Länder wäre diese Aussicht für die USA sicherlich der schlechteste Fall.

Nach dem 11. September 2001 haben Russland, China und Indien den USA signalisiert, dass ihr unilaterales Vorgehen ernste Besorgnis unter den großen internationalen Mächten hervorgerufen hat. Der wachsende diplomatische und militärische Einfluss Washingtons in Zentralasien ist nicht im Interesse der drei Staaten. Der Trumpf bei der potenziellen Formierung eines solchen strategischen Dreiecks sind Russlands Energieressourcen, an denen sowohl Indien als auch China ein großes Interesse haben. Russland spielt auch eine entscheidende Rolle in der Verteidigungspolitik der beiden aufstrebenden Supermächte. Indien und China zählen zu den besten Kunden russischer Waffenhersteller. Auch im Kampf gegen den Terrorismus, mit dem alle drei Länder innenpolitisch zu kämpfen haben, haben die drei Mächte gemeinsame Interessen.

Sowohl für Indien als auch für China ist Zentralasien traditionell von besonderem Interesse. Indien hat zwar einen geografischen Nachteil gegenüber China, das gemeinsame Grenzen mit Kasachstan, Kirgisistan, Tadschikistan und Russland besitzt, die engen Beziehungen des Landes zur Sowjetunion haben jedoch während des Kalten Krieges dafür gesorgt, dass Indien weitreichenden Einfluss auf Zentralasien hatte. Auch historisch hat Indien mit diesen Ländern vielfältige Verbindungen, war es doch südlich an die Seidenstraße angeschlossen. So erfreut sich die indische Kultur bis heute beispielsweise in Form von Bollywoodfilmen außerordentlicher Beliebtheit in der Region. Für Indien ist Zentralasien zudem wegen seiner reichhaltigen Energieressourcen immer bedeutsamer, hinzu kommt, dass die Sicherheitslage in den Ländern auch für Indiens eigene Stabilität eine große Rolle spielt. Das starke Interesse des Landes an Afghanistan reicht bereits bis vor die Unabhängigkeit zurück, als die Grenze zwischen beiden als entscheidend für Indiens Sicherheitspolitik angesehen wurde. Auch nach der Unabhängigkeit blieb das bilaterale Verhältnis bedeutend und nach dem Zusammenbruch des Taliban-Regimes wurden wieder enge Beziehungen zur Karsai-Regierung aufgebaut, sehr zum Missfallen von Pakistan.

Der Zerfall der Sowjetunion hat sowohl für Indien als auch für China in Bezug auf Zentralasien negative Konsequenzen mit sich gebracht. Während die Grenzen im Südwesten Chinas weniger sicher und stabil sind als zu Zeiten des Kalten Krieges, sind für Indien die Handelsrouten nach Zentralasien schwerer zugänglich geworden. Beide Länder haben ein Interesse an einer stabilen und vorhersehbaren Entwicklung in der Region. Hinzu kommt, dass sowohl China als auch Indien die Konsolidierung einer US-amerikanischen strategischen Präsenz in Zentralasien im Hinblick auf ihre eigenen Handels- und Energieinteressen ein Dorn im Auge ist. Die Entwicklung einer langfristigen Dreiecksstrategie zwischen Indien, China und Russland als Gegengewicht zu den USA könnte daher für alle Beteiligten eine lohnenswerte Sache ein. China, Russland, Kasachstan, Kirgisistan und Tadschikistan hatten bereits 1996 die Shanghai Gruppe (Shanghai Co-operation Organization – SCO) zur Stabilisierung der Grenzen, gegen die »Drei Übel« Extremismus, Terrorismus und Fundamentalismus und für eine stärkere ökonomische Integration in Zentralasien ins Leben gerufen, Usbekistan folgte 2001. Auch Indien hat Interesse an einer Mitgliedschaft bekundet und seit 2002 als Beobachter an den Treffen der SCO teilgenommen, bei denen Pakistan ebenfalls Beobachterstatus genießt und als potenzieller Aufnahmekandidat auf der Warteliste steht. Mittlerweile steht auch Energiepolitik auf der Tagesordnung der SCO, während die Bekämpfung des Fanatismus angesichts der Einladung des iranischen Präsidenten Ahmadinijad 2006 anscheinend an Bedeutung eingebüßt hat. Einige Beobachter attestieren der SCO das Potenzial, sich zu einem Verteidigungsbündnis ähnlich der Nato zu entwickeln, aufgrund der kaum deckungsgleichen Interessen der Teilnehmerstaaten bleibt dies mittelfristig allerdings wenig wahrscheinlich.

Epilog

Im 21. Jahrhundert sehen sich die USA und Europa vielen Herausforderungen gegenüber. Eine der größten dürfte der Aufbruch Indiens und Chinas sein. Eine Analyse der Chancen und Risiken, die sich daraus ergeben, ist nicht einfach, da beide Länder trotz vieler Ähnlichkeiten auch große Unterschiede aufweisen. Die Verschiebungen im globalen Wirtschaftssystem durch den Aufbruch Chinas und Indiens kommen just zu einem Zeitpunkt, in dem die demografische Entwicklung, hausgemachte Budget- und Politikprobleme viele europäische Staaten stark belasten. Der europäische Anteil an der weltweiten Bevölkerung, der um 1900 noch ein Drittel betrug, verringerte sich bis zum Ende des 20. Jahrhunderts auf ein Achtel. Insgesamt wird es nach Einschätzung von Experten erstmalig in der Menschheitsgeschichte zu einem Abnehmen der Anzahl der Menschen kommen. Wirklich dramatisch wird die Verschiebung des materiellen Wohlstandes sein. Gegenwärtig produziert ein Viertel der Menschheit – diejenigen, die in Europa, Ozeanien und auf dem amerikanischen Kontinent leben – rund 70 Prozent des Weltsozialproduktes. Von den verbleibenden 30 Prozent bestreitet allein Japan die Hälfte.

China, wo bereits jetzt ein Fünftel der Menschheit lebt, erwirtschaftet gerade etwas über 4 Prozent des weltweiten Bruttosozialproduktes, in Indien sind es noch weniger. Die Tatsache, dass die globale Wirtschaftskraft immer noch ganz klar auf Europa, den USA und Japan fokussiert ist, ist jedoch kein Grund, sich in Sicherheit zu wiegen.

Indien und China wachsen scheinbar unbegrenzt. Dies belastet die Weltenergie und die Rohstoffmärkte. Gerade im Bereich der Erdölversorgung werden Engpässe bestehen bleiben. Spannungen sind vorprogrammiert. Chinas Hauptstärke liegt in der schnellen Anwendung und Kommerzialisierung von Ideen und Anwendungen, die oftmals von Dritten stammen. Im Gegensatz dazu hat Indien durchaus den Ehrgeiz und Willen, sich stärker als Standort für Anwendungs- und Grundlagenforschung zu etablieren. Wenn dies gelingt, könnte Indien in den nächsten 25 Jahren ein globales Zentrum der Forschung und Entwicklung werden. Das Potenzial der beiden größten asiatischen Nationen, angewandte Forschung mit Kostenvorteilen und dem Talentpool einer naturwissenschaftlich interessierten Gesellschaft zu kombinieren, ist derzeit Zukunftsmusik. Noch kommt der Großteil der Innovationen aus Japan, den USA und Europa, während in den Emerging Markets Asiens hergestellt wird.

Das technische Wissen verdoppelt sich permanent und führt zu technologischen Quantensprüngen. Gleichzeitig werden die Märkte immer transparenter, der Zugang zu Informationen und Wissen ist günstiger und schneller als jemals zuvor. China fokussiert sich auf Produkte, Indien auf Dienstleistungen sowie wissensbasierte Industrien. Insofern bietet sich eine sino-indische Kooperation geradezu an.

Viele Investoren werden geblendet von der Dynamik in China und die Fantasien über den riesigen Markt. Tatsächlich hat sich der China-Hype der letzten Jahre etwas abgekühlt, während nun Indien zum großen Trend wird. Hier ist der Konkurrenzdruck weniger groß, Überinvestition wie in China ist in Indien derzeit noch unbekannt. Entsprechend können Investoren auf dem Subkontinent noch viel Geld verdienen. Gleichzeitig beherrscht fast jeder die Weltsprache Englisch, hoch qualifizierte Leute sind zu relativ geringen Kosten zu bekommen. Unternehmertum hat zudem eine lange Tradition in Indien. Gesellschaftliche Divergenzen sowie Umweltprobleme dürften in der Zukunft sowohl in Indien als auch in China zu den größten Herausforderungen zählen.

Für internationale Großkonzerne ist die Zeit der ruhigen Gewinne vorbei. Die hohen Investitionen in Indien und Asien gewährleisten, dass man bei der Entwicklung der Weltstandards dabei ist, erhöhen jedoch den Druck im Heimatmarkt erheblich. Die Produktionsverlagerungen sollen zwar die Wettbewerbsfähigkeit erhalten, lösen aber gleichzeitig harten Wettbewerb aus. Die Integration des globalen Arbeitsmarktes in der Weltwirtschaft wird dadurch weiter beschleunigt. Langfristige Auswirkungen auf die Debatte zwischen Freihandel und Protektionismus werden sich einstellen.

Noch ist es nicht zu spät für Europa. Wenn es gelingt, die letzten Fenster zu nutzen und auf Wissens- und Innovationsförderung zu fokussieren, Spitzenleistungen zu honorieren und Nischenstärken zu nutzen, dann können weltweite Führungspositionen noch verteidigt werden. Angesichts der geänderten Ausgangssituation im Angesicht der Globalisierung ist es entscheidend, möglichst schnell das durch den Zeitablauf und die historische Entwicklung überholte Sozialstaatsmodell zu ersetzen, das noch stark vom 19. Jahrhundert geprägt ist. Europa muss von seinen hohen Ansprüchen und Besitzständen abrücken und das Leistungsprinzip und den Wettbewerbsgedanken wieder in das Zentrum setzen. Dauerhaft kann der globale Wettbewerb um zunehmend knapper werdende Resourcen und Märkte nur von einem überragenden Leistungswillen entschieden werden.

Die sich schnell entwickelnden Länder wie die BRIC-Staaten stellen Forderungen nach größerer Liberalisierung, pflegen globale Interessen und werden in spätestens 40 Jahren die westlichen Industriestaaten überholt haben. Entwicklungsländer sind eine ernstzunehmende Macht, mit der man heute rechnen muss. Indien spielt eine zentrale Rolle dabei, die Entwicklungsländer unter einem Dach zu vereinen. Eine neue Geografie entsteht auch im internationalen Handel. Neben der WTO sind andere internationale Wirtschaftsgremien ohne die aufstrebenden Länder mittlerweile undenkbar. Eine Erweiterung der G7 in dieser Richtung wird schon offen angedacht, denn die Nachkriegsweltordnung entspricht bei Weitem nicht mehr der neuen Realität des 21. Jahrhunderts.

Die Riesen China und Indien sind vollauf dabei, sich unter Berücksichtigung ihrer Tradition auf einen neuen Weg in die Zukunft zu begeben. Die Welt ist nicht flach, sondern rund: What goes around, comes around. Für die so genannte westliche Welt, die sich am Ende einer viele Jahrhunderte umfassenden Entwicklung befindet, ist der Aufstieg der asiatischen Riesen eine enorme Herausforderung. Existierende, aber nicht in ausreichendem Maß angegangene Probleme werden verstärkt und beschleunigt. Dies könnte ein Katalysator für einschneidende und existenziell wichtige Veränderungen in Europa werden. Noch hat Europa eine Chance, zumindest die Dauer seines Auftritts im Zentrum der Weltbühne zu verlängern. Wenn diese in den nächsten Jahren ungenutzt verstreicht, dann heißt es, Bühne frei für den Tanz der Riesen.

Danksagung

Ein Buch wie das vorliegende zusätzlich zu einer tagesfüllenden Arbeit zu schreiben, ist nicht einfach. Meinen Partnern bei Travers Smith, insbesondere Christopher Carroll, sei für ihr wohlwollendes Verständnis daher herzlich gedankt. Das Buch wäre sicher nicht in dem vorgegebenen Zeitraum fertig geworden ohne die wertvolle Mitarbeit von Jana Schebera und Ulrike Eydinger, denen ich ebenso herzlich danken möchte. *Tanz der Riesen* basiert unter anderem auf zahlreichen weiterführenden Gesprächen. Stellvertretend für alle Gesprächspartner seien hier genannt und herzlich bedankt: Dr. Marco von Münchhausen, Falk-Alexander von Oeynhausen, Karl Georg Blankenstein, Ashwini Kumar, Jungbir und »Hockey« Singh, Harjiv Singh, Kiranjit Singh, Anisha Singh, Ranjit Malik, Ameeta Duggal, Niti Sudhakar, Anuj Gupta, Asish Gupta, Gaurav Chiripal, Dipak Sen, S. Bahl, K. K. Lahiri sowie Anurag Bhushan.

Last but not least möchte ich meinem Lektor, Dr. Olaf Meier, für die vertrauensvolle und wie immer äußerst angenehme Zusammenarbeit danken.

Literatur

A. Indien

Collins, Larry/Lapierre, Dominique: *Freedom at Midnight*. London: HarperCollins 1997.

Cunningham, Joseph D.: *History of the Sikhs*. 5. Reprint, Neu Delhi: Rupa & Co. 2002 (Erstausgabe 1849).

Eraly, Abraham: *Gem in the Lotus – The Seeding of Indian Civilization*. London: Phoenix 2004.

Frauwallner, Erich: *Geschichte der indischen Philosophie*. 2 Bde., Salzburg: Otto Müller Verlag 1953–1956.

Gandhi, Mahatma: *Mein Leben*. Reprint, Frankfurt am Main: Suhrkamp Verlag 1983 (Erstausgabe 1930).

Glasenapp, Helmuth von: *Die fünf Weltreligionen*. Erw. Neuaufl., München: Hugendubel Verlag 2005.

Keay, John: *India. A History*. London: Harper Collins 2000.

Keay, John. *The Honourable Company – A History of the English East India Company*. London: HarperCollins 1991.

Mann, Michael: *Geschichte Indiens – Vom 18. bis zum 21. Jahrhundert*. Paderborn et al.: Schöningh, 2005.

Müller, Max: *India – What can it teach us*. Neu Delhi: Rupa & Co. 2005.

Rothermund, Dietmar: *Geschichte Indiens*. München: C.H. Beck 2002.

Schweizer, Gerhard: *Indien und China – Asiatische Wege ins globale Zeitalter*. Stuttgart: Klett-Cotta 2001.

Sen, Amartya: *The Argumentative Indian*. London: Penguin 2005.

Tharoor, Shashi: *Die Erfindung Indiens – Das Leben des Pandit Nehru*. Frankfurt am Main: Insel-Verlag 2006.

Tharoor, Shashi: *Eine kleine Geschichte Indiens*. Frankfurt am Main: Suhrkamp Verlag 2005.

Varma, Pavank: *Being Indian*. London: Arrow Books 2005.

Wamser, Johannes/Bronger, Dirk: *Indien – China: Vergleich zweier Entwicklungswege*. Münster: LIT Verlag 2005.

Wamser, Johannes/Sürken, Peter: *Wirtschaftspartner Indien*. Stuttgart: Local Global 2005.

Wolpert, Stanley A.: *A new History of India*. 7. Aufl., Oxford: Oxford University Press 2004.

Wolpert, Stanley: *India*. 3. Aufl., Berkeley: University of California Press 2005.

B. China

Brahm, Laurence: *China's Century*. Singapur: John Wiley and Sons 2001.

Chang, Gordon: *The Coming Collapse of China*. London: Arrow 2002.

Cohen, Paul: *China unbound: evolving perspectives on the Chinese past*. London: Routledge Courzon 2003.

Erling, Johnny: *China – Der Große Sprung ins Ungewisse*. Freiburg: Herder 2002.

Fenby, Jonathan: *Generalissimo – Chiang Kai Shek and the China he lost*. London: Simon & Schuster 2003.

Gascoigne, Bamber: *The Dynasties of China*. London: Robinson 2003.

Gilley, Ruth/Natan, Andrew: *Chinas New Rulers*. 2. Auflg., New York: NYRB Books 2003.

Gilley, Bruce: *China's Democratic Future*. New York: Columbia University Press 2004.

Higham, Robin/Graff David: *A Military History of China*. Boulder: Westview Press 2002.

Hsü, Immanuel: *The Rise of Modern China*. 4. Auflg., Oxford: Oxford University Press 1990.

Kruger, Rayne: *All Under Heaven – A complete history of China*. Chichester: John Wiley and Sons 2003.

Kynge, James: *China shakes the World*. London: Weidenfeld & Nicolson 2006.

Mehnert, Klaus: *China nach dem Sturm*. Stuttgart: DVA 1971.

Mitter, Rana: *A bitter Revolution. China's Struggle With The Modern World*. Oxford: Oxford University Press 2004.

Mote, F.W.: *Imperial China 900–1800*. Cambridge: Harvard University Press 2003.

Roberts, John Anthony George: *The Complete History of China*, Stroud: Sutton 2003.

Schmidt Glintzer, Helwig: *China: Vielvölkerreich und Einheitsstaat*. München: C.H. Beck 1997.

Seitz, Konrad: *China – Eine Weltmacht kehrt zurück*. 2. Auflg., Berlin: BVT 2003.

Spence, Johnathan D.: *The Search For Modern China*. 2. Aufl., New York/ London: Norton 1999.

Spence, Johnathan D.: *Mao*. München: Claassen 2003.

Snow, Edgar: *Red Star Over China*. London: Penguin 1978.

Story, Jonathan: *China – The Race to Market*. Edinburgh: Pearson 2003.

Temple, Robert: *The Genius of China*. London: Prion 2002.

Wang, Chaohua: One China, Many Paths, London / New York: Verso 2003.

Wickert, Erwin: *China von innen gesehen*. Stuttgart: DVA 1982.

C. Asien

Backman, Michael: *The Asian Insider. Unconventional Wisdom for Asian Business*. Basingstoke: Palgrave McMillan 2004.

Birch, David et al.: *Asia – Cultural Politics in the Global Age*. New York: Palgrave 2001.

Church, Peter (Hrsg.): *A Short History of South-East Asia*. Singapur: Wiley and Sons 2003.

Cotterell, Arthur: *East Asia: From Chinese Predominance to the Rise of the Pacific Rim*. London: Pimlico 2002 .

Faber, Mark: *Zukunftsmarkt Asien*. München: Finanzbuchverlag 2004.

Friedman, Thomas: *The world is flat*. London: Allen Lane 2005.

Highan, Charles: *The Civilisation of Bangkor*. London: Phoenix 2001.

Kennedy, Paul: *The Rise and Fall of the Great Powers*. London: Unwin Hyman 1988.

Landes, David: *Wohlstand und Armut der Nationen*. Berlin: Siedler 1999.

Miegel, Meinhard: *Epochenwende – Gewinnt der Westen die Zukunft*, Berlin: Propyläen 2005.

Münkler, Herfried: *Imperien*. Berlin: Rowohlt Berlin 2005.

Sar Dasar Desai, D.R.: *South East Asia: Past and Present*. 5. Aufl., Los Angeles: Westview 2003.

Seagrave, Sterling: *Lords of the Rim*. London, New York: Bantam 1995.

Schmidt, Helmut, *Die Mächte der Zukunft*, München: Siedler 2004.

Seitz, Konrad: *Wettlauf ins 21. Jahrhundert*, Berlin: Siedler 1999.

Terzani, Tiziano: *In Asien*, München: Riemann 2003.

Register